COLEÇÃO CBAr

ARBITRAGEM E CORRUPÇÃO NO DIREITO BRASILEIRO

COLEÇÃO CBAr

ARBITRAGEM E CORRUPÇÃO NO DIREITO BRASILEIRO

Felipe Sebhastian Caldas Véras

ALMEDINA

Arbitragem e Corrupção no Direito Brasileiro

ISBN: 978-85-8493-8650

Impresso no Brasil – 1ª Edição, 2025 – Edição revisada conforme o Acordo Ortográfico da Língua Portuguesa de 2009.

Dados Internacionais de Catalogação na Publicação (CIP)

V474

Arbitragem e Corrupção no Direito Brasileiro. Felipe Sebhastian Caldas Véras. 1. ed. – Rio de Janeiro: Almedina Brasil, 2025.

280 p; 16 x 23 cm.

ISBN 978-85-8493-8650

1. Arbitragem. 2. Corrupção. 3. Prova (Direito). 4. Ordem pública. 5. Contratos. 6. Direito brasileiro. I. Título.

CDU 347.918(81)

Índice para catálogo sistemático:
1. Brasil : Arbitragem : Corrupção: Provas: Contratos

Grupo Editorial Alta Books

Produção Editorial: Grupo Editorial Alta Books
Diretor Editorial: Anderson Vieira
Editora-Chefe: Manuella Santos de Castro
Assistente Editorial: Francielle Regina
Vendas Governamentais: Cristiane Mutüs
Diagramação: Cumbuca Studio

ALTA BOOKS
GRUPO EDITORIAL

Rua Viúva Cláudio, 291 – Bairro Industrial do Jacaré
CEP: 20.970-031 – Rio de Janeiro (RJ)
Tels.: (21) 3278-8069 / 3278-8419
www.altabooks.com.br – altabooks@altabooks.com.br
Ouvidoria: ouvidoria@altabooks.com.br

Editora **afiliada à:**

ASSOCIADO

Câmara Brasileira do Livro

Felipe Sebhastian Caldas Véras

Advogado. LL.M. in Corporate and Commercial Law pela London School of Economics and Political Science (LSE). Mestre em Direito Empresarial pela Universidade Federal de Minas Gerais (UFMG). LL.M. em Direito Empresarial pela Fundação Getúlio Vargas (FGV). Bacharel em Direito pela Pontifícia Universidade Católica de Minas Gerais (PUC Minas).

À memória dos meus queridos avós, Iêda, Moacyr, José e Vera.

(...) there is no question today that arbitrators are empowered, and indeed have the duty, to investigate and adjudicate corruption issues and thereby contribute to the global fight against corruption.

† Emmanuel Gaillard, *Arbitration International*, v. 35, issue 1, 2019.

NOTA DO AUTOR

Este livro é, em grande parte, fruto da minha dissertação de mestrado, defendida na Faculdade de Direito da Universidade Federal de Minas Gerais, em 28 de fevereiro de 2020. Posteriormente, durante os anos de 2021 e 2022, enquanto cursava o LL.M. na *London School of Economics and Political Science*, tive a oportunidade de amadurecer alguns dos conceitos explorados nesta obra. Após meu retorno ao Brasil, dediquei-me à sua atualização e ampliação.

Ao longo de quase três décadas de vigência da Lei de Arbitragem (Lei nº 9.307/96), o instituto da arbitragem se desenvolveu de forma significativa. É natural, portanto, que essa expansão tenha gerado novos cenários, frequentemente desafiadores, para profissionais e acadêmicos da área. Um desses desafios refere-se à prática de atos de corrupção, seja na formação ou na execução de contratos submetidos à arbitragem. Este trabalho tem como objetivo examinar como o árbitro deve se portar e lidar com alegações de corrupção em contratos sujeitos à sua decisão.

A obra analisa os fundamentos que permitem ao árbitro continuar exercendo sua função jurisdicional nesse contexto, além de questões procedimentais relacionadas, como a análise do ônus e da medida da prova, bem como o uso das chamadas inferências negativas e *red flags*. No campo do direito material, examinam-se os efeitos civis da corrupção nos contratos, incluindo a possibilidade de reparação ou restituição em determinados cenários. Por fim, investiga-se o suposto dever do árbitro reportar a prática de atos de corrupção às autoridades competentes, caso tais atos sejam identificados e provados. Ao término, são apresentadas conclusões sobre como e em que medida deve ocorrer o enfrentamento da corrupção no âmbito da arbitragem.

Desejo a todos(as) uma leitura proveitosa e enriquecedora!

São Paulo, primavera de 2024.

Felipe Sebhastian Caldas Véras

AGRADECIMENTOS

A tarefa de agradecer, embora prazerosa em sua essência, carrega a responsabilidade de reconhecer todos aqueles que contribuíram para a conclusão deste estudo. Desde já, reconheço que tal responsabilidade dificilmente será cumprida integralmente, pois muitas pessoas me ajudaram ao longo desta jornada, e nem todas poderão ser mencionadas nominalmente. Assim, agradeço a todos que, mesmo não citados, contribuíram, direta ou indiretamente, para a realização deste importante marco em minha vida.

Em primeiro lugar, expresso minha profunda gratidão aos meus pais, José Ricardo e Júnia, que sempre me apoiaram em todas as escolhas, oferecendo confiança, carinho e gentileza fundamentais para que eu pudesse superar mais este desafio. Ao meu querido irmão, agradeço pelo companheirismo e pela compreensão diante dos sacrifícios exigidos pela academia e pela profissão. À memória dos meus avós, alguns dos quais acompanharam minha trajetória acadêmica até a defesa da dissertação, rendo homenagens pelo carinho e incentivo que recebi, e que continuam a me inspirar para a superação dos desafios da vida.

Aos meus tios – especialmente Gisele e Miguel –, agradeço carinhosamente pelo acolhimento generoso em São Paulo, oferecendo-me o apartamento onde passei inúmeras horas dedicadas à elaboração da dissertação de mestrado que deu origem a este livro.

Aos amigos, agradeço pelos momentos de descontração que me trouxeram forças para enfrentar o desafio de concluir este trabalho.

À Professora Natália Cristina Chaves e ao Professor Christian Sahb Batista Lopes, registro minha gratidão pela orientação e pela confiança em mim depositada. Ao Professor Christian, em especial, agradeço por gentilmente aceitar o convite para prefaciar esta obra.

À memória dos meus avós, alguns dos quais acompanharam minha trajetória acadêmica até a defesa da dissertação, rendo homenagens pelo carinho e incentivo que recebi, e que continuam a me inspirar para a superação dos desafios da vida.

Ao Professor Carlos Elias, estendo meus agradecimentos por sua valiosa participação na banca de defesa da minha dissertação e pelos preciosos comentários e observações, que foram guardados com apreço e muito contribuíram para a atualização do texto.

Agradecimentos também são devidos aos profissionais que me auxiliaram e acompanharam ao longo da minha jornada acadêmica e profissional. A elaboração deste livro passou por três locais diferentes. À equipe da CAMARB, expresso minha gratidão na pessoa do antigo Secretário Geral e atual conselheiro, Felipe Moraes. Aos colegas da Câmara do Mercado (anteriormente conhecida como CAM-B3), registro meu agradecimento na pessoa do ex-presidente, Dr. Roberto Teixeira da Costa. Aos colegas do Souto Correa, agradeço especialmente a Jorge Cesa, cujas contribuições a este livro resultaram em um artigo e inúmeros debates acadêmicos.

Aos membros do Comitê Brasileiro de Arbitragem (CBAr) e de sua Diretoria, agradeço pela receptividade e recomendação para a publicação desta obra, representados aqui pelo querido Lucas Diniz, que acompanhou de perto essa jornada.

À minha querida Valeria, agradeço o apoio, companheirismo e carinho, indispensáveis para a atualização, ampliação e edição deste livro.

Por fim, agradeço a todos os colegas e amigos que compartilharam comigo seu conhecimento, material e tempo, enriquecendo os debates sobre os temas tratados nesta obra.

PREFÁCIO

A arbitragem, reconhecida como uma via alternativa e eficaz para a resolução de disputas comerciais e de investimentos, sempre carregou a promessa de agilidade e especialização, tornando-se um recurso valioso para partes envolvidas em litígios complexos domésticos ou internacionais. No entanto, mesmo em face de suas muitas virtudes, não está imune aos desafios impostos por questões de corrupção que afetam todas as esferas do direito e da governança global. Este livro, profundo e meticuloso, explora todos os aspectos da intersecção entre a arbitragem e a corrupção, destacando os desafios enfrentados e propondo soluções para superar as adversidades que esta interação inevitavelmente traz.

A pesquisa incansável de Felipe Véras produziu uma obra a um só tempo consistente teoricamente, utilizando com segurança os princípios jurídicos aplicáveis, e de relevante aplicação prática, ao prover ao leitor as soluções aos problemas identificados. A importância do tema é inconteste, tendo sido objeto de dossier publicado pela ICC – *International Chamber of Commerce* em 2015 (*Addressing Issues of Corruption in Commercial and Investment Arbitration - Institute Dossier XIII*), abordado em um painel do 18º Congresso Internacional de Arbitragem, promovido pelo Comitê Brasileiro de Arbitragem em 2019 e, mais recentemente, da Conferência "When Arbitration Meets Crime", promovida pela IBA – *International Bar Association* no início de 2024, além de objeto de inúmeros artigos científicos citados ao longo do livro.

O autor inicia por traçar os conceitos de arbitragem e corrupção que serão utilizados na obra, deixando claro que, nesse último caso, não se prende ao tipo penal previsto no ordenamento brasileiro ou em qualquer outro. Ao contrário, a preocupação de Véras é com o fenômeno da corrupção, adotando o conceito da Transparência Internacional de "uso indevido do poder concedido para benefício privado" e abrangendo tanto atos praticados envolvendo servidores públicos como aqueles entre agentes privados. É louvável a clareza com que expõe o objeto do trabalho ou, em outros termos, de que corrupção se passará a tratar, e a coragem de usar um conceito mais amplo, tornando seu trabalho útil para virtualmente qualquer tipo de arbitragem e não apenas aquela que envolver a administração pública.

O passo seguinte é avaliar se o árbitro tem jurisdição para determinar se houve ou não corrupção em determinado caso. O autor começa por citar o emblemático *ICC Case No.* 1110 de 1963, em que o árbitro único Gunnar Lagergren entendeu que se tratava de matéria de ordem pública e, portanto, não arbitrável, mencionando outros casos no mesmo sentido. No entanto, destaca Véras, esses casos são a exceção e a tendência mais moderna tem sido admitir a jurisdição de árbitros para lidar com alegações de corrupção e seus efeitos na relação contratual entre as partes de uma arbitragem. Com rica pesquisa, o autor cita e explica casos internacionais em que alegações de corrupção foram trazidas por uma das partes e devidamente instruídas e decididas pelos árbitros, fundamentando suas conclusões igualmente na doutrina de Gaillard e Mistelis, para em seguida analisar a questão sob a ótica do direito brasileiro.

Para avaliar se o árbitro poderia instruir e decidir questões afetas à corrupção de ofício, o autor parte dos poderes e deveres dos árbitros para explorar como devem manter sua independência e imparcialidade enquanto enfrentam as nuances de casos que envolvem corrupção. Ao adotar a ideia de árbitro-poeta de Yves Fortier, exemplifica a habilidade necessária para navegar essas complexidades sem comprometer os princípios fundamentais de justiça e equidade. A partir daí, Véras traz interessantes exemplos de qual seria o papel do árbitro em várias situações, como quando o tema corrupção é pressuposto do direito envolvido na sentença arbitral, quando é pressuposto dos efeitos da sentença, quando é matéria lateral ou quando as partes pretendem usar o procedimento arbitram para legitimar atos de corrupção.

Demonstrada a jurisdição de árbitros para lidar com o tema da corrupção, na medida de sua relevância para a resolução da controvérsia de direito patrimonial submetida aos árbitros, Véras avança em seu trabalho para mostrar ao leitor como a questão deve ser abordada sob dois aspectos: o processual (no capítulo 4) e o de direito material (no capítulo 5). Assim, dá ao leitor um guia seguro sobre o *como* lidar com a alegação ou indícios de corrupção, em termos instrutórios, e sobre *quais os possíveis desfechos* para a controvérsia relativa a esse tema.

Véras discute a relevância dos procedimentos probatórios na arbitragem em casos envolvendo corrupção, destacando como os árbitros devem manejar a produção de provas. Aborda a importância do ônus da prova, questionando se, diante de alegações de corrupção, deveria haver uma exigência mais rigorosa na qualidade e quantidade de provas. O árbitro, portanto, enfrenta o desafio de equilibrar a necessidade de uma decisão justa e exequível com a dificuldade inerente de obter provas em casos de corrupção, onde os atos ilícitos geralmente são ocultados pelas partes envolvidas.

A discussão se aprofunda ao considerar as diferentes teorias sobre a natureza das provas e a verdade no âmbito jurídico. Enquanto algumas visões sustentam que o processo deve ser um meio para reconstruir os fatos ocorridos, outras argumentam que o procedimento deveria servir como uma arena para a argumentação colaborativa em busca de uma verdade prática. Esse debate é crucial em casos de corrupção, onde a complexidade e a ocultação dos fatos tornam a verdade dos atos disputados particularmente elusiva.

O texto também explora como as regras gerais de processo são aplicáveis à arbitragem, destacando que princípios como o contraditório e a isonomia são essenciais para garantir a legalidade e a justiça do processo arbitral. É enfatizado que as disposições da Lei de Arbitragem devem ser interpretadas em harmonia com o sistema jurídico brasileiro, garantindo que a arbitragem não seja um processo isolado das garantias e normas processuais vigentes.

Específica atenção é dada ao ônus da prova em arbitragem, especialmente em contexto de corrupção. Discute-se como a responsabilidade de provar alegações recai sobre as partes e como o árbitro deve avaliar as provas apresentadas. Em casos de corrupção, o árbitro pode encontrar-se em uma posição delicada para decidir sobre a inversão do ônus da prova, especialmente quando há indícios de atos ilícitos camuflados.

Ainda sobre os aspectos processuais do tratamento da corrupção na arbitragem, Véras aborda a complexidade da produção de provas em sistemas jurídicos distintos, como os de *civil law* e *common law*, e como isso afeta as expectativas em arbitragens internacionais. São discutidos as inferências negativas e o uso de *red flags* como ferramentas para identificar possíveis atos de corrupção. Tais mecanismos sugerem que, além das provas diretas, os árbitros devem estar atentos a sinais que possam indicar comportamentos corruptos, equilibrando a necessidade de provas concretas com a realidade prática da dificuldade em desvendar atos de corrupção.

Tendo analisado com profundidade os aspectos processuais, o capítulo seguinte discute os efeitos civis da corrupção no contexto do direito brasileiro, com um foco particular na arbitragem envolvendo a administração pública. Nesse ponto, é retomado o conceito de corrupção mais amplo, que é essencial para o estudo, pois abrange não só ilícitos tradicionais presentes no Código Penal, mas também a corrupção privada, que não é penalizada diretamente pela legislação brasileira. Isso ressalta a relevância do papel do árbitro em interpretar atos de corrupção dentro dos limites da lei civil, especialmente quando a legislação é omissa sobre a corrupção entre privados.

A arbitragem com a administração pública é especialmente complexa devido ao regime jurídico aplicável, que impõe uma série de particularidades nos contratos administrativos submetidos a arbitragem. Os árbitros, ao analisarem esses contratos, devem considerar as normas de direito público, o que inclui a nova Lei de Licitação e Contratos Administrativos e alterações relevantes na Lei de Introdução às Normas do Direito Brasileiro, enfatizando a necessidade de avaliar as consequências práticas das decisões arbitrais para garantir a continuidade do serviço público e a manutenção do interesse público.

Relativamente aos efeitos civis da corrupção, o autor traz informações do direito internacional, mencionando dispositivo específico dos Princípios UNIDROIT Relativos aos Contratos Comerciais Internacionais de 2016 e tentativas de padronizar a abordagem civil da corrupção, como a Convenção Civil sobre Corrupção do Conselho da Europa, que propõe princípios e regras para que os países membros integrem medidas de reparação civil em suas legislações nacionais. No entanto, Véras conclui que o tratamento específico e os efeitos legais variam consideravelmente entre diferentes jurisdições.

Com apoio na doutrina de Richard H. Kreindler e Francesca Gesualdi, Vérias distingue os chamados contratos cuja finalidade é a prática de atos de corrupção (*contracts providing for corruption*) e os contratos obtidos por corrupção (*contracts procured by corruption*) e parte para a análise dessas modalidades sob a ótica do direito brasileiro, focando nos planos de existência, validade e eficácia dos negócios jurídicos. O autor analisa diferentes situações, atribuindo a cada uma delas o efeito adequado de anulabilidade, nulidade absoluta, dever de indenizar ou dever de restituir.

Apesar das inúmeras contribuições do trabalho para tema tão espinhoso, talvez possa se afirmar que o terreno mais controverso explorado pelo livro é o papel dos árbitros em reportar atos de corrupção às autoridades competentes. Aqui, o debate entre a confidencialidade, pilar da arbitragem, e a necessidade de transparência e responsabilidade ética é cuidadosamente analisado. Este debate crucial reflete os dilemas profundos e as tensões entre os valores fundamentais que os árbitros devem equilibrar.

Este livro, que tive a honra de prefaciar, ocupará indubitavelmente um lugar de destaque dentre as inúmeras excelentes publicações sobre arbitragem em nosso mercado editorial. Nenhum autor dedicou um trabalho de tanto fôlego e profundidade ao tema arbitragem e corrupção. Os problemas envolvidos nessa interseção, por mais intricados que sejam, foram analisados e resolvidos por Felipe Véras. Assim, a presente obra servirá de referência para árbitros, advogados e estudiosos da arbitragem, que se dediquem a enfrentar um dos maiores desafios no campo da arbitragem, lidar com o tema da corrupção.

Christian Sahb Batista Lopes
Belo Horizonte, novembro de 2024.

LISTA DE ABREVIATURAS E SIGLAS

AAA	American Arbitration Association
ABA	American Bar Association
AMCHAM	American Chamber of Commerce
Art.	Artigo
BIT	Bilateral Investment Treaty
CAM	Câmara de Arbitragem do Mercado
CAM-CCBC	Centro de Arbitragem e Mediação da Câmara de Comércio Brasil-Canadá
CAMARB	Câmara de Arbitragem e Mediação Empresarial – Brasil
CBMA	Centro Brasileiro de Mediação e Arbitragem
CCI	Câmara de Comércio Internacional
CIArb	Chartered Institute of Arbitrators
CIESP/FIESP	Câmara de Conciliação, Mediação e Arbitragem CIESP/FIESP
CONIMA	Conselho Nacional das Instituições de Mediação e Arbitragem
EII	Estudo de Impacto Invalidatório
EUA	Estados Unidos da América
FCPA	Foreign Corrupt Practices Act
GCB	Global Corruption Barometer
HKIAC	Hong Kong International Arbitration Centre
IBA	International Bar Association
ICC	International Chamber of Commerce
ICDR	International Centre for Dispute Resolution (ramo internacional de atuação da AAA)
ICSID	International Centre for Settlement of Investment Disputes

IPC	Índice de Percepção da Corrupção
IVS	International Valuation Standards
IVSC	International Valuation Standards Council
LA	Lei de Arbitragem
LAC	Lei Anticorrupção
LCIA	London Court of International Arbitration
LINDB	Lei de Introdução às Normas do Direito Brasileiro
NLCCA	Lei de Licitações e Contratos Administrativos
OAB	Ordem dos Advogados do Brasil
OCDE	Organização para Cooperação e Desenvolvimento Econômico
OEA	Organização dos Estados Americanos
OP	Ordem Processual
ONU	Organização das Nações Unidas
PCA	Permanent Court of Arbitration
PwC	PricewaterhouseCoopers
QMuL	Queen Mary University of London
SEC	Securities and Exchange Commission
SIA	School of International Arbitration
SIAC	Singapore International Arbitration Centre
STF	Supremo Tribunal Federal
TI	Transparência Internacional
UNAC	Convenção das Nações Unidas contra a Corrupção (em inglês, United Nations Convention Against Corruption)
UNCITRAL	Comissão das Nações Unidas para o Direito Comercial Internacional (em inglês, United Nations Commission on International Trade Law)

SUMÁRIO

INTRODUÇÃO

A utilização da arbitragem é amplamente aceita e reconhecida, de modo que 97% de seus usuários a indicam como o método preferido de resolução de disputas[1]. Ao longo do ano de 2022, as principais câmaras de arbitragem do mundo registraram 7.554 novos casos[2]. Em 2023, a Câmara de Comércio Internacional (CCI ou ICC – sigla em inglês) registrou o marco de 28.000 arbitragens administradas desde sua criação em 1923[3]. Além disso, nota-se que, mesmo no cenário internacional, a participação do Brasil é ativa, sendo recentemente a segunda nacionalidade mais frequente entre as partes dos procedimentos arbitrais daquela instituição[4]. Esse cenário de crescimento não é exclusivo das arbitragens comerciais, de maneira que

---

1 Dados retirados da publicação anual feita pela *Queen Mary University of London* (QMuL), *School of International Arbitration* (SIA) e pelo escritório de advocacia *White & Case*, chamada *"2018 International Arbitration Survey: The Evolution of International Arbitration"*. A pesquisa revela que 97% dos entrevistados informaram que utilizam arbitragem como método preferido de resolução de disputas, seja como único método (48% dos entrevistados) ou em combinação com outros Métodos Adequados de Resolução de Disputas (49% dos entrevistados).

2 ALTENKIRCH, Markus; MOTA, Maria Barros; RHEINWALD, Sebastian. Arbitration Statistics 2022: the number of arbitration proceedings continues to drop. *Global Arbitration News*, 13 de setembro de 2023. Disponível em: <https://www.globalarbitrationnews.com/2023/10/02/arbitration-statistics-2022-the-number-of-arbitration-proceedings-continues-to-drop-but-the-amount-in-dispute-increases/#_ftn1>. Acesso em 16 de outubro de 2023. Apesar do título da matéria, que indica tendência recente de decréscimo no número anual de novos casos quando se retiram instituições novas ou com desempenhos extraordinários, o número total de casos apresenta crescimento contínuo quase linear desde 2012.

3 INTERNATIONAL CHAMBER OF COMMERCE. *ICC reaches arbitration milestone with case 28,000*. Disponível em: <https://iccwbo.org/news-publications/news/icc-reaches-arbitration-milestone-with-case-28000/>. Acesso em 16 de outubro de 2023.

4 INTERNATIONAL CHAMBER OF COMMERCE. *ICC Dispute Resolution 2020 Statistics*. 2021, p. 24.

as arbitragens de investimento (seja no modelo Estado-Estado ou Investidor-Estado) também tiveram notável crescimento a partir do ano de 2000[5].

O Brasil naturalmente se beneficia de toda essa experiência internacional. No cenário doméstico, desde a publicação da Lei nº 9.307, de 23 de setembro de 1996 (Lei de Arbitragem, ou LA), a utilização da arbitragem teve crescimento considerável devido, em grande parte, a dois fatores, quais sejam: (i) o julgamento de sua constitucionalidade pelo Supremo Tribunal Federal (STF) em 2001[6] e (ii) a ratificação da Convenção de Nova Iorque em 2002[7], que trata sobre o reconhecimento e execução de sentenças arbitrais estrangeiras[8].

Desde então, o crescimento da arbitragem no Brasil é monitorado de perto por vários doutrinadores e profissionais atuantes na área, que frequentemente publicam estatísticas comprovando o avanço do instituto. A Professora Selma Lemes, uma das coautoras do anteprojeto da Lei de Arbitragem[9], publica anualmente sua pesquisa intitulada "Arbitragem em Números e Valores". Em sua edição de 2023[10], a pesquisa revela que as oito principais câmaras do Brasil receberam 336 novos casos em 2022, concentrando mais de mil casos em andamento no país.

Nesse cenário, é natural que a expansão do instituto provoque cenários novos e frequentemente desafiadores para os profissionais atuantes na área. Infelizmente, uma dessas situações é a alegação de existência de corrupção em algum momento nas relações jurídicas existentes dentro e ao redor dos procedimentos arbitrais, seja na formação e execução do contrato objeto do litígio, durante o procedimento arbitral ou mesmo depois de proferida a sentença pelos árbitros.

---

5 INTERNATIONAL CENTRE FOR SETTLEMENT OF INVESTMENT DISPUTES. *The ICSID Caseload – Statistics.* 2023, Issue 2023-2. O relatório do ICSID revela a administração de 933 casos à luz da Convenção do ICSID de 1966.

6 Em 12 de dezembro de 2001, foi julgado o Agravo Regimental em Sentença Estrangeira nº 5.206-7, de relatoria do então ministro Sepúlveda Pertence, em que o Tribunal Pleno do STF decidiu, por sete votos a quatro, pela constitucionalidade de Lei de Arbitragem.

7 Por meio do Decreto de nº 4.311, de 23 de julho de 2002, o Brasil ratificou e incorporou ao seu ordenamento jurídico a Convenção de Nova Iorque, celebrada originalmente em 10 de junho de 1958.

8 HAMILTON, Jonathan C. Three Decades of Latin American Commercial Arbitration. *U. Pa. J. Int'l L.*, v. 30, p. 1099, 2008, p. 1115.

9 A redação do anteprojeto de lei que deu origem à Lei de Arbitragem foi feita pelo grupo de trabalho (comissão redatora) composto por Selma Maria Ferreira Lemes, Pedro Antônio Batista Martins e Carlos Alberto Carmona. Mais detalhes podem ser encontrados em: MUNIZ, Petronio RG. *Operação arbiter: a história da Lei no 9.307/96 sobre a arbitragem comercial no Brasil.* AAEPE, Associação dos Advogados de Empresa de Pernambuco, 2005; e CARMONA, Carlos Alberto. *Arbitragem e processo*: um comentário à Lei nº 9.307/96. 4ª ed. Barueri: Atlas, 2023.

10 LEMES, Selma Maria Ferreira. *Arbitragem em Números* – Pesquisa 2021/2022 – Realizada em 2023. 2023. Auxílio na elaboração de Vera Barros e Bruno Hellmeister. Disponível em: <https://canalarbitragem.com.br/wp-content/uploads/2023/10/PESQUISA-2023-1010-0000.pdf>. Acesso em 23 de outubro de 2023.

Há décadas se estudam maneiras de diminuir e combater a corrupção. Em 1996, James D. Wolfensohn, à época presidente do Banco Mundial, declarou que para que os países em desenvolvimento conseguissem atingir suas metas de desenvolvimento econômico e redução da pobreza, seria necessário "lidar com o câncer da corrupção"[11]. A corrupção reduz o crescimento e mina o desenvolvimento, pois diminui tanto os incentivos quanto a eficiência de investimentos estrangeiros e domésticos. A corrupção também reduz o crescimento, pois diminui a qualidade de infraestruturas e serviços públicos, uma vez que os valores originalmente destinados a tais bens e serviços são desviados para outras finalidades[12]. A título de contexto, estima-se que ao redor do mundo, somente em propinas, são pagos anualmente 1,5 trilhão de dólares americanos[13].

Diante desse cenário, a comunidade internacional trabalhou para editar uma série de normas destinadas ao combate à corrupção, dentre as quais se destacam: a Convenção Interamericana Contra a Corrupção (Convenção Interamericana), adotada pela Organização dos Estados Americanos (OEA) em 1996; a Convenção sobre o Combate da Corrupção de Funcionários Públicos Estrangeiros em Transações Comerciais Internacionais (Convenção da OCDE) em 1997, no âmbito da Organização para Cooperação e Desenvolvimento Econômico (OCDE); e a Convenção das Nações Unidas Contra a Corrupção (UNAC). Algumas normas estatais também merecem destaque, como o *Foreign Corrupt Practices Act* (FCPA), considerada a norma precursora sobre o tema, editada em 1977; mais recentemente, o *UK Bribery Act*, de 2010; e a Lei nº 12.846, de 1º de agosto de 2013, a Lei Brasileira Anticorrupção (LAC).

No entanto, em 2009, no *Global Corruption Barometer Report* (GCB), a Transparência Internacional[14] (TI) reportou que "[n]egative ratings of governments' efforts to curb corruption suggest that more must be done to reduce public sector graft and clean up political institutions so that they act in the interests of citizens

---

11 WOLFENSOHN, J. The Cancer of Corruption. *Transition, The Newsletter About Reforming Economies. Macroeconomics and Growth Division, Policy Research Department, World Bank*. Washington DC, v. 7, n. 9-10, 1996, p. 50.

12 BHARGAVA, Viy K. Curing the Cancer of Corruption. In: BHARGAVA, Viy K (Ed.). *Global issues for global citizens: An introduction to key development challenges*. The World Bank, 2006, Cap. 18, p. 1-30, p. 5.

13 Valor equivalente à toda a economia do Canadá. TRANSPARÊNCIA INTERNACIONAL. *Transparência em Relatórios Corporativos: As 100 maiores empresas e os 10 maiores bancos brasileiros*, p. 9.

14 Fundada em 1923, a Transparência Internacional é uma Organização Não Governamental (ONG) que exerce, atualmente, um papel de grande importância no combate à corrupção, bem como na sua exposição e fornecimento de dados empíricos a respeito. Exemplos desses relatórios são as publicações anuais do Índice de Percepção da Corrupção, *Global Corruption Barometer*, entre outros. Mais informações sobre a entidade podem ser encontradas em seu *website*: https://www.ipc.transparenciainternacional.org.br/.

rather than in their own interests"[15]. Em outras palavras, mesmo diante do esforço imenso que foi feito para combater a corrupção, tanto no âmbito internacional quanto nacional, o simples fato de tornar determinada conduta um ato ilícito não é suficiente para sua prevenção.

Em meio ao cenário de combate à corrupção, pretende-se abordar como a questão deverá ser tratada na arbitragem. Não obstante o fato de que historicamente a arbitragem chegou a ser esporadicamente utilizada para resolver determinadas matérias criminais[16], atualmente, sob a perspectiva do direito brasileiro, a arbitragem se destina exclusivamente a matérias derivadas de direitos patrimoniais disponíveis[17].

Felizmente, nota-se na doutrina (internacional, principalmente) uma convergência no sentido de que aqueles encarregados de julgar – o que inclui os árbitros – têm a inegável responsabilidade de assegurar que as normas aplicáveis às condutas de corrupção devem ser adotadas corretamente[18]. No entanto, como "a abordagem dos árbitros à corrupção é normalmente pragmática e casuística"[19], a proposta de pesquisa ora exposta se destina a estudar detalhadamente, à luz do direito brasileiro, uma série de questões problemáticas que surgem quando indícios ou alegações de corrupção surgem no âmbito de procedimentos arbitrais.

Logo, buscando conferir uma visão panorâmica da organização do presente trabalho, o capítulo 1 trata dos contornos e definições dos institutos que serão a abordados ao longo do estudo.

O capítulo 2 se destina à análise de como os poderes, deveres e conduta do árbitro são empregados em face de alegações e/ou da prática de atos de corrupção. O item 2.1 se destina especificamente a analisar os fundamentos que permitem ao árbitro permanecer no exercício de sua função jurisdicional. Em seguida, no item 2.2 são tratados os conceitos de ordem pública nacional, internacional e transnacional, bem como as normas de aplicação imediata (*loi de police*) e como tais institutos auxiliam na solidificação das normas de combate à corrupção. O item 2.3, por sua

---

15 Tradução livre: "As avaliações negativas dos esforços dos governos para reduzir a corrupção sugerem que é necessário fazer mais para reduzir a corrupção no setor público e limpar as instituições políticas, para que atuem no interesse dos cidadãos e não no seu próprio interesse" (TRANSPARENCY INTERNATIONAL. *Global Corruption Barometer Report*, 2017, p. 10.

16 ROEBUCK, Derek. *Sources for the History of Arbitration: A Bibliographical Introduction*. Arbitration International, v. 14, n. 3, p. 237-344, 1998, p. 277; BORN, Gary. *International commercial arbitration*. 3rd. Ed. Kluwer Law International, 2021, §1.01[B][2] (Kluwer Law International, Updated August 2022).

17 Conf. art. 1º da Lei de Arbitragem.

18 RAOUF, Mohamed Abdel. How should international arbitrators tackle corruption issues? *ICSID review*, v. 24, n. 1, p. 116-136, 2009, p. 118.

19 No original: "Arbitrators' approach to corruption is normally pragmatic and casuistic" (MEYER, Olaf. The Formation of a Transnational Ordre Public Against Corruption: lessons for and from Arbitral Tribunals. In: ROSE-ACKERMAN, Susan. *Anti-corruption policy, can International actors play a constructive role*, Capítulo 15, p. 229-245, 2013, p. 233).

vez, é de suma importância para este trabalho, pois aborda a possibilidade de o árbitro investigar, de ofício (ou *sua sponte*), a suspeita da prática de atos de corrupção pelas partes.

No capítulo 3 são enfrentadas questões procedimentais pertinentes às particularidades da análise da prática de atos de corrupção na relação jurídica objeto de um procedimento arbitral. Em primeiro lugar, o(a) leitor(a) é introduzido à perspectiva adotada pelo autor acerca de temas essenciais ao devido entendimento das discussões que serão tratadas posteriormente no capítulo – *i.e.*, os objetivos do instituto da prova (item 3.1), aplicação das normas gerais de processo ao instituto da arbitragem (item 3.2), os conceitos de ônus e medida da prova (item 3.3), a influência de diferentes tradições jurídicas (item 3.4) e uma sugestão de qual deve ser o *mindset* do árbitro que se propõe a julgar questões relativas à prática de corrupção (item 3.5). Na sequência, será analisado como as alegações da prática de atos de corrupção pode impactar a análise do ônus (item 3.6) e medida da prova (item 3.7), bem como das chamadas inferências negativas e *red flags* (item 3.8).

O capítulo 4, por sua vez, é dedicado à análise, sob o prisma do direito material, dos efeitos civis da corrupção para o julgamento do mérito da arbitragem. Para tanto, é feito inicialmente um recorte teórico de como o tema será abordado (item 4.1). Em seguida, elege-se, dentro das várias construções teóricas oferecidas para sistematizar a teoria das nulidades, a técnica de eliminação progressiva (item 4.2.2.1) e como essa deve ser aplicada para a convenção de arbitragem (item 4.2.2.3) e, posteriormente, para o contrato objeto do litígio (item 4.2.2.4), seja essa relação submetida ao regime do direito civil (item 4.2.2.4.1) ou administrativo (item 4.2.2.4.2). Na segunda parte, este capítulo trata da aplicação dos institutos da restituição e reparação civil aos contratos afetados por atos de corrupção (item 4.3), esclarecendo qual instituto deve ser aplicado aos contratos *providing for corruption* (item 4.3.2.1) e aos contratos *procured by corruption* (item 4.3.2.2). Ao final, o capítulo apresenta algumas pistas conferidas pela (rara) doutrina especializada de qual caminho seguir para a árdua tarefa de quantificar os valores a serem restituídos ou reparados (item 4.3.2.3).

O capítulo 5 é reservado para esclarecer o (por vezes) mal compreendido tema da existência de suposto dever do árbitro de reportar a prática de atos de corrupção das partes às autoridades competentes. Para tanto, a primeira tarefa para investigar se tal dever existe, no entendimento do autor, é entender as diferenças entre o dever moral e o dever legal, o que é feito no item 5.1. Em seguida, por razões metodológicas, é explicada a terminologia adequada a ser utilizada no resto do capítulo quanto à confidencialidade (item 5.2.1) e ao suposto dever do árbitro de reportar (item 5.2.2). Em seguida, é feita a análise de como a confidencialidade frequentemente imposta aos procedimentos arbitrais interfere na análise do tema objeto deste capítulo. (item 5.3). A partir de então, percebe-se a necessidade de esclarecer os limites da aproximação das figuras do árbitro e juiz togado (item 5.4), assim como dos limites da equiparação do árbitro aos servidores públicos (item 5.5). Será analisado também se os Códigos de Ética que os árbitros podem estar sujeitos impõem ao julgador tal suposto dever de reportar (item 5.6). Esclarecidos esses temas, será objetivamente respondida a seguinte pergunta: há o dever do árbitro de reportar a conduta da parte às autoridades competentes (item 5.7)?

Ao final, são oferecidas conclusões acerca de cada um dos temas tratados neste trabalho, resumindo como e em qual medida deve se dar o combate à corrupção na arbitragem.

1. CONCEITOS PARA OS FINS DESTE ESTUDO

1.1 ARBITRAGEM

É cediço que, em sistemas legais contemporâneos, a arbitragem se enquadra como um meio pelo qual disputas comerciais podem ser resolvidas definitivamente, de acordo com o consentimento das partes, por um julgador – o(s) árbitro(s) – independente e imparcial, escolhido pelas ou para[1] as partes, aplicando procedimentos neutros capazes de fornecer às partes a oportunidade de serem ouvidas[2]. Essa é a definição conceitual do instituto pela doutrina internacional. De acordo com Gary Born, cada sistema legal contemporâneo terá sua própria interpretação e aplicação do instituto, reconhecendo que haverá tantas definições do instituto quanto

---

1 A colocação "para" é empregada no texto em alusão a duas possibilidades. A primeira delas se refere ao cenário de arbitragem institucional, em que normalmente há, no regulamento da câmara, uma previsão no sentido de que, caso as partes não indiquem árbitro no prazo regulamentar, a indicação será suprida por determinado órgão da instituição (ex.: item 13(6), ICDR Arbitration Rules; artigo 12(8), ICC Arbitration Rules; artigo 5.7, LCIA Arbitration Rules; art. 10(3), PCA Arbitration Rules; e itens 10(2), 11(3) e 12 (2), SIAC Arbitration Rules). A segunda possibilidade trata da hipótese em que as partes, na convenção de arbitragem, designam uma entidade apontadora (*appointing authority*), que indicará o(s) árbitro(s) na impossibilidade ou ausência de uma das partes. Determinadas Câmaras de Arbitragem (ex.: AAA, ICC, LCIA, PCA e SIAC, dentre outras) prestam esse tipo de serviço mediante o pagamento de uma taxa específica. A entidade apontadora também decidirá acerca de eventual impugnação do(s) árbitro(s) indicado(s).

2 BORN, Gary. *International commercial arbitration*. 3rd. Ed. Kluwer Law International, 2021, §1.02.

doutrinadores[3]. O Brasil não é exceção a tal afirmativa. Diante disso, para os fins deste trabalho, adotar-se-á como conceito de arbitragem no cenário nacional aquele tecido por Carlos Alberto Carmona, que descreve:

> A arbitragem – meio adequado de solução de controvérsias segundo o qual uma ou mais pessoas recebem poderes de uma convenção privada para decidir, com base nela, sem intervenção estatal, sendo a decisão destinada a assumir a mesma eficácia da sentença judicial[4] – é colocada à disposição de quem quer que seja, para a solução de conflitos relativos a direitos patrimoniais acerca dos quais os litigantes possam transigir[5].

Ressalta-se que a definição acima evidencia que a jurisdição outorgada ao árbitro pelas partes é limitada ao escopo de determinada relação jurídica – aquela que contém a convenção de arbitragem – e que as partes, no exercício de sua autonomia privada, conferem ao(s) árbitro(s) poderes para decidir a controvérsia[6]. Não obstante o fato de que historicamente a arbitragem chegou a ser esporadicamente utilizada para resolver determinadas matérias criminais[7], atualmente, sob a perspectiva do direito brasileiro, a arbitragem se destina exclusivamente a matérias derivadas de direitos patrimoniais disponíveis[8].

Naturalmente, o movimento de expansão da arbitragem como método de solução de conflitos contribui para aumentar a gama de possibilidades e situações diferentes com as quais os profissionais que atuam na área terão que aprender a lidar. Uma dessas circunstâncias é o surgimento de ocasiões em que o árbitro se depara com o dilema de ter que avaliar controvérsias derivadas de relações jurídicas contaminadas por corrupção.

1.2 CORRUPÇÃO

Para melhor elucidar o tema, o primeiro desafio consiste em definir o termo "corrupção", principalmente quando se considera que a doutrina não é uníssona em

---

3 BORN, Gary. *International commercial arbitration*. 3rd. Ed. Kluwer Law International, 2021, §1.02.
4 Conf. art. 31 da Lei de Arbitragem.
5 CARMONA, Carlos Alberto. *Arbitragem e processo*: um comentário à Lei nº 9.307/96. 4ª ed. Barueri: Atlas, 2023, p. 29-30.
6 Conf. art. 3º da LA.
7 ROEBUCK, Derek. Sources for the History of Arbitration: A Bibliographical Introduction. *Arbitration international*, v. 14, n. 3, p. 237-344, 1998, p. 277.
8 Conf. art. 1º da LA.

seus conceitos sobre a expressão[9]. Em se tratando de um problema global, doutrinadores do mundo inteiro chegaram a debater e refletir sobre o tema. Sabe-se que a palavra corrupção é originária do termo em latim *corruptus*, que significa quebrar aos pedaços, deteriorar ou decompor algo[10]. Trata-se de "palavra polissêmica e fenômeno complexo de difícil conceituação, seja por ser um termo que está sofrendo mutações diárias, por ser globalizado ou por depender da contribuição de outras ciências na sua construção"[11]. A expressão poderia englobar também situações em que "agentes públicos e privados quebram a confiança neles depositada"[12].

Além de não haver consenso doutrinário sobre a definição do termo, alguns autores argumentam, outrossim, que haveria uma gradação quando se começa a observar "pequenos desvios do quotidiano (como o descumprimento da fila) até o crime organizado (cujo ato corruptivo é penalizado de forma especial pelos Estados modernos)"[13]. Em que pese não haver convergência conceitual há, no entanto, um consenso de que a expressão corrupção tem muitas conotações e interpretações, variando de acordo com o tempo e lugar, bem como disciplina[14].

Com efeito, como atos de corrupção acontecem de diferentes formas, em vários setores, organizações e níveis organizacionais, as definições de suas categorias frequentemente se sobrepõem. Em razão desse fato, alguns autores se dedicam a enquadrar diferentes espécies de corrupção:

> Corrupt practices range from small amounts paid for frequent transactions (petty corruption) to bribes to escape taxes, regulations, or win relatively minor procurement contracts (administrative corruption) to massive and wholesale corruption. Corruption occurs within private corporations (corporate corruption) or, more famously, in the public sector, including the political arena (political

---

9 BREI, Zani Andrade. Corrupção: dificuldades para definição e para um consenso. *Revista de Administração Pública*, v. 30, n. 1, p. 64-77, 1996.

10 HWANG, Michael; LIM, Kevin. Corruption in Arbitration—Law and Reality. *Asian International Arbitration Journal*, v. 8, n. 1, p. 1-119, 2012, p. 3.

11 TORCHIA, Bruno Martins; DIAS, Maria Tereza Fonseca. A Necessidade de Harmonização das Esferas do Poder Punitivo Estatal. In: FORTINI, Cristina (Cood.), *Corrupção e seus Múltiplos Enfoques Jurídicos*. Belo Horizonte: Fórum, p. 205-230, 2018, p. 208.

12 No original: "The word 'corruption' is derived from the Latin word 'corruptus' meaning to break. Its derivation emphasizes the destructive effect of corruption on the fabric of society and the fact that its popular meaning encompasses all those situations where agents and public officers break the confidence entrusted to them" (NICHOLLS, Colin et al. *Corruption and misuse of public office*. 2 ed. Oxford University Press, 2011, p. 1).

13 GABARDO, Emerson et al. A nova lei anticorrupção e a importância do compliance para as empresas que se relacionam com a Administração Pública. *A&C-Revista de Direito Administrativo & Constitucional*, v. 15, n. 60, p. 129-147, 2015, p. 130.

14 ROSE-ACKERMAN, Susan; PALIFKA, Bonnie J. *Corruption and government: Causes, consequences, and reform*. Cambridge university press, 2016, p. 7.

> corruption). When corruption is prevalent throughout all levels of society it is seen as systemic, and when it involves senior officials, ministers, or heads of state serving the interests of a narrow group of business people, politicians, or criminal elements, it is aptly called grand corruption.[15]

Ao abordar diferentes formas de corrupção, é frequente se deparar com a utilização indiscriminada de termos conceitualmente diferentes. Em razão disso, a Transparência Internacional chegou a editar um guia[16] dedicado a conceituar cada um deles, mencionando inclusive o que se entenderia pela expressão "corrupção" propriamente dita. Logo, de acordo com a referida instituição, o termo corrupção significa o "uso indevido do poder concedido para benefício privado"[17].

Nota-se que o ponto central do conceito acima exposto está na expressão "uso indevido do poder concedido", a partir da qual se engloba os principais atos de corrupção – propina, desvio de verbas, tráfico de influência, conflitos de interesse, fraude eleitoral, dentre outros[18]. Nesse ponto, ressalta-se que essa será a definição de corrupção utilizada para o trabalho ora proposto. Isso é relevante porque a amplitude de tal conceito permite abordar os "dois lados da moeda" no que tange ao combate à corrupção, isto é, tanto a corrupção na administração pública, enderençada diretamente no Título XI do Código Penal (dos crimes contra a administração pública), como a chamada corrupção entre agentes privados, que não possui endereçamento específico no ordenamento brasileiro – como se abordará adiante.

A situação de combate à corrupção é deveras preocupante quando indicadores como o Índice de Percepção da Corrupção[19] (IPC), elaborado pela Transparência

---

15 Tradução livre: "Práticas corruptas variam de pequenas quantias pagas para transações frequentes (petty corruption) a subornos para escapar de impostos, regulamentações ou ganhar licitações relativamente pequenas (corrupção administrativa) para corrupção maciça e generalizada. A corrupção ocorre em corporações privadas (corrupção corporativa) ou, mais notoriamente, no setor público, incluindo a arena política (corrupção política). Quando a corrupção é predominante em todos os níveis da sociedade, ela é vista como sistêmica e, quando envolve altos funcionários, ministros ou chefes de Estado que atendem aos interesses de um grupo restrito de empresários, políticos ou elementos criminosos, ela é apropriadamente chamada de grande corrupção" (BHARGAVA, Viy K. Curing the Cancer of Corruption. In*:* BHARGAVA, Viy K. (Ed.). *Global issues for global citizens:* An introduction to key development challenges. The World Bank, 2006, Cap. 18, p. 1-30, p. 2).

16 Para uma lista extensiva, porém não exaustiva, de atos de corrupção no entendimento da Transparência Internacional, consultar: TRANSPARENCY INTERNATIONAL, *The Anti-Corruption Plain Language Guide*, 2009.

17 Tradução livre, no original: "The abuse of entrusted power for private gain" (TRANSPARENCY INTERNATIONAL. *The Anti-Corruption Plain Language Guide*, 2009, p. 14).

18 NICHOLLS, Colin et al. *Corruption and misuse of public office.* 2 ed. Oxford University Press, 2011, p. 2-3.

19 Ressalta-se que, por se tratar de um índice de *percepção* da corrupção, experiências anteriores da população afetam a nota atribuída. A nota atribuída aos países no IPC é feita em uma escala de 0 (altamente corrupto) a 100 (altamente íntegro). Anteriormente a 2012, a escala era de 0 a 10,

Internacional, revelam que nenhum país ou região é imune à corrupção e seus malefícios. A edição de 2023 relata, por exemplo, que, os primeiros 25 países do *ranking* correspondem a apenas 10% de toda a população mundial representada no estudo – ou seja, 90% da população mundial vive em países onde os residentes consideram a corrupção um problema endêmico[20]. Tome-se o Brasil como referência, que está posicionado 54 pontos atrás do primeiro colocado (Dinamarca), estando empatado com Ucrânia, Sérvia e Argélia.

Em 1977, houve uma iniciativa precursora dos Estados Unidos da América (EUA), ao editar o FCPA, legislação que tornou ilegal o pagamento de funcionários públicos estrangeiros para obter ou reter negócios ou serviços[21]. Desde então, uma série de outras normas internacionais também entraram em vigor, a saber: (i) a Convenção Interamericana Contra a Corrupção[22]; (ii) a Convenção sobre o Combate da Corrupção de Funcionários Públicos Estrangeiros em Transações Comerciais Internacionais[23]; (iii) a Convenção das Nações Unidas Contra a Corrupção[24]; (iv) o *UK Bribery Act*[25]; dentre outros.

---

seguindo a mesma sistemática. Nota-se também que alguns fatores podem interferir na nota atribuída no relatório, quais sejam: (i) os dados referentes a alguns países não estão disponíveis anualmente, então quando isso acontece a mesma base de dados pode ser utilizada para a elaboração de mais de um relatório; (ii) devido à circulação da pesquisa, alguns participantes podem se valer da nota do ano anterior ao avaliar seu país, ainda que os participantes sejam advertidos em sentido contrário; e (iii) a corrupção pode persistir pois os próprios participantes esperam que isso aconteça, tendo como base experiências passadas - ou seja, caso determinado serviço demande um ato de corrupção para sua execução (o pagamento de propina, por exemplo), seria razoável presumir que tal situação se repetirá no futuro (ROSE-ACKERMAN, Susan; PALIFKA, Bonnie J. *Corruption and government:* Causes, consequences, and reform. Cambridge University Press, 2016, p. 16).

20 TRANSPARÊNCIA INTERNACIONAL. Índice de Percepção da Corrupção. 2023, p. 7.

21 O FCPA foi editado pelo Congresso americano em resposta ao escândalo de *Watergate* e a uma investigação da *Securities and Exchange Commission* (SEC), que revelou um esquema de mais de 300 milhões de dólares em pagamentos ilegais (propinas) feitos por empresas americanas em países estrangeiros. O relatório da SEC listou 527 empresas envolvidas em tais pagamentos, incluindo grandes companhias como Exxon Mobil, Boeing, Northrop Grumman, Lockheed Martin, e Gulf Oil (KREVER, Tor. Curbing Corruption? The Efficacy of the Foreign Corrupt Practices Act. (July 14, 2007). *North Carolina Journal of International Law and Commercial Regulation*, Vol. 33, No. 1, 2007, p. 87, p. 5). Como a análise da referida norma foge ao escopo do presente trabalho, o FCPA não será analisado profundamente – apenas serve para ilustrar o corpo normativo internacional de combate à corrupção. Para uma análise mais acurada do FCPA, consultar: (i) TILLIPMAN, Jessica. *Foreign Corrupt Practices Act Fundamentals*, 2008; e (ii) CHURI, Salen; FINKELSTEIN, David; MUELLER, Joe. *Complying with the Foreign Corrupt Practices Act: A practical Primer*. ABA Criminal Justice Section, Global Anti-Corruption Task Force, 2012.

22 Incorporada ao direito brasileiro por meio do Decreto nº 4.410/02.

23 Incorporada ao direito brasileiro por meio do Decreto nº 3.768/00.

24 Incorporada ao direito brasileiro por meio do Decreto nº 5.687/06.

25 Disponível em: <https://www.legislation.gov.uk/ukpga/2010/23/contents>.

Em meio a esse contexto, existe a arbitragem. Ao se deparar com uma situação em que foi indicado para dirimir uma divergência derivada de um contrato contaminado por corrupção, poderia o árbitro tomar alguma providência a respeito? Seria essa matéria arbitrável?

2. PODERES, DEVERES E CONDUTA DO ÁRBITRO

Uma vez delimitado o escopo da proposta deste trabalho, bem como posta a definição do que se entende como corrupção, adentra-se na primeira discussão do tema. Ao se deparar com um procedimento arbitral em que são postas para decisão matérias que, direta ou indiretamente, abordam a prática de atos de corrupção ou outros atos ilícitos, como devem se portar os árbitros? Esse debate passa, necessariamente, pela análise de três pontos que serão tratados adiante.

Em um primeiro momento, deve-se analisar se os árbitros têm jurisdição para abordar o tema e, caso positivo, quais seriam os limites dessa jurisdição. Na sequência, serão debatidos elementos que influenciam o exercício da jurisdição dos árbitros e que, em certa medida, o tribunal arbitral deverá considerar antes de proferir a sentença, a saber: conflitos de lei aplicáveis à disputa, ordem pública e leis de aplicação imediata ou mandatórias (*loi de police*). Por último, será endereçada a conduta do árbitro que se vê no dilema de ter que julgar um caso envolvendo atos de corrupção sem que tenham as partes, em nenhum momento, alegado isso em suas manifestações. Nesse último ponto, ponderar-se-á se o árbitro pode ou não endereçar essa questão de ofício ou *sua sponte*.

Havendo estabelecido a ordem dos pontos a serem tratados na primeira etapa deste estudo, segue-se para a primeira fonte de controvérsia.

2.1 UM PROBLEMA DE JURISDIÇÃO?[1]

Para que se possa adentrar na discussão, necessário elucidar os conceitos de arbitrabilidade subjetiva e objetiva. Philippe Fouchard, Emmanuel Gaillard e Berthold Goldman, ao se referirem à arbitrabilidade objetiva e depois à subjetiva, afirmam que "(...) this means, first, that the agreement must relate to subject-matter which is capable of being resolved by arbitration and, secondly, that the agreement must have been entered into by parties entitled to submit their disputes to arbitration"[2]. Da mesma forma, discorrem José Antônio Fichtner, Sérgio Nelson Mannheimer e André Luís Monteiro:

> Conforme afirmado anteriormente, a arbitrabilidade é a possibilidade teórica de submissão de um conflito de interesses à arbitragem em razão das características subjetivas e objetivas da disputa. Quando se faz menção às características subjetivas, quer-se fazer referência à arbitrabilidade subjetiva; quando se faz menção às características objetivas, quer-se fazer alusão à arbitrabilidade objetiva. Por um lado, a arbitrabilidade subjetiva procura responder à questão sobre "quem" pode se submeter à arbitragem enquanto, por outro lado, arbitrabilidade objetiva possui como fim responder à pergunta sobre "o que" pode ser submetido ao processo arbitral[3].

Posto isso, o dilema da análise de matérias derivadas da prática atos de corrupção pelo árbitro não é estranho ao instituto. Existem vários relatos e casos publicados que tratam especificamente sobre o tema.

2.1.1 A evolução do tema na doutrina e no entendimento dos árbitros

Um dos primeiros casos de que se tem notícia é de 1963 (*ICC Case No. 1110*[4]), que se tornou conhecido como o caso do Árbitro Único Gunnar Lagergren.

---

1 À época da pesquisa, este item inspirou a produção do seguinte texto: VÉRAS, Felipe Sebhastian Caldas. O papel do árbitro no combate à corrupção: um problema de jurisdição? In: *Revista Brasileira de Arbitragem e Mediação Empresarial*: VI Congresso Brasileiro de Arbitragem e Mediação Empresarial – CBAME, Edição 8, 2021.

2 Tradução livre: "isto significa, primeiramente, que o acordo deve se relacionar com uma matéria que possa ser resolvida por arbitragem e, em segundo lugar, que o acordo deve ter sido celebrado por partes capazes de submeter suas disputas à arbitragem". FOUCHARD, Philippe; GAILLARD, Emmanuel; GOLDMAN, Berthold. *International Commercial Arbitration*. The Hague: Kluwer, 1999, p. 311.

3 FICHTNER, José Antonio; MANNHEIMER, Sérgio Nelson; MONTEIRO, André Luís. *Teoria geral da arbitragem*. Rio de Janeiro: Forense, 2018, p. 228-229.

4 Mais informações, consultar, dentre outros: (i) MARTIN, A. Timothy. International arbitration and corruption: an evolving standard. *Transnational Dispute Management*, v. 1, n. 2, p. 5, 2004;

Tratava-se de um procedimento arbitral derivado de um contrato de agência entre um engenheiro argentino e uma empresa inglesa de equipamentos de energia. O contrato, firmado em 1950, tinha como objeto a intermediação, pelo Requerente, da venda de equipamentos para usinas de propriedade do governo argentino. Na sentença, o Árbitro Único decidiu que, em razão da violação da ordem pública e dos bons costumes por atos de corrupção, o objeto do litígio levado para sua decisão não era arbitrável, uma vez que se constatou que a obtenção do contrato se deu mediante pagamento de propina.

No mesmo sentido de Lagergren, decidiu a Suprema Corte do Paquistão em notória decisão do caso *HUBCO v. WAPDA*[5]. Em uma disputa derivada de um contrato de compra e venda de energia elétrica de uma usina construída e operada pela HUBCO, a Requerida (WAPDA) alegou que várias cláusulas contratuais, que posteriormente levaram à majoração do valor devido, haviam sido obtidas mediante fraude e pagamento de propina a oficiais do governo. A Suprema Corte entendeu que a mera alegação de ocorrência de fraude e corrupção dava causa à necessidade de instrução sobre a matéria e que, caso provada, levaria à decretação da nulidade do contrato e, portanto, em observância às normas de ordem pública, não poderia ser levada para arbitragem[6].

Ao longo do tempo, o debate na doutrina evoluiu para o entendimento de que, na verdade, Lagergren havia decidido que tais alegações de fraude não poderiam ser arguidas perante nenhum julgador, seja um árbitro ou juiz togado, simplesmente porque a fraude tornaria o contrato inexistente aos olhos da lei – de maneira que os pedidos seriam improcedentes quanto ao mérito da disputa, e não em razão de inarbitrabilidade propriamente dita[7].

A matéria também não é estranha ao âmbito das arbitragens de investimento. Nessa seara, devido às características particulares do instituto[8], eventuais alegações de corrupção podem tomar grandes proporções.

(ii) MUÑOZ, Tiago. Mr X, Buenos Aires v. Company A, Award, ICC Case No. 1110, 1963. In: LEE, João Bosco; DONATO, Elton José (eds.). *Revista Brasileira de Arbitragem*, v. X, n. 38, p. 212-213, 2013; e (iii) WETTER, J. Gillis. Issues of Corruption before International Arbitral Tribunals: The Authentic Text and True Meaning of Judge Gunnar Lagergren's 1963 Award in ICC Case No. 1110. *Arbitration International*, v. 10, n. 3, p. 277-294, 1994.

5 Suprema Corte do Paquistão, 14 de junho de 2000, The Hub Power Co Ltd. (HUBCO) v Paquistão WAPDA e a Federação do Paquistão.

6 MISTELIS, Loukas A. Legal Issues Arising Out of Disputes Involving Fraud, Bribery, Corruption and Other Illegality and Illicitness Issues, p. 590. In: GAILLARD, Emmanuel; DI PIETRO, Domenico (Ed.). *Enforcement of Arbitration Agreements and International Arbitral Awards: The New York Convention in Practice*. Cameron May, 2008.

7 MOURRE, Alexis. Arbitration and Criminal Law: Reflections on the Duties of the Arbitrator. *Arbitration International*, v. 22, n. 1, p. 95-118, 2006, p. 98.

8 Dentre as principais características, citam-se: (i) as fontes convencionais de direitos substantivos, já que estes derivam das relações entre o Estado e o investidor ou Estado-Estado; (ii) a aplicação das

No caso *Metal-Tech v. Uzbequistão* (*ICSID Case No. ARB/10/3*[9]), derivado de um *Bilateral Investment Treaty* (BIT) celebrado entre Israel e Uzbequistão, o tribunal arbitral entendeu que não possuía jurisdição devido aos atos de corrupção relacionados ao investimento de Metal-Tech no Uzbequistão. Nota-se que, em sua decisão, o tribunal se baseou principalmente nos termos do referido BIT, que definia "investimento" como qualquer tipo de ativos, implementados de acordo com as leis e regulamentos da Parte Contratante em cujo território o investimento é realizado[10]. Na opinião do tribunal, a ocorrência de atos de corrupção na implementação do investimento foi suficientemente comprovada e, como o BIT exigia que o investimento deveria ter sido legal quando inicialmente estabelecido[11], a disputa estaria fora de sua jurisdição.

Situação análoga ocorreu no caso *Fraport v. Philippines* (*ICSID Case No. ARB/03/25*[12]), também derivado de um BIT, porém entre Alemanha e Filipinas. Aqui, na primeira decisão, de 16 de agosto de 2007, o tribunal concluiu, por maioria de votos[13], que a parte Requerente (Fraport) havia deliberadamente violado a legislação (*Philippine Anti-Dummy Law*) quando mancomunou para obter o controle do projeto objeto do litígio e, por esta situação de ilegalidade, o aporte não poderia ser qualificado como "investimento" nos termos do BIT, não tendo o tribunal jurisdição sobre a disputa.

---

normas de Direito Internacional Público e das disposições da Convenção de Washington; (iii) o fato de que a arbitragem se encontra inserida na ordem jurídica internacional, o que significa dizer que o Estado anfitrião poderá ser responsabilizado por eventuais ações ou omissões do governo regional ou local; (iv) as diferentes maneiras de manifestação de vontade expressa das partes para aderirem à convenção de arbitragem, que variam entre as modalidades de arbitragem de investimento (Estado-Estado e Investidor-Estado); e (v) o fato de, em uma arbitragem de investimento em que se aplica a Convenção de Washington, a sentença não estar sujeita à anulação pelos tribunais da sede da arbitragem, mas por meio de procedimento específico previsto em seu art. 52, sem menção à ordem pública, diga-se de passagem (CREMADES, Bernardo M. Corrupción y arbitraje de inversión. *Revista Internacional de Arbitraje*, n. 3, p. 50-75, 2005.)

9 ICSID *Case No. ARB/10/3* (*Metal-Tech Ltd. v. Republic of Uzbekistan*), sentença de 4 de outubro de 2013.

10 ICSID *Case No. ARB/10/3* (*Metal-Tech Ltd. v. Republic of Uzbekistan*), parágrafo 164 da sentença arbitral: "Article 1(1) of the BIT defines investments as 'any kind of assets, implemented in accordance with the laws and regulations of the Contracting Party in whose territory the investment is made'".

11 ICSID *Case No. ARB/10/3* (*Metal-Tech Ltd. v. Republic of Uzbekistan*), parágrafo 193 da sentença arbitral: "In other words, the Treaty requires that the investment must be legal when it is initially established".

12 *ICSID Case No. ARB/03/25* (*Fraport AG Frankfurt Airport Services Worldwide v. The Republic of the Philippines*), sentença de 16 de agosto de 2007.

13 Houve voto divergente proferido pelo coárbitro indicado pela parte Requerente, Bernardo Cremades, que entendeu, em suma, que a análise da legalidade (ou não) da conduta do investidor deveria ser feita no mérito da demanda, de maneira que a análise jurisdicional do litígio deveria se limitar a aferir se o tipo de ativo seria admitido (ou não) pela legislação doméstica. *ICSID Case No. ARB/03/25*, parágrafo 38 do voto divergente.

Decisões neste sentido, no entanto, são a exceção e não a regra. Ao analisar, em sua obra, dezoito casos[14] (dentre outros) de arbitragem comercial administrados pela CCI, Kathrin Betz concluiu que a maneira pela qual os árbitros vêm tratando alegações de corrupção nos procedimentos arbitrais mudou muito ao longo dos anos[15].

Dentre os casos analisados pela referida autora, merece destaque para este estudo o *Westinghouse v. National Power Corporation* (*ICC Case No. 6401*[16]). A decisão é de particular relevância para a doutrina, pois nele o tribunal arbitral endereçou especificamente o princípio da autonomia da cláusula compromissória.

O caso, em apertada síntese, pode ser posto da seguinte maneira: em 1973, o então Presidente das Filipinas, Ferdinand Marcos, planejava construir uma usina de energia nuclear, construção essa que ficaria a cargo da companhia estatal chamada National Power Company (NPC). Nesse contexto, em 1974, foi realizado processo licitatório em que se consagrou vencedora a companhia suíça Westinghouse[17]. Apesar de a construção da usina ter supostamente terminado em 1984, esta nunca entrou em operação, uma vez que, após a destituição de Marcos como Presidente, em 1986, e do então recente desastre de Chernobyl, o novo governo de Aquino decidiu não ativar a usina[18]. Não obstante o elevado custo de quase dois bilhões e meio de dólares para construção da usina, esta nunca chegou a ser ativada, sendo atualmente uma atração turística próxima de vulcões ativos da região[19]. No procedimento arbitral iniciado em 1988, a Requerente (Westinghouse) reivindicava valores supostamente não pagos em contraprestação pela construção da usina. A Requerida (NPC), por sua vez, alegou em defesa, dentre outros argumentos, que o contrato havia sido obtido mediante fraude da licitação realizada para a contratação da Requerente.

Na sentença parcial, o tribunal arbitral afirmou que o princípio da autonomia da cláusula compromissória (*doctrine of separability*), apesar de consolidado na doutrina, não deveria ser interpretado de maneira absoluta. O tribunal arbitral argumentou que seria possível que algum vício do negócio jurídico, naquele caso concreto contaminado pelo pagamento de propina, poderia afetar tanto o contrato

---

14 Os casos foram: ICC Case No. 1110 (1963), ICC Case No. 3916 (1982), ICC Case No. 4145 (1983, 1984 and 1986), ICC Case No. 5622 of (1988), ICC Case No. 6401 (1991), ICC Case No. 6497 (1994), ICC Case No. 7047 (1994), ICC Case No. 8891 (1998), ICC Case No. 9333 (1998), ICC Case No. 12472 (2004), ICC Case No. 12732 (2007), ICC Case No. 12990 (2005), ICC Case No. 13384 (2005), ICC Case No. 13515 (2006), ICC Case No. 13914 (2008), ICC Case No. 14470 (2008), ICC Case No. 14878 (2008), ICC Case No. 16090 (2011).

15 BETZ, Kathrin. *Proving Bribery, Fraud and Money Laundering in International Arbitration: On Applicable Criminal Law and Evidence*. Cambridge University Press, 2017, cap. 5, p. 227.

16 VAN DEN BERG, Albert Jan (Gen. Ed.). *Yearbook Commercial Arbitration Volume XIX – 1994*. Kluwer Law International, 1994, p. 51.

17 Westinghouse v. National Power Corporation, 9 *et seq*.

18 Westinghouse v. National Power Corporation, 15.

19 ONISHI, Norimitsu. A nuclear plant, and a dream, fizzles. *The New York Times*, v. 14, 2012.

principal como a cláusula compromissória, tornando ambos nulos de pleno direito[20]. O tribunal arbitral, após analisar o histórico de negociação do contrato e da própria cláusula[21], entendeu pela validade de ambos, concluindo que tinha jurisdição para analisar o mérito da controvérsia[22].

Outro caso que merece destaque, pois confere especial atenção ao princípio da autonomia da cláusula compromissória, é o caso *Fiona Trust & Holding Corporation v. Privalov*, julgado pela *House of Lords* da Inglaterra em 10 de outubro de 2007. Em linhas bem gerais, o recurso julgado envolvia oito contratos de fretamento (*charter party*) firmados por várias empresas de um mesmo grupo econômico. Alegou-se ao longo do processo que os contratos haviam sido obtidos por suborno e o tribunal foi instado a se pronunciar se a pretensão das partes de ter o contrato anulado deveria ser decidida perante um tribunal arbitral ou corte estatal. Em seu voto, Lord Hoffmann assim destaca o princípio da autonomia da cláusula compromissória, por ele referido como *principle of separability*:

> The principle of separability enacted in section 7 means that the invalidity or rescission of the main contract does not necessarily entail the invalidity or rescission of the arbitration agreement. The arbitration agreement must be treated as a 'distinct agreement' and can be void or voidable only on grounds which relate directly to the arbitration agreement[23].

Na sequência, o voto do Lord Hope of Craighead deixa claro o papel das cortes estatais que, diante da manifestação de vontade das partes em levar os conflitos provenientes daquela relação jurídica para a arbitragem, devem reforçar essa autonomia, não a desconstruir. O trecho abaixo destacado reflete esse pensamento. Ao se referir ao princípio da autonomia da cláusula compromissória inserida na legislação inglesa (*English Arbitration Act*), afirma que:

> I think that a fresh start is justified by the developments which have occurred in this branch of the law in recent years and in particular by the adoption of the principle of separability by Parliament in section 7 of the 1996 Act. That section was obviously intended to enable the courts to give effect to the reasonable

---

20 Westinghouse v. National Power Corporation, 20.

21 Westinghouse v. National Power Corporation, 79 *et seq.*, 85.

22 Westinghouse v. National Power Corporation, 123 *et seq.*

23 Tradução livre: "O princípio da separabilidade disposto na seção 7 significa que a invalidade ou rescisão do contrato principal não implica necessariamente a invalidade ou rescisão da convenção de arbitragem. A convenção de arbitragem deve ser tratada como um "contrato distinto" e só pode ser nula ou anulada por motivos relacionados diretamente à convenção de arbitragem" (*Fiona Trust & Holding Corporation v. Privalov*, Opinion of Lord Hoffman, parágrafo 17).

> commercial expectations of the parties about the questions which they intended to be decided by arbitration.[24]

Os casos citados são relevantes porque demonstram como a matéria de corrupção pode surgir em procedimentos arbitrais e, mais importante, como os árbitros devem endereçar o assunto no que tange à sua jurisdição. A experiência estrangeira reflete o posicionamento atual da doutrina. Nas palavras do ilustre professor Emmanuel Gaillard, "(...) there is no question today that arbitrators are empowered, and indeed have the duty, to investigate and adjudicate corruption issues and thereby contribute to the global fight against corruption"[25]. Na mesma linha, afirma o professor Loukas Mistelis:

> Accordingly, the arbitral tribunal, despite being a creation of the parties, not only owes a duty to the parties but also to the public. The success of arbitration as a recognized settlement mechanism is also due to the fact that is not abused to circumvent the policy of States in areas in which are considered so crucial that they are reserved to adjudication by courts[26]

Essa evolução do pensamento doutrinário, refletido no histórico das decisões a que se tem acesso, revelam uma linha de raciocínio que inevitavelmente passa por alguns princípios basilares do instituto, bem como deveres e obrigações do árbitro, a saber: (i) competência-competência (*Kompetenz-Kompetenz*); (ii) autonomia da cláusula compromissória; (iii) independência e imparcialidade do árbitro; e (iv) dever de proferir uma sentença arbitral exequível. A doutrina, tanto nacional

24 Tradução livre: "Penso que um novo começo é justificado pelos desenvolvimentos que ocorreram neste ramo da lei nos últimos anos e, em particular, pela adoção do princípio da separabilidade pelo Parlamento na seção 7 da Lei de 1996. Obviamente, essa seção pretendia permitir que os tribunais efetivassem as expectativas comerciais razoáveis das partes sobre as questões que pretendiam ser decididas por arbitragem" (*Fiona Trust & Holding Corporation v. Privalov*, Opinion of Lord Hope of Craighead, parágrafo 12).

25 Tradução livre: "(...) não há dúvida hoje de que os árbitros têm poder e, de fato, têm o dever de investigar e julgar questões de corrupção e, assim, contribuir para a luta global contra a corrupção" (GAILLARD, Emmanuel. The emergence of transnational responses to corruption in international arbitration. *Arbitration International*, v. 35, n. 1, p. 1-19, 2019, p. 3).

26 Tradução livre: "Por conseguinte, o tribunal arbitral, apesar de ser uma criação das partes, não apenas deve um dever às partes, mas também ao público. O sucesso da arbitragem como um mecanismo reconhecido de resolução de disputas também se deve ao fato de que não é utilizado para contornar a política de Estados em áreas consideradas tão cruciais que são reservadas para julgamento pelos tribunais". MISTELIS, Loukas A. Legal Issues Arising Out of Disputes Involving Fraud, Bribery, Corruption and Other Illegality and Illicitness Issues, p. 590. In: GAILLARD, Emmanuel; DI PIETRO, Domenico (Ed.). *Enforcement of Arbitration Agreements and International Arbitral Awards: The New York Convention in Practice*. Cameron May, 2008, p. 585.

quanto internacional, é uníssona quanto ao seu entendimento atinente aos princípios ora mencionados.

Em relação aos dois primeiros princípios e sua relação com alegações de ilegalidade em procedimentos arbitrais, discorre Richard H. Kreindler:

> What is the extent to which an arbitrator has jurisdiction to decide whether he or she has jurisdiction – jurisdiction to issue an award upholding or denying jurisdiction; or to issue an award adjudicating the merits once overall jurisdiction has been upheld?
>
> The question is central to the issue of illegality. Insofar as the allegedly or manifestly illegal contract may be null and void even ab initio, the tribunal must query whether it may still make any rulings on disputes arising out of the contract and the arbitration agreement within it. Even if the tribunal derives a jurisdictional power from the now widely accepted doctrine of competence-competence, does it retain jurisdiction where as a result of the illegality, the contract – and perhaps the arbitration agreement – is deemed never to have come into existence? (...)
>
> The validity of an arbitration agreement cannot be contested on the ground that the main contract may not be valid.
>
> This formulation, particularly the wording "may not", accurately reflects the predicament of the arbitrator who has only an initial suspicion of illegality and has not yet made a full determination. The formulation also fits the arbitrator who, even upon manifest proof of illegality, may not yet have determined, without further party submissions, the consequences of such illegality for the contract and possibly for the arbitration agreement itself.
>
> In any event, a mere allegation that the contract is, or may be, invalid even to the point of being offensive to public morals should not result in the invalidity of the arbitration agreement which the contract contains. Otherwise, any and all such allegations, including those made in bad faith and those which are well intentioned but without basis, could lead to the inappropriate disenfranchisement of the arbitrator"[27].

---

27 Tradução livre: "Até que ponto um árbitro tem jurisdição para decidir se tem jurisdição – jurisdição para emitir uma sentença confirmando ou negando jurisdição; ou emitir uma sentença julgando o mérito uma vez que a jurisdição tenha sido mantida?

A questão é centrada na questão da ilegalidade. Na medida em que o contrato alegadamente ou manifestamente ilegal possa ser nulo e sem efeito ab initio, o tribunal deve questionar se ainda pode decidir sobre litígios emergentes do contrato e da convenção de arbitragem ali contida. Mesmo se o tribunal deriva sua jurisdição da doutrina de competência-competência, agora amplamente aceita, ele mantém a jurisdição onde, como resultado da ilegalidade, o contrato – e, talvez, a convenção de arbitragem – é considerado como se nunca tivesse existido? (...)

A validade de uma convenção de arbitragem não pode ser contestada com base no fato de que o contrato principal pode não ser válido.

2.1.2 Análise do tema no direito brasileiro

Nota-se que as considerações acima sobre os princípios da autonomia da cláusula compromissória e a da competência-competência são perfeitamente transponíveis para o cenário brasileiro. Previstos no mesmo dispositivo da LA[28], o primeiro estabelece que a cláusula compromissória é autônoma em relação ao contrato em que estiver inserida, de maneira que a nulidade do contrato não implica, necessariamente, a nulidade da cláusula compromissória. O segundo, por sua vez, é posto como consequência do primeiro, determinando "a possibilidade de o próprio árbitro decidir acerca de qualquer controvérsia que diga respeito à convenção de arbitragem"[29], vale dizer, o árbitro é quem tem competência para decidir sobre sua própria competência.

Ao se referir sobre tais princípios como fundamento para os árbitros analisarem questões derivadas de relações jurídicas contaminadas por atos de corrupção, opinam Fabiane Verçosa e Guilherme Monegalha:

> Nota-se, portanto, que a autonomia da cláusula compromissória e o princípio Kompetenz-Kompetenz formam "as duas faces da mesma moeda". São complementares e conjuntamente asseguram que cabe ao árbitro a decisão acerca da nulidade do contrato, bem como de possíveis vícios presentes na convenção de arbitragem. Incumbe ao árbitro analisar, portanto, se eventuais práticas de corrupção adotadas com vistas à celebração de um contrato também maculam a celebração da cláusula compromissória em si, tornando-a inválida. Somente neste caso ele não teria jurisdição para apreciar o caso que lhe foi submetido[30].

Esta formulação, particularmente a formulação "pode não ser válido", reflete com precisão a situação do árbitro que tem apenas uma suspeita inicial de ilegalidade e ainda não fez uma determinação completa. A formulação também se aplica ao árbitro que, mesmo mediante prova manifesta de ilegalidade, pode ainda não ter determinado, sem outras submissões das partes, as consequências de tal ilegalidade para o contrato e possivelmente para a própria convenção de arbitragem.

Em qualquer caso, a mera alegação de que o contrato é, ou pode ser, inválido, mesmo a ponto de ser ofensivo à moral pública, não deve resultar na nulidade da convenção de arbitragem que o contrato contém. Caso contrário, toda e qualquer alegação, incluindo aquelas feitas de má-fé e aquelas que são bem-intencionadas, mas sem base, poderia levar à descaracterização do árbitro" (KREINDLER, Richard H. Aspects of Illegality in the Formation and Performance of Contracts. In: VAN DEN BERG, Albert Jan et al. (Ed.). *International commercial arbitration: important contemporary questions.* Kluwer Law International BV, 2003, p. 209-260, p.220-221).

28 Conf. art. 8º da LA, *caput* e parágrafo único, respectivamente.

29 CARMONA, Carlos Alberto. *Arbitragem e processo*: um comentário à Lei nº 9.307/96. 4ª ed. Barueri: Atlas, 2023, p. 186.

30 VERÇOSA, Fabiana; MONEGALHA, Guilherme. Como deve se comportar o árbitro diante de indícios e provas de corrupção? Algumas impressões. *Revista de Arbitragem e Mediação*. São Paulo: RT, vol. 63/2019, Out – Dez, 2019, p. 5.

Outro ponto em que se baseia para o objetivo deste trabalho é o princípio fundamental de que todo árbitro deve ser, e permanecer ao longo de todo o procedimento, independente e imparcial em relação às partes[31].

Assim como os demais mencionados acima, a independência e imparcialidade do árbitro foram recepcionados pelo direito brasileiro[32]. Além disso, são de ordem pública, uma vez que tratam do ato de julgar, tanto para o árbitro quanto para o juiz togado, em arbitragens de direito ou de equidade[33]. Sobre o tema, discorre Selma Lemes:

> Tanto a independência como a imparcialidade representam *standards* de comportamento. A independência é definida como a manutenção pelo árbitro, num plano de objetividade tal, que no cumprimento de seu mister não ceda a pressões nem de terceiros nem das partes. A independência do árbitro está vinculada a critérios objetivos de verificação. Já a imparcialidade vincula-se a critérios subjetivos e de difícil aferição, pois externa um estado de espírito (*state of mind*)[34].

No que tange aos direitos e obrigações do árbitro, assim como sua relação para com as partes, a maior parte da doutrina converge no sentido de que essa relação é contratual e, como tal, o "contrato de árbitro" obrigaria o julgador a: (i) resolver a disputa posta entre as partes de maneira adjudicatória; (ii) conduzir o procedimento de acordo com a convenção de arbitragem; (iii) manter a confidencialidade da arbitragem; (iv) em determinadas situações, propor a tentativa de conciliação entre as partes; e (v) completar seu mandato como árbitro[35].

Acerca do dever de julgar, discorre o Luiz Olavo Baptista:

> Se o objeto do contrato com o árbitro é o julgamento que deverá proferir, a parte espera que este tenha certas qualidades – dentre as quais, a exequibilidade da sentença e a razoabilidade da mesma. Uma sentença exequível deveria ser, por definição, válida[36].

---

31 BLACKABY, Nigel; PARTASIDES, Constantine; REDFERN, Alan. *Redfern and Hunter on international arbitration*. Oxford University Press, 2015, p. 254.

32 Conf. art. 13, § 6º da LA.

33 LEMES, Selma Ferreira. *A independência e a imparcialidade do árbitro e o dever de revelação*. 2010, p. 3.

34 LEMES, Selma Ferreira. *A independência e a imparcialidade do árbitro e o dever de revelação*. 2010, p. 3.

35 BORN, Gary. *International Arbitration: Law and Practice*. Kluwer Law International, 2016, p. 152.

36 BAPTISTA, Luiz Olavo. *Arbitragem comercial e internacional*. São Paulo: Lex magister, 2011, p. 177.

No Brasil, o mesmo raciocínio permanece, sendo o controle de legalidade da sentença arbitral por meio de ação anulatória previsto na LA[37]. Nota-se, outrossim, que a jurisdição do árbitro é restrita à vontade das partes, expressa na convenção de arbitragem, de maneira que eventual sentença proferida fora do escopo da convenção seria nula[38]. No entanto, isso não quer dizer que o árbitro não poderia levar em consideração a prática de atos ilícitos em sua decisão, especialmente se for relevante para o desate da controvérsia – diretamente ligada ao mérito da disputa. Nesse sentido:

> From the arbitrator's point of view, a criminal law rule is no more and no less than a mandatory rule. It is, to use a French expression, a '*loi de police*' which institutes a particular non-derogatory prescription or prohibition. The particularity of this rule lies in the fact that the policy it promotes is deemed to be so important to the forum that its infringement is criminally punished, either by way of fines or by imprisonment. The arbitrator has obviously no power to apply such rules in the same way as a criminal judge would, but he can take them into consideration provided they have a reasonable title to be applied to the dispute[39].

Vale dizer, por mais que os árbitros não tenham jurisdição para adjudicar matérias criminais, é perfeitamente possível que analisem os impactos dos atos que levaram à incidência do tipo penal, caso o tema já tenha sido julgado pelo Poder Judiciário, ou as circunstâncias fáticas da alegada ilegalidade em transações comerciais e delimitem suas consequências dentro do escopo da convenção de arbitragem e lei aplicável. Sobre a matéria, Pedro A. Batista Martins chegou a afirmar que "a questão encontra-se atualmente superada na doutrina arbitral, que reconhece a jurisdição do tribunal arbitral mesmo diante da alegação de corrupção, sendo a questão perfeitamente arbitrável"[40].

Diante de um cenário mundial de luta contra corrupção, a utilização de todo e qualquer meio para impedir sua proliferação é medida que se impõe – afinal, deve-se

---

37 Conf. art. 33 da LA.

38 Conf. art. 23, IV, da LA.

39 Tradução livre: "Do ponto de vista do árbitro, uma regra de direito penal não é mais nem menos que uma regra obrigatória. É, para usar uma expressão francesa, a '*loi de police*' que institui uma prescrição ou proibição particular não-derrogatória. A particularidade desta regra reside no fato de que a política que promove é considerada tão importante para o fórum que sua infração é punida criminalmente, seja através de multas ou de prisão. O árbitro obviamente não tem poder para aplicar tais regras da mesma forma que um juiz criminal, mas pode levá-las em consideração, desde que tenham uma justificativa razoável para sua aplicação à disputa". MOURRE, Alexis. Arbitration and Criminal Law: Reflections on the Duties of the Arbitrator. *Arbitration International*, v. 22, n. 1, p. 95-118, 2006, p. 100.

40 GREBLER, Eduardo. Relatório-Síntese do XIV Congresso do Comitê Brasileiro de Arbitragem, realizado de 13 a 15 de Setembro de 2015 em Foz do Iguaçu. *Revista Brasileira de Arbitragem*, v. 13, n. 49, p. 207-228, 2016, p. 208.

fazer o possível para impedir a acentuação do sentimento de insegurança mundial, característica marcante dos tempos líquidos modernos[41].

Não obstante o cenário de arbitragem doméstica torne difícil uma análise casuística de como o tema vem sendo abordado pelos árbitros[42], caminha-se para um entendimento de que o árbitro tem à sua disposição ferramentas suficientes não somente para analisar atos jurídicos eivados de corrupção, mas também para atuar como uma barreira para sua realização (e sucesso) na esfera civil. Como se afirmou alhures, arbitragem e corrupção não são sinônimas, tendo o árbitro o dever de atuar com imparcialidade, independência, competência, diligência e discrição – o que inclui não se esquivar de decisões difíceis ou polêmicas, mesmo enfrentando oposição das partes, prezando pela busca da verdade e pela boa aplicação do direito.

2.2 CONFLITOS DE LEI, ORDEM PÚBLICA E LEIS IMPERATIVAS OU DE APLICAÇÃO IMEDIATA

2.2.1 Conflitos de lei

Conforme afirmado, o escopo do presente trabalho se dá com o recorte na aplicação do direito brasileiro pelo árbitro. Essa abordagem engloba, também, eventuais circunstâncias em que o tribunal arbitral tenha que decidir acerca da escolha do direito aplicável à relação jurídica e, ao fazê-lo, escolha o direito brasileiro. Logo, na ausência de convenção das partes acerca do direito aplicável ao mérito da demanda, aos árbitros é geralmente conferida ampla discrição, tanto para a eleição do método para decisão da lei aplicável, quanto ao próprio direito aplicável[43]. Essa escolha,

---

41 BAUMAN, Zygmunt. *Tempos líquidos*. Zahar, 2007.

42 Isso se dá, em parte, devido ao fato de que a maioria das Câmaras de Arbitragem nacionais preveem em seus regulamentos o sigilo do procedimento arbitral (ex.: art. 39.1, Regulamento de Arbitragem do CAM-CCBC; item 10.6, Regulamento de Arbitragem da CIESP/FIESP; art. 20.1, Regulamento de Arbitragem da AMCHAM; item 17.1, Regulamento de Arbitragem do CBMA; item 13.1, Regulamento de Arbitragem da CAMARB; art. 46, Regulamento de Arbitragem da Câmara FGV; item 9.1, Regulamento de Arbitragem da CAM). A pesquisa ficaria, portanto, limitada às exceções previstas nas respectivas instituições, como o caso de publicações para fins acadêmicos (ex.: art. 39.2, Regulamento de Arbitragem do CAM-CCBC; item 20.4, Regulamento de Arbitragem da CIESP/FIESP; art. 20.3, Regulamento de Arbitragem da AMCHAM; item 17.2, Regulamento de Arbitragem do CBMA; item 12.5, Regulamento de Arbitragem da CAMARB; e item 7.10 do Regulamento de Arbitragem da CAM) e os casos em que há participação da Administração Pública (Resolução Administrativa nº 15/2016 do CAM-CCBC; Resolução 3/2018 da CIESP/FIESP; e itens 12.1 e 12.2 do Regulamento de Arbitragem da CAMARB).

43 FOUCHARD, Philippe; GAILLARD, Emmanuel; GOLDMAN, Berthold. International Commercial Arbitration. The Hague: Kluwer, 1999, p. 865.

todavia, apesar de ampla, deve obedecer aos limites da razoabilidade e dos preceitos de ordem pública[44].

Ao discorrer sobre o assunto, ensina Gary Born:

> Preliminarily, the arbitrators' mandate with respect to choosing the applicable substantive law is a two-part task.
> First, the arbitral tribunal must select a conflict of laws rule, from among various possible conflicts systems, to be applied to choose the applicable law. This task arises because the arbitral tribunal differs from a national court, among other things, because it does not necessarily have an automatically-applicable set of conflict of laws rules to apply – as a national court does.
> Second, after selecting a conflict of laws rule, the arbitrators must then apply that rule to the parties' dispute and determine what substantive law the relevant conflicts rules select. At this stage, the arbitral tribunal's task is similar to that of a national court, applying a conflict of laws rule to particular facts and issues, in order to select an applicable system of law[45].

Como bem apontado pelo autor, em se tratando de arbitragem internacional, existem vários métodos diferentes para determinar a lei aplicável ao litígio. Contudo, não obstante a importância da discussão acerca do melhor método a ser utilizado pelos árbitros, esta foge ao escopo do presente trabalho[46], sendo suficiente para a pesquisa lembrar o(a) leitor(a) dessa possibilidade, pois o simples fato de o direito brasileiro não ser diretamente eleito pelas partes como aplicável à sua relação jurídica não necessariamente exclui sua utilização pelos árbitros. Vale notar, outrossim, que nos casos envolvendo atos de corrupção, especificamente, a doutrina, a partir dos

---

44 BAPTISTA, Luiz Olavo. *Arbitragem comercial e internacional.* São Paulo: Lex magister, 2011, p. 259.

45 Tradução livre: "Preliminarmente, o mandato dos árbitros no que diz respeito à escolha da lei substantiva aplicável é uma tarefa dividida em duas partes.
Primeiro, o tribunal arbitral deve selecionar uma regra de conflito de leis, dentre vários sistemas de conflitos possíveis, a ser aplicada para escolher a lei aplicável. Esta tarefa surge porque o tribunal arbitral difere de um tribunal nacional, entre outras coisas, porque não tem necessariamente um conjunto de regras de conflito de leis automaticamente aplicáveis – como faz um tribunal nacional.
Em segundo lugar, depois de selecionar uma regra de conflito de leis, os árbitros devem então aplicar essa regra ao litígio das partes e determinar que direito material as regras de conflitos relevantes selecionam. Nesta fase, a tarefa do tribunal arbitral é semelhante à de um tribunal nacional, aplicando uma regra de conflito de leis a fatos e questões particulares, a fim de selecionar um sistema jurídico aplicável (BORN, Gary. *International commercial arbitration.* 3rd. Ed. Kluwer Law International, 2021, §19.02 (Updated September 2022)).

46 Para discussão aprofundada sobre o tema, consultar, dentre outros: (i) BORN, Gary. *International commercial arbitration.* 3rd. Ed. Kluwer Law International, 2021, §19.02 (Updated September 2022); (ii) BLACKABY, Nigel; PARTASIDES, Constantine; REDFERN, Alan. *Redfern and Hunter on international arbitration.* Oxford University Press, 2015, p. 218 *et. seq*; e (iii) FOUCHARD, Philippe; GAILLARD, Emmanuel; GOLDMAN, Berthold. International Commercial Arbitration. The Hague: Kluwer, 1999, p. 865 *et seq.*

casos a que se tem acesso[47], recomenda que o tribunal arbitral leve em consideração para decisão acerca da lei material aplicável: (i) *lex fori* (a lei da sede da arbitragem); (ii) *lex locus soluciones* (a lei do local onde o contrato foi executado ou cumprido); (iii) jurisdição dos órgãos de investigação da polícia (*law enforcement jurisdiction*); (iv) *loi de police* (leis de aplicação imediata ou mandatória); (v) local da principal prestação de serviços ou de funcionamento da(s) parte(s); e (vi) leis que guardem conexão com as partes ou com o contrato[48].

2.2.2 Ordem pública (interna ou nacional, internacional e transnacional)

Nesse contexto, a menção neste tópico aos limites impostos pelos preceitos de ordem pública não se dá por acaso. No que compete à arbitragem, especificamente, o ordenamento jurídico brasileiro faz menção à ordem pública quando se trata de um dos motivos para impedimento à escolha do direito aplicável pelas partes[49], como fundamento para anulação de sentença arbitral[50] e como motivo de denegação de homologação de sentença arbitral estrangeira[51].

Sobre o tema, Ricardo Aprigliano afirma que a ordem pública pode ser verificada sob enfoques distintos e em várias disciplinas jurídicas diferentes, de maneira que, "em cada uma delas, o conceito e as consequências do reconhecimento da matéria de ordem pública podem variar significativamente, pois é diverso o enfoque de cada disciplina que confere a este relevante e universal instituto" [52]. No campo do Direito Internacional Privado, por exemplo, a ordem pública foi extensamente trabalhada por diversos autores, fato que contribuiu para a construção doutrinária dos três graus de ordem pública[53], que serão brevemente tratados neste tópico.

---

47 Os itens ora mencionados foram extraídos da análise feita por Timothy Martin das seguintes decisões: ICC Case No. 1110 (1963), ICC Case No. 3913 (1981), ICC Case No. 3916 (1982), ICC Case No. 4145 (1983, 1984 & 1986), ICC Case No. 5622 (Hilmarton - 1988 & 1992), ICC Case No. 5943 (Northrop - 1990), ICC Case No. 6248 (1990), ICC Case No. 6401 (Westinghouse -1991), ICC Case No. 6497 (1994), ICC Case No. 6662 (1992), ICC Case No. 7047 (Westacre - 1994), ICC Case No. 8891 (1998) e ICC Case No. 9333 (1998).

48 MARTIN, A. Timothy. International arbitration and corruption: an evolving standard. *Transnational Dispute Management*, v. 1, n. 2, p. 5, 2004, p. 8.

49 Conf. art. 2º, § 1º, da LA.

50 Conf. arts. 32 e 29, II, da LA.

51 Conf. art. V, item 2, "b", da Convenção de Nova Iorque e art. 39, II, da LA.

52 APRIGLIANO, Ricardo de Carvalho. *Ordem pública e processo*. São Paulo: Atlas, 2011, p. 5.

53 A doutrina divide a ordem pública em interna (ou ordem pública de primeiro grau), internacional (ou ordem pública de segundo grau) e verdadeiramente internacional (ou de ordem pública transnacional ou ordem pública de terceiro grau). FICHTNER, José Antonio; MANNHEIMER, Sérgio Nelson; MONTEIRO, André Luís. *Teoria geral da arbitragem*. Rio de Janeiro: Forense, 2018, p. 215.

Pontes de Miranda afirma que assim "como os desenhos de picos de montanha acima de certo número de metros, a linha da ordem pública aparece como uma série de saliências de exceções"[54] e que, em que pese sua importância para o Direito, "é impossível saber-se, permanentemente, quais os casos de ordem pública"[55], sendo ilusório o recurso da taxatividade[56]. Por esse motivo, "a indeterminação do conceito de ordem pública faz com que, às vezes, seja utilizado como subterfúgio pela parte que procura se subtrair do cumprimento de suas obrigações, e pode servir de sucedâneo para a consagração de injustiças"[57].

Tais situações de abuso, no entanto, não retiram a razão de ser da matéria. Jacob Dolinger discorre que "a ordem pública é o princípio que rejeita a aplicação de lei atentatória à sensibilidade jurídica, à ordem moral e aos interesses econômicos de um país"[58]. Na mesma linha defende Arnoldo Wald, afirmando que "a ordem pública é o conjunto de normas essenciais à convivência nacional"[59]. Logo, contribuindo para a construção do entendimento de ordem pública interna, Roque Caivano defende que assim deve ser compreendido "(...) como el conjunto de normas imperativas locales, preponderantemente aplicables a las relaciones jurídicas domésticas, que no pueden dejarse de lado o derogarse por la voluntad de las partes; es decidir, aquellas normas respecto de las que no opera la autonomía de la voluntad por estar involucrado el interés general"[60].

Ademais, há também a chamada ordem pública internacional. Para Van den Berg, a ordem pública internacional se refere ao conceito subjetivo, de um Estado em particular, daquilo que todas as nações civilizadas consideram que a ordem pública

---

54 PONTES DE MIRANDA, Francisco Cavalcanti. *Comentários ao Código de Processo civil.* Rio de Janeiro: Forense, 1975, t. VI, p. 155.

55 PONTES DE MIRANDA, Francisco Cavalcanti. *Comentários ao Código de Processo civil.* Rio de Janeiro: Forense, 1975, t. VI, p. 148.

56 PONTES DE MIRANDA, Francisco Cavalcanti. *Comentários ao Código de Processo civil.* Rio de Janeiro: Forense, 1975, t. VI, p. 147.

57 PUCCI, Adriana Noemi. Homologação de sentenças arbitrais estrangeiras. In: LEMES, Selma Ferreira; CARMONA, Carlos Alberto; MARTINS, Pedro Batista (Coord.). *Arbitragem*: estudos em homenagem ao Prof. Guido Fernando da Silva Soares. São Paulo: Atlas, 2007, p. 530.

58 DOLINGER, Jacob. A autonomia da vontade para a escolha da lei aplicável no direito internacional privado brasileiro. In: LEMES, Selma Ferreira; CARMONA, Carlos Alberto; MARTINS, Pedro Batista (Coord.). *Arbitragem*: estudos sem homenagem ao Prof. Guido Fernando da Silva Soares. São Paulo: Atlas, 2007, p. 2012.

59 WALD, Arnoldo. Jurisprudência comentada: STJ, Corte Especial, SEC nº 802, Min. José Delgado. *Revista de Arbitragem e Mediação.* São Paulo: RT, ano 2, n. 7, out.-dez., 2005, p. 201.

60 Tradução livre: "(...) como o conjunto de normas imperativas locais, predominantemente aplicáveis às relações jurídicas democráticas, que não podem ser anuladas ou revogadas pela vontade das partes; é decidir, aquelas normas com relação às quais a autonomia da vontade não opera porque o interesse geral está envolvido". CAIVANO, Roque J. Reconocimiento y ejecución de laudos arbitrales extranjeros. In: PUCCI, Adriana Noemi (Coord.). *Arbitragem comercial internacional.* São Paulo: LTr, 1998, p. 198;

deve ser[61]. Retomando mais uma vez os ensinamentos de Roque Caivano, o autor discorre que "ordem pública internacional significa o conjunto não de normas, mas de princípios fundamentais nos quais o sistema jurídico do fórum se baseia, os chamados princípios de 'moralidade e justiça', de 'justiça universal' e de '*natural justice*' que inspiram essa ordem"[62].

Segue-se então para a construção do que seria a ordem pública verdadeiramente internacional ou transnacional. Sobre a matéria, Eduardo Silva Romero defende que a ordem pública verdadeiramente internacional se traduz nos princípios comuns a todas as nações civilizadas e que são hierarquicamente superiores a qualquer norma interna de um determinado país[63]. Da mesma maneira, Julian Lew afirma que o conceito de ordem pública verdadeiramente internacional abrange todos os princípios de direito natural[64]. Em complemento, Mark Buchanan defende que os princípios universais da justiça, os *ius cogens* no direito internacional privado e os princípios universais da moralidade também encontram guarida dentro da ordem pública verdadeiramente internacional[65].

É preciso, neste ponto, informar o(a) leitor(a) acerca de dois temas que circulam o conceito de ordem pública transnacional e conferem ao instituto da arbitragem perspectivas particulares. O primeiro deles remete à uma visão um tanto quanto romântica do instituto, que posiciona a arbitragem como um sistema autônomo e apartado de qualquer jurisdição estatal[66]. Emmanuel Gaillard, com base, dentre outros, na ordem pública transnacional, defendeu veementemente a existência do que chamou de ordem jurídica arbitral[67]. O alinhamento de determinadas jurisdições com essa visão, especialmente na França, já levou a situações inusitadas

---

61 VAN DEN BERG, A. Distinction Domestic-International Public Policy. *XXI Yearbook*, 1996, p. 502.

62 Tradução livre: "(...) por orden público internacional se entiende el conjunto no de normas, sino de principios fundamentales sobre los cuales se asienta el ordenamiento jurídico del foro, los denominados principios de 'moralidad y justicia', de 'justicia universal' e o de 'natural justice' inspiradores de ese ordenamiento. CAIVANO, Roque J. Reconocimiento y ejecución de laudos arbitrales extranjeros". In: PUCCI, Adriana Noemi (Coord.). *Arbitragem comercial internacional*. São Paulo: LTr, 1998, p. 156.

63 SILVA ROMERO, Eduardo. Las normas jurídicas aplicables al arbitraje comercial internacional. *Revista de Derecho privado* No. 28. Universidad de Los Andes, Bogotá, 2002, p. 14.

64 LEW, Julian D. M. *Applicable law in international commercial arbitration*: A study in commercial arbitration awards. Dobbs Ferry, NY: Oceana Publications and Leiden: Sijthoff & Noordhoff, 1978, p. 532.

65 BUCHANAN, Mark A. Public policy and international commercial arbitration. *American Business Law Journal*, v. 26, p. 511, 1988, p. 511-513.

66 LEW, Julian D. M. Achieving the dream: autonomous arbitration. *Arbitration International*, vol. 22, Issue 2, 2006, p. 179-204; MICHAELS, Ralf. Dreaming law without a state: scholarship on autonomous international arbitration as utopian literature. *London Review of International Law*, vol. 1, Issue 1, 2013, p. 35-62.

67 GAILLARD, Emmanuel. *Teoria jurídica da arbitragem internacional*. Tradução de Natália Mizrahi Lamas. São Paulo: Altas, 2014, p. 31-59.

em que foi reconhecida a homologação e execução de sentenças arbitrais anuladas no país da sede da arbitragem[68-69].

O segundo tema, por sua vez, diz respeito às críticas ao que chamaram de "mito" da ordem pública transnacional[70]. Argumenta esta parte da doutrina que delegar a proteção de interesses públicos (nacionais) integralmente à jurisdição de árbitros com base em alguns supostos princípios transnacionais seria temerário, podendo até mesmo enfraquecer a própria noção de ordem pública[71]. O problema estaria, portanto, em uma vertente constitucional, a partir da qual entendem determinados autores que seria difícil conceber como um país poderia permitir que suas cortes estatais cedam o controle de questões de ordem pública que, por essência, devem se sobrepor à autonomia de vontade das partes[72].

As noções e conceitos acima expostos são, como se verá no item seguinte, importantes quando o tribunal arbitral está diante de alegações da prática de atos de corrupção praticadas pelas partes.

2.2.3 A importância destes conceitos para o tema deste trabalho

Esses conceitos são importantes para o tema em questão, pois, em circunstâncias em que os árbitros se deparam com o dever de julgar matérias contaminadas por atos de corrupção, ainda que determinada conduta seja considerada legal por

---

68 Um caso emblemático foi o *PT Putrabali v. Rena Holding*, em que a Corte de Cassação Francesa chegou a afirmar categoricamente que: "An international arbitral award, which is not anchored in any national legal order, is a decision of international justice whose validity must be ascertained with regard to the rules applicable in the country where its recognition and enforcement are sought" (VAN DEN BERG, Albert Jan (Gen. Ed.). *ICCA Yearbook Commercial Arbitration 2007* - Volume XXXII. Kluwer Law International, 2007, p. 299-302).

69 Outros países, em determinadas ocasiões e apesar de não necessariamente se alinharem ao entendimento de ser a arbitragem um sistema autônomo de jurisdições estatais, também reconheceram a validade de sentenças arbitrais anuladas no país de origem, tais como a Bélgica, Áustria e os Estados Unidos da América. Para uma visão geral da questão, consultar: BLACKABY, Nigel; PARTASIDES, Constantine; REDFERN, Alan. *Redfern and Hunter on international arbitration*. Oxford University Press, 2022, p. 586-590.

70 KLEINHEISTERKAMP, Jan. The myth of transnational public policy in international arbitration. *American Journal of Comparative Law*, 2021.

71 BUXBAUM, Richard M. Public Law, *Ordre Public* and Arbitration: A Procedural Scenario and a Suggestion. In: HAY, Peter *et al. Resolving International Conflicts*: liber amicorum Tibor Várady. Budapest-New York: Central European University Press, p. 83-100.

72 KLEINHEISTERKAMP, Jan. The myth of transnational public policy in international arbitration. *American Journal of Comparative Law*, 2021; KLEINHEISTERKAMP, Jan. Overriding Mandatory Laws in International Arbitration. International & Comparative Law Quarterly, vol. 67, no. 4, 2018, p. 903-930.

um ordenamento jurídico em particular, caso seja contrária aos conceitos de ordem pública acima elencados, não devem ser toleradas. Ao discorrer sobre a importância dos preceitos de ordem pública para o combate de atos de corrupção como fraude e lavagem de dinheiro, afirmam Bernardo Cremades e David Cairns:

> Notwithstanding the view expressed in some awards that an arbitral tribunal has no duty to address bribery not pleaded by the parties, this position is simply incompatible with the modern significance of bribery of a foreign public official in international public policy. In fact, perhaps the greatest mistake an arbitral tribunal can make when faced with a suspicion of bribery, money laundering or serious fraud is to ignore it; it is much better for the suspicion to be acknowledged and the evidence addressed, even if the conclusion ultimately is that the evidence is inconclusive.
>
> The position today is that the international arbitrator has a clear duty to address issues of bribery, money laundering or serious fraud whenever they arise in the arbitration and whatever the wishes of the parties and to record its legal and factual conclusions in its award. This is the only course available to protect the enforceability of the award and the integrity of the institution of international commercial arbitration[73].

Da mesma maneira, corrobora Pierre Lalive:

> Transnational public policy governs the actions of both the parties and the arbitrator. The former cannot attempt, for instance, to obtain through arbitration the recognition or enforcement, whether direct or indirect, of an international contract which would be against bonos mores by its object (traffic of drugs, assistance to subversion or terrorism, etc.) or by the circumstances of its execution (bribery). As to the arbitrator, he would be committing himself a violation of transnational

---

73 Tradução livre: "Não obstante a opinião expressa em algumas sentenças, de que um tribunal arbitral não tem o dever de abordar suborno não alegado pelas partes, essa posição é simplesmente incompatível com o significado moderno de suborno de um funcionário público estrangeiro na ordem pública internacional [ou transnacional]. De fato, talvez o maior erro que um tribunal arbitral possa cometer diante de uma suspeita de suborno, lavagem de dinheiro ou fraude grave seja ignorá-lo; é muito melhor que a suspeita seja reconhecida e que as evidências sejam abordadas, mesmo que a conclusão seja que as evidências são inconclusivas.
A posição hoje é a de que o árbitro internacional tem o claro dever de abordar questões de suborno, lavagem de dinheiro ou fraude séria, sempre que surgirem na arbitragem e quaisquer que sejam os desejos das partes; e de registrar suas conclusões legais e factuais em sua sentença. Este é o único curso disponível para proteger a aplicabilidade da sentença e a integridade da instituição da arbitragem comercial internacional".
CREMADES, Bernardo M.; CAIRNS, David JA. Trans-national Public Policy in International Arbitral Decision-Making: The Cases of Bribery, Money Laundering and Fraud. *Dossier of the ICC Institute of World Business Law: Arbitration: Money Laundering, Corruption and Fraud, ICC Publication*, n. 651, p. 65, 2003, p. 85-86.

> public policy – which he must protect and guarantee, if he happened to condone its violations by the parties or types of behavior which are against good faith (this would be the case, for example, if he approved or recognized, against principles mentioned above, the allegation by the State of its own incapacity to arbitrate or a unilateral rescission of the arbitration clause). Similar principles are valid, as previously stated, in the domain of arbitral procedure[74].

A importância deste tópico se justifica uma vez que o tribunal arbitral deve aplicar o direito material eleito pelas partes, exceto na medida daquilo que viola normas internacionais amplamente aceitas. Vale dizer, ainda que os árbitros cheguem à conclusão de que a lei aplicável seja aquela eleita pelas partes, eles não poderão aplicá-la caso seja contrária à ordem pública transnacional[75].

Nesse ponto, é uníssona a posição doutrinária. Yves Derains afirma que existe uma crescente tendência em considerar ilegais os contratos que incluem a prática de atos de corrupção, pois estes são atentatórios à ordem pública verdadeiramente internacional[76]. A mesma conclusão já foi aventada também por Emmanuel Gaillard:

> The body of rules developed in arbitral practice on the subject of corruption is a good example of how transnational rules do not necessarily operate *in favorem validitatis*. There is now little doubt that, in spite of resistance in some quarters, a transnational rule has been established according to which an agreement reached by means of corruption of one of the signatories, be it a government agency (in a public law context) or an employee of a party (in a private law context), is void, or, at the very least, may not give rise to an award based on the contract in question[77].

---

74 Tradução livre: "A ordem pública transnacional governa as ações de ambas as partes e do árbitro. As primeiras não podem tentar, por exemplo, obter, por arbitragem, o reconhecimento ou a execução, direta ou indireta, de um contrato internacional que seria contra bonos mores em seu objeto (tráfico de drogas, assistência à subversão ou terrorismo, etc.) ou pelas circunstâncias de sua execução (suborno). Quanto ao árbitro, ele estaria cometendo uma violação da ordem pública transnacional – que ele deve proteger e garantir, caso perdoasse sua violação pelas partes ou tipos de comportamento contrários à boa fé (esse seria o caso, por exemplo, se ele aprovasse ou reconhecesse, contra os princípios mencionados acima, a alegação do Estado de sua própria incapacidade de arbitrar ou uma rescisão unilateral da cláusula compromissória). Princípios semelhantes são válidos, como afirmado anteriormente, no domínio do procedimento arbitral". LALIVE, Pierre. Transnational (or truly international) public policy and international arbitration. In: Comitê Brasileiro de Arbitragem - CBAr & IOB. *Revista Brasileira de Arbitragem*, 2014, v. XI, n. 41, p. 173-230, p. 227.

75 KREINDLER, Richard H. Approaches to the application of transnational public policy by arbitrators. *The Journal of World Investment & Trade*, v. 4, n. 2, p. 239-250, 2003, p. 245.

76 DERAINS, Yves. Public Policy and the Law Applicable to the Dispute in International arbitration. *Comparative Arbitration Practice and Public Policy in Arbitration*, v. 227, 1987.

77 Tradução livre: "O conjunto de regras desenvolvidas na prática arbitral em matéria de corrupção é um bom exemplo de como as regras transnacionais não necessariamente operam in favorem validitatis. Atualmente, há poucas dúvidas de que, apesar da resistência em alguns setores, tenha sido estabelecida

Richard Kreindler conclui o tema tratando sobre os deveres do árbitro e violações de ordem pública da seguinte maneira:

> Failure or refusal to address an illegality or public policy issue head-on in arbitral proceedings could be seen as a toleration, or indeed perpetuation, of nefarious practices. While those practices might be tolerated and widespread in a particular country, the arbitrator should not condone or support hindrances to the elimination of those practices.
>
> Seen less in the context of a private adjudication than in the context of transnational goals, ignoring or tolerating illegality in such situations can be seen as contributing to distortion and suppression of competitive forces as well as discouragement of future investment.
>
> The arbitrator's findings respecting illegality and other public policy offenses may be attacked either at the seat or elsewhere and, indeed, perhaps precisely on the grounds that the findings themselves violate a putatively applicable public policy standard. The State judiciary will of course be implicated in the decision on the public policy transgression.
>
> To the extent the arbitrators have made a conscientious and unobjectionable ruling as to the existence and consequences of the public policy violation under the applicable standards, the reviewing or enforcing court may be obliged to decide whether to condone or reward the violation. Ultimately, this is a useful and important kind of pressure and moral suasion to place on the courts, particularly in the context of their transnational obligations under Article V(2)(b) of the New York Convention and other bases for potentially "policing" transnational public policy[78].

---

uma regra transnacional segundo a qual um acordo alcançado por meio de corrupção de um dos signatários, seja uma agência governamental (em um contexto de direito público) ou um funcionário de uma parte (em um contexto de direito privado) seja nulo ou, no mínimo, não dê origem a uma sentença baseada no contrato em questão". GAILLARD, Emmanuel. Thirty years of *lex mercatoria*: Towards the selective application of transnational rules. *ICSID Review*, v. 10, n. 2, p. 208-231, 1995, p. 214.

78 Tradução livre: "A falha ou a recusa em abordar questões de ilegalidade ou de ordem pública diretamente em procedimentos arbitrais pode ser vista como uma tolerância, ou mesmo perpetuação, de práticas nefastas. Embora essas práticas possam ser toleradas e difundidas em um determinado país, o árbitro não deve tolerar ou apoiar obstáculos à eliminação dessas práticas.

Visto menos no contexto de uma adjudicação privada do que no contexto de objetivos transnacionais, ignorar ou tolerar a ilegalidade em tais situações pode ser visto como uma contribuição para a distorção e supressão de forças competitivas, além de desencorajar investimentos futuros.

As constatações do árbitro a respeito da ilegalidade e outras ofensas de ordem pública podem ser atacadas tanto na sede como em outro local e, de fato, talvez precisamente pelo fato de que as próprias constatações violam um padrão de ordem pública potencialmente aplicável. O Judiciário do Estado, é claro, estará envolvido na decisão sobre a transgressão de matérias de ordem pública.

Na medida em que os árbitros tenham tomado uma decisão consciente e inquestionável quanto à existência e às consequências da violação da ordem pública de acordo com os padrões aplicáveis, o tribunal [judicial] de revisão ou de execução pode ser obrigado a decidir se aceita ou recompensa tal violação. Em última análise, esse é um tipo útil e importante de pressão e persuasão moral a ser exercida sobre os tribunais,

É possível concluir, portanto, que, independentemente do direito material eleito pelas partes, os árbitros têm o dever de avaliar se a aplicação de determinada norma violaria os preceitos de ordem pública, em qualquer um dos três graus ora abordados. Não obstante, e inerente aos preceitos de ordem pública, está o conceito das leis de aplicação imediata (*mandatory rules* ou *loi de police*).

2.2.4 Leis imperativas ou de aplicação imediata (*loi de police*)

Pierre Mayer as concebe como uma previsão imperativa que deve ser aplicada a uma relação internacional independentemente da lei que governa tal relação[79] e afirma que, em matéria de contrato, " (...) the effect of a mandatory rule of the law of a given country is to create an obligation to apply such a rule, or indeed simply a possibility of so doing, despite the fact that the parties have expressly or implicitly subjected their contract to the law of another country"[80].

Para determinados estudiosos da matéria, as leis imperativas são derivadas da sede da arbitragem e incluem normas cogentes de direito penal[81]. Em contrapartida, outros autores tendem a ser mais abrangentes sobre as fontes das leis de aplicação imediata. Sobre o tema, discorrem Vladimir Pavic e Dragor Hiber:

> It has been observed, that from the arbitrator's point of view, a criminal law rule is no more and no less than a mandatory rule. It is, to use a French expression, a 'loi de police' which institutes a particular non-derogatory prescription or prohibition. Arbitrators cannot apply criminal law provisions. They can, however, take such provisions into account and go on to draw civil law sanctions resulting from their nonobservance. This in turn means probably that they should consider criminal law provisions not only of *lex arbitri* and *lex causae*, but also of a third

---

particularmente no contexto de suas obrigações transnacionais nos termos do artigo V(2)(b) da Convenção de Nova York e outras bases para potencialmente "policiar" a ordem pública transnacional". KREINDLER, Richard H. Approaches to the application of transnational public policy by arbitrators. *The Journal of World Investment & Trade*, v. 4, n. 2, p. 239-250, 2003, p. 249-250.

79 For present purposes, we may be inspired by those given in the various treaties, which yield the following synthesis: a mandatory rule (*loi de police* in French) is an imperative provision of law which must be applied to an international relationship irrespective of the law that governs that relationship". MAYER, Pierre. Mandatory rules of law in international arbitration. *Arbitration International*, v. 2, n. 4, p. 274-293, 1986, p. 275.

80 Tradução livre: "(...) o efeito de uma regra obrigatória da lei de um determinado país é criar uma obrigação de aplicar tal regra, ou mesmo simplesmente uma possibilidade de fazê-lo, apesar do fato de as partes terem expressa ou implicitamente submetido seu contrato à lei de outro país". MAYER, Pierre. Mandatory rules of law in international arbitration. *Arbitration International*, v. 2, n. 4, p. 274-293, 1986, p. 275.

81 BETZ, Kathrin. *Proving Bribery, Fraud and Money Laundering in International Arbitration: On Applicable Criminal Law and Evidence*. Cambridge University Press, 2017, cap. 8, p. 256-259.

> country, taking into account their quality and consequences of their application or non-application. However, arbitral practice suggests that illegality is more often judged by the yardstick of the law chosen, rather than by the yardstick of a third country, e.g., a country where the contract was to be performed. In exceptional cases, international public policy is invoked to declare a contract illegal[82].

Dessa forma, verifica-se que a matéria é complexa e sua importância, evidente, considerando-se que os árbitros, no exercício de seu mandato, não podem (nem devem) se esquivar de decidir questões que envolvam atos de corrupção e, caso o façam, também têm o dever de sopesar todas as situações e conceitos acima descritos, sob pena de serem coniventes com os atos atentatórios à ordem pública e aos bons costumes. Apesar de os árbitros não serem considerados "neither guardians of the public order[83] nor invested by the State with a mission of applying its mandatory rules, they ought nevertheless to have an incentive to do so out of a sense of duty to the survival of international arbitration as an institution"[84].

2.2.5 Análise do tema no direito brasileiro

Analisando a questão sob o prisma da legislação nacional, ressalta-se que a Lei Brasileira de Arbitragem, salvo disposição expressa em contrário e tendo em

---

82 Tradução livre, no original: "Observou-se que, do ponto de vista do árbitro, uma regra de direito penal não é mais e nada menos que uma regra obrigatória. É, para usar uma expressão francesa, 'loi de police', que institui uma prescrição ou proibição não derrogatória específica. Os árbitros não podem aplicar disposições de direito penal. Eles podem, no entanto, levar em consideração essas disposições e prosseguir com as sanções da lei civil resultantes de sua falta de observância. Por sua vez, isso significa provavelmente que eles devem considerar disposições de direito penal não apenas de lex arbitri e lex causae, mas também de um país terceiro, levando em consideração a qualidade e as consequências de sua aplicação ou não aplicação. No entanto, a prática arbitral sugere que a ilegalidade é mais frequentemente julgada pelo critério da lei escolhida, e não pelo critério de um país terceiro, por exemplo, um país em que o contrato deveria ser executado. Em casos excepcionais, a ordem pública internacional é invocada para declarar um contrato ilegal" (HIBER, Dragor; PAVIC, Vladimir. Arbitration and crime. *Journal of International Arbitration*, v. 25, n. 4, p. 461-478, 2008, p. 469).

83 Há quem defenda na doutrina que o árbitro tem o dever de atuar como guardião da "ordem mercantil internacional". Sobre o tema, ver: (i) LEW, Julian D. M. Determination of arbitrators' jurisdiction and the public policy limitations on that jurisdiction. In: LEW, Julian D. M. (ed.). *Contemporary Problems in International Arbitration*. Springer, 1987, p. 85; e (ii) TROYA, Javier Jaramillo. Corrupción, orden público y Convención de Nueva York: su aplicación en el Arbitraje Comercial Internacional. *Revista Ecuatoriana de Arbitraje*, No. 6, 2014.

84 Tradução livre: "Apesar de os árbitrros não serem considerados guardiões da ordem pública, nem serem investidos pelo Estado da missão de aplicar normas obrigatórias, eles devem, de qualquer maneira, ter um incentivo para fazê-lo, diante do senso do dever de sobrevivência do instituto da arbitragem internacional". MAYER, Pierre. Mandatory rules of law in international arbitration. *Arbitration International*, v. 2, n. 4, p. 274-293, 1986, p. 285-286.

mente as ponderações acima abordadas, se aplica indistintamente a todas as arbitragens conduzidas no território nacional[85], sem qualquer preocupação em qualificá-las como internacional ou nacional.

O legislador assim o faz não por desconhecimento ou despreparo, pelo contrário. Conforme defendido por Aline Dias, é cediço que no Brasil optou-se "pela adoção do sistema monista, no qual uma mesma lei rege toda e qualquer arbitragem no país, envolva ela partes brasileiras ou estrangeiras, conflitos internos ou transnacionais"[86] e, ao defender a adoção do referido sistema, aduz que "[n]o monismo, arbitragem (que não é diferenciada entre nacional ou internacional) caminha por um único trajeto, que resulta na possibilidade de o instituto como um todo aproveitar-se dos avanços dos estudos sobre a matéria"[87].

A Lei de Arbitragem, contudo, faz distinção entre sentença arbitral nacional e estrangeira com base no local em que a sentença foi proferida[88], ou seja, será nacional aquela proferida em território nacional e internacional aquela proferida fora dele. Nota-se, todavia, que essa diferença territorial é indiferente quando se trata da proteção aos preceitos de ordem pública, tal como discorre Carlos Alberto Carmona:

> O argumento (*ad terrorem*, sem dúvida) serve para pôr à mostra a consequência de tentar evitar o reconhecimento do óbvio: o sistema arbitral brasileiro é coerente, de modo que tanto as sentenças arbitrais nacionais quanto as sentenças arbitrais estrangeiras estão sujeitas à mesma condição geral de validade, qual seja, não atentar contra a ordem pública.[89]

Complementa ainda o autor, ao abordar o procedimento de homologação de sentenças arbitrais estrangeiras, previstas nos arts. 34 e seguintes da LA: "[c]aso o Superior Tribunal de Justiça anteveja violação à ordem pública nacional – ou seja, àquele 'conjunto de princípios e normas consideradas como essenciais à convivência nacional'[90] – não homologará o laudo estrangeiro"[91].

---

85 GASPAR. Renata Alves. Causas de denegação de homologação de decisões arbitrais estrangeiras: um diálogo com a jurisprudência brasileira e com a doutrina especializada – 1ª parte. *Revista de Arbitragem e Mediação*, São Paulo/SP, ano 7, n. 24, p. 58-91, jan./mar. 2010.

86 DIAS, Aline Henrique. Os sistemas monista e dualista na arbitragem comercial. *Revista Brasileira de Arbitragem*, v. 13, n. 50, p. 92-111, 2016, p. 94.

87 DIAS, Aline Henrique. Os sistemas monista e dualista na arbitragem comercial. *Revista Brasileira de Arbitragem*, v. 13, n. 50, p. 92-111, 2016, p. 103.

88 Conf. art. 34, parágrafo único da LA.

89 CARMONA, Carlos Alberto. *Arbitragem e processo*: um comentário à Lei nº 9.307/96. 4ª ed. Barueri: Atlas, 2023, p. 428.

90 GRECO FILHO, Vicente. *Direito Processual Civil Brasileiro*. São Paulo, Ed. Saraiva, 1996, v. 2, p. 415.

91 CARMONA, Carlos Alberto. *Arbitragem e processo*: um comentário à Lei nº 9.307/96. 4ª ed. Barueri: Atlas, 2023, p. 477.

Lembra-se, neste ponto, a menção no item 2.2.2 acima às críticas tecidas por parte da doutrina acerca da ordem pública transnacional. No contexto do direito brasileiro, percebe-se que a escolha do legislador pelo controle de legalidade da sentença arbitral doméstica (por meio da possibilidade de ação anulatória), bem como da sentença arbitral estrangeira (através do mecanismo de homologação), protege não somente a ordem pública nacional, mas também exerce a função de, enquanto processo, "fiscalizar a regularidade deste instrumento [aqui empregado para se referir ao instituto da arbitragem], sua aptidão para produzir os resultados que [do Estado] se esperam"[92]. Em outras palavras, desde que permaneçam atentos os árbitros para eventuais armadilhas que o exercício da autonomia privada das partes pode armar – *e.g.*, eleger a aplicação de determinado direito material para acobertar atos ilegais –, restará preservada a higidez da sentença arbitral e, por extensão, do próprio instituto.

Pode-se afirmar, portanto, que a tarefa de distinguir o que constitui matéria de ordem pública e suas implicações não é simples, existindo aqui uma enorme área cinzenta entre o branco e o preto[93]. No entanto, para o árbitro que aplicará o direito brasileiro, que proferirá sentença dentro do território nacional, ou ambos, a ponderação ora discutida é medida que se impõe, não somente para que seja proferida uma sentença válida e exequível, mas para que haja a correta aplicação do direito.

2.3 INVESTIGAÇÃO *SUA SPONTE* DE ATOS DE CORRUPÇÃO[94]

Até este momento, estabeleceu-se que os árbitros têm jurisdição para enfrentar questões derivadas de atos de corrupção alegadas pelas partes. No entanto, pondera-se acerca de situações em que as partes não trazem diretamente aos árbitros o argumento da prática ou existência de atos de corrupção, ou mesmo de qualquer outro ato ilícito. Em circunstâncias dessa natureza, havendo suspeita justificada, podem os árbitros, de ofício, por conta própria, de ofício (*ex officio*) ou *sua sponte*, levantar essas questões? Em caso positivo, quais seriam os limites para esse poder instrutório de "investigar" a suspeita da prática de atos ilícitos? Essas são as duas questões que serão endereçadas neste tópico.

---

92 APRIGLIANO, Ricardo de Carvalho. *Ordem pública e processo*. São Paulo: Atlas, 2011, p. 64.

93 Tradução livre: "What constitutes public policy of a jurisdiction may not necessary be simple to distinguish. There may be a large area of grey between the white and the black" (KURKELA, Matti S. Criminal laws in International Arbitration – the May, the Must, the Should and the Should Not. *ASA Bulletin*, v. 26, n. 2, p. 280-293, 2008, p. 283).

94 Este item inspirou a produção do seguinte texto: SILVA, Jorge Cesa Ferreira da; VÉRAS, Felipe Sebhastian Caldas. Os Árbitros e a Investigação *Sua Sponte* de Atos de Corrupção. In: TOLENTINO, Augusto; MARTINS, Julia Girão Baptista; POTSCH; Bernard M. *Arbitragem e Outros Temas*: Homenagem a Pedro A. Batista Martins. São Paulo: Quartier Latin, 2023, p. 411-431.

2.3.1 Entre a cruz e a espada? Entendendo os riscos à higidez da sentença arbitral

Antes de tomar qualquer decisão, é importante que o tribunal arbitral avalie qual será sua conduta diante do caso concreto, pois existem dois bons argumentos que, embora conflitantes, resultam na mesma consequência: a possível anulação da sentença arbitral. Nassib Ziadé pondera que, de um lado, caso o tribunal enderece suas suspeitas acerca da prática de atos ilícitos por conta própria, os árbitros correm o risco de proferir uma sentença que não é válida ou exequível, sendo passível de anulação, por ter sido proferida fora dos limites da convenção de arbitragem ou *ultra petita*. Por outro lado, caso o tribunal desconsidere ou ignore a potencial prática de atos ilícitos pelas partes, ainda que não haja pedido expresso nesse sentido, a sentença também poderia ser passível de anulação por ser contrária à ordem pública[95].

O mesmo questionamento já havia sido posto por Richard Kreindler anos atrás:

> Is the arbitrator caught between a rock and a hard place by initiating his own verification of suspected illegality despite the parties' failure to plead illegality? Failure to engage in such self-inquiry might cause the arbitrator to be an "accomplice" to a contract against public morals or to issue an award which violates public policy. Initiating his own investigation, on the other hand, and in particular drawing his own conclusions as to such illegality in its award, might constitute an impermissible foray into a dispute "not contemplated by or not falling within the terms of the submission to arbitration, or contain[ing] decisions on matters beyond the scope of the submission to arbitration" in the sense of Art. 34(2)(a)(iii) of the Model Law or, in virtually the same wording, Art. V(1)(c) of the New York Convention.[96]

---

95 ZIADÉ, Nassib G. Addressing Allegations and Findings of Corruption. In: BAIZEAU, Domitille, KREINDLER, Richard H. Addressing Issues of Corruption in Commercial and Investment Arbitration. *Dossiers of the ICC Institute of World Business Law*, v. 13, cap. 7, 2015, p. 120.

96 Tradução livre: "O árbitro é pego *between a rock and a hard place* ["entre a cruz e a espada"] ao iniciar sua própria verificação de suspeita de ilegalidade, apesar da falha das partes em fazê-lo? O não cumprimento desse autoquestionamento pode fazer com que o árbitro seja "cúmplice" de um contrato contra a moral pública ou que emita uma sentença que viole a ordem pública. Iniciar sua própria investigação, por outro lado, e em particular tirar suas próprias conclusões sobre essa ilegalidade em sua sentença, pode constituir uma incursão inadmissível em uma disputa "não contemplada ou não abrangida pelos termos da submissão à arbitragem, ou contendo decisões sobre assuntos fora do escopo da submissão à arbitragem", no sentido do art. 34 (2) (a) (iii) da Lei Modelo ou, praticamente na mesma redação, o art. V (1) (c) da Convenção de Nova Iorque." (KREINDLER, Richard H. Aspects of Illegality in the Formation and Performance of Contracts. In: VAN DEN BERG, Albert Jan et al. (Ed.). *International commercial arbitration: important contemporary questions*. Kluwer Law International BV, 2003, p. 209-260, p. 236.)

Com efeito, tal como exposto pela doutrina internacional, essa preocupação se dá em razão do disposto nos artigos 34(2)(a)(iii)[97] e 36(1)(a)(iii)[98] da Lei Modelo da UNCITRAL, bem como da previsão do artigo V(1)(c)[99] da Convenção de Nova Iorque. Em síntese, esses dispositivos preveem que uma sentença pode ser contestada com base no fato de o tribunal ter lidado com uma disputa não contemplada ou abrangida pela convenção de arbitragem. De maneira similar, encontram-se as disposições dos artigos 34(2)(b)(ii)[100] e 36(1)(b)(ii)[101] da Lei Modelo da UNCITRAL, assim como o artigo V(2)(b)[102] da Convenção de Nova Iorque. Estes dispositivos determinam, sem se adentrar nas suas controvérsias e particularidades[103], que a sentença arbitral proferida contra a ordem pública é passível de anulação e não é exequível.

---

97 Artigo 34º. Pedido de anulação como recurso exclusivo contra a sentença arbitral (...)
(2) A sentença arbitral só pode ser anulada pelo tribunal referido no artigo 6º se
(a) A parte que faz o pedido fizer prova de que: (...)
(iii) A sentença tem por objeto uma disputa não referida ou não abrangida pela convenção de arbitragem ou contém decisões sobre matérias que ultrapassam o âmbito da convenção, a menos que a parte da sentença que contém decisões sobre matérias não submetidas à arbitragem possa ser anulada, caso as decisões sobre matérias submetidas à arbitragem possam ser tratadas de forma separada das que o não foram; (...).
98 Artigo 36º. Fundamentos de recusa do reconhecimento ou da execução
(1) O reconhecimento ou a execução de uma sentença arbitral, independentemente do país em que tenha sido proferida, só pode ser recusado: (...)
(iii) A sentença tem por objeto uma disputa não referida ou não abrangida pela convenção de arbitragem ou contém decisões sobre matérias que ultrapassam o âmbito da convenção, a menos que a parte da sentença que contém decisões sobre matérias não submetidas à arbitragem possa ser anulada, caso as decisões sobre matérias submetidas à arbitragem possam ser tratadas de forma separada das que o não foram;
99 Artigo V. 1. O reconhecimento e a execução de uma sentença poderão ser indeferidos, a pedido da parte contra a qual ela é invocada, unicamente se esta parte fornecer, à autoridade competente onde se tenciona o reconhecimento e a execução, prova de que: (...)
c) a sentença se refere a uma divergência que não está prevista ou que não se enquadra nos termos da cláusula de submissão à arbitragem, ou contém decisões acerca de matérias que transcendem o alcance da cláusula de submissão, contanto que, se as decisões sobre as matérias suscetíveis de arbitragem puderem ser separadas daquelas não suscetíveis, a parte da sentença que contém decisões sobre matérias suscetíveis de arbitragem possa ser reconhecida e executada; (...).
100 Artigo 34º. Pedido de anulação como recurso exclusivo contra a sentença arbitral (...)
(2) A sentença arbitral só pode ser anulada pelo tribunal referido no artigo 6º se
(b) O tribunal estatal constatar: (...)
(ii) Que a sentença arbitral contraria a ordem pública do presente Estado.
101 Artigo 36º. Fundamentos de recusa do reconhecimento ou da execução
(1) O reconhecimento ou a execução de uma sentença arbitral, independentemente do país em que tenha sido proferida, só pode ser recusado: (...)
(b) O tribunal estatal constatar: (...)
(ii) Que o reconhecimento ou a execução da sentença contrariam a ordem pública do presente Estado.
102 Artigo V. 2. Poderão igualmente ser recusados o reconhecimento e a execução de uma sentença arbitral se a autoridade competente do país em que o reconhecimento e a execução foram pedidos constatar: (...)
b) Que o reconhecimento ou a execução da sentença são contrários à ordem pública desse país.
103 As controvérsias derivadas de questões de ordem pública foram tratadas em parte no item 2.2.2. Para uma visão mais abrangente do tema, conferir: KLEINHEISTERKAMP, Jan. The myth of transnational public policy in international arbitration. *American Journal of Comparative Law*, 2021.

Ao se transportar essa preocupação para a LA, a situação é bastante parecida. De um lado, caso os árbitros abordem na sentença algo distinto daquilo que foi alegado pelas partes ao longo do procedimento arbitral, correm o risco de proferir uma sentença passível de anulação, pois proferida fora dos limites da convenção de arbitragem[104]. Ao mesmo tempo, por outro lado, caso a suspeita de corrupção seja determinante para o objeto da arbitragem e o tribunal não a enderece diretamente, a sentença também será passível de anulação, pois poderá ser contrária à ordem pública.

Vale lembrar que, apesar de não constar no rol do art. 32 da LA como hipótese de anulação da sentença arbitral aquela contrária a ordem pública, a doutrina entende ser essa uma possibilidade perfeitamente cabível, que estaria implícita ao rol do mencionado artigo[105]. Afinal de contas, "corresponderia a verdadeiro contrassenso inadmitir a anulação de um laudo arbitral doméstico que ofende a ordem pública brasileira (...) e denegar a homologação de um laudo arbitral estrangeiro que ofenda a ordem pública do mesmo País. Estar-se-ia admitindo que o legislador brasileiro é incoerente e paradoxal, o que não é razoável"[106]. Isto é exatamente o que diz o texto da LA, em se tratando de sentença arbitral estrangeira (aquela proferida fora do território nacional[107]), é possível que sua homologação para reconhecimento ou execução seja negada pelo STJ por ofender a ordem pública nacional[108].

Nesse contexto, o árbitro estaria, então, encurralado? Preso *between a rock and a hard place*? Entende-se que não. Entretanto, para que haja boa compreensão do tema e de suas implicações, importante analisar, em primeiro lugar, os poderes instrutórios conferidos aos árbitros pela LA.

2.3.2 Os poderes instrutórios dos árbitros

A LA, em seu Capítulo IV, que trata do procedimento arbitral, disciplina, no artigo 22, que "poderá o árbitro ou o tribunal arbitral tomar o depoimento das

---

104 Conf. art. 32, IV, da LA.

105 Exemplificativamente: (i) ALMEIDA, Ricardo Ramalho. *Arbitragem Comercial Internacional e Ordem Pública.* Rio de Janeiro: Renovar, 2005, p. 265-272; (ii) LEE, João Bosco. *Arbitragem Comercial Internacional nos Países do Mercosul.* Curitiba: Juruá, 2002, p. 206-207; (iii) VALENÇA FILHO, Clávio. *Poder Judiciário e Sentença Arbitral.* Curitiba: Juruá, 2002, p. 163-164; e (iv) SESTER, Peter Christian. *Comentários à Lei de Arbitragem e Legislação Extravagante.* São Paulo: Quartier Latin, 2020, p. 355-356.

106 VERÇOSA, Fabiane. *A aplicação errônea do Direito pelo árbitro*: uma análise à luz do Direito Brasileiro e Estrangeiro. Curitiba: CRV, 2015, p. 181.

107 Conf. art. 34, parágrafo único, da LA.

108 Conf. art. 39, II, da LA.

partes, ouvir testemunhas e determinar a realização de perícias ou outras provas que julgar necessárias, mediante requerimento das partes ou [destaca-se] *de ofício*". A partir da dicção do próprio dispositivo de lei, é possível afirmar que "o árbitro não depende de requerimento das partes para determinar a produção de qualquer prova que julgar importante para a solução do litígio"[109]. Afinal, para cumprir seu dever de julgar, deve o árbitro se basear, *inter alia*, no princípio de seu livre convencimento motivado[110].

A doutrina nacional é bem clara ao se referir ao papel ativo que o tribunal arbitral deve adotar na condução do procedimento, que deve atuar em complemento à iniciativa das partes naquilo que lhe parecer útil e relevante para a formação de seu entendimento sobre a matéria posta para decisão. Assim ensina Francisco José Cahali:

> E mais, o próprio árbitro tem alargada, de direito e de fato, a sua autoridade na condução do procedimento, cabendo-lhe interferir ativamente na instrução da causa, para consolidar o seu livre convencimento sobre os fatos, necessário à adequada solução do conflito. Por sua iniciativa, podem ser investigados fatos para descoberta da verdade.
>
> No gerenciamento do procedimento, também no campo das provas, a conduta do árbitro (ou painel) é proativa, no sentido de determinar o quanto necessário, pertinente e útil a instruir a causa, nos expressos termos do art. 22, caput, da Lei de Arbitragem (...). Confirma-se um dos principais atributos do árbitro: a diligência no desempenho de suas funções (art. 13, § 6.º, da Lei 9.307/1996). (...).
>
> Ainda, a atividade do árbitro neste particular acaba sendo complementar à iniciativa das partes, e voltada a investigar o quanto lhe parecer útil e relevante para influenciar o seu julgamento.[111]

Nota-se que, para tanto, a LA permite inclusive que o árbitro solicite à autoridade judicial competente a condução de eventual testemunha renitente para prestar depoimento[112], bem como outros atos que sejam necessários para que as decisões incidentais dos árbitros produzam efeitos[113].

---

109 CARMONA, Carlos Alberto. *Arbitragem e processo*: um comentário à Lei nº 9.307/96. 4ª ed. Barueri: Atlas, 2023, p. 316.

110 Conf. art. 21, § 2º, da LA.

111 CAHALI, Francisco José. *Curso de arbitragem*. São Paulo: Revista dos Tribunais, 2018, p. 284-285.

112 Conf. art. 22, § 2º, da LA.

113 Conf. art. 22-C da LA.

Anotando o aspecto prático da formação do livre convencimento motivado dos árbitros, bem como as consequências da inobservância do devido processo, discorre José Emilio Nunes Pinto:

> A fase instrutória do procedimento arbitral se destina a permitir que os árbitros formem livremente o seu convencimento sobre os fatos alegados e contraditados pela parte contrária. Da contraposição de argumentos deve surgir a via a ser percorrida pelos árbitros na busca da verdade material. Portanto, embora muitas vezes esquecida pelas partes, a prova se produz em favor e em exclusivo benefício dos árbitros. Os princípios de devido processo, igualdade das partes e do contraditório são elementos que formam o substrato da prova, ou seja, o ambiente em que se deve desenrolar a fase instrutória de qualquer procedimento arbitral. Sem eles, mascara-se ou pode dar azo a que seja mascarada a verdade material, impedindo a justiça da decisão. Essa é a razão pela qual a Lei de Arbitragem confere à violação desses princípios o condão de dar causa à anulação da sentença arbitral. Na verdade, a anulação não se caracteriza como sanção direta e exclusiva pela inobservância dos princípios mencionados, mas, ao contrário, pelos efeitos adversos que essa inobservância causa na decisão final dos árbitros. Aliás, pode parecer óbvia a afirmação precedente. No entanto, em muitas oportunidades, defrontamo-nos com protestos, ameaças ou alegações de violação desses princípios como meio exclusivo de prequestionar um futuro pedido de anulação de sentença arbitral, caso a parte se sinta frustrada com o resultado obtido, sem que se possa provar que dessa alegada violação tenha surgido prejuízo para o convencimento dos árbitros. Fica aqui um alerta: a procedência da alegação deve comportar uma relação de nexo causal, ou seja, da violação decorreu o resultado tido como contrário à justiça.[114]

Verifica-se, neste ponto, que o legislador brasileiro não foi o único a expressar esse entendimento. Teresa Giovannini[115] observa que, assim como a legislação

114 PINTO, José Emilio Nunes. Anotações práticas sobre a produção de prova na arbitragem. *Revista Brasileira de Arbitragem*, v. 7, n. 25, p. 7-28, 2010, p. 11.

115 GIOVANNINI, Teresa. *Ex Officio* Powers to Investigate: When do arbitrators cross the line? In: EHLE, Bernd; BAIZEAU, Domitille (Eds.). *Stories from the Hearing Room: Experience from Arbitral Practice (Essays in Honour of Michael E. Schneider)*. Kluwer Law International, 2015, cap. 8, p. 59-76, p. 61.

brasileira, as leis de arbitragem suíça[116], alemã[117], japonesa[118] e chinesa[119] também conferem aos árbitros amplos poderes instrutórios, inclusive para levantar, de ofício, matérias não abordadas pelas partes. Prossegue a autora afirmando que outros sistemas, como as legislações da Coreia[120] e de Hong Kong[121], apesar de conferirem os mesmos poderes aos árbitros, exigem que os pontos levantados *sua sponte* pelo tribunal arbitral sejam submetidos para comentários das partes. Na Inglaterra, o legislador afirma expressamente que, salvo acordo em contrário das partes, cabe ao tribunal arbitral decidir acerca de todas as matérias procedimentais, inclusive em que medida o próprio tribunal deve tomar a iniciativa de apuração dos fatos e da lei[122]. A autora finaliza a comparação citando o sistema holandês, a partir do qual, com base nos precedentes da Suprema Corte, os árbitros devem, em princípio, restringir-se ao exame das evidências apresentadas no procedimento e não podem coletar provas de ofício, a menos que haja permissão expressa e prévia das partes[123].

---

116 Article 184
3. Taking of evidence
1 The arbitral tribunal shall itself conduct the taking of evidence. (...)

117 Section 1042 General rules of procedure
(...) (4) Failing an agreement by the parties, and in the absence of provisions in this Book, the arbitral tribunal shall conduct the arbitration in such manner as it considers appropriate. The arbitral tribunal is empowered to determine the admissibility of taking evidence, take evidence and assess freely such evidence.

118 Article 26. (Rules of Procedure)
(1) The parties are free to agree on the procedure to be followed by the arbitral tribunal in conducting the arbitral proceedings. Provided, it shall not violate the provisions of this Law relating to public policy.
(2) Failing such agreement as prescribed in the preceding paragraph, the arbitral tribunal may, subject to the provisions of this Law, conduct the arbitral proceedings in such manner as it considers appropriate.
(3) Failing such agreement as prescribed in paragraph (1), the power conferred upon the arbitral tribunal includes the power to determine the admissibility, relevance, materiality and weight of any evidence.

119 Article 43 Parties shall provide evidences in support of their own arguments. The arbitration tribunal may, as it considers necessary, collect evidences on its own.

120 Article 25 (Hearings)
(...) (4) Any expert report or evidentiary document on which the arbitral tribunal may rely in making its decision shall be communicated to the parties.

121 General powers exercisable by arbitral tribunal
(...) Unless otherwise agreed by the parties, an arbitral tribunal may, when conducting arbitral proceedings, decide whether and to what extent it should itself take the initiative in ascertaining the facts and the law relevant to those arbitral proceedings.

122 34 Procedural and evidential matters.
(1) It shall be for the tribunal to decide all procedural and evidential matters, subject to the right of the parties to agree any matter.
(2) Procedural and evidential matters include (...) (g) whether and to what extent the tribunal should itself take the initiative in ascertaining the facts and the law.

123 VAN DER BEND, Bommel; LEITJEN, Marnix. *A guide to the NAI Arbitration rules: Including a Commentary on Dutch Arbitration Law*. Kluwer Law International BV, 2009.

Poderes instrutórios amplos também são referenciados em instrumentos de *soft law*[124]. As *IBA Rules on the Taking of Evidence in International Commercial Arbitration* preveem que o tribunal arbitral pode, a qualquer momento, antes da conclusão da arbitragem, por exemplo, ordenar que qualquer das partes forneça documentos ou empregue seus melhores esforços para obtê-los, perante qualquer pessoa ou organização[125], bem como para que qualquer pessoa compareça à audiência para prestar depoimento, inclusive aquelas que não foram arroladas como testemunhas[126].

Da mesma forma, refletindo as melhores práticas, estão também os regulamentos das maiores câmaras de arbitragem do país e do mundo. A começar pelas instituições internacionais, verifica-se que o Regulamento de Arbitragem da LCIA prevê que o tribunal arbitral poderá, após conceder prazo razoável para as partes se manifestarem a respeito, conduzir as investigações que possam parecer necessárias

124 A expressão *"soft law"* é utilizada para se referir a uma "infinita variedade" de instrumentos diferentes do direito internacional, tal como afirma Richard Baxter (BAXTER, Richard R. International Law in "Her Infinitye Variety". *International & Comparative Law Quarterly*, v. 29, n. 4, p. 549-566, 1980, p. 549). No entanto, André Abbud, ao tentar sintetizar os três principais sentidos em que a expressão costuma ser empregada, ensina que: "O primeiro refere-se a instrumentos que, por sua própria forma legal, fonte ou modo de produção, têm um caráter não vinculante. O próprio instrumento é *'soft'*, independentemente do teor de suas regras. (...) O segundo sentido tem por critério distintivo não a forma do instrumento, mas seu conteúdo, o caráter mais ou menos constritivo de suas normas. *Soft law* seriam aquelas disposições formuladas de modo amplo ou abstrato, dotadas de cláusulas gerais e conceitos jurídicos indeterminados, tais como princípios. (...) Por fim, uma terceira acepção emprega a expressão *soft law* para se referir a regras cujo cumprimento não é passível de ser imposto por mecanismos vinculantes ou compulsórios de resolução de disputas (*compulsory adjudication*), tais como o Poder Judiciário ou a arbitragem, mas apenas por meios consensuais ou não vinculantes como a conciliação, a mediação, a negociação ou a persuasão (*soft enforcement*). O que distingue a *hard law* da *soft law* nesse terceiro sentido é a natureza do meio de resolução de disputas relativas àquelas normas". (ABBUD, André de Albuquerque Cavalcanti. *Soft law e produção de provas na arbitragem internacional.* Editora Atlas SA, 2014, p. 10-11). Nesse ponto do trabalho, a menção às *IBA Rules on the Taking of Evidence in International Commercial Arbitration* se dá no contexto da terceira acepção de *soft law* referenciada por André Abbud.

125 Article 3 Documents (...)

10. At any time before the arbitration is concluded, the Arbitral Tribunal may (i) request any Party to produce Documents, (ii) request any Party to use its best efforts to take or (iii) itself take, any step that it considers appropriate to obtain Documents from any person or organisation. Any Party may object to the request for any of the reasons set forth in Articles 9.2 or 9.3. In such cases, Article 3.4 to Article 3.8 shall apply correspondingly.

126 Article 4 Witnesses of Fact (...)

10. At any time before the arbitration is concluded, the Arbitral Tribunal may order any Party to provide for, or to use its best efforts to provide for, the appearance for testimony at an Evidentiary Hearing of any person, including one whose testimony has not yet been offered. Any Party may object for any of the reasons set forth in Articles 9.2 or 9.3.

ou convenientes, incluindo se e em que medida o próprio tribunal arbitral deve tomar a iniciativa de identificar e apurar fatos e outras questões relevantes[127].

O Regulamento de Arbitragem do ICDR, por sua vez, dispõe que o tribunal arbitral poderá conduzir a arbitragem da maneira que considere mais apropriada, desde que as partes sejam tratadas com igualdade e a cada uma seja assegurado o direito de ser ouvida e lhe(s) seja(m) dada justa oportunidade de apresentar o caso[128].

No mesmo sentido, estabelece o Regulamento de Arbitragem da PCA, prevendo que o tribunal arbitral pode conduzir a arbitragem da maneira que considerar apropriada, desde que as partes sejam tratadas com igualdade e que, em um estágio apropriado do processo, cada parte tenha uma oportunidade razoável de apresentar seu caso[129].

Especial atenção deve ser conferida, outrossim, ao Regulamento de Arbitragem da SIAC, que prevê expressamente que o tribunal arbitral poderá, quando entender apropriado, decidir qualquer questão que não tenha sido expressa ou implicitamente abordada nas alegações das partes, desde que essa questão tenha sido claramente levada ao conhecimento da outra parte e que a outra parte tenha tido a oportunidade adequada de responder[130].

Os centros de arbitragem nacionais, apesar de não chegarem ao mesmo nível de detalhe, também seguem a mesma linha, conferindo ao tribunal arbitral amplos poderes instrutórios. A maioria deles, alinhados com o disposto nos

---

127 Article 22 Additional Powers

22.1 The Arbitral Tribunal shall have the power, upon the application of any party or (save for sub-paragraph (x) below) upon its own initiative, but in either case only after giving the parties a reasonable opportunity to state their views and upon such terms (as to costs and otherwise) as the Arbitral Tribunal may decide: (...) (iii) to conduct such enquiries as may appear to the Arbitral Tribunal to be necessary or expedient, including whether and to what extent the Arbitral Tribunal should itself take the initiative in identifying relevant issues and ascertaining relevant facts and the law(s) or rules of law applicable to the Arbitration Agreement, the arbitration and the merits of the parties' dispute; (...)

128 Article 22: Conduct of Proceedings

1. Subject to these Rules, the arbitral tribunal may conduct the arbitration in whatever manner it considers appropriate, provided that the parties are treated with equality and that each party has the right to be heard and is given a fair opportunity to present its case. (...)

129 Article 17

1.Subject to these Rules, the arbitral tribunal may conduct the arbitration in such manner as it considers appropriate, provided that the parties are treated with equality and that at an appropriate stage of the proceedings each party is given a reasonable opportunity of presenting its case. The arbitral tribunal, in exercising its discretion, shall conduct the proceedings so as to avoid unnecessary delay and expense and to provide a fair and efficient process for resolving the parties' dispute.

130 Rule 27: Additional Powers of the Tribunal

Unless otherwise agreed by the parties, in addition to the other powers specified in these Rules, and except as prohibited by the mandatory rules of law applicable to the arbitration, the Tribunal shall have the power to: (...)

m. decide, where appropriate, any issue not expressly or impliedly raised in the submissions of a party provided such issue has been clearly brought to the notice of the other party and that other party has been given adequate opportunity to respond; (...).

regulamentos internacionais e com a previsão do art. 22 da LA, como o CAM--CCBC[131], CAMARB[132], FIESP/CIESP[133], CAM[134] e CBMA[135], contém previsões genéricas, conferindo grande discrição aos árbitros, não somente quanto a quais provas serão deferidas e consideradas úteis, mas também em relação à ordem de produção que entenderem convenientes.

Não resta dúvida, portanto, de que o tribunal arbitral possui ampla discrição em relação a quais provas devem ser produzidas, respeitando-se a eficiência procedimental, mesmo que não tenham sido diretamente solicitadas pelas partes. Isso se dá para que os árbitros sejam munidos de ferramentas suficientes para cumprir seu dever de buscar a verdade, proferindo, ao final, uma sentença arbitral válida e exequível. Contudo, a difusão da arbitragem como método de solução de controvérsias inevitavelmente ampliou o leque de opções e probabilidades tanto para a atuação de bons profissionais como árbitros, como para aqueles do outro lado do espectro.

2.3.3 A conduta do árbitro: cão de caça ou cão de guarda?

Nesse contexto, outra preocupação pairava sobre a comunidade internacional: a de que o instituto da arbitragem ficasse com a pecha de ser considerado um porto seguro para os contratos que visam a esconder a prática de atos de corrupção[136]. A soma dessas preocupações levou alguns autores a afirmar que os árbitros deveriam atuar mais como "*watchdogs than bloodhounds*"[137]. Isso significaria dizer que, justamente porque o árbitro deve atuar mais como um "cão de guarda" e não um "cão de

---

131 27.1 Caberá ao tribunal arbitral deferir e determinar as provas que considerar úteis, necessárias e adequadas, segundo a forma e a ordem que entender convenientes ao caso concreto.

132 8.4 Encerrado o prazo para impugnação, salvo se estabelecido momento diverso no Termo de Arbitragem, o Tribunal Arbitral deliberará sobre a produção de provas, incluindo prova pericial ou técnica, diligências fora do local da arbitragem e o adiantamento dos respectivos custos pelas partes.

133 10.4. Caberá ao Tribunal Arbitral deferir as provas que considerar úteis, necessárias e pertinentes, bem como a forma de sua produção.

134 4.6 Produção de Provas. Todas as provas serão produzidas perante o Tribunal Arbitral, que determinará a produção das provas que sejam úteis e necessárias para a solução da controvérsia, fixando o procedimento e a ordem de realização de cada uma delas.

135 11.1. Em qualquer fase do procedimento, o Tribunal Arbitral poderá determinar às partes que produzam as provas que julgue necessárias ou apropriadas.

136 KHVALEI, Vladimir. Using Red Flags to Prevent Arbitration from Becoming a Safe Harbour for Contracts that Disguise Corruption. *ICC International Court of Arbitration Bulletin (Special Supplement)*, v. 24, p. 15-26, 2013.

137 THOMSON, Douglas. Arbitrators and corruption: watchdogs or bloodhounds? *Global Arbitration Review*. 7 de maio de 2014.

caça", um limite mínimo deve ser estabelecido antes de se embarcar em uma verdadeira caçada (ou "*sniffing exercise*" tal como referido Douglas Thomson[138]).

Nesse sentido, o tribunal arbitral da *Permanent Court of Arbitration* no *PCA Case No. 2014-15*, sob as regras de arbitragem da UNCITRAL, afirmou que, caso matérias de corrupção sejam levantadas *"fairly and squarely"* pelas partes, o tribunal arbitral não pode se encolher diante de suas responsabilidades, devendo encarar a matéria. Destaca-se o trecho em referência:

> It is thus generally accepted that corruption is a cancer that eats into the body politic. Many governments and international organisations have done much in recent years to attempt to stamp it out. Unfortunately, it is endemic in certain parts of the world. Issues of corruption sometimes arise in international arbitration and arbitrators must be on their guard to ensure that they are not used as a mean of disguising this evil. But where in a case such as this the issue is raised fairly and squarely before the Tribunal it must not shirk its responsibilities. If this Tribunal finds corruption proved as alleged it will not hesitate to say so and subject MOL to all the consequences flowing therefrom. But, on the other hand, corruption has to be proved by evidence that convinces the Tribunal that the allegation has been made out. The Tribunal readily appreciates the enormous consequences that MOL and its officers will suffer if the allegation is established. It will not shrink from dismissing the allegation if it is not convinced by the evidence presented to it.[139]

De maneira similar, aqueles que defendem uma posição mais conservadora afirmam que "(...) it is not the duty of an arbitral tribunal to assume an inquisitorial

---

138 THOMSON, Douglas. Arbitrators and corruption: watchdogs or bloodhounds? *Global Arbitration Review*. 7 de maio de 2014.

139 Tradução livre: "É geralmente aceito que a corrupção é um câncer que consome o corpo político. Muitos governos e organizações internacionais fizeram muito nos últimos anos para tentar acabar com isso. Infelizmente, é endêmica em certas partes do mundo. Às vezes, questões de corrupção surgem na arbitragem internacional e os árbitros devem estar atentos para garantir que não sejam usados como um meio de disfarçar esse mal. Mas onde, em um caso como esse, a questão é levantada fairly and squarely perante o Tribunal, ele não deve se esquivar de suas responsabilidades. Se este Tribunal considerar que a corrupção foi provada como alegada, não hesitará em dizê-lo e sujeitará a MOL a todas as consequências daí decorrentes. Mas, por outro lado, a corrupção deve ser comprovada por evidências que convencem o Tribunal das alegações que foram feitas. O Tribunal aprecia prontamente as enormes consequências que a MOL e seus funcionários sofrerão se a alegação for estabelecida. Ele [o Tribunal] não hesitará em dispensar as alegações se não estiver convencido pelas provas a ele apresentadas." PCA Case No. 2014-15 (The Republic of Croatia v. MOL Hungarian Oil and Gas PLC). Sentença de 23 de dezembro de 2015.

role and to search officiously for evidence of corruption where none is alleged"[140]. Esse entendimento também chegou a ser ecoado na prática por tribunais arbitrais. Nota-se, por exemplo, a posição adotada pelo tribunal arbitral no caso *Westacre Investments Inc* (Reino Unido) *v. Jugoimport-SDRP Holding Company & Ors* (Iugoslávia) (*ICC Case No. 7047 of 1994*[141]):

> The word "bribery" is clear and unmistakable. If the defendant does not use it in his presentation of facts and Arbitral Tribunal does not have to investigate. It is exclusively the parties' presentation of facts that decides in what direction the arbitral tribunal has to investigate.[142]

Frequentemente, em razão desse dilema ético de os árbitros estarem encurralados diante de duas obrigações, uma perante as partes e outra perante a ordem pública da comunidade nacional e internacional, muitos profissionais chegam à conclusão de que o melhor a fazer seria renunciar ao encargo que lhes foi outorgado pelas partes[143]. Não obstante, em determinadas situações particulares não há muito o que se fazer. Imagina-se, por exemplo, determinada circunstância em que as partes, visando a "lavar" dinheiro de fontes ilícitas, decidem submeter um conflito imaginário à arbitragem para que os árbitros decidam a matéria e possam, dessa forma, obter um título executivo que justifique a movimentação financeira entre elas. Em casos como esse, Gary Born afirma que "(...) arbitrators have an obligation to ascertain whether or not this is true and, if so, to take appropriate steps, including resigning their mandate or dismissing the arbitration *sua sponte* (of course, after hearing the parties)"[144].

Mais próximo do outro lado do espectro, adotando uma vertente mais proativa, discorrem Bernardo Cremades e David Cairns:

---

140 Tradução livre: "(...) não é dever de um tribunal arbitral assumir um papel inquisitorial e procurar de ofício evidências de corrupção onde nenhuma é alegada". REDFERN, Alan; HUNTER, Martin. *Law and practice of international commercial arbitration.* Sweet & Maxwell, 1999, p. 153.

141 VAN DEN BERG, Albert Jan (Gen. Ed.). *Yearbook Commercial Arbitration Volume XXI – 1996.* Kluwer Law International, 1996, p. 79-98.

142 Tradução livre: "A palavra "suborno" é clara e inconfundível. Se o réu não a usar em sua apresentação dos fatos, o tribunal arbitral não tem que investigar. É exclusivamente a apresentação dos fatos pelas partes que decide em qual direção o tribunal arbitral deve investigar." VAN DEN BERG, Albert Jan (Gen. Ed.). *Yearbook Commercial Arbitration Volume XXI – 1996.* Kluwer Law International, 1996, p. 94-94.

143 GIOVANNINI, Teresa. *Ex Officio* Powers to Investigate: When do arbitrators cross the line? In: EHLE, Bernd; BAIZEAU, Domitille (Eds.). *Stories from the Hearing Room: Experience from Arbitral Practice (Essays in Honour of Michael E. Schneider).* Kluwer Law International, 2015, cap. 8, p. 59-76.

144 Tradução livre: "os árbitros têm a obrigação de verificar se isso é verdade ou não e, se for o caso, tomar as medidas apropriadas, incluindo renunciar ao seu mandato ou dispensar a arbitragem *sua sponte* (depois de, é claro, ouvir as partes)" (BORN, Gary. *International commercial arbitration.* 3rd. Ed. Kluwer Law International, 2021, §13.04[A][6] (Kluwer Law International, Updated August 2022)).

> The position today is that the international arbitrator has a clear duty to address issues of bribery, money laundering or serious fraud whenever they arise in the arbitration and whatever the wishes of the parties and to record its legal and factual conclusions in its award. This is the only course available to protect the enforceability of the award and the integrity of the institution of international commercial arbitration.[145]

É nítido, portanto, o conflito existente entre a obrigação dos árbitros em não proferir uma sentença *ultra petita* e, ao mesmo tempo, não proferir uma sentença contrária a ordem pública. Nesse cenário, Richard Kreindler argumenta que essa situação pode e deve ser resolvida sempre que possível em favor da ordem pública[146]. Indo adiante, o autor afirma que, nos casos em que a suspeita ou mesmo a manifestação de uma ilegalidade é indiscutivelmente relevante para o objeto da arbitragem, também é relevante o dever de proferir uma sentença válida na sede da arbitragem[147]. No mesmo sentido, Michael Hwang e Kevin Lim defendem que, qualquer que seja o motivo que levou à investigação *sua sponte* do tribunal arbitral, desde que este seja relevante para o objeto da arbitragem, estará seguramente abrangido pelos deveres do mandato do árbitro, mesmo que nenhuma das partes tenham alegado corrupção ou ilegalidade em seus pedidos ou defesa[148].

Há quem defenda, inclusive, que o tribunal arbitral teria um dever moral perante a administração da justiça – atuando como guardiões privados de transações

---

145 Tradução livre: "A posição hoje é que o árbitro internacional tem o claro dever de abordar questões de suborno, lavagem de dinheiro ou fraude séria sempre que surgirem na arbitragem e quaisquer que sejam os desejos das partes e registrar suas conclusões legais e factuais em sua sentença. Este é o único curso disponível para proteger a aplicabilidade da sentença e a integridade da instituição da arbitragem comercial internacional" (CREMADES, Bernardo M.; CAIRNS, David JA. Trans-national Public Policy in International Arbitral Decision-Making: The Cases of Bribery, Money Laundering and Fraud. *Dossier of the ICC Institute of World Business Law: Arbitration: Money Laundering, Corruption and Fraud, ICC Publication*, n. 651, p. 65, 2003, p. 86).

146 De acordo com o autor: "But are there tensions here between the mandate of *ultra petita* and the mandate of conforming with public policy? Perhaps yes, but they can and should be resolved where possible in favor of public policy. Where suspected or manifest illegality is arguably "relevant", it is also relevant to the duty, if any, to render an enforceable award, especially at the seat (...)".
Tradução livre: "Mas há tensões aqui entre o mandato de *ultra petita* e o mandato de conformidade com a ordem pública? Talvez sim, mas podem e devem ser resolvidos sempre que possível em favor da ordem pública. Havendo suspeita ou manifesta ilegalidade é indiscutivelmente "relevante", também é relevante para o dever, se houver, de proferir sentença exequível, especialmente na sede (...) " (KREINDLER, Richard H. *Competence-competence in the Face of Illegality in Contracts and Arbitration Agreements*. BRILL, 2013, p. 339).

147 KREINDLER, Richard H. *Competence-competence in the Face of Illegality in Contracts and Arbitration Agreements*. BRILL, 2013, p. 339.

148 HWANG, Michael; LIM, Kevin. Corruption in Arbitration—Law and Reality. *Asian International Arbitration Journal*, v. 8, n. 1, p. 1-119, 2012, p. 11.

comerciais internacionais[149] – e, em razão disso, não poderia se esquivar de lidar com situações dessa natureza, reforçando a ideia de que os árbitros devem envidar seus melhores esforços e serem proativos no que tange ao combate à corrupção[150].

Adverte-se, todavia, que a mera suspeita de ilegalidade não deve ensejar uma investigação inquisitorial da parte dos árbitros. Caso contrário, bastaria que uma parte levantasse essa suspeita para tirar completamente o foco do tribunal arbitral, que se voltaria para investigar essa questão, deixando a matéria objeto do litígio de lado. A própria doutrina proponente dessa conduta mais pragmática do tribunal arbitral afirma que, "while a *laissez faire* attitude to corruption is undesirable, an overzealous approach risks turning arbitrators into quasipolicemen and by consequence undermines the primary aim — efficient and focused dispute resolution"[151].

Portanto, desde que haja evidências constatáveis *prima facie* da prática de atos ilícitos, e sendo essa matéria relevante para o objeto da arbitragem, podem – e devem – os árbitros levantar esse ponto de ofício. No entanto, ao fazê-lo, em respeito aos princípios inerentes ao devido processo (contraditório, isonomia e ampla defesa), o tribunal arbitral deve convidar as partes a se manifestarem a respeito, explicando as razões pelas quais mais informações ou provas sobre determinado fato, circunstância ou conduta são relevantes para a matéria objeto da arbitragem. Dessa forma, ao conferir prazo adequado para que as partes se manifestem a respeito, o tribunal arbitral, além de ser transparente na condução do procedimento, evita argumentos futuros de que a sentença foi proferida fora do escopo da convenção de arbitragem. Seguindo o mesmo raciocínio, corrobora Edoardo Mercenaro:

> However, in case issues related to money laundering, bribery and corruption are not pleaded, there may be a risk of the arbitral tribunal going outside the claims raised by the parties (ultra petita). Said risk is mitigated, bearing in mind the due process principle to the extent arbitrators inform the parties of the basis for their suspicions on corruption, and provide them with an opportunity to make

---

149 LEW, Julian D. M. Determination of arbitrators' jurisdiction and the public policy limitations on that jurisdiction. In: LEW, Julian D. M. (ed.). *Contemporary Problems in International Arbitration*. Springer, 1987, p. 85.

150 REIS, Marcos Hokumura; REIS, Christiane Freire de Paula. The duty of International Arbitrators in Tackling Corruption *Sua Sponte*. In: FILHO, Napoleão Casado; QUINTÃO, Luísa; SIMÃO, Camila (Orgs.). *Direito Internacional e Arbitragem*: estudos em homenagem ao Prof. Cláudio Finkelsetein. São Paulo: Quartier Latin, 2019, p. 669-689, p. 674.

151 Tradução livre: "(...) embora uma atitude laissez-faire em relação à corrupção seja indesejável, uma abordagem excessivamente zelosa corre o risco de transformar os árbitros em quasipoliceman e, consequentemente, prejudica o objetivo principal – a resolução da disputa de forma eficiente e focada". SPRANGE, Thomas K. Corruption in Arbitration. In: BAIZEAU, Domitille, KREINDLER, Richard H. Addressing Issues of Corruption in Commercial and Investment Arbitration. *Dossiers of the ICC Institute of World Business Law*, v. 13, cap. 8, 2015, p. 136.

> submissions on the matter in full compliance with the principle of the parties' autonomy. Indeed, arbitrators are entitled (if not obliged) to inquire into corruption and compel the production of evidence or the submission of arguments if the parties refuse to be forthcoming, and make the relevant ruling on the basis of such inquiry.
>
> No entanto, nas hipóteses em que questões relacionadas à lavagem de dinheiro, suborno e corrupção não sejam pleiteadas, pode haver um risco de o tribunal arbitral sair das reivindicações levantadas pelas partes (*ultra petita*). O referido risco é atenuado, tendo em mente o princípio do devido processo, na medida em que os árbitros informam as partes sobre as bases de suas suspeitas de corrupção e oferecem a eles a oportunidade de apresentar observações sobre o assunto, em total conformidade com o princípio da autonomia das partes. De fato, os árbitros têm o direito (se não são obrigados) de investigar a corrupção e determinar a produção de provas ou a apresentação de argumentos, se as partes se recusarem a fazê-lo, e tomar a decisão relevante com base nessa investigação.[152]

É seguro, pois, afirmar que a posição dos árbitros que se encontram nesse tipo de situação não é confortável – o que não significa dizer que eles não devem se posicionar a respeito. Como essa abordagem deve ser feita, todavia, é algo que não se pode entregar em uma fórmula pronta e única, a ser aplicada em todos os casos. Em outras palavras, uma análise casuística deve ser feita pelos árbitros antes de decidirem se o caso concreto demanda uma abordagem *sua sponte* da matéria de corrupção ou ilegalidade.

2.3.4 O árbitro poeta: uma proposta de solução

Na tentativa de ilustrar a conduta do árbitro nesse tipo de situação, entende-se que a posição defendida pelo professor Yves Fortier[153] é a que melhor traduz a forma

---

152 Tradução livre: suborno e corrupção não sejam pleiteadas, pode haver um risco de o tribunal arbitral sair das reivindicações levantadas pelas partes (ultra petita). O referido risco é atenuado, tendo em mente o princípio do devido processo, na medida em que os árbitros informam as partes sobre as bases de suas suspeitas de corrupção e oferecem a eles a oportunidade de apresentar observações sobre o assunto, em total conformidade com o princípio da autonomia das partes. De fato, os árbitros têm o direito (se não são obrigados) de investigar a corrupção e determinar a produção de provas ou a apresentação de argumentos, se as partes se recusarem a fazê-lo, e tomar a decisão relevante com base nessa investigação." MERCENARO, Edoardo. Arbitrators' Investigative and Reporting Rights and Duties on Corruption. In: BAIZEAU, Domitille, KREINDLER, Richard H. Addressing Issues of Corruption in Commercial and Investment Arbitration. *Dossiers of the ICC Institute of World Business Law*, v. 13, cap. 9, 2015, p. 145.

153 FORTIER, L. Yves. Arbitrators, corruption, and the poetic experience: 'When power corrupts, poetry cleanses'. *Arbitration International*, v. 31, n. 3, p. 367-380, 2015.

adequada de se encarar a alegação (ou sua ausência) de matérias de corrupção nos procedimentos arbitrais.

Em seu artigo, o professor se vale de uma frase famosa proferida pelo então Presidente dos Estados Unidos da América, John F. Kennedy, em um discurso na *Amherst College* em outubro de 1963, que diz: "When power leads men towards arrogance, poetry reminds him of his limitations. When power narrows the areas of man's concern, poetry reminds him of the richness and diversity of his existence. When power corrupts, poetry cleanses."[154-155]. A referida frase, em conjunto com a obra de Lon Fuller, *The Morality of Law*[156], inspiraram o professor Fortier a ensinar que:

> If I apply this theory to the theme of my lecture, I begin at the bottom of the scale, with the morality of duty. At this bottom point, the scale would include, for instance, the rules and duties of the arbitrator as set out in the applicable arbitration rules and the arbitration agreement. As I ascend the scale, however, at some point, the morality of duty ends and the higher demands of the morality of aspiration begin. This is where I currently place the international community's universal condemnation of corruption. I say currently, because these different moralities can morph into each other. As rulings and decisions addressing international corruption become more prevalent in arbitration, international anti-corruption norms become more concrete. They take the shape of rules and decisions that enter within the domain of the morality of duty, but soon gain in obligatory force.
>
> The arbitrator-poet, for me, is keenly aware of his duties to the parties, to the entities that have entrusted him with their dispute; but he also aspires to certain ideals of international justice and morality. There is no real choice to be made between these two moralities, at least not if the arbitrator, like the doctor, wishes to excel in his practice. He must compose with and adopt both of these commitments. In other words, he must seek in discharging his awesome responsibilities, the poetic equivalent of harmony.[157]

---

154 A íntegra do discurso proferido pelo Presidente Kennedy pode ser encontrada no seguinte endereço: <https://www.arts.gov/about/kennedy-transcript>.

155 Tradução livre: "Quando o poder leva os homens à arrogância, a poesia o lembra de suas limitações. Quando o poder restringe as áreas de preocupação do homem, a poesia o lembra da riqueza e diversidade de sua existência. Quando o poder corrompe, a poesia purifica".

156 FULLER, Lon Luvois. *The morality of law*. Yale University Press, 1969.

157 Tradução livre: "Se eu aplicar essa teoria ao tema de minha palestra, começo na parte inferior da escala, com a moral do dever. Nesse ponto inferior, a escala incluiria, por exemplo, as regras e deveres do árbitro, conforme estabelecido nas regras aplicáveis ao procedimento arbitral e na convenção de arbitragem. À medida que subo na escala, no entanto, em algum momento, a moralidade do dever termina e as demandas mais altas da moralidade da aspiração começam. É aqui que atualmente coloco a condenação universal à corrupção da comunidade internacional. Eu digo atualmente, porque essas

Adere-se este trabalho, portanto, à tese do árbitro poeta, quando se trata da decisão dos árbitros de analisar atos de corrupção, ainda que não alegados diretamente pelas partes. Essa visão é adequada, pois representa um equilíbrio harmônico entre os deveres dos árbitros perante as partes, assim como suas responsabilidades enquanto julgador perante toda a comunidade. Essa visão reflete, também, a maestria necessária para trilhar esse caminho, pois, como afirmado, o árbitro se vê numa linha tênue entre a decisão fora dos limites da convenção de arbitragem e uma decisão que potencialmente pode ser contrária aos preceitos de ordem pública. Parece adequada essa linha de pensamento porque, assim como a poesia, o exercício do mandato de árbitro nessas condições não é nada menos do que uma obra de arte.

Dito de outra forma, simplesmente oferecer uma única solução para toda e qualquer circunstância em que atos de corrupção podem ser encontrados na arbitragem seria ignorar a complexidade das matérias que tanto se discute neste trabalho[158].

2.3.5 Exemplos da pertinência da tese do árbitro poeta[159]

Neste ponto, entende-se necessário fornecer alguns exemplos práticos que, embora simples, esclarecem as recomendações feitas ao longo deste texto. Afinal, a recomendação de análise casuística acerca da relevância da suspeita da prática de

---

diferentes moralidades podem se transformar. À medida que as sentenças e decisões sobre a corrupção internacional se tornam mais predominantes na arbitragem, as normas internacionais anticorrupção se tornam mais concretas. Eles assumem a forma de regras e decisões que entram no domínio da moralidade do dever, mas logo ganham força obrigatória.

O árbitro-poeta, para mim, está profundamente ciente de seus deveres para com as partes, para as entidades que lhe confiaram sua disputa; mas ele também aspira a certos ideais de justiça e moralidade internacionais. Não há escolha real a ser feita entre essas duas moralidades, pelo menos não se o árbitro, como o médico, deseja se destacar em sua prática. Ele deve compor e adotar esses dois compromissos. Em outras palavras, ao exercer suas incríveis responsabilidades, ele deve almejar o equivalente poético da harmonia." (FORTIER, L. Yves. Arbitrators, corruption, and the poetic experience: 'When power corrupts, poetry cleanses'. *Arbitration International*, v. 31, n. 3, p. 367-380, 2015, p. 376).

158 FORTIER, L. Yves. Arbitrators, corruption, and the poetic experience: 'When power corrupts, poetry cleanses'. *Arbitration International*, v. 31, n. 3, p. 367-380, 2015.

159 O emprego de analogias como a tese do árbitro poeta não é raro na (incrivelmente variada) doutrina que aborda questões de corrupção. Veja-se o trecho a seguir em que Johann Lambsdorff compara a luta contra a corrupção com o judô: "Combating corruption is like judo. Instead of bluntly resisting the criminal forces, one must redirect the enemy's energy to his own. decay. Instead of proclaiming a policy of zero tolerance one must recognize that the imperfections of human behavior will endure. Instead of demanding a world of absolute integrity, fighting corruption foremost is the art of exploiting these imperfections for our battle" (LAMBSDORFF, Johann Graf. *The institutional economics of corruption and reform:* theory, evidence and policy. Cambridge University Press, 2007, p. 234-235). Em ambos os casos, a ideia que se deseja passar ao leitor é a de que a análise de questões complexas como a luta contra a corrupção – mesmo na seara arbitral – não pode ser destilada em uma "fórmula única" aplicável em qualquer cenário.

ilegalidade para o objeto da arbitragem pode ser bem genérica. Dito isso, não se pretende aqui oferecer uma infinidade de casos, até porque os mecanismos empregados por aqueles que comentem atos de corrupção são limitados apenas pela criatividade humana, mas apenas fornecer ao(à) leitor(a) o mínimo para que fique clara a recomendação posta.

Feita essa ressalva, propõem-se explorar quatro cenários diferentes, quando nenhuma das partes levanta o tema: (i) quando o tema da corrupção for pressuposto do direito envolvido na sentença arbitral; (ii) quando o tema da corrupção for pressuposto dos efeitos do direito envolvido na sentença arbitral; (iii) quando o tema da corrupção é meramente lateral no caso, sem reflexos na sentença arbitral; e (iv) quando se constata que as partes, em conjunto, querem se aproveitar do procedimento para conseguir uma sentença que sirva de título que legitime algum ato ilícito.

2.3.5.1 O tema da corrupção é pressuposto do direito envolvido na sentença arbitral

Imagine-se o seguinte cenário: um contrato de fornecimento cuja proposta foi aceita pela outra parte mediante recebimento de propina. A entrega do material ocorreu, mas não houve o respectivo pagamento do preço. O pedido da parte requerente se restringe à declaração da entrega do material dentro das conformidades do contrato e de indenização por perdas e danos, nos termos previstos no contrato.

Eventuais efeitos civis da corrupção para os negócios jurídicos, serão tratados mais adiante (capítulo 4). A questão importante deste exemplo para os fins deste item é demonstrar que a eventual existência de corrupção pode alterar o conteúdo da sentença, haja vista que o contrato poderia ser considerado inválido e, nesse sentido, ter influência, ao menos, na qualificação, no regime e na abrangência indenizatórias. Além disso, pode-se questionar inclusive a jurisdição sobre o caso. Se o árbitro entender ou suspeitar, diante das circunstâncias do caso, que o contrato é ou pode ser tido por inválido, não poderá se esquivar do tema, pelos necessários impactos na sentença. Para que o faça, contudo, a sentença arbitral deve ser precedida de instrução probatória sobre o tema, ainda que provada a partir de uma incursão iniciada de ofício pelo tribunal arbitral.

2.3.5.2 O tema da corrupção é pressuposto dos efeitos da sentença

Tome-se o caso de um contrato de compra e venda de ações que preveja pagamento de *earn out* caso determinadas metas de desempenho da companhia sejam atingidas após o fechamento da operação. Os dados fornecidos para o cumprimento da meta, contudo, foram manipulados por meio, entre outros, de atos de corrupção. O pedido da parte requerente se restringe ao pagamento do *earn out*.

Nota-se que, nesse cenário, o contrato teria sido validamente celebrado entre as partes, de modo que os atos de corrupção teriam ocorrido apenas para a manipulação dos dados e, por conseguinte, do efeito contratual aplicável. Não se discute a jurisdição e tampouco sobre a regra contratual aplicável. A questão se põe tão somente na extensão dos efeitos. Nada obstante, são exatamente esses efeitos o bem da vida postulado pelo requerente.

Em casos como esse, se o árbitro entender ou suspeitar que houve ato de corrupção capaz de inferir na amplitude dos efeitos, caberá analisar o tema, ainda que nenhuma das partes o tenham trazido. O conteúdo da sentença, ou seja, se será procedente ou não, bem como a extensão do pagamento do *earn out* está diretamente ligado à investigação acerca dos supostos atos de corrupção.

2.3.5.3 O tema da corrupção é meramente lateral ao objeto da disputa

Imagina-se um contrato privado de fornecimento sucessivo de mercadorias ao contratante. O pedido da parte requerente também se restringe à declaração da entrega do material dentro das conformidades do contrato e indenização por perdas e danos diante de inadimplementos do contratante. Contudo, na entrega de uma carga particularmente grande, o árbitro suspeita que houve pagamento de propina a funcionário público para que ocorresse o descarregamento ou para que este ocorresse no tempo devido.

Percebe-se que, nesta hipótese, a investigação *sua sponte* do tribunal arbitral em nada auxiliaria a adequada resolução da controvérsia. Caso os árbitros se ocupassem dessa investigação, estariam aqui atuando como meros "cães de caça", potencialmente colocando a validade da sentença arbitral em risco e, sem dúvida, atrasando desnecessariamente o curso do procedimento.

Em caso de ilegalidades meramente laterais, é discutível se há alguma obrigação inerente ao exercício do múnus da função de árbitro que o obrigue a tomar alguma providência, especialmente se tal atitude colocar em xeque a higidez da sentença arbitral.

2.3.5.4 As partes, em conjunto, querem se aproveitar do procedimento para legitimar a prática de corrupção

Cogite-se o caso de um contrato firmado entre as partes seja fruto de simulação, sem que haja um contrato dissimulado lícito. Remete-se aqui ao supracitado exemplo em que a real intenção das partes é "lavar" dinheiro de fontes ilícitas, submetendo um conflito imaginário à arbitragem para que os árbitros decidam a matéria e possam as partes, dessa forma, obter um título executivo que justifique a movimentação financeira entre elas.

Trata-se de um cenário complexo, em que a sensibilidade do árbitro inocente frente a situações e comportamentos suspeitos fará toda a diferença. Pondera-se neste exemplo que a solução poderia ser composta por dois elementos. Em primeiro lugar, considerando ser o contrato objeto do litígio uma simulação, é questionável se, mesmo diante do princípio da autonomia da cláusula compromissória[160], seria prudente levar à cabo todo um procedimento arbitral para que seja proferida uma sentença cujo único objetivo seria negar as partes sua pretensão nefasta. Percebendo o árbitro que o caso que lhe foi trazido não é real ou tendo fundados motivos para crer que não o seja, a saída que se mostra possível é a renúncia, se possível, com as devidas justificativas[161]. Com isso, o tema se mantém em aberto, inclusive para próximo eventual árbitro.

Em segundo lugar, os centros de arbitragem, caso a arbitragem seja institucional, podem, uma vez alertados pelos árbitros, se recusar a administrar estes conflitos. Neste contexto, o artigo 24-A[162] do Regulamento de Arbitragem da LCIA é digno de nota, determinando que: (i) as relações entre as partes e a LCIA serão regidas pelas normas aplicáveis relacionadas à suborno, corrupção, financiamento do terrorismo, fraude, evasão fiscal, lavagem de dinheiro e sanções econômicas; (ii) a instituição pode se recusar a agir de acordo com qualquer instrução e/ou aceitar ou fazer qualquer pagamento se determinar que isso pode envolver qualquer dos referidos temas; (iii) as partes concordam em fornecer à instituição quaisquer informações e/ou documentos razoavelmente solicitados pela LCIA para fins de conformidade com as leis relacionadas aos referidos temas; e (iv) a LCIA se reserva no direito

---

160 Conf. art. 8º, *caput*, da LA

161 BORN, Gary. *International commercial arbitration*. 3rd. Ed. Kluwer Law International, 2021, §13.04[A][6] (Kluwer Law International, Updated August 2022).

162 Article 24-A Compliance:

24.9 Any dealings between a party and the LCIA will be subject to any requirements applicable to that party or the LCIA relating to bribery, corruption, terrorist financing, fraud, tax evasion, money laundering and/or economic or trade sanctions ("Prohibited Activity"), and the LCIA will deal with any party on the understanding that it is complying with all such requirements.

24.10 The LCIA may refuse to act on any instruction and/or accept or make any payment if the LCIA determines (in its sole discretion and without the need to state any reasons) that doing so may involve Prohibited Activity, or breach any law, regulation, or other legal duty which applies to it, or that doing so might otherwise expose the LCIA to enforcement action or censure from any regulator or law enforcement agency.

24.11 The parties agree to provide the LCIA with any information and/or documents reasonably requested by the LCIA for the purpose of compliance with laws relating to Prohibited Activity. The LCIA may take any action it considers appropriate to comply with any applicable obligations relating to Prohibited Activity, including disclosure of any information and documents to courts, law enforcement agencies or regulatory authorities.

de tomar qualquer ação que considere apropriada para cumprir com quaisquer obrigações aplicáveis relacionadas aos referidos temas, incluindo a divulgação de quaisquer informações e documentos a tribunais, assim como às autoridades policiais e reguladoras.

Finalmente, ressalta-se mais uma vez que ponderações acerca do papel do árbitro no combate à corrupção e eventuais obrigações que tenham nesse contexto fogem ao escopo deste trabalho[163].

163 Para uma análise do tema, conferir: VIDAL, Marina Coelho Reverendo. *A Arbitragem Internacional como Instrumento de Combate à Corrupção*. São Paulo: Almedina, 2021.

3. EFEITOS PROCEDIMENTAIS DA CORRUPÇÃO

No capítulo anterior, chegou-se à conclusão de que o árbitro não apenas pode, como deve, levar em consideração, em sua decisão, a prática de eventuais atos ilícitos pelas partes, possuindo plenos mecanismos à sua disposição para que seja possível proferir uma sentença válida e exequível, condizente com a verdade dos fatos na convicção do julgador.

Em complemento à proposta de estudo, neste capítulo será analisado como deve ser conduzida a instrução probatória em casos envolvendo a prática de atos de corrupção. Seria o ônus da prova afetado? Como deve árbitro se posicionar a respeito? Em se tratando da possibilidade de atos ilícitos, deve a medida da prova ser mais elevada? Há alguma saída para o árbitro diante da não produção, impossibilidade ou relutância da parte em produzir provas? Essas e outras questões serão endereçadas abaixo.

3.1 BREVES NOTAS SOBRE O INSTITUTO DA PROVA E SEUS OBJETIVOS

Como visto no item 2.3 *supra*, os árbitros gozam de grande discricionariedade, não somente quanto a quais provas serão deferidas e consideradas úteis, mas também em relação à ordem de produção que entenderem convenientes. Abordou-se, outrossim, que essa conduta deverá ser harmônica com o que foi acordado pelas partes[1], sem que isso prejudique, no entanto, a prolação de uma sentença arbitral válida e exequível. Respeitando o recorte proposto para o trabalho, grandes digressões não serão feitas sobre a produção de provas de modo abrangente, apenas naquilo específico e pertinente para direcionar o tribunal arbitral na produção de provas em procedimentos que abordem a prática de atos de corrupção pelas partes.

Dito isso, é cediço que a expressão "prova", empregada no contexto jurídico, não é sinônimo de verdade[2-3]. Os autores clássicos ensinam que a prova não é somente mero fato processual praticado por uma ou outra parte, mas sim uma indução lógica, ou seja, "um meio com que se estabelece a existência positiva ou negativa do fato probando, e é a própria certeza dessa existência"[4]. Tal fato se verifica tanto no âmbito do processo judicial, quanto na arbitragem. A diferença é que o árbitro, em tese, diante da sua expertise na matéria objeto da arbitragem e do tempo disponível que terá para se dedicar ao litígio, poderá fazer uma reconstrução dos fatos mais acurada, mais próxima, portanto, do que realmente aconteceu na vida real, fora dos autos do procedimento. O árbitro, no exercício de sua função jurisdicional, teria, pois, o dever de buscar os elementos de convicção necessários para a devida elucidação da controvérsia que lhe foi posta para julgamento. Nos ensinamentos de Marcelo A. Muriel, "em outras palavras, [o árbitro] deve 'buscar a verdade', ou o mais próximo que se possa chegar dela, ainda que as próprias partes não tenham requerido a produção de determinadas provas, ou mesmo que tenham formulado oposição à sua produção"[5]. Contudo, por mais tempo e competência técnica que possua o árbitro, a sentença não deixará de ser uma mera reconstrução do que se sucedeu no passado.

---

1 Acerca da autonomia procedimental de vontade das partes, discorre Gary Born: "One of the fundamental characteristics of international arbitration is the parties' freedom to agree upon the arbitral procedure. This principle is acknowledged in the New York Convention and other international arbitration conventions; it is guaranteed by arbitration statutes in virtually all jurisdictions; it is contained in facilitated by the rules of most arbitral institutions; and it is of fundamental practical importance. The parties' procedural autonomy is qualified only by the mandatory requirements of applicable national law and, under most arbitration statutes, these requirements are very limited in scope" (BORN, Gary. *International Arbitration: Law and Practice*. Kluwer Law International, 2016, p. 156).

2 BETZ, Kathrin. *Proving Bribery, Fraud and Money Laundering in International Arbitration: On Applicable Criminal Law and Evidence*. Cambridge University Press, 2017, cap. 4, p. 54.

3 No mesmo sentido, ensina Humberto Theodoro Júnior ao afirmar que "[c]omo, todavia, o processo não pode deixar de prestar a tutela jurisdicional, isto é, não pode deixar de dar solução jurídica à lide, muitas vezes essa solução, na prática, não corresponde exatamente à verdade real" (THEODORO JÚNIOR, Humberto. *Curso de Direito Processual Civil: Teoria geral do direito processual civil, processo de conhecimento e procedimento comum*. 57 ed. ver., atual. e ampl. Rio de Janeiro: Forense, 2016, vol. I, p. 874).

4 MONTEIRO, João. *Programa do Curso de Processo Civil*. 3 ed. São Paulo: Duprat, 1912, v. II, p. 96.

5 MURIEL, Marcelo. Produção de provas na arbitragem. In: CARMONA, Carlos Alberto; LEMES, Selma Ferreira; MARTINS, Pedro Batista. *20 anos da lei de arbitragem: homenagem a Petrônio R. Muniz*. 1ª Edição. São Paulo: Atlas, 2017, p. 317-330, p. 318.

Essa posição, todavia, não é a única exposta pela doutrina especializada. Há de se poupar o(a) leitor(a) do debate processualista extremamente teórico, sendo suficiente, para o propósito dessa pesquisa, a menção de que parte da doutrina se opõe fortemente ao conceito de provas como mero mecanismo de reconstrução, pelo julgador, de fatos ocorridos no passado. Para Luiz Guilherme Marinoni e Sérgio Cruz Arenhart, "é o procedimento que atribui à reconstrução dos fatos sua capacidade de gerar a verdade"[6]. Os referidos autores assim explicam os fundamentos de seu posicionamento:

> Da pequena incursão feita sobre alguns avanços na teoria do conhecimento pode-se extrair que a função da prova é se prestar como peça de argumentação no diálogo judicial, elemento de convencimento do Estado-jurisdição sobre qual das partes deverá ser beneficiada com a proteção jurídica do órgão estatal.
>
> A decisão judicial é legitimada pelo procedimento que a precede. São a forma e as garantias que permeiam o procedimento que permitem que a decisão daí emanada seja legítima e represente, *ipso facto*, a manifestação de um Estado de Direito. E essa legitimação se dá na proporção direta do grau de participação que se autoriza aos sujeitos envolvidos no conflito para formação do convencimento judicial. Assim é que essa participação se dá, em linhas genéricas, por intermédio de *alegações* e *comprovações*; permite-se que as partes afirmem as situações de fato e de direito (em suma, os fatos jurídicos) que embasam suas pretensões ou suas exceções e, como consequência necessária, confere-se a elas a oportunidade de comprovar (*rectius*, convencer ao magistrado) que tais afirmações são de fato verossímeis. A prova assume, então, um papel de argumento retórico, elemento de argumentação, dirigido a convencer o magistrado de que a afirmação feita pela parte, no sentido de que alguma coisa efetivamente ocorreu, merece crédito[7].

De qualquer maneira, independentemente da posição acadêmica que se adote, fato é que as provas têm um fator determinante em qualquer procedimento de conhecimento – aqui novamente incluídos o procedimento arbitral e o processo judicial igualmente. Sua importância é tamanha que alguns autores chegaram a afirmar que nenhuma explicação é necessária para a relevância da determinação dos fatos e, portanto, da apresentação de provas em processos judiciais e arbitrais[8].

---

6 MARINONI, Luiz Guilherme; ARENHART, Sérgio Cruz. *Prova e convicção*. 5ª ed. rev., atual. e ampl. São Paulo: Thomson Reuters Brasil, 2019, p. 48.

7 MARINONI, Luiz Guilherme; ARENHART, Sérgio Cruz. *Prova e convicção*. 5ª ed. rev., atual. e ampl. São Paulo: Thomson Reuters Brasil, 2019, p. 59.

8 BÖCKSTIEGEL, Karl-Heinz. Presenting evidence in international arbitration. *ICSID Review*, v. 16, n. 1, p. 1-9, 2001, p. 1.

Enaltecendo a importância da instrução probatória, outros doutrinadores ensinam que, apesar da dificuldade prática de se obter dados empíricos de procedimentos arbitrais em razão do sigilo, é seguro dizer que 60% ou 70% dos casos são resolvidos com base no contexto fático provado e não na aplicação de relevantes princípios de lei[9]. Defendem, ainda, que uma boa parte da porcentagem remanescente é derivada de uma combinação dos fatos e da lei, de maneira que apenas uma minoria dos casos é decidida apenas por questões de direito, com o contexto fático sendo incontroverso ou irrelevante[10]. Assim sendo, o elemento crucial que conecta os fatos do caso à realidade passada são as provas produzidas nos autos[11]. Alan Redfern, por sua vez, afirma que o propósito da prova, independentemente do contexto e da forma como foi produzida, é suportar os argumentos da parte que a apresenta[12]. A função do tribunal arbitral, a seu turno, é analisar as provas e ponderar se o pleito da parte foi ou não provado[13].

3.2 RESSALVA ACERCA DE REGRAS GERAIS DE PROCESSO E ARBITRAGEM

Não obstante, antes de se aprofundar nos temas ora propostos, é importante notar que os institutos do ônus e medida da prova, bem como outros abordados neste capítulo, são entendidos como regras gerais de processo e, como tais, pertinentes e aplicáveis a qualquer sistema processual, inclusive à arbitragem. Em outras palavras, regras gerais intrínsecas ao processo enquanto meio pelo qual se atinge a prestação jurisdicional são garantias constitucionais, aplicáveis indistintamente a qualquer processo jurisdicional, seja no âmbito da arbitragem ou do Poder Judiciário. Certos autores chegam até mesmo a defender que as regras do devido processo, como o contraditório, por exemplo, são consequências da aplicação de um princípio de direito natural e, como tal, impostos também à arbitragem[14].

O objetivo desta ressalva é transmitir ao(à) leitor(a) que a Lei de Arbitragem não deve ser aplicada no vácuo, mas no contexto da legislação brasileira quando o

---

9 BLACKABY, Nigel; PARTASIDES, Constantine; REDFERN, Alan. *Redfern and Hunter on international arbitration*. Oxford University Press, 2015, p. 375-376.

10 BLACKABY, Nigel; PARTASIDES, Constantine; REDFERN, Alan. *Redfern and Hunter on international arbitration*. Oxford University Press, 2015, p. 375-376.

11 BETZ, Kathrin. *Proving Bribery, Fraud and Money Laundering in International Arbitration: On Applicable Criminal Law and Evidence*. Cambridge University Press, 2017, cap. 4, p. 54.

12 REDFERN, Alan. The Practical Distinction Between the Burden of Proof and the Taking of Evidence—An English Perspective. *Arbitration International*, v. 317, p. 321, 1994, p. 317.

13 REDFERN, Alan. The Practical Distinction Between the Burden of Proof and the Taking of Evidence—An English Perspective. *Arbitration International*, v. 317, p. 321, 1994, p. 317.

14 CLAY, Thomas. *L'arbitre*. Pairs: Dalloz, 2001, p. 158-160.

procedimento arbitral resultar em uma sentença proferida dentro dos limites do território nacional, com aplicação do direito brasileiro. Afinal, como defendido também por outros autores, "[s]e houvesse a aplicação da Lei de Arbitragem, sem qualquer recurso a noções, conceitos e institutos que lhes são exteriores, teríamos uma figura sem forma, um processo sem base, um procedimento sem propósito"[15]. Em outras palavras, os conceitos fundamentais do direito processual pátrio são a "espinha dorsal"[16] do procedimento arbitral, sem a qual "não é possível cogitar de um processo arbitral operacional, isto é, capaz de se desenvolver e produzir os resultados que dele se esperam"[17].

Portanto, qualquer referência que se faça neste capítulo acerca de eventuais princípios, conceitos e regras previstas no Código de Processo Civil, estas são feitas buscando elucidar os institutos do ônus e medida da prova enquanto regras gerais de processo, e não porque se defende a simples transposição do Código de Processo à arbitragem. Longe disso, a chamada "processualização" da arbitragem é uma preocupação válida e que merece ser levada em consideração[18-19]. Uma vez feita essa ressalva, deve-se elucidar tais conceitos neste momento.

3.3 A CONCEITUAÇÃO DO ÔNUS E MEDIDA DA PROVA

O art. 27(1) das regras de arbitragem da UNCITRAL prevê que cada parte terá o ônus de provar os fatos que sustentam seus pleitos ou defesa[20]. Isso corresponde

---

15 APRIGLIANO, Ricardo de Carvalho; YARSHELL, Flávio Luiz. Honorários de Sucumbência e Honorários Contratuais em Arbitragem. In: MACHADO FILHO, José Augusto Bitencourt *et al. Arbitragem e processo*: Homenagem ao Prof. Carlos Alberto Carmona. São Paulo: Quartier Latin, 2022. v. 2., p. 460.

16 APRIGLIANO, Ricardo de Carvalho. *Fundamentos Processuais da Arbitragem*. Curitiba: Editora Direito Contemporâneo, 2023, p. 78.

17 APRIGLIANO, Ricardo de Carvalho. *Fundamentos Processuais da Arbitragem*. Curitiba: Editora Direito Contemporâneo, 2023, p. 78.

18 Nas palavras de Fernando Serec: "Imprescindível notar, todavia, que o procedimento arbitral não deve ser demasiadamente "processualizado" ou se tornar excessivamente formal – afinal de contas 'seria um contrassenso engessar o procedimento arbitral com regras restritivas de procedimento'" (SEREC, Fernando Eduardo. Provas na Arbitragem. In: CARMONA, Carlos Alberto; LEMES, Selma Ferreira; MARTINS, Pedro Batista. *20 anos da lei de arbitragem: homenagem a Petrônio R. Muniz*. 1ª Edição. São Paulo: Atlas, 2017, p. 293-310, p. 296).

19 Ricardo Aprigliano qualifica o receio expressado quando se fala de processualização da arbitragem: "Observa-se, portanto, que tais males e idiossincrasias não se situam no campo do processo, da sua regulação ou da sua estrutura fundamental, e sim no campo do procedimento. Não são as mesmas normas de processo que ameaçam a arbitragem, mas a construção de um procedimento rígido, formal e anacrônico, o que pode se dar tanto pela eleição integral do CPC como fonte normativa do processo arbitral, como por decisão dos próprios árbitros" (APRIGLIANO, Ricardo de Carvalho. *Fundamentos Processuais da Arbitragem*. Curitiba: Editora Direito Contemporâneo, 2023, p. 165).

20 Evidence
Article 27
1. Each party shall have the burden of proving the facts relied on to support its claim or defense. (...)

ao amplamente reconhecido princípio de que o ônus da prova recai sobre aquela parte que apresenta algum pedido ao julgador (*actori incumbit probatio* ou *onus probandi incumbit actori*)[21]. A medida da prova, por sua vez, pode ser entendida como o grau de convicção que o julgador deve ter para que o ônus da prova seja satisfeito[22]. No mesmo sentido, Mateus Carreteiro entende que o ônus da prova indica a parte que arca com o risco de ter determinado pedido considerado não provado, ao passo que a medida da prova indica o grau de convicção que o adjudicador deve ter para considerar que o ônus da prova foi cumprido[23]. Na mesma linha, assim resumiu o tribunal arbitral formado no caso *Rompetrol Group NV v Romania* (*ICSID Case No. ARB/06/3*) afirmando que "(...) the burden of proof defines which party has to prove what, in order for its case to prevail; the standard of proof defines how much evidence is needed to establish either an individual issue or the party's case as a whole"[24].

3.4 BREVES NOTAS ACERCA DE DIFERENTES FAMÍLIAS OU TRADIÇÕES JURÍDICAS: *CIVIL LAW VS. COMMON LAW?*

A produção de provas é, por óbvio, determinante para qualquer procedimento de conhecimento, inclusive o procedimento arbitral, independentemente da lei material aplicável, ou mesmo da formação jurídica dos profissionais que nele atuam.

Antes de se adentrar em diferenças práticas de sistemas de tradição de *civil* ou *common law*, contudo, deve-se notar que as características tradicionalmente associadas a tais sistemas são exatamente isso: práticas. Isso porque, apesar dos esforços de autores clássicos, tais como Max Weber ao longo do século XIX, de propor uma sistematização das fontes do direito entre diferentes tradições e culturas jurídicas[25],

---

21 WILSKE, Stephan; FOX, Todd J. Corruption in International Arbitration and Problems with Standard of Proof: Baseless Allegations or Prima Facie Evidence? *Transnational Dispute Management* (TDM), v. 10, n. 3, 2013, p. 495; HWANG, Michael; LIM, Kevin. Corruption in Arbitration—Law and Reality. *Asian International Arbitration Journal*, v. 8, n. 1, p. 1-119, 2012, p. 14.

22 PHIPSON, Sidney Lovell; MALEK, Hodge M.; AUBURN, Jonathan. *Phipson on evidence*. Sweet & Maxwell, 2013.

23 CARRETEIRO, Mateus Aimoré. Burden and standard of proof in international arbitration: proposed guidelines for promoting predictability. *Revista Brasileira de Arbitragem*, v. 13, n. 49, p. 82-109, 2016, p. 84.

24 Tradução livre: "(...) o ônus da prova define qual parte deve provar o que, para que seu caso prevaleça; a medida da prova define quanta evidência é necessária para estabelecer um problema individual ou o caso da parte como um todo" (*The Rompetrol Group N.V. v. Romania, ICSID Case No. ARB/06/3*, sentença de 6 de maio de 2013, p. 91, § 178).

25 Sobre o tema, diante da densidade e extensão dos trabalhos de Max Weber, David Trubek se dedicou a tornar os pensamentos e opiniões do referido autor mais acessíveis aos acadêmicos do direito. Em seu trabalho, Trubek assim descreve os pensamentos de Weber sobre a tipologia do direito: "Weber

a doutrina moderna entende que a análise – por vezes até antropológica – do direito deve ser feita através da busca de características marcantes de fenômenos jurídicos que guardam alguma relação de parentesco entre si[26]. Alguns autores, após anos de reflexão sobre o tema, chegaram até a concluir que as características mais marcantes de determinadas tradições jurídicas, como por exemplo a estadunidense, se relacionam muito mais com a ideologia de determinada sociedade do que com o direito propriamente dito[27].

---

himself classified legal systems into distinct categories depending on how law is both made and found. Law may be found and made either irrationally or rationally. Law can be either (1) formally or (2) substantively irrational, or (3) substantively or (4) formally rational. Finally, formally rational law can be "formal" either in an "extrinsic" or "logical" sense.

There are thus two major dimensions of comparison: the extent to which a system is formal, and the extent to which it is rational. If these terms are analyzed, one finds that "formality" can be considered to mean "employing criteria of decision intrinsic to the legal system" and thus measures the degree of systemic autonomy, while "rationality" means "following some criteria of decision which is applicable to all like cases" and thus measures the generality and universality of the rules employed by the system" (TRUBEK, David M. Max Weber on Law and the Rise of Capitalism. *Wisconsin Law Review*, vol. 1972, no. 3, 1972, p. 729).

26 Abordando o tema sob uma perspectiva antropológica, Fernanda Pirie introduz o conceito de legalismo, e assim discorre na introdução de sua obra: "In the case of law, then, the task is to look for recurrent features amongst the class of phenomena that bear a family resemblance one to another, but without assuming we can identify a set of common or essential features. Marginal and peripheral examples can be considered, to test the boundaries of that class and to highlight what may turn out to be surprisingly contingent features—the state, legal institutions, and enforceable norms, for example. (...) Only by casting our gaze widely over the class of phenomena we commonly and properly call law, can we see the relevant connections and contrasts, and overturn the assumptions that are too easily made if we seek simple definitions. (...)

The concept of legalism, I would suggest, helps us to identify common threads amongst the phenomena within the more general and contested category of law. It also allows us to think beyond the model of state law without letting our analytical categories expand to encompass all forms of normative and social order. And we need to look beyond the state, as well as back in history, to take account of the full range of social forms that can be called laws" (PIRIE, Fernanda. *The Anthropology of Law*. Oxford University Press, 2013, p. 9 e 14).

27 A jornada de William Ewald na busca do que seria a característica marcante do direito estadunidense é particularmente interessante e pertinente para essa discussão. Ele começa seu texto se esforçando para traçar uma abordagem científica das diferenças entre as tradições jurídicas ocidentais, mas termina com uma conclusão muito próxima da definição de legalismo introduzida por Fernanda Pirie. Vejamos: "If my argument so far has been right, we can draw two conclusions: first, that there are a large number of significant differences between American law and law everywhere else, and second, that those differences seem to cluster around certain ideological aspects of the American legal system. (...)

(...) the standard answers given in the standard textbooks of comparative law do not work. Whatever is most distinctive about American law is not a m atter of civil codes or judicial precedents or the rules of Roman private law. Second, that there are some surprising and distinctive features of the American legal system that set it apart in interesting ways from other Western legal systems, and that these features appear to be linked, in complex and subtle ways, to certain deep traits in the way Americans and Europeans think about the control of state power, and that those styles of thought go back to what an earlier Quinlan lecturer, Bernard Bailyn, significantly called the ideological origins of the American Revolution" (EWALD, William B. What's So Special About American Law? *Oklahoma State University Law Review*, vol. 26, no. 3, 2011, p. 1099 e 1101).

Havendo introduzido o(a) leitor(a) ao debate acerca do tema de classificação de diferentes tradições jurídicas e a visão moderna sobre o tema, é inegável que práticas diferentes existem. A depender da formação jurídica e cultural dos árbitros ou dos advogados, se originários de países de *civil* ou *common law*, pode ser que expectativas diferentes acerca da produção, ônus e medida da prova sejam postas em xeque. Sobre o tema, discorre Jeffrey Maurice Waincymer:

> In such an environment, arbitration statutes and rules are unlikely to be too prescriptive, as this would appear biased against certain legal families. Tribunals must therefore routinely make factual decisions in the absence of any clear guidance in the rules. Critics then raise issues about inconsistency and the application of unconstrained discretions.
> The major differences in approach to evidence between legal families arise in relation to primary responsibility for evidence presentation, rules on admissibility, obligations to produce evidence of benefit to the opposing party, the type of witnesses that may present evidence, the role of experts and methods and standards of proof. Where control over evidence is concerned, the key difference between common law party-led or adversarial systems and civilian judge-led or inquisitorial systems is that the former historically left it to the parties to determine what evidence to present, while the latter involved the adjudicator giving guidance as to the material thought most suitable. Common law systems tend to oblige parties to present all relevant evidence, including that which is adverse to their own interests, in part to deter misleading selectivity. Such systems also provide rights to call for document production by the opposing party so that all relevant material is before the tribunal. Civilian systems, however, leave it to the parties to determine what information they wish to rely upon and have that supplanted by evidence called for by the tribunal and do not require adverse evidence to be produced as a matter of course. The systems will also differ in relation to the type of evidence that may be presented. Common law systems have complex exclusionary rules where the potential prejudicial value of evidence is presumed to significantly outweigh probative value, in part because of historical use of lay jurors as fact finders. Common law systems have also relied heavily on oral testimony, tested by cross-examination, while civilian systems tended to give greatest weight to contemporaneous documents[28].

---

28 Tradução livre: "Nesse ambiente, é improvável que os estatutos e regras da arbitragem sejam prescritivos demais, pois isso pareceria tendencioso contra certas famílias legais. Os tribunais devem, portanto, rotineiramente, tomar decisões factuais na ausência de qualquer orientação clara nas regras. Os críticos levantam questões sobre inconsistência e aplicação de discricionariedade irrestrita.
As principais diferenças na abordagem da prova entre famílias legais surgem em relação à responsabilidade primária pela apresentação das provas, regras de admissibilidade, obrigações de produzir provas em

Em situações em que estejam reunidos profissionais de *common* e *civil law*, portanto, as expectativas não apenas quanto às provas apresentadas, mas até mesmo no que tange à qualidade dos argumentos tecidos pelas partes, pode variar bastante, ainda que por fatores psicológicos[29]. Como este trabalho não se propõe a realizar uma análise comparativa dos sistemas de *common law* e *civil law*, havendo abundância doutrinária sobre o tema[30], permite-se apenas um breve panorama acerca das expectativas que cada sistema atribui, a depender da situação do caso concreto, ao ônus e medida da prova.

Christoph Engel, por sua vez, chega afirmar que enquanto os sistemas de *civil law* são irracionais, a sistemática de *common law* é irresponsável[31]. Em contrapartida, e buscando fazer sentido das diferenças existentes entre os sistemas no que tange ao ônus da prova e a produção de provas, afirma Claude Raymond:

> I have formed the opinion over the years that the difference between common law and civil law procedure does not lie so much in an opposition between accusatorial and inquisitorial systems, but on different views as to the role of a court of

---

benefício da parte contrária, o tipo de testemunha que pode apresentar evidência, o papel de especialistas e métodos e padrões de prova. No que diz respeito ao controle das provas, a principal diferença entre os sistemas de *common law* e de *civil law* é que os primeiros, historicamente, deixaram para as partes determinar quais evidências apresentar, enquanto as últimas envolveram o adjudicador, dando orientação quanto ao material considerado mais adequado. Os sistemas de *common law* tendem a obrigar as partes a apresentar todas as evidências relevantes, inclusive as que são adversas aos seus próprios interesses, em parte para impedir a seletividade enganosa. Tais sistemas também concedem direitos de solicitar a produção de documentos pela parte contrária, de modo que todo o material relevante esteja perante o tribunal. Sistemas civilistas, no entanto, deixam para as partes determinar quais informações elas desejam confiar e que são substituídas por evidências solicitadas pelo tribunal e não exigem que evidências adversas sejam produzidas com naturalidade. Os sistemas também diferem em relação ao tipo de prova que pode ser apresentada. Os sistemas de *common law* possuem regras de exclusão complexas, nas quais se presume que o valor prejudicial potencial da prova supera significativamente o valor probatório, em parte devido ao uso histórico de jurados leigos como investigadores de fatos. Os sistemas *common law* também se apoiaram fortemente no testemunho oral, testado pelo *cross-examination*, enquanto os sistemas civis tendiam a dar maior peso aos documentos contemporâneos" (WAINCYMER, Jeffrey. *Procedure and evidence in international arbitration.* Kluwer Law International BV, 2012, p. 746).

29 HORNIKX, Jos. Chapter 4: Cultural differences in the perceptions of strong and weak arguments. In: COLE, Tony (ed.). *The Roles of Psychology in International Arbitration*, cap. 4, p. 75-92, 2017.

30 A título de exemplo, e apenas no que se refere ao ônus e medida da prova, citam-se: (i) CLERMONT, Kevin M.; SHERWIN, Emily. A comparative view of standards of proof. *The American Journal of Comparative Law*, v. 50, p. 243, 2002; (ii) TARUFFO, Michele. Rethinking the standards of proof. *The American Journal of Comparative Law*, v. 51, p. 659, 2003; e (iii) ENGEL, Christoph. Preponderance of the evidence versus *intime conviction*: A behavior perspective on a conflict between American and Continental European law. *Vermont Law Review*, v. 33, p. 435, 2008.

31 ENGEL, Christoph. Preponderance of the evidence versus *intime conviction*: A behavior perspective on a conflict between American and Continental European law. *Vermont Law Review*, v. 33, p. 435, 2008, p. 435.

> law and, more specifically, the distribution of responsibilities between the parties and the Courts[32].

Justamente porque existem diferenças conceituais entre os sistemas, quando profissionais com formações de cada um deles se colocam em uma posição em que devem trabalhar em conjunto para um bem comum – leia-se a sentença e a resolução acertada do conflito –, alguns desafios de ordem prática podem surgir. Sobre o tema, pondera Andreas Reiner:

> One can also ask if it matters whether the burden and standard(s) of proof are governed by the law applicable to the substance of the dispute or by the law governing the arbitral procedure. By looking at national arbitration laws and most of the arbitration rules, one might get the wrong impression that this question is irrelevant because arbitrators are practically as free in the choice of the substantive law (or of substantive rules) as they are in the choice of procedural law (or procedural rules). However, this very large freedom of the arbitrators applies only in the absence of any specific agreement of the parties. While choice of law clauses concerning procedural law are extremely rare, the parties in practice quite often agree on the substantive law. Such choices are binding on the arbitrators. Furthermore, depending on the qualification as a substantive or a procedural matter, a decision on these questions would have to be rendered in the first alternative by the full arbitral tribunal, while in the second alternative it could be rendered by the chairman alone if the parties or the applicable procedural law authorises the chairman to render procedural decisions alone (with or without prior consultation with his coarbitrators)[33].

---

32 Tradução livre: "Ao longo dos anos, formei a opinião de que a diferença entre *common law* e *civil law* não se baseia tanto na oposição entre os sistemas acusatório e inquisitorial, mas em visões diferentes quanto ao papel de um tribunal e, mais especificamente, à distribuição de responsabilidades entre as partes e os tribunais" (REYMOND, Claude. The Practical Distinction Between the Burden of Proof and Taking of Evidence—A Further Perspective. *Arbitration International*, v. 323, 1994, p. 324).

33 Tradução livre: "Pode-se também perguntar se importa se o ônus e os padrões da prova são regidos pela lei aplicável à substância da controvérsia ou pela lei que rege o procedimento arbitral. Ao examinar as leis nacionais de arbitragem e a maioria dos regulamentos de arbitragem, pode-se ter a impressão errada de que essa questão é irrelevante, porque os árbitros são praticamente tão livres na escolha da lei substantiva (ou das regras substantivas) quanto na escolha de direito processual (ou regras processuais). No entanto, essa liberdade muito grande dos árbitros se aplica somente na ausência de qualquer acordo específico das partes. Embora as cláusulas de escolha da lei relativas ao direito processual sejam extremamente raras, as partes, na prática, concordam com bastante frequência no direito substantivo. Tais escolhas são vinculantes para os árbitros. Além disso, dependendo da qualificação como uma questão substantiva ou processual, uma decisão sobre essas questões teria que ser proferida na primeira alternativa pelo tribunal arbitral completo, enquanto na segunda alternativa poderia ser proferida pelo presidente se as partes ou a lei processual aplicável autoriza o presidente a tomar decisões processuais sozinho (com ou sem consulta prévia com seus coárbitros)" (REINER, Andreas. Burden and general standards of proof. *Arbitration International*, v. 10, n. 2, p. 328-340, 1994, p. 330-331).

A discussão acadêmica em torno do enquadramento jurídico dos conceitos de ônus e medida da prova não vem ao caso neste trabalho, bastando notar que essa pode ser uma das decisões que o tribunal arbitral terá de eventualmente enfrentar, envolvendo as partes na discussão e deixando claro os parâmetros acordados ou decididos.

Deve-se notar, outrossim, que, na cláusula compromissória, as partes podem fazer referência ao regulamento de arbitragem de determinada instituição. No entanto, deverão ser sempre respeitados no procedimento arbitral os princípios do contraditório, da igualdade das partes e da imparcialidade do árbitro[34]. De toda forma, não havendo previsão expressa das partes sobre o ônus e medida da prova, o que raramente há, tais matérias ficam a critério do tribunal arbitral – sempre guiados, naturalmente, pela eleição das partes do direito material aplicável e eventuais normas de aplicação mandatória da sede da arbitragem (como se viu no item 2.2.4 acima).

A Lei de Arbitragem, apesar de não abordar expressamente o ônus da prova, prevê que a medida da prova será aquela do livre convencimento do árbitro[35] (ponto esse que será tratado mais profundamente no item 3.6 abaixo). Assim, o árbitro, como juiz de fato e de direito[36], "reconhece os fatos que lhe são apresentados, e aplica o direito. Exerce jurisdição plena quanto à cognição do conflito. E assim, desempenha suas atribuições tal qual um juiz togado"[37]. Nesse sentido, como a LA se aplica a toda e qualquer arbitragem em andamento no Brasil[38] e, não havendo convenção das partes específica que trate sobre o ônus ou a medida da prova, aplicar-se-ão as disposições contidas na convenção de arbitragem e no Regulamento de Arbitragem da instituição de escolha das partes – se, é claro, se tratar de uma arbitragem institucional.

3.5 A "VISTA DO TOPO DO MONTE": UMA PROPOSTA PRÁTICA, MAS DESAFIADORA

Posto isso, antes de se adentrar nos mecanismos de que dispõe o árbitro para entregar uma sentença precisa, propõe-se que o(a) leitor(a), ao longo dos próximos tópicos, tenha em mente a analogia feita por William Park, de que o árbitro deve almejar olhar para o conflito do "topo do monte"[39], possuindo uma visão panorâ-

34 Conf. art. 21, § 2º, da LA.

35 Conf. art. 21, § 2º, da LA.

36 Conf. art. 18 da LA.

37 CAHALI, Francisco José. *Curso de arbitragem*. São Paulo: Revista dos Tribunais, 2018, p. 240.

38 DIAS, Aline Henrique. Os sistemas monista e dualista na arbitragem comercial. *Revista Brasileira de Arbitragem*, v. 13, n. 50, p. 92-111, 2016, p. 94.

39 PARK, William W. Arbitrators and accuracy. *Journal of International Dispute Settlement*, v. 1, n. 1, p. 25-53, 2010.

mica do litígio, distante do *front* e das trincheiras em que os advogados travam sua batalha, mas ainda não tão longe para encarar o litígio de forma totalmente abstrata.

Explica-se: William Park começa sua analogia afirmando que, assim como historiadores, os árbitros normalmente se concentram em desvendar fatos passados, buscando a descrição mais confiável dos eventos controvertidos que deram origem às reivindicações das partes. Para tanto, vários níveis de investigação se apresentam. O primeiro deles, como já afirmado, é o *front* de batalha, em que os advogados se entravam, cada um defendendo sua versão dos fatos. Essa visão tem sua utilidade, permitindo apreciar a arte da advocacia e as ferramentas que os advogados usam para cada qual convencer o julgador de que sua versão do caso tem mais mérito que a outra. Essa vista, no entanto, ainda não permite uma visão panorâmica do conflito. No extremo oposto, tem-se a vista do topo da montanha, a seis mil metros de altura, em que o exame da realidade se dá de maneira completamente abstrata, uma consequência da visão muito ampla. Há, no entanto, um bom meio termo, a vista do topo do monte[40] (uma visão intermediária entre as trincheiras e o cume da montanha), que permite ao julgador enxergar como certos objetivos que vão além da busca pela verdade entram na equação – elementos como eficiência e custo-benefício. A partir dessa perspectiva, o árbitro consegue ponderar melhor acerca dos prós e contras do procedimento arbitral sem se perder em questões muito abstratas de fato ou de direito, perto o suficiente para que não se perca o foco do encargo que aceitou exercer perante as partes.

Não se ignora, por outro lado, a (possivelmente irônica) abstração da lente por meio da qual se sugere o enfrentamento das questões que se adentra em seguida. A analogia da "vista do topo do monte" é útil pois é capaz de resumir de forma clara como a atuação do árbitro em casos que se enfrentam alegações de corrupção é complicada. A partir do primeiro momento em que tais alegações aparecem nas manifestações das partes, a atuação do julgador se estreita, tomando a forma de uma linha tênue que exige grande maestria para ser trilhada sem macular a higidez do procedimento arbitral. Esse é o caso simplesmente porque afirmar a existência de uma fórmula única aplicável a todo e qualquer cenário em que há alegação da prática de corrupção (*one-size-fits-all approach*) beiraria irresponsabilidade[41].

---

40 Sobre a visão do topo do monte, discorre William Park: "Finally, a view from the hilltop (somewhere between the trenches and the Alpine peaks) looks at how goals other than truth-seeking enter the equation. Examining documents and listening to witness testimony will cost time and money. At some point, the additional enlightenment to be gleaned from more information will be offset by the value of finality and economy. The present essay explores this last line of inquiry, looking at how truth-seeking balances against sensitivity to speed and economy in arbitration" (PARK, William W. Arbitrators and accuracy. *Journal of International Dispute Settlement*, v. 1, n. 1, p. 25-53, 2010, p. 26).

41 A respeito, veja-se as provocações feitas por Doak Bishop: "What is needed is a case-by-case approach that asks the key questions and tailors the legal consequences to the severity of the corrupt act and the practical effects of that act upon the parties. Some of the key questions that should be asked include

É nesse contexto que se adentra na discussão sobre como deve o árbitro lidar com o ônus da prova nos casos em que se discute a prática de atos de corrupção.

3.6 ÔNUS DA PROVA

3.6.1 Diferenças entre o tratamento do ônus da prova pelo juiz togado e pelo árbitro

É cediço que a parte que submete seus pleitos ao julgador deve arcar com o ônus de provar os fatos que suportam seus pedidos. Isso se aplica também à parte requerida que formula eventual pleito reconvencional. De maneira simples, o ônus da prova é o ponto lógico de partida para qualquer parte que coloca seus pedidos para um julgador e, ao menos em teoria, sendo os fatos controversos, a parte que formula os pedidos deve apresentar suas provas para suportar seus argumentos[42].

A doutrina pátria especializada assim descreve o ônus da prova, dividindo-o entre subjetivo (aquele direcionado às partes) e objetivo (regras de julgamento direcionadas ao órgão jurisdicional):

> As regras de ônus da prova devem ser analisadas a partir de duas perspectivas (dimensões ou funções).
>
> Numa primeira perspectiva elas são dirigidas aos sujeitos parciais, orientando, como um farol, a sua atividade probatória. Tais regras predeterminam os encargos probatórios, estabelecendo prévia e abstratamente a quem cabe o ônus de provar determinadas alegações de fato. Fala-se aí em *ônus subjetivo* (ônus formal, segundo Barbosa Moreira) ou *função subjetiva* das regras do ônus da prova, que permite "dar conhecimento a cada parte de sua parcela de responsabilidade na formação do material probatório destinado à construção do juízo de fato". (...)

---

these: who initiated the corrupt act? Was it a government official or the company itself? Was the corrupt act a rogue act or was it part of company policy? Did the company have an official anti-corruption policy that is normally enforced? Was the rogue act *de facto* ratified by high officials in the company? Does the government have a deeply engrained culture of corruption in which it discourages or refuses to investigate or prosecute acts of official corruption? What was the nature of the corrupt act and what were its practical effects? Was the contract already performed, either partially or fully? Will one party to the contract be unjustly enriched if the contract is held to be null and void? In what context and under what type of contract does the allegation of corruption arise? Finally, did the bribe inflate the value of the contract? Answers to these questions are relevant factors that may affect how the act in question should be treated in international arbitration." (BISHOP, Doak. Toward a More Flexible Approach to the International Legal Consequences of Corruption. *ICSID Review*, v. 25, n. 1, p. 63-66, 2010, p. 66).

42 BÖCKSTIEGEL, Karl-Heinz. Presenting evidence in international arbitration. *ICSID Review*, v. 16, n. 1, p. 1-9, 2001, p. 2.

> Sucede que é possível que as provas produzidas sejam insuficientes para revelar a verdade dos fatos. Mesmo sem a prova, porém, impõem-se ao juiz o dever de julgar – afinal, é vedado o *non liquet*. É aí que entra a *segunda* perspectiva pela qual se podem enxergar as regras sobre o ônus da prova: trata-se de regramento dirigido ao juiz (uma *regra de julgamento*), que indica qual das partes deverá suportar as consequências negativas eventualmente advindas da ausência, ao cabo da atividade instrutória, de um determinado elemento da prova. Sob esse ângulo, fala-se em *ônus objetivo* (ou *material*, segundo Barbosa Moreira)[43].

Assim compreendido o instituto, é possível afirmar que o ônus da prova possui duas funções concorrentes: (i) uma regra de conduta direcionada às partes (subjetiva); e (ii) outra direcionada ao julgador (objetiva). O ônus da prova subjetivo, enquanto regra de conduta para as partes, confere previsibilidade ao julgamento, no caso de eventual instrução incompleta, e orienta as partes sobre que provas devem produzir, bem como no convencimento do julgador[44]. Por outro lado, o ônus da prova objetivo, na condição de diretriz para o julgador, "será feit[o] apenas após o encerramento da fase instrutória, no momento do julgamento. Somente então o magistrado vai verificar se as alegações de fato estão, ou não, provadas"[45].

Aqui a flexibilidade inerente ao procedimento arbitral é ponto nevrálgico. Ora, ao contrário do juiz togado no processo judicial, o árbitro pode se valer da flexibilidade da arbitragem para reabrir a instrução probatória, caso determinado ponto controvertido ainda não esteja completamente elucidado. Muito se discorreu alhures acerca dos poderes instrutórios do árbitro e da possibilidade da determinação de provas de ofício, incluindo dosada investigação *sua sponte* de eventual ilegalidade (vide item 2.3 acima). O árbitro não deve tomar tal decisão levianamente, mas isso certamente lhe é facultado, caso assim entenda necessário. Frisa-se, contudo, que o árbitro deve, a todo momento, acompanhar a instrução probatória, justamente para que seu convencimento seja feito uniformemente ao longo do procedimento arbitral, não somente após encerrada a fase instrutória, afinal de contas, ao árbitro é imputado o dever de diligência na condução do procedimento arbitral, nos termos do art. 13, §6º, da LA. Pode-se afirmar que o árbitro deve cumprir seu dever de julgar "segundo seu melhor juízo, as questões e as provas que lhe são submetidas,

---

43 DIDIER JÚNIOR; Fredie; BRAGA, Paula Sarno; OLIVEIRA, Rafael Alexandria de. *Curso de direito processual civil: teoria da prova, direito probatório, decisão, precedente, coisa julgada e tutela provisória.* 14 ed. Salvador: Ed. Jus Podivm, 2019, p. 129.

44 ASSIS, Araken de. *Processo civil brasileiro.* Volume II: parte geral: institutos fundamentais. São Paulo: Revista dos Tribunais, 2019.

45 DIDIER JÚNIOR; Fredie; BRAGA, Paula Sarno; OLIVEIRA, Rafael Alexandria de. *Curso de direito processual civil: teoria da prova, direito probatório, decisão, precedente, coisa julgada e tutela provisória.* 14 ed. Salvador: Ed. Jus Podivm, 2019, p. 131.

no curso de um processo em que a formação da prova e a igualdade de direitos são assegurados às partes"[46].

3.6.2 A análise do ônus da prova diante de alegações da prática de atos de corrupção: possibilidade de inversão?

No entanto, quando o árbitro se depara com alegações da prática de atos de corrupção pelas partes ou mesmo de qualquer outra ilegalidade, indaga-se se seria adequada a inversão do ônus da prova. Em outras palavras, havendo indícios *prima facie* da prática de atos ilícitos, deveria o árbitro inverter o ônus da prova? Ônus esse que, a partir de então, passaria a recair sobre a parte contra quem a alegação é feita. Nesse cenário, caberia à outra parte comprovar sua condição de legalidade[47]. A questão é particularmente relevante, pois quando alguém comete qualquer ilegalidade, o faz propositalmente de forma escondida, apagando seus rastros, com a intenção de que aquilo nunca venha ao conhecimento de ninguém.

Isso acarreta sérios desafios para quem tem o dever de adjudicar o conflito. Elencando alguns dos principais desafios nessa seara, discorre Richard Kreindler:

> First, corruption and bribery are typically specifically masked, obscured, concealed, destroyed or altered. Corruption may therefore be difficult to find, may be poorly documented or not documented at all, may be dependent solely or primarily on witness testimony, and thus may be question of one person's word against another.
>
> Second, corruption will most often involve public officials or individuals who pretend or are alleged to have acted in a public capacity. As will be discussed below, this raises potentially complex issues of attribution and ultra vires, which in turn may depend on proof.
>
> Third, often issues of bribery are dependent upon sufficiency of proof in the context of an 'intermediary', 'agency' or 'consultancy' relationship. These relationships in turn pose difficulties in terms of the nature or scope of the 'services' foreseen (e.g., legitimate 'lobbying' versus illegal 'influence peddling'), the extent of actual performance of services or 'concrete deliverables', how to document

---

46 BAPTISTA, Luiz Olavo. *Arbitragem comercial e internacional.* São Paulo: Lex magister, 2011, p. 174.

47 De acordo com Michael Hwang e Kevin Lim: "Some have suggested that a tribunal ought to make it easier for parties to establish the existence of corruption, by reversing the burden of proving corruption (i.e. requiring a party to disprove its involvement in corrupt activities, where prima facie evidence of corruption exists), and/or lowering the default balance of probability standard of proof" (HWANG, Michael; LIM, Kevin. Corruption in Arbitration—Law and Reality. *Asian International Arbitration Journal,* v. 8, n. 1, p. 1-119, 2012, p. 14).

'influence', and the proportionality of the services to the remuneration foreseen or paid including in the form of success fee percentages.

Furthermore, there may be questions of proof relating to payment structures, documentation and use of third parties, subcontractors, etc., the degree of causation between services performed and the alleged unjust enrichment or influence, and finally the extent of a party's knowledge of the intermediary's actions including so-called 'wilful blindness'[48].

O caso *EDF (Services) Limited v Romania* (*ICSID Case No. ARB/05/13*[49]) demonstra essa dificuldade de se provar a existência ou a prática de atos de corrupção. No referido caso, o investidor (EDF) alegou que havia recebido um pedido de pagamento de propina de dois funcionários públicos romenos de alto escalão, uma vez em um estacionamento do hotel Hilton, na Romênia, e novamente na residência privada de um Secretário de Estado romeno. O tribunal arbitral chegou a registrar na sentença que é extremamente difícil de se provar a corrupção, já que, via de regra, tem-se muito pouca ou nenhuma evidência física[50]. Nesse caso, o requerente tinha como meio de prova somente o testemunho de seus funcionários, que supostamente receberam o pedido de propina. O Estado romeno, em contrapartida, também produziu prova testemunhal, arrolando como testemunhas justamente os funcionários públicos acusados de pedirem propina.

---

48 Tradução livre: "Em primeiro lugar, corrupção e propina são, tipicamente, especificamente mascarados, obscurecidos, escondidos, destruídos ou alterados. A corrupção pode, portanto, ser difícil de encontrar, pode ser mal documentada ou [simplesmente] não documentada, pode ser dependente exclusiva ou principalmente de depoimentos de testemunhas, e, portanto, pode ser questão da palavra de uma pessoa contra a outra.

Em segundo lugar, a corrupção, na maioria das vezes, envolve funcionários públicos ou pessoas que fingem ou alegam agir em uma função pública. Como será discutido abaixo, isso levanta questões potencialmente complexas de atribuição e ultra vires, que por sua vez podem depender de prova.

Em terceiro lugar, muitas vezes problemas de suborno dependem da suficiência das provas no contexto de um "intermediário", "agência" ou de relacionamentos de "consultoria". Essas relações, por sua vez, apresentam dificuldades quanto à natureza ou extensão dos "serviços" prestados (por exemplo, "*lobbying*" de forma legítima versus "tráfico de influência"), à extensão do desempenho real de serviços ou de "resultados concretos", a como documentar a "influência", e à proporcionalidade dos serviços em relação à remuneração prevista ou paga, inclusive sob a forma de percentagem da remuneração sucesso.

Além disso, pode haver questões de prova relativas a estruturas de pagamento, documentação e uso de terceiros, subcontratados, etc., o grau de causalidade entre os serviços realizados e o alegado enriquecimento ilícito ou influência injusta e, finalmente, a extensão do conhecimento de uma das partes das ações de intermediários, incluindo a chamada "cegueira voluntária" [*wilful blindness*]" (KREINDLER, Richard H. *Competence-competence in the Face of Illegality in Contracts and Arbitration Agreements*. BRILL, 2013, p. 259-260).

49 *ICSID Case No. ARB/05/13*, *EDF (Services) Limited v Romania*, sentença arbitral de 8 de outubro de 2009.

50 Afirmou o tribunal arbitral que: "In any case, however, corruption must be proven and is notoriously difficult to prove since, typically, there is little or no physical evidence (*EDF (Services) Limited v Romania*, p. 64, §221).

Em se tratando de prova testemunhal, por exemplo, a credibilidade da testemunha afeta consideravelmente o peso que o tribunal pode atribuir à prova. No caso acima referido, o tribunal novamente fez questão de registrar na sentença sua dificuldade em avaliar as provas testemunhais produzidas pelas partes, afirmando que o depoimento de uma das testemunhas do requerente era de valor duvidoso, já que havia depoimentos contraditórios prestados em momentos distintos[51].

Retornando ao cerne da discussão, entende-se que o ponto a ser avaliado é se, diante da dificuldade de se provar a existência de atos de corrupção, a inversão do ônus da prova é medida apropriada a ser tomada pelos árbitros. Há quem defenda que, na verdade, o tribunal arbitral não deve – nem pode – livremente distribuir o ônus da prova, estando adstrito aos parâmetros fixados em lei, que, de modo geral, tendem a seguir o princípio *onus probandi incumbit actori*[52]. Tais autores alegam que, na verdade, o que os tribunais fazem é transferir o *risco de não produção de evidências* para a parte contra quem as alegações de corrupção ou ilegalidade são feitas, caso a parte que as alega apresente evidências *prima facie* da suposta conduta ilícita. Assim, caso a parte contra quem as alegações são feitas não conseguir produzir provas de refutação suficientes, o risco se materializa e a parte que trouxe as alegações à tona prevalece[53].

Outros autores, por sua vez, defendem que inversão do ônus da prova seria uma conduta adequada, considerando-se o desafio posto pelo contexto fático da controvérsia. Defendendo esse ponto de vista, afirma Karen Mills:

> Because of the near impossibility to "prove" corruption, where there is a reasonable indication of corruption, an appropriate way to make a determination may be to shift the burden of proof to the allegedly corrupt party to establish that the legal and good faith requirements were in fact duly met.
> For example, where the allegation is failure to tender, had tender in fact been held it would be a simple matter for the tendering party to produce its tender

51 Neste ponto, afirmou o tribunal arbitral que: "The testimony of Mr. Marco Katz, a witness for Claimant, is of doubtful value. (...) The obvious question for the Tribunal is in which of these statements was Mr. Katz telling the truth. There is no way to know. The evidence is not clear and convincing" (*EDF (Services) Limited v Romania*, p. 65, §223).

52 Defendem essa posição os seguintes autores: (i) BETZ, Kathrin. *Proving Bribery, Fraud and Money Laundering in International Arbitration:* On Applicable Criminal Law and Evidence. Cambridge University Press, 2017, cap. 9, p. 266; (ii) VAN HOUTTE, Vera. Adverse Inferences in International Arbitration. *Written Evidence and Discovery in International Arbitration: New Issues and Tendencies – Dossiers ICC Institute of World Business Law 2009*, 2009, p. 196; e (iii) SHARPE, Jeremy K. Drawing adverse inferences from the non-production of evidence. *Arbitration International*, v. 22, n. 4, p. 549-572, 2006, p. 552.

53 BETZ, Kathrin. *Proving Bribery, Fraud and Money Laundering in International Arbitration: On Applicable Criminal Law and Evidence.* Cambridge University Press, 2017, cap. 9, p. 266.

> documents and official notice of award to disprove the allegation. But how can the party not involved "prove" the negative: that no tender was in fact held? Where the allegation is overpricing, the party handling the payment need only show that the purchase price paid by it and the price charged to the project do not differ by a material amount. Where true, such proof is easy to obtain. But how can the party who did not handle the transaction prove how much "discrepancy" was pocketed by the contractor?[54]

O motivo por trás dessa estratégia é muito simples: diante da dificuldade de produção de determinada prova, deveria o julgador inverter o ônus da prova, para que não prejudique a parte sobre a qual recai originalmente o ônus da prova, ou seja, para que ela não seja obrigada a produzir a chamada prova diabólica[55] – "aquela cuja produção é considerada como impossível ou muito difícil"[56].

Tribunais arbitrais chegaram a aplicar esse raciocínio na prática. Um exemplo é o *ICC Case No. 6497 (1994)*[57], no qual o tribunal entendeu que, como não possuía poderes para abrir um inquérito ou investigar as alegadas ilegalidades cometidas de maneira independente, poderia, excepcionalmente, inverter o ônus da prova. Assim, afirmou o tribunal arbitral por ocasião da prolação da sentença:

---

54 Tradução livre: "Devido à quase impossibilidade de se "provar" a corrupção, onde há uma indicação razoável de corrupção, uma forma adequada de fazer uma determinação pode ser inverter o ônus da prova para a parte supostamente corrupta, para estabelecer que os requisitos legais e de boa-fé foram de fato devidamente atendidas.

Por exemplo, quando a alegação é a falta de licitação, se esta foi realizada de verdade, seria uma simples questão de a outra parte produzir os documentos da licitação e seu resultado para refutar a alegação. Mas como pode a parte não envolvida "provar" o negativo: que nenhuma proposta foi de fato realizada? Onde a alegação é superfaturamento, basta que a parte que lidou com o pagamento mostre que o preço de compra pago e o preço cobrado para o projeto não diferem por uma quantidade de material. Onde, na verdade, tal prova é fácil de obter. Mas como pode a parte que não processou transação provar o quanto da "discrepância" foi embolsado pelo contratante?" (MILLS, Karen. Corruption and Other Illegality in the Formation and Performance of Contracts and in the Conduct of Arbitration Relating Thereto. In: *ICC Congress Series*. 2002, p. 9-10).

55 Sobre o tema, discorre Paula Costa e Silva: "Se não erramos na interpretação das fontes que compulsámos, supomos que a expressão queira significar a prova de factos que são difíceis de provar. Se assim é, dizer que a prova é difícil porque difícil de provar é o facto. Dito de outro modo, a demonstração da realidade é difícil porque difícil é demonstrar a realidade de um facto.

Se provar um facto significa, de acordo com a expressão de BENTHAM, criar o mais elevado grau de persuasão possível, ou seja, criar uma persuasão que imponha ao juiz ou ao árbitro considerar um facto como verificado, dizer que a prova de um facto é difícil equivale a dizer que é difícil provocar o mais elevado grau de persuasão possível no espírito do decisor quanto a determinado facto" (COSTA E SILVA, Paula. *A prova difícil: da probatio levior à inversão do ônus da prova.* 2013, p. 7).

56 DIDIER JÚNIOR; Fredie; BRAGA, Paula Sarno; OLIVEIRA, Rafael Alexandria de. *Curso de direito processual civil: teoria da prova, direito probatório, decisão, precedente, coisa julgada e tutela provisória.* 14 ed. Salvador: Ed. Jus Podivm, 2019, p. 136.

57 *Case No. 6497 of 1994*, Final award, Yearbook XXIV (1999), p. 71.

> The 'alleging Party' may bring some relevant evidence for its allegations, without these elements being really conclusive. In such case, the arbitral tribunal may exceptionally request the other party to bring some counterevidence, if such task is possible and not too burdensome. If the other party does not bring such counter-evidence, the arbitral tribunal may conclude that the facts alleged are proven (Art. 8 Swiss Civil Code). However, such change in the burden of the proof is only to be made in special circumstances and for very good reasons[58].

Apesar de o tribunal arbitral sinalizar que essa seria uma medida extraordinária e a ser tomada somente por "muito boas razões", essa posição é fortemente criticada pela doutrina. Alguns autores, como Alexis Mourre, entendem que a inversão do ônus da prova seria contrária ao devido processo, particularmente porque seria incompatível com o "*right to a fair trial*"[59]. Além disso, entende o autor que, na verdade, o que o tribunal arbitral fez nesse caso foi se valer de inferências negativas a partir da recusa da parte de cooperar com a produção de provas na arbitragem, e não propriamente a inversão do ônus da prova[60].

Apesar de compreender os argumentos expostos por Alexis Mourre, entende-se que a análise feita pelo tribunal arbitral deve, invariavelmente, realizar-se de forma casuística, pois, a depender da situação e da maneira como os árbitros conduzem a instrução probatória, pode ser interessante um pedido do tribunal para que as partes se manifestem sobre determinada alegação ou circunstância suspeita. Como colocado anteriormente, o tribunal arbitral, enquanto destinatário da prova, pode convidar as partes a se manifestar sobre determinado ponto controvertido, sem que isso configure qualquer quebra de isonomia, desde que o ponto seja determinante para o julgamento do objeto da arbitragem e que às partes seja conferida a devida oportunidade de se exercer o contraditório.

A título de exemplo, ressalta-se a conduta que o tribunal arbitral tomou no *ICC Case No. 12990 (2013)*[61]:

---

58 Tradução livre: "A parte que alegou pode trazer algumas evidências relevantes para suas alegações, sem que esses elementos sejam realmente conclusivos. Nesse caso, o tribunal arbitral pode, excepcionalmente, solicitar que a outra parte traga alguma contra evidência, se tal tarefa for possível e não for muito onerosa. Se a outra parte não apresentar tal contraprova, o tribunal arbitral poderá concluir que os fatos alegados estão comprovados (Art. 8 do Código Civil Suíço). No entanto, essa alteração no ônus da prova deve ser feita apenas em circunstâncias especiais e por muito boas razões" (ICC Award No. 6497, YCA 1999, p. 71 et seq.).

59 Afirma o autor que: "Such a reversal of the burden of proof does not seem to be acceptable or compatible with the right to a fair trial" (MOURRE, Alexis. Arbitration and Criminal Law: Reflections on the Duties of the Arbitrator. *Arbitration International*, v. 22, n. 1, p. 95-118, 2006, p. 103).

60 MOURRE, Alexis. Arbitration and Criminal Law: Reflections on the Duties of the Arbitrator. *Arbitration International*, v. 22, n. 1, p. 95-118, 2006, p. 103

61 INTERNATIONAL CHAMBER OF COMMERCE. Extracts from ICC Arbitral Awards Relating to Bribery and Corruption, ICC Case No. 12990 (2013). In: *ICC International Arbitration Bulletin (Special Supplement)*, v. 24, 2013, p. 39-99.

> As indicated above, albeit under relaxed standards, the burden of proof rests upon the party alleging corruption. However, this is not true when it comes to the proof of an activity. Irrespective of the corruption issue, in order to prevail, *i.e.* to show its entitlement to the payment of the price, Claimant has to demonstrate its own performance. Hence, considering the SAP [structural adjustment program] is part and parcel of Claimant's obligations, as has been found, it follows that Claimant has the onus probationis in this regard [§256].
> In this respect, Respondent contends that Claimant has been unable, throughout these proceedings, to produce a single document (letters, reports, studies, consultation papers, employees' witness statements or anything else) establishing in any manner that it carried out its obligations under the structural adjustment program. (...) [§257]
> The inability of an agent to produce proof of his activity has been found to be an indication of the illicitness of the contract. Indeed, it is to be expected that a consultant's activities be documented by means of written memoranda and reports. Consequently, an agent's refusal to provide evidence of his activity constitutes *a priori* an indication of illicitness (ICC case no. 8891, op. cit., p. 1076, 1079; Rossel/Prager, op. cit., p. 331) [§259].
> It follows that Claimant was unable to prove any tangible activity in relation to its SAP obligation. In conclusion, the Arbitral Tribunal is compelled to find that this is a compelling indication of a strong suspicion of corruption" [§286][62].

Com efeito, o tribunal, valendo-se de *red flags* e de prova indiciária, convidou a outra parte para que se manifestasse a respeito das alegações feitas, carreando aos

---

62 Tradução livre: "Como indicado acima, embora sob padrões flexíveis, o ônus da prova recai sobre a parte que alega corrupção. No entanto, isso não é verdade quando se trata da prova de uma atividade. Independentemente da questão da corrupção, a fim de prevalecer, ou seja, para mostrar seu direito ao pagamento do preço, o Requerente deve demonstrar seu próprio desempenho. Portanto, considerando que o SAP [programa de ajuste estrutural] é parte integrante das obrigações do Requerente, conforme foi constatado, segue-se que o Requerente tem o ônus probatório a esse respeito.
A esse respeito, o Requerido sustenta que, ao longo desses procedimentos, o Requerente não pôde produzir um único documento (cartas, relatórios, estudos, documentos de consulta, declarações de testemunhas de funcionários ou qualquer outra coisa) que estabelecesse, de qualquer maneira, que cumpriu suas obrigações sob o programa de ajuste estrutural. (...)
A incapacidade de um agente de produzir prova de sua atividade foi considerada uma indicação da ilicitude do contrato. De fato, é esperado que as atividades de um consultor sejam documentadas por meio de memorandos e relatórios escritos. Consequentemente, a recusa de um agente em fornecer evidências de sua atividade constitui *a priori* uma indicação de ilicitude (ICC case no. 8891, op. cit., p. 1076, 1079; Rossel/Prager, op. cit., p. 331). (...)
Daqui resulta que o Requerente não conseguiu provar nenhuma atividade tangível em relação à sua obrigação SAP. Em conclusão, o Tribunal Arbitral é obrigado a entender que essa é uma indicação convincente de uma forte suspeita de corrupção (INTERNATIONAL CHAMBER OF COMMERCE. Extracts from ICC Arbitral Awards Relating to Bribery and Corruption, ICC Case No. 12990 (2013). In: *ICC International Arbitration Bulletin (Special Supplement)*, v. 24, 2013, p. 39-99).

autos provas que corroborassem com a posição defendida pela outra parte da prestação de serviços. Essa atitude, do ponto de vista da simples observância ao princípio do contraditório, teria de ser tomada de qualquer maneira – a partir da juntada de novos documentos, é direito da contraparte se manifestar a respeito. Essa conduta parece apropriada pois, caso a parte realmente tenha sido contratada para a prestação de serviços, não seria essa uma incumbência descabida ou desproporcional, tendo a parte acusada tipicamente meios de se defender sem grande dificuldade[63]. Desde que o tribunal arbitral mantenha o diálogo com as partes, fundamentando suas decisões e não se deixando levar por meros discursos e alegações de má-fé, tal conduta pode ser apropriada diante do caso concreto.

Entretanto a posição contrária, defendida por Alexis Mourre, também foi expressa por outros tribunais arbitrais na prática. No caso conhecido como *Siag v Egypt (ICSID Case No. ARB/05/15*[64]*)*, o tribunal arbitral entendeu que inverter o ônus da prova, ainda que mediante evidências *prima facie*, seria contrário ao devido processo quando se exige a prova de fato negativo[65].

No mesmo sentido, afirmou o tribunal arbitral no caso *Jan Oostergetel and Theodora Laurentius v. The Slovak Republic*[66], arbitragem *ad hoc* administrada sob as regras da UNCITRAL, que a arbitragem internacional não é um sistema inquisitorial em que o Tribunal estabelece os fatos para uma parte denunciadora, nem um sistema em que seja suficiente fazer um caso *prima facie* confiando no oponente para refutá-lo[67]. Suportando o entendimento exposto nesses casos, afirma Daniel Goldenbaum:

> La proposition de renverser le fardeau de la preuve en présence d'un «commencement de preuve» a rencontré un succès mitigé. La démarche nous semble louable dans la mesure où elle procède d'une volonté de contrebalancer la difficulté de la preuve. Cependant, une telle pratique porterait atteinte au droit à un procès

---

63 BETZ, Kathrin. *Proving Bribery, Fraud and Money Laundering in International Arbitration: On Applicable Criminal Law and Evidence*. Cambridge University Press, 2017, cap. 9, p. 266.

64 *ICSID Case No. ARB/05/15* (*Waguih Elie George Siag and Clorinda Vecchi v. The Arab Republic of Egypt*), sentença de 1º de junho de 2009.

65 Afirmou o tribunal arbitral que: "(...) negative evidence is very often more difficult to assert than positive evidence, the reversal of the burden of proof may make it almost impossible for the allegedly fraudulent party to defend itself, thus violating due process standards. It is for this reason that Tribunals have rarely shifted the burden of proof. There are no special circumstances or good reasons for doing so in this case" (*ICSID Case No. ARB/05/15*, sentença de 1º de junho de 2009, p. 82, §317).

66 *Jan Oostergetel and Theodora Laurentius v. The Slovak Republic*, UNCITRAL. Sentença de 23 de abril de 2012.

67 "International arbitration is not an inquisitorial system where the Tribunal establishes the facts for a denunciating party, nor a system where it is sufficient to make a prima facie case relying on the opponent to rebut that case" (*Jan Oostergetel and Theodora Laurentius v. The Slovak Republic*, UNCITRAL. Sentença de 23 de abril de 2012, p. 35, §148).

> équitable car il est extrêmement difficile d'établir un fait négatif. S'il est déjà complexe de prouver le versement de pots-de-vin, démontrer son absence relève de l'impossible. De plus, il existerait un risque d'abus de droit. Une partie pourrait ainsi porter des accusations de corruption fondées uniquement sur la mauvaise réputation de son adversaire dans le seul but de ne pas acquitter ses obligations contractuelles[68].

A mesma posição é defendida por Michael Hwang e Kevin Lim:

> Notwithstanding the fact that evidence of corruption is difficult to procure, we disagree with those who suggest that the tribunal should shift the burden of proof onto the impugned party, as it is too radical to depart from such a basic and widely accepted rule as the requirement that a party must prove the facts upon which it wishes to rely. This rule exists for good reason— to prevent parties from making baseless assertions and to secure the integrity of the fact finding process. It avoids the presumption that a fact exists when evidence is not sufficiently probative to demonstrate such. It is also, in a sense, a rule of natural justice and due process. If this rule can be abridged in relation to proof of corruption, then by parity of reasoning there should be nothing to stop its application to other issues for which proof is difficult to obtain. This is not a slippery slope that international arbitration can afford to embark upon[69].

---

68 Tradução livre: "A proposta de reverter o ônus da prova na presença de um 'caso *prima facie*' teve um sucesso misto. A abordagem nos parece louvável, na medida em que procede de um desejo de contrabalançar a dificuldade da prova. No entanto, tal prática comprometeria o direito a um julgamento justo, porque é extremamente difícil estabelecer um fato negativo. Se já é complexo provar o pagamento de subornos, é impossível provar a sua ausência. Além disso, existe o risco de abuso de direitos. Uma parte poderia, portanto, processar acusações de corrupção baseadas unicamente na má reputação de seu oponente, com o único objetivo de não cumprir suas obrigações contratuais" (GOLDENBAUM, Daniel. Arbitre International Face a la Corruption. *McGill Journal of Dispute Resolution*, v. 2, p. 82, 2015, p. 89).

69 Tradução livre: "Não obstante o fato de que é difícil obter evidências de corrupção, discordamos daqueles que sugerem que o tribunal deve transferir o ônus da prova para a parte impugnada, pois é muito radical se afastar de uma regra tão básica e amplamente aceita quanto a exigência que uma parte deve provar os fatos nos quais deseja confiar. Essa regra existe por um bom motivo - para impedir que as partes façam afirmações infundadas e para garantir a integridade do processo de apuração de fatos. Evita a presunção de que existe um fato quando a evidência não é suficientemente probatória para demonstrá-lo. É também, em certo sentido, uma regra de justiça natural e devido processo legal. Se essa regra puder ser abreviada em relação à prova de corrupção, então, por paridade de raciocínio, não deverá haver nada para interromper sua aplicação a outros problemas para os quais é difícil obter provas. Não é uma ladeira escorregadia que a arbitragem internacional possa se dar ao luxo de embarcar" (HWANG, Michael; LIM, Kevin. Corruption in Arbitration—Law and Reality. *Asian International Arbitration Journal*, v. 8, n. 1, p. 1-119, 2012, p. 19).

O argumento exposto por tais autores, ao ser transportado para o contexto da LA, seria de que a inversão do ônus da prova seria contrário aos princípios previstos no art. 21, § 2º, da LA – o que, por sua vez, tornaria a sentença nula nos termos do art. 32, VIII, da LA.

Com toda a vênia e deferência devida aos autores que defendem essa posição, entende-se que, a partir da interpretação dos dispositivos da LA – e sendo coerente com a posição adotada neste trabalho –, a inversão do ônus da prova pode, de fato, ser benéfica, a depender da situação concreta e de como é conduzida pelos árbitros. Isso se dá por algumas razões.

Primeiramente, como exposto nos casos 6794 e 12990 da CCI, acima citados, existem situações em que é relativamente fácil para uma das partes apresentar provas da sua condição de legalidade[70], seja pela apresentação de relatórios, memorandos, prestações de contas, documentos de consulta, documentos do processo licitatório que comprovem que o ganhador recebeu o contrato por oferecer o serviço mais barato – neste último caso, por exemplo, caberia ao tribunal arbitral, posteriormente, analisar se a prestação de serviços pelo valor ofertado era condizente com a realidade de mercado.

Em segundo lugar, tal como estabelecido no item 2.3 *supra*, na ausência de convenção específica das partes, aos árbitros é conferida ampla discricionariedade na condução da fase instrutória. Enquanto destinatário da prova, o tribunal arbitral pode, inclusive, determinar, de ofício, a produção das provas que entender necessárias à formação de seu livre convencimento[71]. No mesmo item desta pesquisa, foi estabelecido que o árbitro deve "interferir ativamente na instrução da causa"[72], sendo-lhe facultada, inclusive, a investigação *sua sponte* de atos de corrupção, desde que relevantes para o deslinde da controvérsia.

Um bom exemplo da participação ativa do tribunal arbitral na instrução probatória é o já mencionado caso *Metal-Tech v. Uzbequistão* (*ICSID Case No. ARB/10/3*). Apesar de, como adiantado no item 2.1, ter o tribunal arbitral entendido, ao final, que não possuía jurisdição sobre a matéria posta para seu julgamento, foram emitidas 12 ordens processuais (OP), a maioria delas destinadas *à* ordenação e à organização da instrução probatória. É de se notar, especificamente, a OP nº 07, em que o tribunal arbitral determinou que as partes produzissem documentos específicos que entendia necessários para a formação de seu convencimento[73]. Essa conduta

---

70 LAMM, Carolyn B.; PHAM, Hansel T.; MOLOO, Rahim. Fraud and corruption in international arbitration. In: FERNANDEZ-BALLESTEROES, Miguel Angel; ARIAS, David. *Liber Amicorum Bernardo Cremades*, Wolters Kluwer España; La Ley, 2010, p. 699-731.

71 Conf. art. 22 da LA.

72 CAHALI, Francisco José. *Curso de arbitragem.* São Paulo: Revista dos Tribunais, 2018, p. 284.

73 Na sentença, registrou o Tribunal Arbitral que: "Accordingly, on 10 February 2012, the Tribunal issued Procedural Order No. 7 ("PO 7") restating the directions on the production of documents and

demonstra que é perfeitamente possível que o tribunal conduza a instrução probatória de forma ativa sem incorrer em uma avaliação parcial do caso[74].

Sendo assim, não parece factível afirmar que o tribunal arbitral não poderia, pontualmente e a depender das circunstâncias do caso concreto, inverter o ônus da prova para que a contraparte apresente evidências, ainda que também *prima facie*, da sua condição de legalidade. Por óbvio, alguns critérios devem ser observados para que essa conduta não seja eventualmente explorada por uma parte de má-fé, que tenta plantar nulidade no procedimento ou confundir o julgador.

Em sede de arbitragens internacionais, alguns autores são bem claros em defender a possibilidade de inversão do ônus da prova, desde que, novamente, se respeitem alguns requisitos e circunstâncias – ou seja, desde que tal decisão não seja tomada levianamente. Sobre o tema, ensinam Martim Della Valle e Pedro Schilling de Carvalho:

> We argue for a two-step framework: first shifting the burden of proof from one party to the other, when and if certain prima facie indicia are presented. If such party does not disprove these allegations, then, secondly, the tribunal should adapt the standard of proof to establish if corruption or fraud took place. (...)
> If the tribunal is satisfied with the number and strength of the red flags that were provided prima facie by the alleging party, it should then explicitly shift the burden of proof to the other party and request that it provide counterevidence – be it documentation, witness testimony, etc. – disproving the allegations[75].

Como será abordado adiante em capítulo específico para *red flags* e inferências negativas (item 3.8), estes mecanismos – assim como a distribuição do ônus da

---

post-hearing submissions given at the close of the January Hearing. It ordered the Parties to produce certain documents by 27 February 2012 and to submit their first post-hearing submissions by 19 April 2012, and their reply post-hearing submissions, not exceeding 20 pages, by 25 May 2012" (ICSID *Case No. ARB/10/3, Metal-Tech Ltd. v. Republic of Uzbekistan*, sentença de 4 de outubro de 2013, p. 24, §87).

74 KREINDLER, Richard. Practice and Procedure Regarding Proof: The Need for More Precision In: VAN DEN BERG, Albert Jan. *Legitimacy: Myths, Realities, Challenges–ICCA Congress Series No. 18*. 2015, p. 156-182, p. 171.

75 Tradução livre: "Defendemos uma estrutura de duas etapas: primeiro transferindo o ônus da prova de uma parte para a outra, quando e se certos indícios *prima facie* forem apresentados. Se tal parte não refutar essas alegações, então, em segundo lugar, o tribunal deve adaptar a medida da prova para estabelecer se ocorreu corrupção ou fraude. (...)
Se o tribunal estiver satisfeito com o número e a força das *red flags* que foram fornecidas *prima facie* pela parte alegante, ele deve transferir explicitamente o ônus da prova para a outra parte e solicitar que forneça contraprovas - seja documentação, depoimento de testemunha, etc. – refutando as alegações." (VALLE, Martim Della; CARVALHO, Pedro Schilling de. Corruption Allegations In Arbitration: Burden and Standard of Proof, Red Flags, and a Proposal for Systematisation. In: SCHERER, Maxi (ed.). *Journal of International Arbitration*, Kluwer Law International, vol. 39, Issue 6, 2022, p. 844-845).

prova – são ferramentas à disposição dos árbitros para que estes sejam capazes de devidamente analisar e, se for o caso, entenderem como provadas, as alegações da prática de atos de corrupção. A partir de uma análise casuística e desde que relevante para o objeto da arbitragem, é provável que se valham os árbitros de uma combinação de todas essas ferramentas para devidamente enfrentar essas questões.

Nesse ponto, visando contribuir para o debate, entende-se pertinente utilizar como fonte de inspiração também a doutrina especializada que trata sobre o tema de inversão do ônus da prova sob a égide do Código de Processo Civil – e aqui, novamente, faz-se a ressalva de que tal raciocínio deve ser empregado por ser o ônus da prova uma regra geral de processo, e não porque se defende a aplicação do Código de Processo à arbitragem.

Ao discorrer acerca da inversão do ônus da prova no âmbito do processo judicial, regido pelo Código de Processo, a doutrina afirma que a inversão pelo juiz é possível somente mediante observância de quatro pressupostos formais[76]: (i) a decisão motivada; (ii) a inversão deve ser feita *antes* de se proferir a sentença; (iii) a redistribuição do ônus da prova não pode implicar em prova diabólica reversa; e (iv) apenas a regra legal de distribuição do ônus da prova pode ser alterada por decisão judicial. Apesar de parecerem óbvios, são nortes importantes que o árbitro deve ter em mente ao avaliar se o caso concreto justifica ou não a inversão do ônus da prova. Nota-se, nesse ponto, que a doutrina também se refere a essa possibilidade ao tratar da distribuição dinâmica do ônus da prova, "por meio da qual, no caso concreto, conforme a evolução do processo, seria atribuído pelo juiz o encargo de prova à parte que detivesse conhecimentos técnicos ou informações específicas sobre os fatos discutidos na causa, ou, simplesmente, tivesse maior facilidade na sua demonstração"[77].

Os fundamentos da decisão que inverte o ônus da prova são o ponto central que dinamiza a instrução probatória, explicando para as partes sua razão de ser. Essa razão deve guardar relação lógica com o contexto fático do caso posto para decisão. Sobre o tema, discorrem Luiz Guilherme Marinoni e Sérgio Cruz Arenhart:

> (...) a legitimidade da inversão do ônus da prova com base em verossimilhança ou com base em hipossuficiência – ou mesmo a simples aplicação da regra do ônus da prova – requer a análise da motivação. Se os argumentos utilizados – por exemplo, a existência de uma presunção ou de uma regra de experiência, ou a ausência

---

76 DIDIER JÚNIOR; Fredie; BRAGA, Paula Sarno; OLIVEIRA, Rafael Alexandria de. *Curso de direito processual civil: teoria da prova, direito probatório, decisão, precedente, coisa julgada e tutela provisória*. 14 ed. Salvador: Ed. Jus Podivm, 2019, p. 146-149.

77 THEODORO JÚNIOR, Humberto. *Curso de Direito Processual Civil: Teoria geral do direito processual civil, processo de conhecimento e procedimento comum*. 57 ed. ver., atual. e ampl. Rio de Janeiro: Forense, 2016, vol. I, p. 903.

> de prova ou a sua impossibilidade – não forem adequados para justificar uma ou outra, ou ainda, se a motivação incidir em falta de coerência lógica em relação aos critérios utilizados para demonstrar a convicção, a dúvida ou inesclarecibilidade, a decisão carecerá de legitimidade[78].

Além da relação de coerência que a decisão deve guardar com os fatos da controvérsia, seguro dizer também que o julgador "deverá sempre discriminar sobre que fatos se aplicará a modificação probatória. Se a regra geral é a distribuição legal[79], os fatos não referidos expressamente na decisão do juiz não terão seus encargos probatórios alterados"[80].

O segundo pressuposto, de que tal decisão deve ser tomada antes da sentença, é bastante óbvio, sob pena de tornar a decisão teratológica. Ao inverter o ônus da prova sem informar as partes a esse respeito, o árbitro estaria, aí sim, violando os princípios do devido processo. Em linguagem corriqueira, seria o equivalente a mudar as regras do jogo enquanto se apura o resultado. Além disso, seria completamente ineficaz, visto que a razão de ser da inversão do ônus da prova – ao menos nesse contexto de elucidar a ocorrência ou não de determinado ato de corrupção – é justamente a de solicitar que aquela parte sobre a qual não recai originalmente o ônus da prova produza evidências sobre o que pedir o julgador.

O terceiro requisito, de que a redistribuição do ônus da prova não pode implicar em prova diabólica reversa (bilateralmente diabólica ou ainda situação de inesclarecibilidade), reflete a regra prevista no art. 373, §2º, do Código de Processo Civil, que dispõe que a "redistribuição judicial do ônus da prova não é permitida se implicar prova diabólica para a parte que agora passa a ter o ônus". O raciocínio também é perfeitamente transponível para a arbitragem. A redistribuição é feita justamente porque as partes se encontram em condições de desequilíbrio no que diz respeito à produção de provas sobre determinado ponto controvertido, ou seja, a inversão ocorre para "balancear" essa discrepância[81]. Uma das partes está em condições melhores de levar ao julgador elementos que o auxiliem na formação de seu livre convencimento sobre a matéria. Há quem afirme, inclusive, que a distribuição dinâmica do ônus da prova decorre do princípio do processo cooperativo, norma

---

78 MARINONI, Luiz Guilherme; ARENHART, Sérgio Cruz. *Prova e convicção.* 5ª ed. rev., atual. e ampl. São Paulo: Thomson Reuters Brasil, 2019, p. 234.

79 Que, no caso da arbitragem, seria o princípio *actori incumbit probatio*, ou seja, o ônus da prova cabe à parte que alega os fatos.

80 MACÊDO, Lucas Buril de; PEIXOTO, Ravi Medeiros. *Ônus da prova e sua dinamização.* Salvador: JusPodivm, 2014, p. 420.

81 LAMM, Carolyn B.; PHAM, Hansel T.; MOLOO, Rahim. Fraud and corruption in international arbitration. In: FERNANDEZ-BALLESTEROES, Miguel Angel; ARIAS, David. *Liber Amicorum Bernardo Cremades*, Wolters Kluwer España; La Ley, 2010, p. 699-731.

fundamental do moderno processo justo, trazendo elementos para auxiliar o julgador na busca pela verdade[82].

Finalmente, no que tange ao último requisito, entende-se que ele também pode ser transferido para o contexto da arbitragem, por se referir ao respeito à autonomia de vontade expressada pelas partes. Vale dizer, "caso haja convenção sobre o ônus da prova, não poderá o juiz [ou o árbitro] redistribuir o ônus da prova de modo diverso do que foi convencionado pelas partes"[83]. Nada mais é do que a ressalva feita no início deste capítulo (item 3.2), no sentido de que, havendo convenção expressa das partes no que tange às regras de instrução probatória, deverá o tribunal arbitral respeitar tal desejo, salvo se a convenção em si for nula, ou se for excessivamente difícil à parte o exercício de seu direito, tal como disposto no art. 373, II, § 3º, do Código de Processo Civil.

Caso o tribunal arbitral perceba que as partes estão ativamente tentando, em conluio, esconder algo, impedindo que determinada informação seja levada ao seu conhecimento, e caso tal informação ou prova seja imprescindível para o objeto da arbitragem, entende-se que poderão os árbitros, nos limites de sua jurisdição, valer-se das ferramentas à sua disposição para encontrar tais informações. Além disso, as partes devem estar cientes de que o entendimento do tribunal arbitral é no sentido de que tais provas ou informações se fazem necessárias, conferindo tempo hábil para que o contraditório seja exercido.

Dito isso, a possibilidade de inversão do ônus da prova pelo árbitro é, pois, bem similar à possibilidade de investigação *sua sponte* de atos de corrupção no sentido de que, além de controvertida, não deve ser tomada levianamente. Caso algum excesso seja cometido, assim como no caso de investigação de ofício, o mecanismo de controle de legalidade da sentença continua sendo o mesmo: a ação de nulidade de sentença prevista no art. 32 da LA, porém, dessa vez, com base em seu inciso VIII. É importante que se diga, outrossim, que o mecanismo de distribuição do ônus da prova não é o único artifício que o tribunal arbitral pode utilizar no combate à corrupção, como se verá adiante.

3.7 MEDIDA DA PROVA

Retomando o conceito de medida da prova (*standard of proof*) esclarecido no item 3.3 *supra*, entende-se como medida da prova, neste trabalho, "o grau de

---

82 GOUVEIA, Lúcio Grassi. A função legitimadora do princípio da cooperação intersubjetiva no processo civil brasileiro. *Revista de Processo*, São Paulo, n. 172, 2009, p. 32-53, p. 36-37; CREMASCO, Suzana Santi. *A distribuição dinâmica do ônus da prova*. Rio de Janeiro: GZ, 2009, p. 84-86.

83 DIDIER JÚNIOR; Fredie; BRAGA, Paula Sarno; OLIVEIRA, Rafael Alexandria de. Curso de direito processual civil: teoria da prova, direito probatório, decisão, precedente, coisa julgada e tutela provisória. 14 ed. Salvador: Ed. Jus Podivm, 2019, p. 149.

persuasão necessário"[84] para o convencimento do julgador. A pergunta a ser endereçada neste tópico é: em se tratando do esclarecimento da prática ou não de atos de corrupção, qual deve ser o grau de convencimento necessário do árbitro?

Alguns autores chegaram a afirmar que "[i]nternational arbitration conventions, national arbitration laws, *compromis*, arbitration rules and even the decisions of arbitral tribunals are almost uniformly silent on the subject of the standard of proof"[85]. E veja-se que aqui a LA é exceção quando afirma no seu art. 21, §2º, que serão sempre respeitados no procedimento arbitral, dentre outros, o princípio do livre convencimento. Sobre esse artigo, especificamente, discorrer-se-á em breve. No entanto, por ora, diante da flexibilidade do procedimento arbitral, bem como da possibilidade de figurarem, no mesmo painel, profissionais com diferentes formações jurídicas, será elucidado como a questão vem sendo tratada na arbitragem internacional para, em seguida, verificar se a experiência acumulada tem algo a oferecer no endereçamento da matéria dentro do ordenamento jurídico brasileiro.

3.7.1 A medida da prova na arbitragem internacional

Nos países de *common law*, como os EUA, existem três parâmetros distintos para a medida da prova[86], a começar do mais brando para o mais exigente, a saber: (i) *preponderance of evidence*; (ii) *clear and convincing evidence*; e (iii) *beyond reasonable doubt*. Acerca deles, conferindo uma visão panorâmica de como funcionam, ensina Kevin Clermont:

> Three such standards, differing on how likely the particular fact must be, apply in different circumstances: (1) The standard of preponderance of the evidence translates into more-likely-than-not. It is the usual standard in civil litigation, but it appears throughout the law. Considerable debate revolves around its practical meaning, but nearly everyone now accepts the propriety of this standard as one end of the usual probability scale. (2) Next comes the intermediate standard or standards, often grouped under the banner of clear and convincing evidence and

---

84 CLERMONT, Kevin M.; SHERWIN, Emily. A comparative view of standards of proof. *The American Journal of Comparative* Law, v. 50, 2002, p. 244.

85 Tradução livre: "convenções internacionais de arbitragem, leis nacionais de arbitragem, compromissos, regulamentos de arbitragem e até mesmo decisões de tribunais arbitrais são quase uniformemente silenciosos quanto à medida da prova" (PIETROWSKI, Robert. Evidence in international arbitration. *Arbitration International*, v. 22, n. 3, p. 373-410, 2006, p. 379).

86 A Inglaterra, por sua vez, reconhece apenas dois parâmetros de medida da prova: (i) *balance of probabilities* para casos na esfera civil e (ii) *beyond reasonable doubt* para casos na esfera criminal (PATTENDEN, Rosemary. The risk of non-persuasion in civil trials: the case against a floating standard of proof. *Civil Justice Quarterly*, v. 7, 1988).

> roughly translated as much-more-likely-than-not. Judicial formulations include "clear, cogent, and convincing", "clear, satisfactory, and convincing", "clear, precise, and indubitable", "dear and irresistible", and "convincing beyond reasonable controversy". These apply to certain issues in special situations, such as when terminating parental rights. Continuing debate here focuses on the practical meaning of clear and convincing evidence, while debate decreases on potential differences among the distinctive intermediate formulations. (3) The standard of beyond reasonable doubt means proof to a virtual certainty. It rarely prevails outside criminal law. Again, arguments persist about its practical meaning, but not about the propriety of this standard as the other end of the probability scale in our unavoidably uncertain world[87].

Nesse contexto, os EUA aplicam rotineiramente a medida da *preponderance of evidence* nas causas civis como uma estratégia de redução de erros, pois, em tese, isso minimizaria as chances de eventual indenização ser aplicada de maneira incorreta, ou seja, para a parte inocente, sem, ao mesmo tempo, comprometer a eficiência do processo[88]. Abordam-se tais conceitos pois, de maneira geral, e apesar de haver pouca discussão doutrinária sobre o tema, em sede de arbitragem internacional, a medida da prova é, ou assume-se que é, justamente o de *balance of probabilities* ou *preponderance of evidence*[89]. A prática corrobora tal afirmação. A título de exemplo, tem-se o caso conhecido como *Ioannis Kardassopoulos v. The Republic of Georgia*

---

87 Tradução livre, no original: "Três dessas medidas, diferindo quanto à probabilidade do fato específico, devem ser aplicadas em diferentes circunstâncias: (1) A *preponderance of the evidence* se traduz em mais provável do que não. É a medida usual em processos civis, mas aparece em toda a lei. Um debate considerável gira em torno de seu significado prático, mas quase todos agora aceitam a adequação dessa medida como uma ponta da escala de probabilidade usual. (2) Em seguida, vêm a medida ou as medidas intermediárias, geralmente agrupadas sob a bandeira de *clear and convincing evidence*, traduzidas, aproximadamente, como muito mais provável do que não. As formulações judiciais incluem "claro, cogente e convincente", "claro, satisfatório e convincente", "claro, preciso e indubitável", "querido e irresistível" e "convincente além de controvérsia razoável". Essas medidas se aplicam a certos problemas em situações especiais, como em relação ao término do poder parental. O debate contínuo aqui enfoca o significado prático de clear and convincing evidence, enquanto o debate diminui sobre possíveis diferenças entre as formulações intermediárias distintas. (3) A medida *beyond reasonable doubt* significa prova de uma certeza virtual. Raramente prevalece fora do direito penal. Novamente, persistem argumentos sobre seu significado prático, mas não sobre a adequação desse padrão como o outro extremo da escala de probabilidade em nosso mundo inevitavelmente incerto" (CLERMONT, Kevin M. Procedure's magical number three psychological bases for standards of decision. *Cornell Law Review*, v. 72, p. 1115, 1987, p. 1119-1120).

88 KAYE, David. The limits of the preponderance of the evidence standard: Justifiably naked statistical evidence and multiple causation. *American Bar Foundation Research Journal*, v. 7, n. 2, p. 487-516, 1982.

89 BORN, Gary. *International commercial arbitration*. 3rd. Ed. Kluwer Law International, 2021, §15.09[B] (Kluwer Law International, Updated August 2022).

(ICSID Case No. ARB/05/18[90]*)*, em que o tribunal arbitral registrou na sentença que "(...) the principle articulated by the vast majority of arbitral tribunals in respect of the burden of proof in international arbitration proceedings applies in these concurrent proceedings and does not impose on the Parties any burden of proof beyond a balance of probabilities"[91].

No entanto, quando se trata da medida da prova para estabelecer a prática de atos de corrupção, há grande debate na doutrina se, diante da gravidade das alegações, uma medida mais rigorosa não deveria ser aplicada. Gary Born é um dos autores que sustenta que alegações "(...) of wrongdoing, particularly serious wrongdoing such as criminal acts, fraud, corruption and the like, require more convincing evidence than other facts", afirmando que "this approach is sensible, both in evidentiary terms and in discouraging baseless allegations of misconduct"[92].

O tema, todavia, está longe de ser pacífico. "It is a matter of frequent debate, however, whether the ordinary standard of preponderance of evidence should be heightened — for example, to the criminal standard of beyond a reasonable doubt or to an intermediate standard, such as clear and convincing evidence — for allegations of corruption" [93].

Em um levantamento feito por Marco Adda, revelou-se que, dentre os vinte e cinco casos identificados, em apenas um caso foi utilizada uma "baixa" medida da prova, ao passo que em quatorze casos – ou seja, mais de 50% do universo pesquisado – foram utilizados altos padrões como medida da prova[94]. O autor assim resumiu suas conclusões no referido ponto:

---

90 *ICSID Case No. ARB/05/18* (*Ioannis Kardassopoulos v. The Republic of Georgia*), sentença de 3 de março de 2010.

91 Tradução livre: "(...) o princípio articulado pela grande maioria dos tribunais arbitrais em relação ao ônus da prova nos procedimentos de arbitragem internacional se aplica nesse procedimento e não impõe às Partes nenhum ônus da prova além daquele de *balance of probabilities*" (*ICSID Case No. ARB/05/18* (*Ioannis Kardassopoulos v. The Republic of Georgia*), sentença de 3 de março de 2010, §229).

92 Tradução livre: "(...) particularmente graves, como [a prática de] atos criminosos, fraude, corrupção e similares, exigem evidências mais convincentes do que outros fatos. (...) essa abordagem é sensata tanto em termos probatórios quanto para desencorajar alegações infundadas de má-fé" (BORN, Gary. *International commercial arbitration*. Kluwer Law International, 2014, p. 2315).

93 Tradução livre: "É assunto de debate frequente, no entanto, se a medida comum de *preponderance of evidence* deve ser elevada – por exemplo, à medida criminal *beyond reasonable doubt* ou a um padrão intermediário, como *clear and convincing evidence* – para alegações de corrupção" (MENAKER, Andrea. Proving Corruption in International Arbitration. Addressing Issues of Corruption in Commercial and Investment Arbitration. *Dossiers of the ICC Institute of World Business Law*, v. 13, cap. 5, 2015, p. 83).

94 ADDA, Marco. Arbitration Case Law on Bribery: Issues of Arbitrability, Contract Validity, Merits and Evidence. *Dossier of the ICC Institute of World Business Law: Arbitration: Money Laundering, Corruption and Fraud*, ICC Publication, n. 651, cap. 7, p. 109-147, 2003, p. 115.

"(v) There were fourteen cases in which a 'high' standard of proof was applied, i.e., more than 50% of the cases.
In Case No. 4 [ICC Case No. 4145 de 1983, 1984 e 1986; sentenças parciais e final], the arbitral tribunal ruled that 'direct or even circumstantial evidence' was needed. Although the 'consultancy price was very high', this element was not sufficient, alone, to prove corruption.
In Case No. 6 [ICC Case No. 5622; sentença de agosto de 1982 (anulada) e segunda sentença de abril de 1992] (Hilmarton case, first award), the arbitrator concluded that the evidence (witness statements and the amount of the commission) was not sufficient to establish 'with certainty' the existence of corruption. He decided, however, that the agreement was in violation of Swiss public policy and hence invalid, since the agent was appointed in patent violation of Algerian law, forbidding intermediaries in administrative contracts.
In Case No. 12 [ICC Case No. 6286 de 1991], the arbitral tribunal required clear proof that the amounts paid to the agent 'were intended' to bribe officials to trade on their influence to obtain favors. No such proof was provided, so bribery and corruption were deemed not to have been present.
In Case No. 13 [ICC Case No. 6401 de 1990] (the Westinghouse/President Marcos case), the arbitrators applied the standard of proof required in the three States (the Philippines, New Jersey and Pennsylvania) of the parties, that is, 'clear and convincing 'evidence' of bribery. The U.S. Court applied, in the parallel case, a 'lower' standard of proof, which permitted to the Court to conclude that the agent's commissions were intended to be paid, at least in part, to President Marcos.
In Case No. 14 [ICSID Case no. ARB/84/3 de maio de 1992], the arbitral tribunal stated that 'allusions not supported by evidence and based on suppositions' are not sufficient to prove corruption.
In Case No. 16 [identificado apenas como ICC Case de 31 de março de 1992], the proof that the agent was hired to influence the employer's award was deemed lacking. The Paris Appeals Court confirmed that no proof of traffic of influence had been provided.
In Case No. 17 [identificado apenas como sentença ICC de 1993], 'no direct or circumstantial evidence of bribery' was found.
In Case No. 18 [ICC Case No. 6497 de 1994], several agency agreements were disputed, but 'conclusive evidence' of bribery was not found to have been provided in the case of the vast majority of the agreements, notwithstanding the disproportion between the price paid to and the costs borne by the agent. A 'high degree of probability of bribery' was, however, found in relation to one of the agreements, in which the commission amounted to the 'extremely unusual' fee of 33.33%.

In Case No. 19 [ICC Case No. 7047 de 1994], the majority of the arbitral tribunal ruled that 'a mere suspicion by a member of the arbitral tribunal is entirely insufficient' to prove the presence of corruption. The clause 'exonerating the agent from proving his actual services' was not considered a sufficient indication of an illicit intent.

In Cases Nos. 20 [identificado apenas como sentença *ad hoc* de 28 de julho de 1995], 21 [ICC Case No. 7664 de 1996], 22 [ICC Case No. 8113 de 1996], 24 [ICC Case No. 9333 de 1998] and 25 [identificado apenas como sentença de 4 de maio de 1999 por tribunal arbitral *ad hoc* sob as regras da UNCITRAL], the arbitrators ruled that 'clear and convincing' evidence was needed in order to declare the agreement invalid because of corruption[95].

---

95 Tradução livre: (v) Houve quatorze casos em que uma medida "alta" de prova foi aplicada, ou seja, mais de 50% dos casos.

No caso nº 4 [ICC Case No. 4145 de 1983, 1984 e 1986; sentenças parciais e final], o tribunal arbitral decidiu que "evidências diretas ou mesmo circunstanciais" eram necessárias. Embora o "preço da consultoria tenha sido muito alto", esse elemento não foi suficiente para, sozinho, para provar a corrupção.

No caso nº 6 [ICC Case No. 5622; sentença de agosto de 1982 (anulada) e segunda sentença de abril de 1992] (caso Hilmarton, primeira sentença), o árbitro concluiu que as evidências (depoimentos de testemunhas e o valor da comissão) não eram suficientes para estabelecer "com certeza" a existência de corrupção. Ele decidiu, no entanto, que o acordo violava a ordem pública suíça e, portanto, era inválido, uma vez que o agente foi nomeado em patente violação à lei da Argélia, proibindo intermediários em contratos administrativos.

No caso nº 12 [ICC Case No. 6286 de 1991], o tribunal arbitral exigiu *clear proof* de que os valores pagos ao agente "eram destinados" a subornar funcionários a negociarem sua influência para obter favores. Nenhuma prova foi fornecida; portanto, suborno e corrupção foram considerados como ausentes.

No caso nº 13 [ICC Case No. 6401 de 1990] (o caso Westinghouse / Presidente Marcos), os árbitros aplicaram o padrão de prova exigido das partes nos três Estados (Filipinas, Nova Jersey e Pensilvânia), ou seja, "*clear and convincing evidence*" de suborno. A Corte dos EUA aplicou, no caso paralelo, uma medida "mais baixa", que permitiu à Corte concluir que as comissões do agente deviam ser pagas, pelo menos em parte, ao Presidente Marcos.

No caso nº 14 [ICSID Case no. ARB/84/3 de maio de 1992], o tribunal arbitral declarou que "alusões não apoiadas em evidências e baseadas em suposições" não são suficientes para provar corrupção.

No caso nº 16 [identificado apenas como ICC Case de 31 de março de 1992], a prova de que o agente foi contratado para influenciar a concessão do empregador foi considerada inexistente. O Tribunal de Apelações de Paris confirmou que nenhuma prova de tráfico de influência havia sido fornecida.

No caso nº 17 [identificado apenas como sentença ICC de 1993], não foi encontrada "nenhuma evidência direta ou circunstancial de suborno".

No caso nº 18 [ICC Case No. 6497 de 1994], vários acordos de agência foram contestados, mas não foi encontrada "evidência conclusiva" de suborno no caso da grande maioria dos acordos, apesar da desproporção entre o preço pago e os custos suportados pelo agente. Contudo, foi encontrado um "alto grau de probabilidade de suborno" em relação a um dos acordos, nos quais a comissão representava a taxa "extremamente incomum" de 33,33%.

No caso nº 19 [ICC Case No. 7047 de 1994], o tribunal arbitral decidiu, por maioria, que "uma mera suspeita de um membro do tribunal arbitral é totalmente insuficiente" para provar a presença de corrupção. A cláusula "desobrigar o agente de provar seus serviços reais" não era considerada uma indicação suficiente de uma intenção ilícita.

Nos casos 20 [identificado apenas como sentença ad hoc de 28 de julho de 1995], 21 [ICC Case No. 7664 de 1996], 22 [ICC Case No. 8113 de 1996], 24 [ICC Case No. 9333 de 1998] e 25 [identificado apenas como sentença de 4 de maio de 1999 por tribunal arbitral ad hoc sob as regras da UNCITRAL], os árbitros decidiram que eram necessárias "*clear and convincing evidence*" para declarar o contrato inválido por corrupção"

Há, portanto, uma tendência prática em se adotar medidas mais exigentes para convencimento do julgador do que a simples *preponderance of evidence*. No mesmo sentido, ao analisar mais de sessenta casos publicados, Kathrin Betz chegou à conclusão de que, apesar do extenso debate doutrinário acerca do tema, em apenas um caso (*Siag v Egypt, ICSID Case No. ARB/05/15*, acima citado) a questão da medida da prova pode ter sido determinante para o resultado obtido. No entanto, dentre os sessenta casos analisados, somente em treze os árbitros estipularam a medida da prova a ser utilizada, sendo que em onze deles foram utilizadas medidas mais rigorosas do que *balance of probabilities*[96]. A imensa falta de uniformidade no endereçamento da matéria é refletida até na nomenclatura utilizada pelos tribunais arbitrais, que varia para além das três tradicionais acima referidas, sendo endereçadas como *reasonable certainty*[97], *very high probability*[98], *high standard of proof*[99] e *irrefutable proof*[100].

Neste ponto da discussão, entende-se pertinente valer-se da mesma analogia utilizada por Constatine Partasides[101] ao debater o tema. O autor invoca o caso *Himpurna California Energy Ltd (Bermuda) v. PT. (Persero) Perusahaan Listrik Negara (Indonesia)* para ilustrar qual não deve ser a posição adotada pelos tribunais arbitrais (oportunidade em que se refere à posição dos árbitros em uma isolada torre de marfim). No referido caso, os árbitros assim discorrem:

> The members of the Arbitral Tribunal do not live in an ivory tower. Nor do they view the arbitral process as one which operates in a vacuum, divorced from reality. The arbitrators are well aware of the allegations that commitments by public-sector entities have been made with respect to major projects in Indonesia without adequate heed to their economic contribution to public welfare, simply because they benefited a few influential people. The arbitrators believe that cronyism and other forms of abuse of public trust do indeed exist in many countries, causing great harm to untold millions of ordinary people in a myriad of insidious ways. They would rigorously oppose any attempt to use the arbitral process to give

(ADDA, Marco. Arbitration Case Law on Bribery: Issues of Arbitrability, Contract Validity, Merits and Evidence. *Dossier of the ICC Institute of World Business Law: Arbitration: Money Laundering, Corruption and Fraud*, ICC Publication, n. 651, cap. 7, p. 109-147, 2003, p. 115-116).

96 BETZ, Kathrin. *Proving Bribery, Fraud and Money Laundering in International Arbitration: On Applicable Criminal Law and Evidence*. Cambridge University Press, 2017, cap. 9, p. 276.

97 ICSID *Case No. ARB/10/3* (*Metal-Tech Ltd. v. Republic of Uzbekistan*), sentença de 4 de outubro de 2013.

98 ICC Case No. 4145, sentenças parciais e finais de 1983, 1984 e 1986.

99 ICC Case No. 13384.

100 *ICSID Case No. ARB/05/21 (African Holding Company of America, Inc. and Société Africaine de Construction au Congo S.A.R.L. v. La République démocratique du Congo)*, sentença de 29 de julho de 2008.

101 PARTASIDES, Constantine. Proving Corruption in International Arbitration: A Balanced Standard for the Real World. *ICSID Review*, v. 25, n. 1, p. 47-62, 2010.

> effect to contracts contaminated by corruption. But such grave accusations must be proven. There is in fact no evidence of corruption in this case[102].

Partasides segue indignado – e entende-se o porquê. As pesquisas empíricas revelam que os tribunais arbitrais tendem a estabelecer uma medida da prova mais rigorosa quando alegações sérias como corrupção, fraude de lavagem de dinheiro são feitas. Essa conduta, porém, é contraditória. Como um sintoma desse problema, o autor cita o caso *EDF (Services) Limited v Romania* (*ICSID Case No. ARB/05/13)*, no qual, ao mesmo tempo em que o tribunal afirmou que corrupção é notoriamente difícil de se provar[103], elevou a medida da prova para *clear and convincing evidence*, parâmetro que tornaria a prova justamente mais difícil. Sobre essa situação, Partasides ensina que:

> The Tribunal is telling us that allegations of this type of illegality are by definition "notoriously" difficult to prove. Yet it nevertheless proceeds to impose an enhanced standard of proof on the allegation. Its message is a difficult one to accept: 'Dear investor, you will inevitably find the allegation almost impossible to prove, but we are nonetheless going to raise the evidential hurdle to make it even harder'.
>
> I fear this kind of juxtaposition ('The Tribunal recognizes that it is very difficult to prove corruption, but we are regardless going to make it even more difficult to prove.') is precisely where international arbitral tribunals can show themselves to live in the most remote of ivory towers[104].

---

102 Tradução livre: "Os membros do Tribunal Arbitral não vivem em uma torre de marfim. Nem veem o processo arbitral como aquele que opera no vácuo, divorciado da realidade. Os árbitros estão cientes das alegações de que foram assumidos compromissos de entidades do setor público com relação a grandes projetos na Indonésia, sem prestar atenção adequada à sua contribuição econômica para o bem-estar público, simplesmente porque beneficiaram algumas pessoas influentes. Os árbitros acreditam que o fisiologismo e outras formas de abuso da confiança pública existem de fato em muitos países, causando grandes danos a milhões de pessoas comuns de inúmeras maneiras insidiosas. Eles se opunham rigorosamente a qualquer tentativa de usar o processo arbitral para efetivar contratos contaminados por corrupção. Mas tais acusações graves devem ser comprovadas. De fato, não há evidências de corrupção neste caso" (UNCITRAL. Tribunal Ad Hoc. *Himpurna California Energy Ltd. v PT. (Persero) Perusahaan Listruik Negara*, sentença final, 4 de maio de 1999, §118).

103 *EDF (Services) Limited v Romania*, p. 64, §221.

104 Tradução livre: "O Tribunal está nos dizendo que as alegações desse tipo de ilegalidade são, por definição, "notoriamente" difíceis de provar. No entanto, continua a impor uma medida aprimorada de prova à alegação. Sua mensagem é difícil de aceitar: "Caro investidor, você inevitavelmente pensará que a alegação é quase impossível de provar, mas, apesar disso, vamos levantar o obstáculo evidencial para torná-la ainda mais difícil".

Receio que esse tipo de justaposição ("O Tribunal reconhece que é muito difícil provar a corrupção, mas, de qualquer maneira, dificultaremos ainda mais a prova".) É exatamente onde os tribunais arbitrais internacionais podem mostrar que vivem na mais remota das torres de marfim" (PARTASIDES, Constantine. Proving Corruption in International Arbitration: A Balanced Standard for the Real World. *ICSID Review*, v. 25, n. 1, p. 47-62, 2010, p. 56).

O autor conclui seu artigo fazendo duas propostas. A primeira, no sentido de que a medida da prova não deve ser relaxada ou mais rígida, devendo-se aplicar a medida padrão de *balance of probabilities*. Em segundo lugar, propõe Partasides que evidências plausíveis de corrupção, oferecidas pela parte que alega ilegalidade, devem exigir contraprova adequada, demonstrada pela parte que nega a alegação. Em outras palavras, a questão retorna mais uma vez para o bom senso e sabedoria dos árbitros. No mesmo sentido, afirmaram Mark Hwang e Kevin Lim, ao concluir que:

> Different circumstances call for different demands as to the strength and quality of the evidence required to prove corruption to the tribunal's satisfaction. The balance of probabilities standard remains the compass, but it is to be flexibly understood and applied, so as to accommodate the specific circumstances of each case[105].

De maneira similar, Martim Della Valle e Pedro Schilling de Carvalho concordam que casos envolvendo alegações de corrupção devem contar com medida da prova adequada e proporcional[106]. Os autores, contudo, dão um passo adiante, propondo uma sistematização composta por dois passos, o primeiro invertendo o ônus da prova mediante evidências *prima facie* da ocorrência de corrupção, e o segundo consistindo na adaptação, pelo tribunal arbitral, da medida da prova para que seja possível se estabelecer a ocorrência da ilegalidade:

> In the first step, after corruption allegations have been brought against a party, the tribunal should determine if enough indicia of corruption have been shown. Such red flags may vary between industry sectors and from the type of contract, but common signs include, for instance, if a consultant employed by the party has close personal, familial or professional ties with a key government official or his other relatives; if there were requests for payments in cash or cash equivalents; if there was a refusal to provide reasonable information or contradiction with previously provided information; or if there were abnormally high commissions. If the tribunal is satisfied with the number and strength of the red flags that were provided *prima facie* by the alleging party, it should then explicitly shift the

105 Tradução livre: "Diferentes circunstâncias exigem demandas diferentes quanto à força e qualidade das evidências necessárias para provar a corrupção, para satisfação do tribunal. O padrão de *balance of probabilities* continua sendo a bússola, mas deve ser entendido e aplicado de forma flexível, de modo a acomodar as circunstâncias específicas de cada caso" (HWANG, Michael; LIM, Kevin. Corruption in Arbitration—Law and Reality. *Asian International Arbitration Journal*, v. 8, n. 1, p. 1-119, 2012, p. 25).
106 VALLE, Martim Della; CARVALHO, Pedro Schilling de. Corruption Allegations In Arbitration: Burden and Standard of Proof, Red Flags, and a Proposal for Systematisation. In: SCHERER, Maxi (ed.). *Journal of International Arbitration*, Kluwer Law International, vol. 39, Issue 6, 2022, p. 843.

> burden of proof to the other party and request that it provide counterevidence – be it documentation, witness testimony, etc. – disproving the allegations. The *prima facie* standard will also not be the ultimate standard of proof by which the tribunal would evaluate the allegations. This is the second step: once the tribunal concludes that the accused party has not managed to sufficiently dispel the allegations of corruption, it should then apply an – at least relatively – lower standard in its review of the corruption claim, such as the preponderance of evidence standard[107].

A posição defendida por tais autores é louvável, uma vez que oferece uma proposta de sistematização frente a um emaranhado de opiniões diferentes. Contudo, não há qualquer garantia de que ela será universalmente adotada pela comunidade arbitral internacional.

Ao fim e ao cabo, o tema em discussão remete à necessidade de indicação de árbitros habilidosos, que saberão lidar com situações difíceis e como caminhar na linha tênue da investigação de corrupção, tal como a analogia traçada do árbitro poeta (abordada no item 2.3.4 *supra*). Afinal de contas, "[n]o matter how compelling the legal or public interest argument to clarify and define the methodology implemented in corruption cases, this need must always be balanced with preserving the integrity of the arbitral procedure"[108].

---

107 Tradução livre: "No primeiro passo, depois que as alegações de corrupção foram feitas contra uma das partes, o tribunal deve determinar se foram demonstrados indícios suficientes de corrupção. Essas *red flags* podem variar entre setores da indústria e do tipo de contrato, mas os sinais comuns incluem, por exemplo, se um consultor empregado pela parte tiver laços pessoais, familiares ou profissionais próximos com um importante funcionário do governo ou seus outros parentes; se houve solicitação de pagamentos em dinheiro ou equivalentes; se houve recusa em fornecer informações razoáveis ou contradição com informações fornecidas anteriormente; ou se houve comissões anormalmente altas. Se o tribunal estiver satisfeito com o número e a força das *red flags* que foram fornecidas *prima facie* pela parte alegante, ele deve transferir explicitamente o ônus da prova para a outra parte e solicitar que forneça contraprovas - seja documentação, depoimento de testemunha, etc. – refutando as alegações. A medida *prima facie* também não será a medida da prova final por meio da qual o tribunal avaliaria as alegações. Este é o segundo passo: uma vez que o tribunal conclua que a parte acusada não conseguiu dissipar suficientemente as alegações de corrupção, deve então aplicar – pelo menos relativamente – uma medida da prova mais baixa em sua revisão da alegação de corrupção, como a *preponderance of evidence*" (VALLE, Martim Della; CARVALHO, Pedro Schilling de. Corruption Allegations In Arbitration: Burden and Standard of Proof, Red Flags, and a Proposal for Systematisation. In: SCHERER, Maxi (ed.). *Journal of International Arbitration*, Kluwer Law International, vol. 39, Issue 6, 2022, p. 845).

108 Tradução livre: "Não importa o quão convincente seja o argumento de interesse público ou legal para esclarecer e definir a metodologia implementada em casos de corrupção, essa necessidade deve sempre ser equilibrada com a preservação da integridade do procedimento arbitral" (HORVATH, Günther J.; KHAN, Katherine. Addressing Corruption in Commercial Arbitration: How Do Arbitral Tribunals Evaluate and Adjudicate Contractual Relationships Tainted by Corruption? In: RISSE, Jörg; PICKRAHN, Guenter; *et al.* (eds). *German Arbitration Journal.* Kluwer Law International; Verlag C.H. Beck oHG 2017, Vol. 15, Issue 3, p. 127-135, p. 135).

3.7.2 Análise do tema no direito brasileiro

Tendo analisado como a matéria vem sendo abordada na prática nas arbitragens internacionais, retoma-se o tema no contexto da LA, especificamente a partir do art. 21, §2º, que determina que, dentre outros, sempre se observará, no procedimento arbitral, o princípio do livre convencimento do julgador. Para tanto, entende-se necessário esclarecer um pouco mais tal conceito.

A visão do livre convencimento motivado do julgador interfere tanto no raciocínio do sistema legal pátrio, que certos autores chegam a definir o conceito de prova como "todo e qualquer elemento material dirigido ao juiz da causa para esclarecer o que foi alegado por escrito pelas partes, especialmente circunstâncias fáticas"[109]. O mesmo se infere dos ensinamentos de Humberto Theodoro Júnior, ao afirmar que "quando o litigante não convence o juiz da veracidade dos fatos alegados, prova não houve, em sentido jurídico; houve apenas apresentação de elementos com que se pretendia provar sem, entretanto, atingir a verdadeira meta da prova – o convencimento do juiz"[110].

O livre convencimento, na verdade, só é livre "no sentido de que não acarreta pré-valorações legais que vinculem o juiz; não é livre, por outro lado, das regras da lógica e da racionalidade em geral. Afinal, de nada adiantaria produzir amplo e rico material probatório, se o juiz pudesse simplesmente desconsiderá-lo na hora de tomar a decisão"[111]. Em outras palavras, a valoração das provas pelo julgador é legítima somente se respeitada a racionalidade das conclusões que são possíveis de se retirar do conjunto probatório, "respeitando os critérios de *completude, coerência, congruência e correção lógica*"[112].

Essas afirmações doutrinárias estão em linha com a razão de constar o princípio do livre convencimento como inerente ao procedimento arbitral. Visa o legislador, pois, a conferir às partes uma garantia razoável de um julgamento justo. Ao discorrer sobre o princípio do livre convencimento, afirma Carlos Alberto Carmona:

> Por fim, haverá de ser respeitado o livre convencimento do árbitro quanto à valoração da prova. A natureza das coisas e a moderna ciência processual, de fato, impõem a livre convicção do juiz, livrando-o das limitações e mistérios da prova legal, tarifada, que transforma o julgador num mero autômato. Mas livre

---

109 RUBIN, Fernando. Teoria geral da prova: do conceito de prova aos modelos de constatação da verdade. In: *Revista Magister de Direito Civil e Processual Civil, Porto Alegre*, v. 9, n. 52, p. 42-66, 2013.

110 THEODORO JÚNIOR, Humberto. *Curso de Direito Processual Civil: Teoria geral do direito processual civil, processo de conhecimento e procedimento comum.* 57 ed. ver., atual. e ampl. Rio de Janeiro: Forense, 2016, vol. I, p. 868.

111 RAMOS, Vitor de Paula. Direito fundamental à prova. *Revista de Processo*, n. 224, out. 2013, p. 51.

112 RAMOS, Vitor de Paula. Direito fundamental à prova. *Revista de Processo*, n. 224, out. 2013, p. 53.

> convencimento não se confunde com arbítrio, de forma que deve o julgado fundamentar a sentença, explicando os motivos de seu convencimento, como forma de possibilitar às partes o controle da decisão[113].

Dessa maneira, a fundamentação da sentença arbitral deve ser o elo entre as circunstâncias de fato e de direito do caso em análise com o diagnóstico proferido pelo árbitro. Em hipótese nenhuma o princípio do livre convencimento poderá servir como base para uma decisão que não guarda relação lógica com o contexto fático e de direito produzido na instrução do processo – seja no âmbito da arbitragem ou do Poder Judiciário. Nessa mesma linha, ao abordar a valoração da prova pelo árbitro, ensina Pedro A. Batista Martins:

> Ciente do fato controverso, das fundamentações de direito e dos ditames legais que norteiam a questão, cabe ao árbitro extrair dos elementos probatórios a sua convicção sobre a matéria em disputa. É ato de natureza subjetiva a refletir a justiça do julgador, de acordo com sua experiência ordinária e o seu juízo de valor. (...)
>
> Conquanto a liberdade na análise das provas seja ampla o suficiente a permitir ao árbitro a aplicação do direito ao caso concreto, por via da sentença arbitral, fato é que essa liberdade encontra uma limitação na motivação que a norteia. Trata-se de norma cogente e que implica numa decisão que esteja embasada nos elementos e provas constantes dos autos que formam o processo e, portanto, não alheios a eles. A motivação da decisão reprime o convencimento do árbitro já que sua decisão deve se basear no que, restou do demonstrado no, ou que se possa extrair do devido processo legal. Há que se ter uma racionalidade na adoção do livre convencimento. Este não pode ser fluido a ponto de ignorar o debate processado na arbitragem.
>
> Trata-se, pois, do sistema de livre convencimento motivado, racional ou do chamado sistema de persuasão racional[114].

Nesse ponto se faz pertinente a anotação de que, no ordenamento jurídico brasileiro, especialmente no Código de Processo Civil, o legislador entendeu por bem retirar a expressão "livre convencimento", do antigo art. 131 do Código de 1973, justamente pela preocupação de que, como afirmado alhures, "o juiz interpreta e aplica o direito e não seus sentimentos pessoais acerca de justiça. É por isso que

---

113 CARMONA, Carlos Alberto. *Arbitragem e processo*: um comentário à Lei nº 9.307/96. 4ª ed. Barueri: Atlas, 2023, p. 303.

114 MARTINS, Pedro A. Batista. Panorâmica sobre as provas na arbitragem. *Arbitragem no Brasil: aspectos jurídicos relevantes*. São Paulo: Quartier Latin, 2008, p. 14.

não se deve atrelar o julgamento ao livre convencimento do sentenciante"[115]. Assim sendo, o novo e equivalente art. 371 do Código de 2015 dispõe simplesmente que "o juiz apreciará a prova constante dos autos, independentemente do sujeito que a tiver promovido, e indicará na decisão as razões da formação de seu convencimento". O ponto central é que, assim, a legislação conduz o julgador a apreciar todo o contexto probatório dos autos, não somente a prova que ele livremente escolher.

No contexto da arbitragem, entende-se que a expressão "livre convencimento" que consta no texto legal é nada menos que o reflexo do estágio da ciência processual na época em que a legislação foi editada, o que não significa que a visão ora exposta não lhe seja aplicável enquanto regra geral de processo. Do contrário, corre o árbitro o risco de ser enquadrado em um dos "sete pecados capitais do árbitro"[116], especificamente o da preguiça[117].

Questiona-se, portanto, se, diante do contexto das previsões da LA, a experiência internacional quanto à medida da prova ajudaria o árbitro brasileiro. Entende-se que a resposta deve ser afirmativa. Os casos acima analisados, combinados com a doutrina que os comenta, ensinam que o árbitro não deve levar alegações de corrupção levianamente. No entanto, ao mesmo tempo, o árbitro não deve encará-las com tal seriedade que, em razão do grau de exigência para seu convencimento, as impeça de serem provadas a contento. Sabe-se que os poderes dos árbitros na condução dos procedimentos arbitrais são um dos pontos geradores de tensão entre as partes e os árbitros[118]. Todavia, se a tensão for de fato estabelecida no caso concreto, deve ser porque o árbitro não se encolheu diante de alegações sérias, como prática de fraude, corrupção e outras ilegalidades, mas sim porque tomou as medidas apropriadas para que as provas necessárias a seu convencimento – desde que razoáveis – fossem produzidas. Da mesma forma, na fundamentação da sentença, as alegações das partes

---

115 THEODORO JÚNIOR, Humberto. *Curso de Direito Processual Civil: Teoria geral do direito processual civil, processo de conhecimento e procedimento comum*. 57 ed. ver., atual. e ampl. Rio de Janeiro: Forense, 2016, vol. I, p. 880.

116 CARMONA, Carlos Alberto. Os sete pecados capitais do árbitro. *Revista de Arbitragem e Mediação*. São Paulo: RT, vol. 52/2017, jan – mar, p. 391-406.

117 Sobre esse pecado, discorre o autor: "A pouca disposição para o trabalho, manifestada por escolhas em favor do fácil e rápido, é própria do árbitro desinteressado pelo exercício do poder-dever de julgar que a ele se impõe. Como já disse, ser árbitro é vocação: a busca pela verdade processual (verossimilhança), apta a produzir o julgamento mais adequado à lide, exige árbitro preparado e acima de tudo proativo. Agindo com disposição e operosidade, o árbitro contribuirá para expurgar do sistema processual a verdade formal, que só contenta ao julgador indolente e pouco (ou nada) colabora para a superação da crise de incerteza submetida ao juízo arbitral" (CARMONA, Carlos Alberto. Os sete pecados capitais do árbitro. *Revista de Arbitragem e Mediação*. São Paulo: RT, vol. 52/2017, jan – mar, p. 391-406, p. 397).

118 BOISSÉSON, Matthieu de. New tensions between arbitrators and parties in the conduct of the arbitral procedure. *Revista Brasileira de Arbitragem*, v. 4, n. 16, p. 68-75, 2007.

devem ser ponderadas diante de todo o contexto probatório, de modo a se chegar a uma conclusão coerente ao final.

Essa foi a mesma conclusão a que chegou Vladimir Khavalei, ao discorrer sobre qual medida da prova seria mais apropriada, aquelas provenientes do sistema adversarial ou do inquisitorial, afirmando que a melhor maneira de lidar com o tema seria aplicar a medida do livre convencimento:

> The only logical conclusion in a situation such as this one is that the classical approach of the adversarial system, with its placement of the burden of proof on the parties and a "balance of probabilities" standard of proof should not be applied in situations when arbitrators decide *sua sponte* to raise issues of public interest.
> In this case the most appropriate standard of proof will be neither of the standards mentioned above, as there would be nothing to be put on the scale. The only appropriate standard would be evaluation of evidence based on "inner conviction" of the tribunal, regardless of all the ambiguity and subjectivity of this approach.
> It seems that this approach is the most appropriate in arbitration cases where arbitrators are to deal with the issues of corruption[119].

Para que seja possível atingir esse nível de coerência exigido em situações como essa, em seguida será abordada outra ferramenta importante de que os árbitros dispõem e que os permite chegar a conclusões por vezes a descontento de uma das partes: as chamadas inferências negativas.

3.8 INFERÊNCIAS NEGATIVAS E *RED FLAGS*

Ao longo da instrução do procedimento arbitral, o árbitro terá que lidar com uma série de questões processuais de cunho probatório, tais como o ônus e medida da prova, acima citados. À medida que as evidências são produzidas, o próximo

---

119 Tradução livre: "A única conclusão lógica em uma situação como esta é a de que a abordagem clássica do sistema adversarial, com o ônus da prova das partes na medida de "*balance of probalities*" não deve ser aplicado em situações em que árbitros decidem sua sponte levantar questões de interesse público.
Nesse caso, a medida da prova mais apropriada não será um dos padrões mencionados acima, pois não haveria nada a ser colocado na balança. O único padrão apropriado seria a avaliação de evidências com base na "*inner conviction*" [ou livre convencimento] do tribunal, independentemente de toda a ambiguidade e subjetividade dessa abordagem.
Parece que essa abordagem é a mais apropriada nos casos de arbitragem em que os árbitros devem lidar com os problemas de corrupção." (KHVALEI, Vladimir. Standards of Proof for Allegations of Corruption in International Arbitration. In: BAIZEAU, Domitille, KREINDLER, Richard H. Addressing Issues of Corruption in Commercial and Investment Arbitration. *Dossiers of the ICC Institute of World Business Law*, v. 13, cap. 4, 2015, p. 79).

dever do árbitro é analisar o contexto probatório. É nesse cenário que a utilização das inferências negativas pode ser importante para a condução e, consequentemente, formação da convicção do árbitro.

Enquanto conceito frequentemente utilizado por cortes de *common law*[120], as inferências negativas não são *necessariamente* um tipo de sanção imposta pelo julgador à parte que deixou de produzir (ou se recusou a produzir) determinada prova[121]. Na verdade, as inferências negativas são primordialmente entendidas como um meio de prova indireta, ou seja, a "(...) inference that the evidence that is not produced by a party, despite being in its possession, is adverse to the interests of that party"[122-123].

Dito isso, as inferências negativas podem, de fato, ser utilizadas como sanção aplicada a uma parte que se comporta de tal maneira que compromete a instrução do procedimento, isto é, de forma não cooperativa com os comandos do tribunal arbitral. No entanto, caso sejam utilizadas com esse intuito, o tribunal arbitral deve estar certo de que o devido processo foi respeitado e "ensure that due process is respected and exercise with care its authority to assess the evidence by giving to the adverse inference the weight it deserves in the context of all other available- direct and indirect-evidence"[124].

Trata-se de uma ferramenta interessante, pois existem situações em que a parte sobre a qual recai o ônus da prova está em uma posição em que é incapaz de, por si só, produzir determinado documento, pois esse se encontra na posse da contraparte. É possível, outrossim, que uma das partes seja a única que possui acesso a determinado documento ou, simplesmente, possui condições melhores de, com menos esforço, produzir determinada prova.

Nota-se, nesse ponto, que a parte não está indefesa diante de uma ordem do tribunal arbitral para produção de prova. Ora, o devido processo deve ser sempre

---

120 BEDROSYAN, Alexander Sevan. Adverse Inferences in International Arbitration: Toothless or Terrifying. *University of Pennsylvania Journal of International Law*, v. 38, p. 241, 2016.

121 BETZ, Kathrin. *Proving Bribery, Fraud and Money Laundering in International Arbitration: On Applicable Criminal Law and Evidence*. Cambridge University Press, 2017, cap. 9, p. 267.

122 Tradução livre: "(...) inferência de que a evidência que não é produzida por uma parte, apesar de estar em sua posse, é adversa aos interesses dessa parte" (VAN HOUTTE, Vera. Adverse Inferences in International Arbitration. *Written Evidence and Discovery in International Arbitration: New Issues and Tendencies – Dossiers ICC Institute of World Business Law 2009*, 2009, p. 195).

123 De maneira similar, as inferências negativas assim são definidas pelo Black's Law Dictionary: "a detrimental conclusion drawn by the fact-finder from a party's failure to produce evidence that is within the party's control" (GARNER, Brian A. *Black's Law Dictionary*. St. Paul, MN: Thomson/West, 2009).

124 Tradução livre: "(...) exercer com cuidado sua autoridade para avaliar as evidências, dando à inferência adversa o peso que merece no contexto de todas as outras evidências disponíveis, diretas e indiretas" (VAN HOUTTE, Vera. Adverse Inferences in International Arbitration. *Written Evidence and Discovery in International Arbitration: New Issues and Tendencies – Dossiers ICC Institute of World Business Law 2009*, 2009, p. 195).

observado e, portanto, havendo justificativa razoável[125] para a não produção daquela prova, as inferências negativas não poderão ser traçadas pelos árbitros. Por outro lado, não havendo justificativa razoável da parte para a não produção da prova ordenada, a doutrina varia ao afirmar que restam ao tribunal arbitral duas[126] ou três[127] opções, a saber: (i) impor sanções monetárias à parte que se recusa a cumprir a ordem do tribunal arbitral[128]; (ii) condenar a parte reticente a pagar os custos da arbitragem, diante de sua conduta não cooperativa com as ordens do tribunal arbitral[129]; e (iii) traçar inferências negativas a partir da não produção ou recusa de produzir a prova. Assim sendo, o tribunal arbitral pode se valer das inferências negativas como uma ferramenta que tem a dupla função de impor disciplina processual, além de servir como um meio para se chegar a conclusões específicas sobre os méritos da disputa[130].

---

125 A título de exemplo, invoca-se o disposto no art. 9.2 das *IBA Guidelines on the Taking of Evidence in International Arbitration*, que afirma que a parte pode pedir ao tribunal arbitral que exclua dos autos – ou, pertinente ao caso em epígrafe, deixe de produzir – determinada prova pelas seguintes razões: "(a) lack of sufficient relevance to the case or materiality to its outcome; (b) legal impediment or privilege under the legal or ethical rules determined by the Arbitral Tribunal to be applicable; (c) unreasonable burden to produce the requested evidence; (d) loss or destruction of the Document that has been shown with reasonable likelihood to have occurred; (e) grounds of commercial or technical confidentiality that the Arbitral Tribunal determines to be compelling; (f) grounds of special political or institutional sensitivity (including evidence that has been classified as secret by a government or a public international institution) that the Arbitral Tribunal determines to be compelling; or (g) considerations of procedural economy, proportionality, fairness or equality of the Parties that the Arbitral Tribunal determines to be compelling".

126 Conferir, dentre outros: (i) GREENBERG, Simon; LAUTENSCHLAGER, Felix. Adverse Inferences in International Arbitral Practice. In: *ICC International Arbitration Bulletin*, v. 22/Number 2, 2011, p. 44; e (ii) POLKINGHORNE, Michael; ROSENBERG, Charles B. The Adverse Inference in ICSID Practice. *ICSID Review-Foreign Investment Law Journal*, v. 30, n. 3, p. 741-751, 2015.

127 Dentre outros: (i) BEDROSYAN, Alexander Sevan. Adverse Inferences in International Arbitration: Toothless or Terrifying. *University of Pennsylvania Journal of International Law*, v. 38, p. 241, 2016; e (ii) AMARAL, Guilherme Rizzo. Burden of Proof and Adverse Inferences in International Arbitration: Proposal for an Inference Chart. *Journal of International Arbitration*, v. 35, n. 1, p. 1-30, 2018.

128 Nas arbitragens regidas pela Convenção do ICSID, por exemplo, existe previsão expressa no sentido de que, salvo acordo em contrário das partes, o tribunal arbitral possui discrição para alocar as custas e despesas da arbitragem conforme entender necessário. Essa previsão consta no art. 61(2) da Convenção, a seguir transcrito: "In the case of arbitration proceedings the Tribunal shall, except as the parties otherwise agree, assess the expenses incurred by the parties in connection with the proceedings, and shall decide how and by whom those expenses, the fees and expenses of the members of the Tribunal and the charges for the use of the facilities of the Centre shall be paid. Such decision shall form part of the award".

129 Nota-se que tal sanção não é aplicada exclusivamente no contexto de inferências negativas, mas depende do comportamento geral da parte e seus procuradores ao longo de todo o procedimento arbitral. Trata-se de prerrogativa do tribunal arbitral, prevista em lei (art. 27 da LA) e nos regulamentos das principais instituições nacionais (*e.g.*, art. 30.4.1 do Regulamento de Arbitragem do CAM-CCBC, item 10.6 do Regulamento de Arbitragem da CAMARB e item 14.7 do Regulamento de Arbitragem do CBMA) e internacionais (*e.g.*, art. 38(5) do Regulamento de Arbitragem da CCI e art. 28.4 da LCIA).

130 O'MALLEY, Nathan D. *Rules of Evidence in International Arbitration: An Annotated Guide*. London: Informa Law from Routledge, 2013, p. 193.

3.8.1 Autorização do tribunal arbitral para traçar inferências negativas

Antes de se aprofundar mais no tema, é interessante entender como se origina a autorização do tribunal arbitral para traçar as inferências negativas. De modo geral, LA não faz menção direta à possibilidade de se extrair inferências negativas. O texto legal, todavia, faz referência ao comportamento das partes ao menos em duas oportunidades, uma direta e outra indireta.

A menção indireta ao comportamento das partes a que se refere neste trabalho encontra-se no art. 27 da LA, quando o legislador faculta aos árbitros condenar a parte, a depender das circunstâncias do caso concreto, em litigância de má-fé. Neste ponto, a LA se refere ao emprego das chamadas táticas de guerrilha (*guerrilla tactics*)[131], que consistem em comportamentos antiéticos empregados pelas partes caracterizados pela "violação ou o abuso de regras para obstruir, atrasar ou sabotar o procedimento"[132]. Acerca do comportamento das partes nestas circunstâncias, ensina a doutrina:

> Nem todo comportamento, seja ele ação ou omissão, entendido como tática de guerrilha necessariamente configurará litigância de má-fé: caberá aos árbitros, analisando o caso concreto, entender se uma conduta contrária à boa condução da arbitragem deve ou não ensejar a condenação prevista no art. 27 da Lei de Arbitragem. É justamente por tal razão que a Lei de Arbitragem não possui rol de atos que possam assim ser qualificados.
> Alguns exemplos de comportamentos qualificáveis como litigância de má-fé são: impugnações fúteis a árbitros, juntada desarrazoada de volume imenso de documentos, apresentação de manifestações extemporâneas com o intuito de protelar o procedimento e ameaças a testemunhas da parte contrária. A jurisprudência também já entendeu que a adulteração de documentos enseja condenação de litigância de má-fé[133].

A menção direta, por sua vez, está localizada no art. 22, §2º, da LA, que trata das hipóteses de convocação da parte para prestar depoimento pessoal ou de testemunha, deixando claro que o tribunal arbitral levará em consideração o comportamento da parte faltosa ao proferir sua sentença. A doutrina que comenta o referido

---

131 Para visão geral e comentários acerca do tema, conferir: HORVATH, Gunther J; WILSKE, Stephan (eds.). *Guerrilla Tactics in International Arbitration* Kluwer Law International, 2013.

132 COELHO, Eleonora. As táticas de guerrilha e a Ética na Arbitragem Internacional. *Revista Brasileira da Advocacia*, v. 5, ano 2, abr.-jul. 2017. p. 39.

133 GHITTI, Laura. Comentários ao Art. 27. In: WEBER, Ana Carolina: LEITE, Fabiana de Cerqueira (coords.). *Lei de Arbitragem Comentada*. 1. ed. São Paulo: Thomson Reuters Brasil, 2023, p. 328.

texto legal é inclusive enfática ao dizer que poderá o árbitro traçar inferências negativas de respostas evasivas ou mesmo da pura e simples falta de comparecimento do depoente à audiência, desde que a consequência de tais inferências seja coerente com o resto da instrução probatória. Assim ensina Carlos Alberto Carmona:

> Caberá ao árbitro avaliar o comportamento do depoente, tirando inferências negativas de respostas evasivas ou da pura e simples falta de comparecimento à audiência. Estes comportamentos são elementos a serem somados aos demais elementos de prova colhidos durante a instrução processual para determinar o resultado do julgamento. (...) O fato é que a ausência da parte (e a consequente ficção de confissão) pode ter peso reduzidíssimo no resultado do julgamento se as demais provas produzidas demonstrarem fatos diferentes daquele fictamente confessados. A Lei usou, portanto, técnica semelhante àquela predisposto no art. 116 do *Codice di Procedura Civile* italiano, que permite ao juiz, ao avaliar as provas, levar em consideração o comportamento das partes no processo[134].

Dessa maneira, ainda que a lei não utilize a expressão "inferências negativas", valendo-se o legislador do instituto da confissão ficta, a premissa de que o árbitro, na formação de sua convicção, poderá levar em consideração a conduta das partes, está disposta expressamente no texto legal, sendo perfeitamente possível na prática. Vale dizer, o conceito está expressamente previsto em lei ("o tribunal arbitral levará em consideração o comportamento da parte faltosa, ao proferir sua sentença"). A forma na qual o texto foi redigido se trata apenas de técnica legislativa, uma vez que traz a mesma consequência para a parte renitente na arbitragem.

Ao redor do mundo, a maioria das legislações pesquisadas são bem parecidas com a brasileira. A começar pela italiana, que o próprio legislador informou ser a fonte de inspiração para o texto do art. 22 da LA, e que afirma que o juiz pode deduzir evidências das respostas que as partes lhe deram, bem como da recusa injustificada em permitir as inspeções que ordenou e, em geral, do comportamento das próprias partes no julgamento[135]. A legislação da França, assim como a brasileira, dispõe que o tribunal arbitral poderá determinar a produção das provas que entender necessárias. No entanto, o texto francês vai adiante, afirmando que o tribunal

---

134 CARMONA, Carlos Alberto. *Arbitragem e processo*: um comentário à Lei nº 9.307/96. 4ª ed. Barueri: Atlas, 2023, p. 324.

135 Art. 116. Il giudice deve valutare le prove secondo il suo prudente apprezzamento, salvo che la legge disponga altrimenti.

Il giudice può desumere argomenti di prova dalle risposte che le parti gli danno a norma dell'articolo seguente, dal loro rifiuto ingiustificato a consentire le ispezioni che egli ha ordinate e, in generale, dal contegno delle parti stesse nel processo.

arbitral poderá aplicar penalidades à parte que não cumprir tais determinações[136]. As legislações da Alemanha[137], do Japão[138], da Coreia[139] e a Lei Modelo da UNCITRAL[140] também se assemelham à brasileira, todas afirmando que, caso a parte deixe de produzir algum documento solicitado pelo tribunal ou deixe de comparecer para prestar depoimento, o tribunal arbitral pode dar continuidade à instrução do procedimento, proferindo sentença com as evidências colhidas até então. Nesses casos, contudo, o legislador vai além do que foi o brasileiro, constando expressamente a produção de prova documental em suas previsões.

No outro lado do espectro têm-se as legislações do Reino Unido[141] e de Hong Kong[142], que fazem referência expressa às *adverse inferences* em seus respectivos textos legais. Um caso à parte é o da legislação chinesa[143] que, por sua vez, é bem rígida no que tange ao comparecimento das partes às audiências, afirmando que caso o requerente deixe de comparecer sem apresentar justificativa válida para sua ausência,

---

136 Art. 1467. Le tribunal arbitral procède aux actes d'instruction nécessaires à moins que les parties ne l'autorisent à commettre l'un de ses membres.
Le tribunal arbitral peut entendre toute personne. Cette audition a lieu sans prestation de serment.
Si une partie détient un élément de preuve, le tribunal arbitral peut lui enjoindre de le produire selon les modalités qu'il détermine et au besoin à peine d'astreinte.

137 Section 1048. Default of a party.
(3) If any party fails to appear at an oral hearing or to produce documentary evidence within a set time-limit, the arbitral tribunal may continue the proceedings and make the award on the evidence before it.

138 Article 33. (Default of a Party)
(3) If any party fails to appear at an oral hearing or to produce documentary evidence, the arbitral tribunal may make the arbitral award on the evidence before it that has been collected up until such time. Provided, this shall not apply in the case where there is sufficient cause with respect to the failure to appear at an oral hearing or to produce documentary evidence.

139 Article 26 (Default of a Party)
(3) If any party fails to appear at a hearing or to produce documentary evidence within a fixed period of time, the arbitral tribunal may continue the proceedings and make the award on the evidence submitted before it.

140 Article 25. Default of a party.
Unless otherwise agreed by the parties, if, without showing sufficient cause, (...)
(c) any party fails to appear at a hearing or to produce documentary evidence, the arbitral tribunal may continue the proceedings and make the award on the evidence before it.

141 41 Powers of tribunal in case of party's default.
(7) If a party fails to comply with any other kind of peremptory order, then, without prejudice to section 42 (enforcement by court of tribunal's peremptory orders), the tribunal may do any of the following— (...)
(b) draw such adverse inferences from the act of non-compliance as the circumstances justify; (...).

142 Art. 56 (4) If a party fails to comply with a peremptory order, then without affecting section 61, the arbitral tribunal may— (...)
(b) draw any adverse inferences that the circumstances may justify from the non-compliance; (...).

143 Article 42 If the claimant fails to appear before the arbitration tribunal without justified reasons after having been notified in writing or leaves the hearing prior to its conclusion without the permission of the arbitration tribunal, he may be deemed to have withdrawn his application for arbitration. If the respondent fails to appear before the arbitration tribunal without justified reasons after having been notified in writing or leaves the hearing prior to its conclusion without the permission of the arbitration tribunal, a default award may be made.

o tribunal arbitral poderá entender que houve a desistência da arbitragem. Da mesma maneira, caso a requerida deixe de comparecer sem justificativa, o tribunal está autorizado a proferir sentença dando razão ao requerente. O mencionado texto legal, portanto, parece também se valer do instituto da confissão ficta da parte que deixa de comparecer na audiência sem apresentar justificativa razoável.

As *IBA Guidelines on the Taking of Evidence in International Arbitration*, enquanto regras de *soft law* relevantes para o instituto da arbitragem, também mencionam expressamente, no art. 9(6)[144] e (7)[145], que o tribunal arbitral está autorizado a traçar inferências negativas caso uma das partes, sem justificativa plausível, deixe de apresentar documento ou qualquer outro meio de prova, inclusive testemunhal. Os comentários do *Working Party*, redator das regras da IBA, assim comentam as inferências negativas:

> Article 9.6 (formerly Article 9.4 in the 1999 text and 9.5 in the 2010 text) of the IBA Rules of Evidence provides that if a party fails to comply with a procedural order of an arbitral tribunal concerning the production of documents, the arbitral tribunal may infer from this failure to comply that the content of the document would be adverse to the interests of that party. This inference also applies when an opposing party does not make a proper objection to a request to produce within the time-limit set by the arbitral tribunal, but nevertheless fails to produce requested documents. As an additional deterrent, Article 9.8 provides that in assigning costs, the arbitral tribunal may also consider the failure of a party to conduct itself in good faith in the taking of evidence. Such failure may include a failure to comply with orders to produce[146].

---

144 6. If a Party fails without satisfactory explanation to produce any Document requested in a Request to Produce to which it has not objected in due time or fails to produce any Document ordered to be produced by the Arbitral Tribunal, the Arbitral Tribunal may infer that such document would be adverse to the interests of that Party.

145 7. If a Party fails without satisfactory explanation to make available any other relevant evidence, including testimony, sought by one Party to which the Party to whom the request was addressed has not objected in due time or fails to make available any evidence, including testimony, ordered by the Arbitral Tribunal to be produced, the Arbitral Tribunal may infer that such evidence would be adverse to the interests of that Party.

146 Tradução livre: "O Artigo 9.6 (anteriormente Artigo 9.4 no texto de 1999 e 9.5 no texto de 2010) das Regras de Evidência da IBA estabelece que, se uma parte não cumprir uma ordem processual de um tribunal arbitral referente à produção de documentos, o tribunal arbitral poderá inferir, a partir dessa falha de cumprimento, que o conteúdo do documento seria contrário aos interesses dessa parte. Essa inferência também se aplica quando uma parte oponente não faz uma objeção adequada a uma solicitação para produzir documentos dentro do prazo estabelecido pelo tribunal arbitral, deixando de produzir os documentos solicitados. Como um impedimento adicional, o artigo 9.8 estabelece que, ao atribuir custos, o tribunal arbitral também pode considerar a falha de uma parte em se comportar de boa-fé na obtenção de provas. Essa falha pode incluir uma falha no cumprimento das ordens de produção" (INTERNATIONAL BAR ASSOCIATION. *Commentary on the revised text of the 2020 IBA Rules on the Taking of Evidence in International Arbitration*. January 2021, p. 15).

No mesmo sentido, ressalta a doutrina que comenta os referidos artigos:

> Often, parties in international arbitration depend on evidence under the control of the other party to prove certain allegations. Because arbitrators lack the power to compel production and judicial assistance is often cumbersome and too time-consuming, a party relying on documents from the other side would be heavily disadvantaged if the latter could simply refuse production without facing any consequences. While some arbitral tribunals may revert to the imposition of financial penalties to compel production (e.g. by so-called *astreintes*), drawing adverse inferences is certainly a more effective and less invasive method to cope with the **retention of harmful information**. Some parties will simply not be impressed by monetary sanctions, which are in any event difficult to enforce against recalcitrant parties. Indeed, drawing negative inferences should not be viewed as a sanction, but as a rule of evidence.
>
> By threatening to draw adverse inferences and thus encouraging appropriate disclosure, arbitrators ensure a complete evaluation of the merits and thus a **better enforceability** and voluntary compliance with respective awards.
>
> Ultimately, adverse inferences thereby promote efficiency and fairness in international arbitration[147].

Verifica-se, portanto, que, para além da flexibilidade e do princípio da autonomia das partes – características intrínsecas à arbitragem –, o cerne da questão, no que diz respeito às inferências negativas, não está unicamente disposto em previsões legais, mas sim no raciocínio inerente ao instituto e aos próprios princípios gerais de processo. Sobre o tema, discorre Guilherme Rizzo Amaral:

---

147 Tradução livre: "Frequentemente, as partes na arbitragem internacional dependem de provas sob o controle da outra parte para provar certas alegações. Como os árbitros não têm o poder de obrigar a produção e a assistência judicial é muitas vezes complicada e demorada, uma parte que se baseie em documentos da outra parte ficaria em grande desvantagem se esta pudesse simplesmente recusar a produção sem enfrentar quaisquer consequências. Embora alguns tribunais arbitrais possam se valer da imposição de sanções financeiras para obrigar a produção de provas (por exemplo, pelas chamadas astreintes), tirar inferências adversas é certamente um método mais eficaz e menos invasivo para lidar com a retenção de informações prejudiciais. Algumas partes simplesmente não ficarão impressionadas com sanções monetárias, que são, em qualquer caso, difíceis de aplicar contra partes recalcitrantes. Na verdade, tirar inferências negativas não deve ser visto como uma sanção, mas como uma regra de prova.
Ao ameaçar tirar inferências adversas e, assim, encorajar a produção apropriada, os árbitros asseguram uma avaliação completa do mérito e, assim, uma melhor aplicabilidade e cumprimento voluntário das respectivas sentenças.
Em última análise, as inferências adversas promovem assim a eficiência e a justiça na arbitragem internacional" (ZUBERBUHLER, Tobias; et al. *IBA Rules of Evidence*: Commentary on the IBA Rules on the Taking of Evidence in International Arbitration. 2 ed. Schulthess Juristische Medien AG, 2022, p. 222-223).

> In international arbitration, arbitrators' powers 'arise from a complex mixture of the will of the parties, the law governing the arbitration agreement, the law of the place of arbitration and the law of the place in which recognition or enforcement of the award may be sought'. It is no different with the drawing of adverse inferences, which also clearly lies in the realm of the arbitrators' powers. Evidently, the authority to draw adverse inferences will much more often be defined by the law of the arbitration agreement and by the law of the place of arbitration, namely, by the *lex arbitri.*
>
> Yet although '[a]n arbitral tribunal's power to draw adverse inferences is well established as a matter of international arbitration practice', anyone who looks into national laws or institutional rules to find authority for the drawing of adverse inferences may be surprised by the existing discrepancies in the treatment of this subject. (...)
>
> Regardless of the discrepancies found in domestic laws or in institutional rules, there is little doubt that arbitrators are empowered to draw adverse inferences, unless the parties have agreed otherwise. Such powers originate from the arbitrators' freedom of judgement or discretionary power to appraise the probative value of documents and evidence, a widely recognized principle in domestic and international arbitration. Given that it is within the realm of arbitral powers, there is also little doubt that the matter is regulated by the lex arbitri rather than by the law applicable to the merits.
>
> Furthermore, even though adverse inferences are quite rare, the tribunal's refusal to make such inferences may invite lack of impartiality claims if it places too heavy a burden on the requesting party.[148]

---

148 Tradução livre: "Na arbitragem internacional, os poderes dos árbitros surgem de uma complexa mistura entre a vontade das partes, a lei que rege a convenção de arbitragem, a lei do local da arbitragem e a lei do local em que o reconhecimento ou a execução da sentença pode ser buscada. Não é diferente com a extração de inferências adversas, que também estão claramente no domínio dos poderes dos árbitros. Evidentemente, a autoridade para extrair inferências adversas será muito mais frequentemente definida pela lei do acordo de arbitragem e pela lei do local da arbitragem, a saber, pela *lex arbitri*.
No entanto, embora o poder de um tribunal arbitral de extrair inferências adversas esteja bem estabelecido como uma questão de prática internacional de arbitragem, qualquer pessoa que examine as leis ou regras institucionais nacionais para encontrar autoridade para a extração de inferências adversas pode ser surpreendido pelas discrepâncias existentes no tratamento deste assunto. (...)
Independentemente das discrepâncias encontradas nas leis domésticas ou nas regras institucionais, há pouca dúvida de que os árbitros têm poderes para extrair inferências adversas, a menos que as partes tenham acordado em contrário. Tais poderes se originam da liberdade de julgamento ou poder discricionário dos árbitros para avaliar o valor probatório de documentos e evidências, um princípio amplamente reconhecido na arbitragem nacional e internacional. Dado que está no âmbito dos poderes arbitrais, também há poucas dúvidas de que o assunto seja regulamentado pela lex arbitri, e não pela lei aplicável aos méritos.
Além disso, mesmo que inferências adversas sejam bastante raras, a recusa do tribunal em fazer tais inferências pode causar falta de imparcialidade, se colocar um fardo muito pesado para a parte solicitante" (AMARAL, Guilherme Rizzo. Burden of Proof and Adverse Inferences in International Arbitration: Proposal for an Inference Chart. *Journal of International Arbitration*, v. 35, n. 1, p. 1-30, 2018, p. 5-7).

Em outras palavras, as inferências nada mais são do que a dedução de consequências lógicas de fatos conhecidos[149]. Ademais, assim como o princípio do livre convencimento (vide item 3.7 *supra*), a extração de inferências negativas, se não feitas guardando uma relação lógica muito próxima com os fatos do caso, pode ter resultados desastrosos – quiçá perigosos – podendo resultar em conclusões falsas e em uma visão deturpada da realidade[150]. Não por outra razão, os tribunais arbitrais são geralmente bem hesitantes em aplicá-las[151]. Tal afirmação foi confirmada em um estudo empírico realizado por Simon Greenberg e Felix Lautenschlager. Publicado pela CCI em 2011, o estudo analisou 33 sentenças e chegou à conclusão de que em quase 60% dos casos os tribunais arbitrais se recusaram a traçar inferências negativas, alegando que não eram necessárias para a formação de seu convencimento ou imprescindíveis para a prolação da sentença[152].

Nota-se, ademais, que ainda que o tribunal arbitral trace inferências negativas com base na conduta da parte e no contexto probatório, elas não afetam o ônus da

---

149 Tradução livre: "An inference is made by deducing the logical consequences of known facts" (ALI, Arif Hyder; SAINATI, Tatiana E. Adverse Inferences: A Proposed Methodology in the Light of Investment Arbitrations Involving Middle Eastern States. *BCDR International Arbitration Review*, v. 3, n. 2, p. 293-325, 2016, p. 295).

150 Acerca das raízes lógico-filosóficas das inferências, discorrem Arif Ali Hyder e Tatiana Sainati: "Philosophers have long resorted to inferences in searching for wisdom and perceiving new truths, but have been careful to circumscribe the use of inferences in ways that seek to maximize the reliability of the inference drawn. As a general proposition, in philosophy, inferences are tools of reason, mechanisms for discerning new truths on the basis of existing knowledge. Such inferential reasoning is pervasive—a fundamental aspect of the human condition and a basic method for understanding and relating to the world. But philosophical traditions also generally acknowledge that inferences can be dangerous; if not closely tethered to known facts, they can result in false conclusions and misapprehensions about the world" (ALI, Arif Hyder; SAINATI, Tatiana E. Adverse Inferences: A Proposed Methodology in the Light of Investment Arbitrations Involving Middle Eastern States. *BCDR International Arbitration Review*, v. 3, n. 2, p. 293-325, 2016, p. 295).

151 LACRETA, Isabela. Relato sobre a 14ª Conferência Anual da CCI em Miami–International Arbitration in Latin America. *Revista Brasileira de Arbitragem*, v. 14, n. 53, p. 148-150, 2017, p. 149.

152 Em relação aos números exatos da pesquisa, afirmam os autores: 'This feeling seems to have been confirmed by studying the ICC awards. In fact, in 20 of the 36 instances examined (58%) the arbitral tribunal stated that it was not necessary to draw an adverse inference to reach its conclusion. Amongst those 20 instances were three where the arbitral tribunal said that it could draw adverse inferences but that doing so would be redundant.

In 12 of the 36 instances the arbitral tribunal actually drew an adverse inference and in only seven instances was the drawing of an inference decisive for the outcome of the case. All 12 instances in which the arbitral tribunal was prepared to draw adverse inferences were based on a party's non-production of documents following a document production order. In one of those 12 instances, the arbitral tribunal additionally relied on the fact that a witness had refused to answer some questions, and in two cases the arbitral tribunal expressly reinforced inferences drawn from the non-production of documents with the non-presentation of a witness" (GREENBERG, Simon; LAUTENSCHLAGER, Felix. Adverse Inferences in International Arbitral Practice. In: *ICC International Arbitration Bulletin*, v. 22/Number 2, 2011, p. 49).

prova, apenas a análise que o tribunal exerce sobre as provas ou sua ausência[153]. Contudo, a doutrina afirma existir muitos graus de inferências, que variam de acordo com o caso *prima facie* apresentado pela parte solicitante e com a qualidade ou pertinência da prova faltante[154].

Outra justificativa frequente conferida pela doutrina para a utilização das inferências negativas é o fato de que os árbitros não possuem poder de império e, portanto, não podem compelir as partes a apresentarem os documentos pertinentes ao caso. Em razão disso, argumenta-se que as partes correriam o risco de estar sendo injustamente privadas da habilidade de ver seu direito tutelado, vez que não conseguem obter as provas necessárias para tanto[155]. Sobre esse ponto, é importante notar que, apesar de a LA prever a possibilidade de o árbitro solicitar à autoridade judiciária a condução da testemunha renitente para prestar depoimento[156], ou mesmo o cumprimento de qualquer outro ato via carta arbitral[157], tal providência não parece eficiente, considerando-se o tempo que demoraria no judiciário brasileiro. Entende-se que tal hipótese seria reservada somente para casos extremos em que o depoimento da testemunha renitente é absolutamente imprescindível para a prolação da sentença, o que parece ser improvável.

3.8.2 Parâmetros para traçar inferências negativas

Uma vez entendido o instituto, bem como a autorização para os árbitros se valarem dele quando da avaliação do contexto probatório, devem ser compreendidos os parâmetros que os árbitros possuem para traçar as inferências negativas. Neste ponto, a obra de Jeremy Sharpe é um marco teórico importante utilizado pela

---

153 SCHLAEPFER, Anne-Véronique. The Burden of Proof in International Arbitration. In: VAN DEN BERG, Albert Jan. *Legitimacy: Myths, Realities, Challenges–ICCA Congress Series No. 18*. 2015, p. 127-133, p. 132.

154 Simon Greenberg e Felix Lautenschlager fazem distinção entre o que chamam de inferências negativas próprias e impróprias. Impróprias seriam aquelas em que as inferências afetam apenas as provas *já produzidas*, de maneira que não há uma lacuna a ser preenchida pelos árbitros, ou seja, não há prova contrária. As inferências próprias, por sua vez, são entendidas como aquelas situações em que o caso apresentado pelo requerente está realmente incompleto e, caso não sejam apresentadas as provas requeridas pela parte contrária ou sejam traçadas as inferências negativas, o requerente não conseguiria cumprir com o ônus e medida da prova que lhe cabem (GREENBERG, Simon; LAUTENSCHLAGER, Felix. Adverse Inferences in International Arbitral Practice. In: *ICC International Arbitration Bulletin*, v. 22/Number 2, 2011, p. 45-46).

155 SHARPE, Jeremy K. Drawing adverse inferences from the non-production of evidence. *Arbitration International*, v. 22, n. 4, p. 549-572, 2006, p. 549.

156 Conf. art. 22 da LA.

157 Conf. art. 22-C da LA.

doutrina[158]. A partir da análise do histórico de mais de duas décadas e 36 volumes de decisões do *Iran-United States Claims Tribunal*, o autor elaborou uma série de critérios que ficaram conhecidos como "teste de Sharpe". Ao discorrer sobre tais critérios, afirma o autor:

> Adverse inferences thus are an essential part of the arbitrator's toolbox. Before drawing such inferences, however, arbitrators must satisfy themselves of the appropriateness of doing so in the circumstances of each case. This article distils from arbitral awards and decisions the following requirements for drawing inferences leading to an adverse award:
> (1) the party seeking the adverse inference must produce all available evidence corroborating the inference sought;
> (2) the requested evidence must be accessible to the inference opponent;
> (3) the inference sought must be reasonable, consistent with facts in the record and logically related to the likely nature of the evidence withheld;
> (4) the party seeking the adverse inference must produce prima facie evidence; and
> (5) the inference opponent must know, or have reason to know, of its obligation to produce evidence rebutting the adverse inference sought[159].

A aplicação cumulativa desses fatores no caso concreto "evita as *fishing expeditions* e a surpresa das partes com a prolação de sentenças arbitrais fundadas em inferências negativas"[160]. É importante frisar, outrossim, que apesar de não ser consenso na doutrina a necessidade de que o tribunal advirta a parte que poderá retirar inferências negativas diante da não apresentação de determinada prova, filia-se este trabalho à corrente que

---

158 SHARPE, Jeremy K. Drawing adverse inferences from the non-production of evidence. *Arbitration International*, v. 22, n. 4, p. 549-572, 2006.

159 Tradução livre: "Portanto, inferências adversas são uma parte essencial da caixa de ferramentas do árbitro. Antes de extrair tais inferências, no entanto, os árbitros devem se certificar da adequação de fazê-lo nas circunstâncias de cada caso. Este artigo distingue dos julgamentos e decisões arbitrais os seguintes requisitos para extrair inferências que levem a um julgamento adverso:
(1) a parte que busca a inferência adversa deve apresentar todas as evidências disponíveis que corroborem a inferência solicitada;
(2) a evidência solicitada deve estar acessível ao oponente da inferência;
(3) a inferência solicitada deve ser razoável, consistente com os fatos registrados e logicamente relacionados à natureza provável das evidências retidas;
(4) a parte que busca a inferência adversa deve produzir evidência prima facie; e
(5) o oponente da inferência deve saber, ou ter motivos para saber, de sua obrigação de produzir evidências que refutem a inferência adversa buscada." (SHARPE, Jeremy K. Drawing adverse inferences from the non-production of evidence. *Arbitration International*, v. 22, n. 4, p. 549-572, 2006, p. 551).

160 FERRAZ, Patrícia Sá Moreira de Figueiredo. Relato do XVI Congresso Internacional de Arbitragem do Comitê brasileiro de Arbitragem, Realizado de 24 a 26 de Setembro de 2017 em Gramado/RS. *Revista Brasileira de Arbitragem*, v. 15, n. 57, p. 185-190, 2018, p. 187.

defende essa posição[161]. Para além do bom senso, a fim de se evitarem futuras alegações de que o devido processo não foi observado, é prudente conferir à parte oportunidade para que apresente, com calma, justificativa plausível para a não apresentação da prova solicitada, e que tenha tempo para compreender as consequências do descumprimento da ordem do tribunal arbitral. Isso não significa, contudo, que somente o fato de não ser alertada da consequência da não produção de determinada prova seja argumento de defesa suficiente para impedir a retirada de inferências negativas pelos árbitros[162].

Assim sendo, para os casos que tratam da prática de atos de corrupção, entende-se que a importância dessa ferramenta se concretiza na medida em que pode auxiliar o tribunal arbitral a preencher eventuais lacunas probatórias no caso da parte que alega a prática de determinada ilegalidade.

Na prática, tal como dito alhures, são raros os casos em que o tribunal arbitral se vale de inferências negativas para ter elementos suficientes para a prolação da sentença, especialmente nos casos envolvendo alegações da prática de atos de corrupção. De qualquer maneira, alguns exemplos foram identificados na pesquisa. Conforme destaca Katrhin Betz[163], nos *ICC Cases No.12990 (2005)* e *13515 (2006)*, os tribunais arbitrais levaram em consideração o fato de que o requerente se recusou a produzir documentos que razoavelmente comprovassem os serviços prestados pelos agentes em troca das comissões recebidas. Em ambos os casos, os árbitros, com base nas inferências e demais circunstâncias particulares, entenderam que os valores haviam sido pagos como propina pelas partes.

No âmbito das arbitragens de investimento, tem-se como caso emblemático o já citado *Metal-Tech v. Uzbequistão* (*ICSID Case No. ARB/10/3*[164]), em que o tribunal arbitral, com base no art. 34(3)[165] do Regulamento de Arbitragem do ICSID de 2006[166], solicitou ao requerente que providenciasse a comprovação da ocorrência e a legitimidade da prestação dos serviços supostamente feitos em troca dos pagamentos referidos em audiência e, para tanto, emitiu várias Ordens Processuais a respeito (brevemente abordadas no item 3.6.2 *supra*). Assim sendo, o tribunal arbitral extraiu

---

161 BÉDARD, Julie; MARQUES, Ricardo Dalmaso. A conduta dos advogados e representantes de parte em geral na arbitragem internacional–as Diretrizes IBA para a Representação de Partes em Arbitragens Internacionais. *Revista Brasileira de Arbitragem*, v. 14, n. 53, p. 24-43, 2017, p. 41.

162 SHARPE, Jeremy K. Drawing adverse inferences from the non-production of evidence. *Arbitration International*, v. 22, n. 4, p. 549-572, 2006, p. 570.

163 BETZ, Kathrin. *Proving Bribery, Fraud and Money Laundering in International Arbitration: On Applicable Criminal Law and Evidence*. Cambridge University Press, 2017, cap. 9, p. 268.

164 ICSID *Case No. ARB/10/3* (*Metal-Tech Ltd. v. Republic of Uzbekistan*), sentença de 4 de outubro de 2013.

165 (3) The parties shall cooperate with the Tribunal in the production of the evidence and in the other measures provided for in paragraph (2). The Tribunal shall take formal note of the failure of a party to comply with its obligations under this paragraph and of any reasons given for such failure.

166 O Regulamento de Arbitragem do ICSID foi revisto em julho de 2022.

inferências negativas, para concluir que o requerente não apresentou documentos que comprovassem a realização dos serviços, porque não foram de fato prestados, ao menos não de forma legítima[167].

3.8.3 *Red flags*

Importante notar, neste ponto, que as inferências negativas nunca estão sozinhas, sendo normalmente acompanhadas de demais circunstâncias que, uma vez somadas, permitem que eventuais inferências traçadas tenham mais peso e precisão. Tais circunstâncias têm sido chamadas na doutrina de *red flags*. São, portanto, circunstâncias capazes de apontar para a possível existência de pagamento de propina ou outros atos de corrupção nas transações envolvidas no contrato *sub judice*[168]. De uma forma simples, *red flags* são possíveis indicadores de uma conduta ilícita[169]. Sobre o tema, discorrem Mark Pieth e Katrhin Betz, profissionais responsáveis por redigir o *Toolkit for Arbitrators* em parceria com *Competence Centre for Arbitration and Crime* e *Basel Institute on Governance*:

> Red flags are not in themselves proof of corruption (yet). However, they are indicators of corruption that should alert arbitrators that further scrutiny must be applied to the facts of the case. Red flags are part of circumstantial evidence, which can then give rise to proof of corruption. Tribunals may make a firm finding of corruption based on the circumstantial evidence available to them.[170]

---

167 Assim afirmou o tribunal arbitral: "The Tribunal is thus unable to accept the Claimant's justifications for not providing evidence, be it documentary or testimonial. This is more striking as Mr. Rosenberg conceded that the Consultants provided "immense assistance" and that "Metal-Tech ... [was] aware of the activities of the consultants on an ongoing basis." While the Tribunal does not believe that the Claimant sought to conceal evidence, the inference that inexorably emerges from this dearth of evidence is that the Claimant can provide no evidence of services, because no services, or at least no legitimate services at the time of the establishment of the Claimant's investment, were in fact performed. The Tribunal will bear this inference in mind when further assessing the facts" (*ICSID Case No. ARB/10/3, Metal-Tech Ltd. v. Republic of Uzbekistan*), sentença de 4 de outubro de 2013, §265).

168 KHVALEI, Vladimir. Using Red Flags to Prevent Arbitration from Becoming a Safe Harbour for Contracts that Disguise Corruption. *ICC International Court of Arbitration Bulletin (Special Supplement)*, v. 24, p. 15-26, 2013, p. 16.

169 COMPETENCE CENTRE FOR ARBITRATION AND CRIME; BASEL INSTITUTE ON GOVERNANCE. *Corruption and Money Laundering in International Arbitration*: A Toolkit for Arbitrators. 2019, p. 7.

170 Tradução livre: "As *red flags* ainda não são prova de corrupção. No entanto, são indicadores de corrupção, que devem alertar os árbitros de que um exame mais aprofundado deve ser aplicado aos fatos do caso. As *red flags* fazem parte de evidências circunstanciais, que podem dar origem a provas de corrupção. Os tribunais podem fazer uma constatação firme de corrupção com base nas evidências circunstanciais à sua disposição" (COMPETENCE CENTRE FOR ARBITRATION AND CRIME; BASEL INSTITUTE ON GOVERNANCE. *Corruption and Money Laundering in International Arbitration*: A Toolkit for Arbitrators. 2019, p. 13).

Fica claro, portanto, que apesar do nome peculiar, as *red flags* nada mais são do que um mecanismo de prova indiciária. O indício, por sua vez, é entendido como "um meio de prova, de que o juiz se serve para adquirir conhecimento sobre o fato desconhecido"[171].

A partir dos casos publicados, deriva-se também a conclusão de que os contratos que envolvam agentes, intermediários ou outros terceiros têm sido mais propensos do que os demais para serem utilizados na tentativa de acobertar a prática de atos de corrupção. A situação é tão preocupante que a CCI nomeou vários profissionais para formarem uma Comissão de Responsabilidade Corporativa e Anticorrupção. Os trabalhos da comissão resultaram na publicação do *ICC Guidelines on Agents, Intermediaries and Other Third Parties*[172], que preparou um rol não taxativo de *red flags* nessas circunstâncias:

> Red flags that warrant further review when selecting or working with a Third party are varied and numerous. The following are a few examples:
> • A reference check reveals the Third party's flawed background or reputation, or the flawed background or reputation of an individual or enterprise represented by the Third party;
> • The operation takes place in a country known for corrupt payments (e.g., the country received a low score on Transparency International's Corruption Perceptions Index).
> • The Third party is suggested by a public official, particularly one with discretionary authority over the business at issue;
> •The Third party objects to representations regarding compliance with anti-corruption laws or other applicable laws;
> • The Third party has a close personal or family relationship, or business relationship, with a public official or relative of an official;
> • The Third party does not reside or have a significant business presence in the country where the customer or project is located;
> • Due diligence reveals that the Third party is a shell company or has some other non-transparent corporate structure (e.g. a trust without information about the economic beneficiary);
> • The only qualification the Third party brings to the venture is influence over public officials, or the Third party claims that he can help secure a contract because he knows the right people;
> • The need for the Third party arises just before or after a contract is to be awarded;

171 ASSIS, Araken de. *Processo civil brasileiro*. Volume II: parte geral: institutos fundamentais. São Paulo: Revista dos Tribunais, 2019, p. 220.

172 INTERNATIONAL CHAMBER OF COMMERCE. *ICC Guidelines on Agents, Intermediaries and Other Third Parties*. 2010.

• The Third party requires that his or her identity or, if the Third party is an enterprise, the identity of the enterprise's owners, principals or employees, not be disclosed;
• The Third party's commission or fee seems disproportionate in relation to the services to be rendered;
• The Third party requires payment of a commission, or a significant portion thereof, before or immediately upon the award of a contract;
• The Third party requests an increase in an agreed commission in order for the Third party to "take care" of some people or cut some red tape; or
• The Third party requests unusual contract terms or payment arrangements that raise local law issues, payments in cash, advance payments, payment in another country's currency, payment to an individual or entity that is not the contracting individual/entity, payment to a numbered bank account or a bank account not held by the contracting individual/entity, or payment into a country that is not the contracting individual/entity's country of registration or the country where the services are performed[173].

---

173 Tradução livre: "As *red flags* que justificam uma revisão adicional ao selecionar ou trabalhar com terceiros são variadas e numerosas. A seguir estão alguns exemplos:
• Uma verificação de referência revela os antecedentes ou reputação defeituosos do Terceiro, ou os antecedentes ou reputação defeituosos de um indivíduo ou empresa representada pelo Terceiro;
• A operação ocorre em um país conhecido por práticas de corrupção (por exemplo, o país recebeu uma pontuação baixa no Índice de Percepção de Corrupção da *Transparency International*).
• O Terceiro é sugerido por um funcionário público, particularmente um com autoridade discricionária sobre os negócios em questão;
• O Terceiro opõe-se a representações relativas à conformidade com leis anticorrupção ou outras leis aplicáveis;
• O Terceiro tem um relacionamento pessoal ou familiar próximo, ou relacionamento comercial, com um funcionário público ou parente de um funcionário;
• O Terceiro não reside ou tem uma presença comercial significativa no país onde o cliente ou projeto está localizado;
• A *due diligence* revela que o Terceiro é uma empresa de fachada ou tem alguma outra estrutura corporativa não transparente (por exemplo, uma relação de confiança sem informações sobre o beneficiário econômico);
• A única qualificação que o Terceiro traz para o empreendimento é a influência sobre funcionários públicos, ou o Terceiro alega que ele pode ajudar a garantir um contrato porque conhece as pessoas certas;
• A necessidade do Terceiro surge imediatamente antes ou após a adjudicação do contrato;
• O Terceiro exige que sua identidade ou, se o Terceiro for uma empresa, a identidade dos proprietários, diretores ou funcionários da empresa não sejam divulgadas;
• A comissão ou taxa do Terceiro parece desproporcional em relação aos serviços a serem prestados;
• O Terceiro exige o pagamento de uma comissão, ou uma parte significativa dela, antes ou imediatamente após a adjudicação do contrato;
• O terceiro solicita um aumento em uma comissão acordada para que o terceiro "cuide" de algumas pessoas ou reduza a burocracia; ou
• O Terceiro solicita termos contratuais incomuns ou acordos de pagamento que levantem questões legais locais, pagamentos em dinheiro, adiantamentos, pagamentos na moeda de outro país, pagamento a um indivíduo ou entidade que não seja o indivíduo / entidade contratante, pagamento a uma conta de banco numerada ou conta bancária não mantida pelo indivíduo / entidade contratante ou pagamento em um país que não é o país de registro do indivíduo / entidade contratante ou no país em que os serviços são executados" (INTERNATIONAL CHAMBER OF COMMERCE. *ICC Guidelines on Agents, Intermediaries and Other Third Parties*. 2010, p. 6).

Além das circunstâncias acima elencadas, o *Toolkit for Arbitrators* da Universidade de Basel acima mencionada também traz vários outros, incluindo alguns específicos para auxiliar os árbitros a identificar possíveis práticas de lavagem de dinheiro[174].

Entende-se, neste ponto, ser pertinente retomar a proposta de sistematização da medida da prova apresentada por Martim Della Valle e Pedro Schilling de Carvalho[175] (citada no item 3.7 *supra*), uma vez que tem como uma de suas bases a identificação de *red flags* no caso concreto para conferir aos árbitros a possibilidade de se entender como provada a prática de atos de corrupção. Para os autores, os árbitros, após seguirem outras recomendações acerca do ônus e medida da prova, assim como de doutrina especializada de *compliance*, podem considerar que duas *red flags* não contestadas ou uma particularmente crítica podem ser suficientes para a conclusão pela prática de atos corrupção de uma das partes:

---

174 COMPETENCE CENTRE FOR ARBITRATION AND CRIME; BASEL INSTITUTE ON GOVERNANCE. *Corruption and Money Laundering in International Arbitration: A Toolkit for Arbitrators*. 2019, p. 19.

175 VALLE, Martim Della; CARVALHO, Pedro Schilling de. Corruption Allegations In Arbitration: Burden and Standard of Proof, Red Flags, and a Proposal for Systematisation. In: SCHERER, Maxi (ed.). *Journal of International Arbitration*, Kluwer Law International, vol. 39, Issue 6, 2022, p. 817-862.

> At this point, we argue that two uncontested red flags would already be sufficient to make inferences about corruption. Or, still, the existence of only one particularly and contextually critical red flag could also be sufficient to suggest an adverse inference[176].

É importante frisar que os autores não defendem que a identificação incontestada (ou mal contestada) de *red flags*, por si só, seja suficiente para que conclua o julgador pela prática de ilegalidades por uma ou ambas as partes. Na verdade, a proposta dos autores engloba uma série de outros mecanismos para corroborar essa decisão, tais como inversão do ônus da prova, flexibilização da medida da prova, doutrina especializada de *compliance*, contabilidade e outras que se façam necessárias para demonstrar o contexto suspeito das *red flags*, entre outros.

Assim como no caso das inferências negativas, a identificação no caso concreto de *red flags* deve ser apenas mais uma ferramenta (e não a única) empregada pelos árbitros para demonstrar o contexto fático e jurídico que os levou a concluir pela prática de atos de corrupção. Defender o contrário seria comprometer a higidez da sentença arbitral e do próprio procedimento.

Pode-se afirmar, portanto, que é interessante que as *red flags* acompanhem a fundamentação do tribunal arbitral para a extração de inferências negativas, pois elas conferem maior legitimidade e robustez às razões constantes da decisão. A esperança é que, caso os tribunais arbitrais utilizem as inferências negativas de maneira mais regular – considerando as particularidades do teste de Sharpe e a dificuldade de se colher provas da prática de atos de corrupção –, as partes sejam mais abertas à apresentação das provas solicitadas pelo tribunal arbitral, ao menos nos casos em que nenhuma ilicitude foi praticada. Em contrapartida, existe sempre a possibilidade de que, caso isso aconteça, as partes procurem chegar a um acordo para evitar a extração de inferências negativas que as implique em atos de corrupção[177].

---

176 Tradução livre: "Neste ponto, argumentamos que duas *red flags* incontestadas já seriam suficientes para traçar inferências [negativas] sobre corrupção. Ou, ainda, a existência de apenas uma *red flag* particular e contextualmente crítica também poderia ser suficiente para sugerir uma inferência adversa" (VALLE, Martim Della; CARVALHO, Pedro Schilling de. Corruption Allegations In Arbitration: Burden and Standard of Proof, Red Flags, and a Proposal for Systematisation. In: SCHERER, Maxi (ed.). *Journal of International Arbitration*, Kluwer Law International, vol. 39, Issue 6, 2022, p. 852).

177 ROSE, Cecily. Questioning the role of international arbitration in the fight against corruption. *Journal of International Arbitration*, v. 31, n. 2, p. 183-264, 2014, p. 36.

4. EFEITOS CIVIS DA CORRUPÇÃO

4.1 INTRODUÇÃO DO TEMA: BREVES NOTAS SOBRE O RECORTE TEÓRICO E CORRUPÇÃO ENTRE PRIVADOS

Ao longo deste capítulo, pretende-se abordar, dentro do escopo do direito brasileiro, os efeitos civis que os atos de corrupção podem causar aos contratos inseridos no contexto de sua prática e que, portanto, terão de ser analisados pelos árbitros. Em seguida, será analisado se, diante da prova da prática de atos de corrupção, deve o árbitro reportar a situação às autoridades responsáveis, para que eventuais medidas penais e/ou administrativas sejam tomadas.

Todavia, antes que seja possível destrinchar tais matérias, é recomendável que (i) seja retomado o conceito de corrupção ora considerado e (ii) sejam feitas ressalvas sobre a corrupção privada e em relação à arbitragem de investimento no cenário brasileiro.

Nessa linha, lembra-se que o conceito da expressão "corrupção", para os fins deste trabalho, é aquele construído pela Transparência Internacional (TI), que a define como o uso indevido do poder concedido para benefício privado[1]. Isso é de grande importância para o estudo, pois tal definição encobre, em razão de sua abrangência, não somente os ilícitos tradicionais, que jazem no Código Penal na

---

1 No original: "The abuse of entrusted power for private gain" (TRANSPARENCY INTERNATIONAL. *The Anti-Corruption Plain Language Guide*, 2009, p. 14).

forma dos tipos penais de corrupção passiva (art. 317[2]), ativa (art. 333[3]), corrupção ativa em transação comercial internacional (art. 337-B[4]) e tráfico de influência em transação comercial internacional (art. 337-C[5]), como também a chamada "corrupção entre particulares" ou "corrupção entre privados". Em outras palavras, não se restringe esse conceito, unicamente, às relações envolvendo o Poder Público, já que disputas de ambas as naturezas (pública ou privada) podem ser resolvidas por arbitragem, nos termos da lei.

Necessária, outrossim, a ressalva de que, no Brasil, a corrupção entre particulares ou corrupção privada não é tipificada na legislação penal e, por este motivo, por força de garantia constitucional, "não há crime sem lei anterior que o defina, nem pena sem prévia cominação legal"[6] (*nullum crimen, nulla poena sine lege*). Isso não significa, todavia, que o árbitro ou o juiz togado ver-se-ão livres do dever de julgar, pelo contrário. Afinal de contas, quando a lei é omissa, o julgador deve decidir de acordo com a analogia, os costumes e os princípios gerais de direito[7]. Isso é complexo na arbitragem pois, como já se mencionou alhures, o árbitro possui jurisdição limitada não apenas à esfera civil, mas especificamente circunscrita aos pedidos das partes. Em razão disso, como será abordado adiante, o árbitro não precisa – e sequer poderia – declarar a existência de qualquer tipo penal, devendo apenas enquadrar

---

2 Art. 317 - Solicitar ou receber, para si ou para outrem, direta ou indiretamente, ainda que fora da função ou antes de assumi-la, mas em razão dela, vantagem indevida, ou aceitar promessa de tal vantagem:
Pena – reclusão, de 2 (dois) a 12 (doze) anos, e multa.
§ 1º - A pena é aumentada de um terço, se, em consequência da vantagem ou promessa, o funcionário retarda ou deixa de praticar qualquer ato de ofício ou o pratica infringindo dever funcional.
§ 2º - Se o funcionário pratica, deixa de praticar ou retarda ato de ofício, com infração de dever funcional, cedendo a pedido ou influência de outrem:
Pena - detenção, de três meses a um ano, ou multa.

3 Art. 333 - Oferecer ou prometer vantagem indevida a funcionário público, para determiná-lo a praticar, omitir ou retardar ato de ofício:
Pena – reclusão, de 2 (dois) a 12 (doze) anos, e multa.
Parágrafo único - A pena é aumentada de um terço, se, em razão da vantagem ou promessa, o funcionário retarda ou omite ato de ofício, ou o pratica infringindo dever funcional.

4 Art. 337-B Prometer, oferecer ou dar, direta ou indiretamente, vantagem indevida a funcionário público estrangeiro, ou a terceira pessoa, para determiná-lo a praticar, omitir ou retardar ato de ofício relacionado à transação comercial internacional:
Pena – reclusão, de 1 (um) a 8 (oito) anos, e multa.
Parágrafo único. A pena é aumentada de 1/3 (um terço), se, em razão da vantagem ou promessa, o funcionário público estrangeiro retarda ou omite o ato de ofício, ou o pratica infringindo dever funcional.

5 Art. 337-C Solicitar, exigir, cobrar ou obter, para si ou para outrem, direta ou indiretamente, vantagem ou promessa de vantagem a pretexto de influir em ato praticado por funcionário público estrangeiro no exercício de suas funções, relacionado a transação comercial internacional:
Pena – reclusão, de 2 (dois) a 5 (cinco) anos, e multa.
Parágrafo único. A pena é aumentada da metade, se o agente alega ou insinua que a vantagem é também destinada a funcionário estrangeiro.

6 Conf. art. 5º, XXXIX, CF.

7 Conf. art. 4º da Lei de Introdução às Normas do Direito Brasileiro.

eventuais atos e fatos do mundo natural às consequências jurídicas adequadas na esfera civil e nos pedidos das partes.

Não obstante, a UNAC[8] (única convenção internacional ratificada pelo Brasil que trata da corrupção privada) determina que cada Estado Parte deverá "adotar medidas legislativas e de outras índoles"[9] para qualificar como delito a oferta ou o recebimento de vantagens indevidas no setor privado. Para ilustrar a gravidade do tema, uma pesquisa realizada pela PricewaterhouseCoopers (PwC) relata que a apropriação indevida de fundos – uma das espécies de corrupção privada – foi o tipo de fraude mais frequente nas empresas, afetando 49% dos entrevistados[10].

Dessa forma, afirma a TI que:

> Ao ignorar o assunto, a legislação brasileira favorece situações com potencial de distorcer o mercado, elevar os custos de operações privadas, restringir a escolha dos consumidores ou ter impacto na qualidade do serviço. Trata-se de um problema que pode causar danos de reputação às organizações e a seus funcionários e que necessita ser regulamentado[11].

O legislador brasileiro parece ter ouvido as críticas e se atentado às malícias da corrupção entre privados, pois se tem notícia de que o Projeto de Lei para o novo Código Penal incluiu, no capítulo dos crimes contra o patrimônio, o tipo penal da corrupção entre privados, prevendo no seu art. 167 que "exigir, solicitar, aceitar ou receber vantagem indevida, como representante da empresa ou instituição privada,

---

8 Incorporada ao direito brasileiro por meio do Decreto nº 5.687/06.

9 Art. 21. Suborno no setor privado.

Cada Estado Parte considerará a possibilidade de adotar medidas legislativas e de outras índoles que sejam necessárias para qualificar como delito, quando cometido intencionalmente no curso de atividades econômicas, financeiras ou comerciais:

a) A promessa, o oferecimento ou a concessão, de forma direta ou indireta, a uma pessoa que dirija uma entidade do setor privado ou cumpra qualquer função nela, de um benefício indevido que redunde em seu próprio proveito ou no de outra pessoa, com o fim de que, faltando ao dever inerente às suas funções, atue ou se abstenha de atuar;

b) A solicitação ou aceitação, de forma direta ou indireta, por uma pessoa que dirija uma entidade do setor privado ou cumpra qualquer função nela, de um benefício indevido que redunde em seu próprio proveito ou no de outra pessoa, com o fim de que, faltando ao dever inerente às suas funções, atue ou se abstenha de atuar.

10 Os dados foram retirados da pesquisa chamada *Global Economic Crime and Fraud Survey 2018: Pulling fraud out of the shadows*. Ressalta-se que a pesquisa se refere à porcentagem de 49% como um número baixo e surpreendente, pois "[t]he reality is, too few companies are fully aware of the fraud risks they face. That's why this year's Global Economic Crime and Fraud Survey, gathering valuable data from more than 7,200 respondents across 123 different territories, aims to pull fraud out from the shadows – and shed much-needed light on some of the most important strategic challenges confronting every organisation" (PWC, 2018, p. 2).

11 TRANSPARÊNCIA INTERNACIONAL. *Integridade e Empresas no Brasil*, 2018, p. 14.

para fornecer a si ou a terceiros, direta ou indiretamente, ou aceitar promessa de vantagem indevida, a fim de realizar ou omitir ato inerente às suas atribuições"[12].

De qualquer maneira, até que o projeto seja levado adiante, com todos os percalços e emendas inerentes ao processo legislativo[13], retoma-se o conceito posto pela TI, destacando-se sua importância, pois "to call something corrupt is not merely to call something fraudulent, unjust, wrongful, or harmful. It is to emphasize the betrayal of an entrusted position. Put another way, the self-regarding gain is achieved in a manner that is inconsistent with and violates the trust granted to the position"[14]. A corrupção privada, ou *private-to-private corruption,* como definida por alguns autores estrangeiros, não é menos importante, menos difundida, menos prejudicial, nem menos digna de combate do que a corrupção entre públicos e privados[15]. E, por essa razão, o setor privado clama por remédios jurídicos

---

12 Projeto de Lei do Senado nº 236, de 2012 - (Novo Código Penal). Corrupção entre particulares. Art. 167. Exigir, solicitar, aceitar ou receber vantagem indevida, como representante da empresa ou instituição privada, para fornecer a si ou a terceiros, direta ou indiretamente, ou aceitar promessa de vantagem indevida, a fim de realizar ou omitir ato inerente às suas atribuições:
Pena – prisão, de um a quatro anos.
Parágrafo Único. Nas mesmas penas incorre quem oferece, promete, entrega ou paga, direta ou indiretamente, ao representante da empresa ou instituição privada, vantagem indevida.

13 A expressão "processo legislativo" é empregada no texto com o seguinte significado: "Por processo legislativo entende-se o conjunto de atos (iniciativa, emenda, votação, sanção, veto) realizados pelos órgãos legislativos visando a formação das leis constitucionais, complementares e ordinárias, resoluções e decretos legislativos. Tem, pois, por objeto, nos termos do art. 59, a elaboração de emendas à Constituição, leis complementares, leis ordinárias, leis delegadas, medidas provisórias, decretos legislativos e resoluções" (SILVA, José Afonso da. *Curso de Direito Constitucional Positivo.* 39ª ed. São Paulo: Malheiros, 2016, p. 528). No Brasil, a demora do processo legislativo é significativa, possuindo uma média de 547 dias, mas podendo chegar se estender por mais de 26 anos (HIROI, Taeko; RENNO, Lucio. *Meaning of Time: Legislative Duration in the Brazilian Congress.* Instituto de Pesquisa Econômica Aplicada – Ipea, Discussion Paper 228. Brasilia: November, 2017, p. 13).

14 Tradução livre: "Chamar algo de corrupto não é meramente chamar algo de fraudulento, injusto, errado ou prejudicial. É enfatizar a traição de uma posição confiada. Em outras palavras, o ganho pessoal [ou benefício privado] é alcançado de uma maneira inconsistente e viola a confiança concedida à posição" (KIM, Sung Hui. Insider trading as private corruption. *UCLA Law Review,* v. 61, p. 928-1008, 2013, p. 958). A autora, apesar de tratar do tema da corrupção privada no contexto de *insider trading,* constrói em sua obra um conceito de corrupção privada muito próximo daquele posto pela Transparência Internacional, afirmando que a corrupção privada pode ser definida como "the use of one's entrusted position for self- regarding gain" (p. 957).

15 Sobre o tema: "And yet there is good reason to suspect that private-to-private corruption is no less important, no less widespread, no less harmful and no less worth combating than private-to-public corruption. In fact, in recent years a number of international bodies and institutions have launched initiatives to prevent and take action against private-to-private corruption" (ARGANDOÑA, Antonio. Private-to-private corruption. *Journal of business ethics,* v. 47, n. 3, p. 253-267, 2003, p. 252).

que permitam um combate razoável à corrupção de modo geral, não apenas àquela entre particulares[16].

No que tange à arbitragem de investimento, ressalta-se que o Brasil não é signatário da Convenção para a Solução de Controvérsias Relacionadas a Investimentos entre Estados e nacionais de outros Estados, conhecida como Convenção de Washington de 1965, assim como não adere ao Centro Internacional de Resolução de Disputas sobre Investimentos (*International Centre for Settlement of Investment Disputes – ICSID*). Além disso, o país, calcado na doutrina de Carlos Calvo e Luis Drago, ambos doutrinadores argentinos[17], é historicamente relutante em adotar a via arbitral como mecanismo de solução de controvérsias em acordos internacionais de investimento. Com efeito, ainda que seja possível que uma empresa brasileira constitua subsidiária em país que tenha ratificado Convenção e assim consiga dar início à arbitragem perante o sistema ICSID[18], tal procedimento dificilmente seria regido de acordo com a lei brasileira. Portanto, as consequências de atos de corrupção no contexto da arbitragem de investimento não serão tratadas neste trabalho[19], o que não impede que textos que tratem do tema propondo soluções, bem como casos que eventualmente possam ser utilizados como inspiração ou referência para o endereçamento da matéria, sejam referenciados ao longo deste capítulo.

Posto isso, é possível começar a investigar os efeitos civis de atos de corrupção dentro do ordenamento jurídico brasileiro, bem como quais são os fatores que os árbitros terão de levar em consideração para sua devida análise.

---

16 BURGER, Ethan S.; HOLLAND, Mary S. Why the private sector is likely to lead the next stage in the global fight against corruption. *Fordham International Law Journal*, v. 30, p. 45, 2006.

17 Sobre o tema e seu desenvolvimento histórico, conferir: (i) GIUSTI, Gilberto. As arbitragens internacionais relacionadas a investimentos: a convenção de Washington, o ICSID e a posição do Brasil. *Revista de Arbitragem e Mediação*, vol. 7/2005, p. 49-78, Out – Dez, 2005; e (ii) GUEDES, Henrique Lenon Farias. A Posição Processual do Estado na Arbitragem de Investimentos e na Arbitragem Tributária Interna: Um Problema de Legislação. *Revista de Arbitragem e Mediação*, vol. 62/2019, p. 115-130, Jul-Set, 2019.

18 MELO, Leonardo de Campos. Introdução às arbitragens de investimento perante o sistema ICSID. *Revista de Arbitragem e Mediação*, vol. 34/2012, p. 55–94, Jul-Set, 2012, p. 56.

19 Para referência específica acerca de corrupção e arbitragem de investimento, conferir, entre outros: (i) KREINDLER, Richard H. *Competence-competence in the Face of Illegality in Contracts and Arbitration Agreements*. BRILL, 2013 e (ii) MENAKER, Andrea J. The determinative impact of fraud and corruption on investment arbitrations. *ICSID Review*, v. 25, n. 1, p. 67-75, 2010.

4.2 POTENCIAIS EFEITOS CIVIS DA CORRUPÇÃO: NULIDADE OU ANULABILIDADE?

4.2.1 Tentativas de uniformização do tema na doutrina internacional e tratamento em algumas jurisdições estrangeiras

Diante da escassez doutrinária sobre o tema no Brasil, busca-se entender como a doutrina estrangeira, tanto em sistemas de *common law* quanto de *civil law*, lida com a matéria, para que, então, seja possível fazer o diagnóstico de como o tema deve ser encarado no contexto do ordenamento jurídico brasileiro.

Isso se faz necessário, pois, de maneira geral, o combate internacional à corrupção tem se focado no âmbito do direito criminal, ficando o direito contratual subestimado nessa seara[20]. Ademais, os atos de corrupção podem surgir de inúmeras formas diferentes, limitadas apenas pela criatividade da mente humana e, por serem propositalmente construídos e pensados para não serem descobertos, qualquer tipo de previsão legal que se proponha a mitigar ou a combater seus prejuízos está diante de um enorme desafio. Em razão disso, é comum que cada Estado tenha, na sua respectiva legislação nacional, diferentes maneiras de combater a corrupção. No entanto, assim como o combate na seara criminal, com a evolução da globalização, métodos de comunicação e tecnologia, identificou-se a necessidade de se construir um contexto mais homogêneo de normas civis para a mesma finalidade.

Sobre o contraste do combate à corrupção nas esferas civil e criminal, discorre Makinwa:

> Criminal law is aimed at deterrence and retribution with the emphasis being on punishing the offender. Civil remedies on the other hand are directed at the victim and aim to compensate for damages suffered. Civil law provides victims of corruption with tools which provide the potential for obtaining compensation independently of the State. Civil remedies are in general, subject to lower burdens of proof. In general, civil remedies have the potential to target not only the wrongdoer, but also the surrounding circumstances that facilitate corruption. Civil law consequences have the potential of becoming more important than the public criminal aspects[21].

---

20 MAKINWA, Abiola O. *Private remedies for corruption: towards an international framework*. Eleven International Publishing, The Hague, 2012.

21 Tradução livre: "O direito penal visa a dissuasão e retribuição, com ênfase na punição do infrator. Os remédios civis, por outro lado, são direcionados à vítima, e visam a compensar os danos sofridos. O direito civil fornece às vítimas de corrupção ferramentas que oferecem o potencial de obter indenização,

Um bom exemplo da tentativa de uniformização do combate à corrupção na esfera civil surgiu na década de 1990, quando houve grande debate acerca da matéria na Europa continental, resultando na chamada *Civil Law Convention on Corruption of the Council of Europe*[22], que entrou em vigor em 2003, sendo hoje ratificada por 35 países europeus[23]. Precedido de um estudo de viabilidade do combate de normas civis contra a corrupção, o comitê à época encarregado chegou à conclusão de que, independentemente de haver diversas legislações nacionais que tratam sobre o tema, a criação de uma iniciativa internacional prevendo remédios de *civil law* na luta contra a corrupção era não apenas possível, como necessária[24]. Assim, o texto da referida Convenção prevê os princípios e regras que os países signatários devem implementar em suas respectivas legislações nacionais para permitir que pessoas, físicas ou jurídicas, que tenham sofrido danos por atos de corrupção, reclamem em juízo seus direitos e interesses, incluindo a possibilidade de reparação civil – posta logo no art. 1º da Convenção[25].

Especificamente acerca da validade dos contratos contaminados pela prática de atos de corrupção, o primeiro passo para que se entendam seus efeitos civis é identificar quando os atos de corrupção foram praticados na linha do tempo do negócio jurídico em questão. Nesse sentido, cumpre destacar, desde logo, que a doutrina especializada tem feito uma diferenciação entre os contratos cuja finalidade é a prática de atos de corrupção (*contracts providing for corruption*) e os contratos obtidos por corrupção (*contracts procured by corruption*). Acerca dessa distinção, discorrem Richard H. Kreindler e Francesca Gesualdi:

> In this respect, a distinction may be drawn between contracts providing for corruption and contracts procured by corruption. Generally, the latter are merely

independentemente do Estado. Em geral, os remédios cíveis estão sujeitos a menor ônus de prova. Em geral, os remédios civis têm o potencial de visar não apenas aos infratores, mas também às circunstâncias que facilitam a corrupção. As consequências do direito civil têm o potencial de se tornarem mais importantes que os aspectos criminais públicos" (MAKINWA, Abiola O. Civil Remedies for International Corruption: The Role of International Arbitration. In: MEYER, Olaf (ed). *The Civil Law Consequences of Corruption*. Nomos Verlagsgesellschaft mbH & Co. KG, 2009. p. 257-280, p. 262).

22 O texto integral da Convenção pode ser acessado em: <https://www.coe.int/en/web/conventions/full-list/-/conventions/treaty/174?_coeconventions_WAR_coeconventionsportlet_languageId=en_GB>.

23 Outros detalhes e a lista completa podem ser acessados em: <https://www.coe.int/en/web/conventions/full-list?module=signatures-by-treaty&treatynum=174>.

24 RAU, Wolfgang. The Council of Europe's Civil Law Convention on Corruption. In: MEYER, Olaf (ed). *The Civil Law Consequences of Corruption*. Nomos Verlagsgesellschaft mbH & Co. KG, 2009, p. 21-30, p. 23.

25 Article 1 – Purpose

Each Party shall provide in its internal law for effective remedies for persons who have suffered damage as a result of acts of corruption, to enable them to defend their rights and interests, including the possibility of obtaining compensation for damage.

> voidable at the insistence of the innocent party (but are otherwise intrinsically valid and therefore continue to produce all their legal effects), while the former are null and void *ab initio*.
> Arbitration practice shows that contracts entered into for "corruptive intent" (e.g., bribing agreements providing for corruption) are invariably declared null and void *ab initio*, either under the applicable domestic law, or under international public policy requirements, or both[26].

A referida Convenção do Conselho Europeu contém previsão exatamente nesse sentido, afirmando, inequivocamente, em seu art. 8º, que cada Estado signatário deve providenciar legislação nacional que determine que qualquer contrato ou cláusula contratual cuja finalidade seja a prática de atos de corrupção (*contracts providing for corruption*) deva ser nulo[27]. Interessante notar, outrossim, que o mesmo dispositivo prevê que, caso haja qualquer vício no consentimento das partes, o contrato ou determinado dispositivo poderão ser anulados pela parte inocente em juízo, sem prejuízo de pedido de reparação pelos danos sofridos[28].

Outra menção relevante de tentativa de uniformização do tratamento dos contratos contaminados por corrupção está na lista de princípios transnacionais elaborada pelo Centro de Direito Transnacional (*TransLex-Principles*, do *Centre of Transnational Law*) que, endereçando especificamente práticas de suborno ou propina, assim afirmam:

> No. IV.7.2 - Invalidity of contract due to bribery
> (a) Contracts providing for the payment or transfer of bribes are void.

---

26 Tradução livre: "A esse respeito, pode ser feita uma distinção entre contratos cuja finalidade é a prática de atos de corrupção e contratos obtidos por corrupção. Geralmente, estes últimos são meramente anuláveis por insistência da parte inocente (mas são, de outra forma, intrinsecamente válidos e, portanto, continuam a produzir todos os seus efeitos legais), enquanto os primeiros são nulos e sem efeito *ab initio*.
A prática de arbitragem mostra que os contratos firmados com "intenção de corrupção" (por exemplo, acordos de suborno que preveem corrupção) são invariavelmente declarados nulos e sem efeito *ab initio*, de acordo com a legislação nacional aplicável ou com os requisitos internacionais de ordem pública, ou ambos" (KREINDLER, Richard H.; GESUALDI, Francesca. The Civil Law Consequences of Corruption Under the UNIDROIT Principles of International Commercial Contracts: An Analysis in Light of International Arbitration Practice. In: BONELL, Michael Joachim; MEYER, Olaf (eds). *The Impact of Corruption on International Commercial Contracts*. Springer, Cham, 2015. p. 391-409, p. 401-402).

27 Article 8 – Validity of contracts
1. Each Party shall provide in its internal law for any contract or clause of a contract providing for corruption to be null and void.

28 Article 8 – Validity of contracts
2. Each Party shall provide in its internal law for the possibility for all parties to a contract whose consent has been undermined by an act of corruption to be able to apply to the court for the contract to be declared void, notwithstanding their right to claim for damages.

> (b) Contracts procured by the payment or transfer of bribes are voidable by the innocent party pursuant to Principle IV.7.3.
>
> (c) Any intentional offer, promise or transfer of any undue pecuniary or other advantage, whether directly or through intermediaries, to a foreign public official or person who directs or works, in any capacity, for a private sector entity, for the benefit of that official or private party or for a third party, in order that the official or private party acts or refrains from acting in relation to the performance of his official or other duties, in order to obtain or retain business or other improper advantages in the conduct of international business constitutes a bribe[29].

Digno de nota, outrossim, são as previsões de ilegalidade constantes na seção 3, art. 3.3.1, dos Princípios UNIDROIT Relativos aos Contratos Comerciais Internacionais de 2016. Os Princípios, apesar de seu caráter de *soft law*, são tidos como uma codificação ou reafirmação da parte geral do direito contratual internacional[30], bem como uma expressão de peso da *lex mercatoria*[31], e são bastante utilizados pelas partes na redação de contratos e por cortes estatais e tribunais arbitrais como base para a resolução de disputas[32].

O referido artigo afirma que os contratos são ilegais quando, em razão de seus termos, cumprimento, ou por qualquer outro motivo, atentem contra normas de aplicação imperativa (*mandatory rules* – abordadas brevemente no item 2.2.4) de ordem nacional, internacional ou supranacional[33]. Em relação aos efeitos de tais

---

29 Tradução livre: "No. IV.7.2 – Invalidade do contrato por suborno

(a) Os contratos que preveem o pagamento ou a transferência de suborno são nulos.

(b) Os contratos adquiridos pelo pagamento ou transferência de suborno são anuláveis pela parte inocente, de acordo com o Princípio IV.7.3.

(c) Qualquer oferta intencional, promessa ou transferência de qualquer vantagem pecuniária ou outra indevida, diretamente ou através de intermediários, a um funcionário público estrangeiro ou pessoa que dirige ou trabalha, a qualquer título, para uma entidade do setor privado, em benefício dessa parte oficial ou privada ou para terceiros, a fim de que a parte oficial ou privada aja ou se abstenha de agir em relação ao desempenho de suas funções oficiais ou outras, a fim de obter ou manter negócios ou outras vantagens impróprias na conduta negócios internacionais, constitui suborno".

30 BONELL, Michael Joachim. Model Clauses for the Use of the UNIDROIT Principles of International Commercial Contracts. *Uniform Law Review*, v. 18, n. 3-4, p. 473-489, 2013.

31 PERILLO, Joseph M. UNIDROIT Principles of International Commercial Contracts: The Black Letter Text and a Review. *Fordham Law Review*, v. 63, p. 281, 1994.

32 KREINDLER, Richard H.; GESUALDI, Francesca. The Civil Law Consequences of Corruption Under the UNIDROIT Principles of International Commercial Contracts: An Analysis in Light of International Arbitration Practice. In: BONELL, Michael Joachim; MEYER, Olaf (eds). *The Impact of Corruption on International Commercial Contracts*. Springer, Cham, 2015. p. 391-409, p. 392.

33 SECTION 3: ILLEGALITY

ARTICLE 3.3.1 (Contracts infringing mandatory rules)

(1) Where a contract infringes a mandatory rule, whether of national, international or supranational origin, applicable under Article 1.4 of these Principles, the effects of that infringement upon the contract are the effects, if any, expressly prescribed by that mandatory rule.

contratos ilegais, o dispositivo determina que terão os efeitos designados pela legislação nacional (art. 3.3.1(1)) ou, onde a regra for omissa, as partes terão o direito de exercer os remédios disponíveis nos termos do contrato que sejam razoáveis nas circunstâncias (art. 3.3.1(2)).

Observa-se, assim, que as diretrizes postas pelos Princípios UNIDROIT em relação aos efeitos civis dos contratos tidos como ilegais é bem flexível e, portanto, não obstante a violação das *mandatory rules*, uma ou ambas as partes podem, dependendo das circunstâncias específicas do caso concreto, receber os remédios comuns disponíveis sob um contrato válido. Entre os recursos contratuais, o direito à execução ou compensação, bem como o direito de tratar o contrato como sem efeito, a adaptação do contrato ou sua rescisão nos termos a serem fixados[34] podem estar disponíveis para as partes.

Noutra quadra, seguindo a diferenciação de *contracts providing for corruption* e *contracts procured by corruption*, parte da doutrina apresenta como modelo básico de corrupção uma relação triangular entre principal, agente e aquele que pratica o ato de corrupção. Sobre o tema, elucidam Michael Joachim Bonell e Olaf Meyer:

> In its simplest form, a typical corrupt exchange can be seen as a triangular relationship between a principal, his agent and a bribe-giver (...). This model is especially suitable for the analysis of the private law side of corruption, as it allows for the clearest depiction of the legal relationships between the different actors. This is because such a triangular structure between principal, agent and bribe-giver also corresponds to a triangular contractual relationship in private law.
> The base of the triangle is formed by the relationship between the principal and his agent. This particular relationship can take many shapes in the modern

---

(2) Where the mandatory rule does not expressly prescribe the effects of an infringement upon a contract, the parties have the right to exercise such remedies under the contract as in the circumstances are reasonable.
(3) In determining what is reasonable regard is to be had in particular to:
(a) the purpose of the rule which has been infringed;
(b) the category of persons for whose protection the rule exists;
(c) any sanction that may be imposed under the rule infringed;
(d) the seriousness of the infringement;
(e) whether one or both parties knew or ought to have known of the infringement;
(f) whether the performance of the contract necessitates the infringement; and
(g) the parties' reasonable expectations.

34 Sobre o tema: "Thus, notwithstanding the infringement of the mandatory rule, one or both of the parties may, depending on the circumstances of the case, be granted the ordinary remedies available under a valid contract (including the right to performance), or other remedies such as the right to treat the contract as being of no effect, the adaptation of the contract or its termination on terms to be fixed. The latter kind of remedies may be particularly appropriate where as a consequence of the infringement only part of the contract becomes ineffective. As to the granting of restitution of the performances rendered under a contract infringing a mandatory rule, see Article 3.3.2" (Official commentary to Art 3.3.1 of the 2016 Principles, 129).

> business world; an agent can be, for instance, an employee in the procurement department, but also the CEO of a large multi-national company. (...).
> Under this model it is therefore possible to distinguish between contracts providing for corruption and contracts procured by corruption (...). Although one could say that both contractual relationships are tainted with corruption, they are not necessarily subject to the same legal consequences[35].

De fato, as diferenças de tratamento entre as duas categorias são importantes. Na Alemanha, os contratos *providing for corruption* são nulos, enquanto aqueles *procured by corruption* são anuláveis, a critério da parte inocente[36]. O mesmo vale para a França. No entanto, sob a ótica da relação triangular, a legislação francesa se preocupa apenas com a relação jurídica contaminada por corrupção, ou seja, estaria falando-se apenas daquela entre o agente e aquele que pratica o ato de corrupção, como, por exemplo, aquele que paga o suborno[37]. Isso é exatamente o que ocorreu no *ICC Case No. 3913 (1981)*[38], em que o tribunal arbitral entendeu que o contrato

---

35 Tradução livre: "Na sua forma mais simples, uma troca corrupta típica pode ser vista como uma relação triangular entre um principal, seu agente e um subornador (...). Esse modelo é especialmente adequado para a análise do lado do direito privado da corrupção, pois permite uma descrição mais clara das relações jurídicas entre os diferentes atores. Isso ocorre porque uma estrutura triangular entre principal, agente e suborno também corresponde a uma relação contratual triangular no direito privado.
A base do triângulo é formada pela relação entre o principal e seu agente. Esse relacionamento específico pode assumir muitas formas no mundo moderno dos negócios; um agente pode ser, por exemplo, um funcionário do departamento de compras, mas também o CEO de uma grande empresa multinacional. (...)
Nesse modelo, é possível distinguir entre contratos que preveem corrupção [*contracts providing for corruption*] e contratos adquiridos por corrupção [*contracts procured by corruption*] (...). Embora se possa dizer que ambas as relações contratuais estão contaminadas pela corrupção, elas não estão necessariamente sujeitas às mesmas consequências legais" (BONELL, Michael Joachim; MEYER, Olaf. The Impact of Corruption on International Commercial Contracts – General Report. In: BONELL, Michael Joachim; MEYER, Olaf (eds). *The Impact of Corruption on International Commercial Contracts*. Springer, Cham, 2015. p. 1-36, p. 5-6).

36 MEYER, Olaf. Combating Corruption by Means of Private Law – The German Experience. In: MEYER, Olaf (ed). *The Civil Law Consequences of Corruption*. Nomos Verlagsgesellschaft mbH & Co. KG, 2009, p. 145-164, p. 156-157.

37 Sobre o tema: "Corruption in French law is only concerned with the bribery agreement itself, namely the agreement between the agent and the briber, whilst ignoring the agreement between the briber and principal. To start with the agreement itself is void pursuant to French contract law. (...) In this respect, corruption is contrary to public morals as well as public policy. As a matter of fact, the validity of such contracts has never constituted the topic of direct debates in case law, but it is an implicit assumption in damages suits as the legal basis for the claim is not contractual remedies but tort law. As a result of this narrow interpretation, the validity of contract between briber and principal resulting from the corruptive act has never been challenged. (...) The bribe agreement could be considered the "*cause*" of the contract resulting in it being found immoral according to Art. 1133 CC" (JALUZOT, Beatrice; MEISELLES, Michaela. Civil Law Consequences of Corruption and Bribery in France. In: MEYER, Olaf (ed). *The Civil Law Consequences of Corruption*. Nomos Verlagsgesellschaft mbH & Co. KG, 2009, p. 225-238, p. 232-233).

38 ADDA, Marco. Arbitration Case Law on Bribery: Issues of Arbitrability, Contract Validity, Merits and Evidence. *Dossier of the ICC Institute of World Business Law: Arbitration: Money Laundering, Corruption and Fraud*, ICC Publication, n. 651, cap. 7, p. 109-147, 2003, p. 120.

objeto da arbitragem era ilícito de acordo com o direito francês, pois era destinado ao pagamento de propina (*kickbacks*) e, portanto, contrário à ordem pública. Em outras palavras, segundo a terminologia utilizada acima, seria um contrato *providing for corruption*[39].

No Reino Unido, a matéria é endereçada de forma mais complexa. Apesar da edição do *UK Bribery Act* em 2010, que lida com o tema primordialmente na esfera criminal, não há previsão específica de lei para as consequências civis da corrupção[40]. Inclusive, apesar de fazer parte do Conselho Europeu, cuja *Civil Law Convention on Corruption of the Council of Europe* foi brevemente tratada acima, o Reino Unido ainda não a ratificou[41]. Não obstante o fato de que há em tramitação a chamada *Corruption Bill*, que tinha como proposta a emenda da legislação civil para endereçar especificamente esse ponto, o projeto acabou não sendo priorizado pelo legislador, que preferiu focar justamente no *Bribery Act*, levando alguns autores a afirmarem que há uma resistência para a criação de normas nesse sentido[42]. De qualquer maneira, de acordo com a legislação atual, em termos gerais, pode-se afirmar que "the orthodox view is that a contract obtained by a bribe is voidable at the option of the principal. This is derived from the basic principle that a contract obtained by fraud is not void, but voidable; and bribery is a fraud on the principal"[43]. No entanto, apesar da afirmação genérica, a análise da matéria no ordena-

---

39 Sobre o tema: "According to the arbitral tribunal, the evidence (that is, certain documents produced and certain testimony of representatives of the parties or witnesses) showed that the commission stipulated to be due to the Claimant was to be used to pay what are commonly called "kickbacks." The arbitral tribunal concluded, accordingly, that the purpose of the agreement was illicit and immoral under French law. This rendered the agreement null and void and prevented the parties from asserting rights under it both as a matter of French domestic public policy and under (translation) 'the concept of international public policy as recognized by most nations'" (ADDA, Marco. Arbitration Case Law on Bribery: Issues of Arbitrability, Contract Validity, Merits and Evidence. *Dossier of the ICC Institute of World Business Law: Arbitration: Money Laundering, Corruption and Fraud*, ICC Publication, n. 651, cap. 7, p. 109-147, 2003, p. 120).

40 KRAFT, David. English private law and corruption: Summary and suggestions for the development of European private law. In: MEYER, Olaf (ed). *The civil law consequences of corruption*. Nomos Verlagsgesellschaft mbH & Co. KG, 2009, p. 207-224, p. 208.

41 Conforme se verifica em: <https://www.coe.int/en/web/conventions/full-list?module=signatures-by-treaty&treatynum=174>.

42 MARIQUE, Yseult. English judges: little mice in the big business of corruption? In: BONELL, Michael Joachim; MEYER, Olaf (eds). *The Impact of Corruption on International Commercial Contracts*. Springer, Cham, 2015, p. 141-158, p.146.

43 Tradução livre: A visão ortodoxa é a de que um contrato obtido por suborno é anulável por opção do principal. Isso deriva da ideia do princípio básico de que um contrato obtido por fraude não é nulo, mas anulável; e suborno é uma fraude contra o principal (KRAFT, David. English private law and corruption: Summary and suggestions for the development of European private law. In: MEYER, Olaf (ed). *The civil law consequences of corruption*. Nomos Verlagsgesellschaft mbH & Co. KG, 2009, p. 207-224, p. 209).

mento jurídico inglês é mais complexo, de modo que sua análise exaustiva foge do escopo deste trabalho[44].

Percebe-se, portanto, clara tendência no sentido de que, da mesma forma que o juiz togado, o árbitro tem o dever de negar efeito a contratos simulados ou fictícios, ainda que confrontado com a objeção das partes[45]. A diferença estabelecida a partir da terminologia referida acima pela doutrina é útil pois, de maneira geral, e sem analisar o contexto do caso concreto, nos contratos *providing for corruption,* os árbitros não devem dar força aos termos do contrato (*enforcement*) ou garantir às partes quaisquer remédios contratuais, o contrato é simplesmente nulo. Do outro lado do espectro, todavia, os contratos *procured by corruption* podem ser anuláveis por opção da parte inocente, produzindo efeitos, assim, até a declaração de sua nulidade, se for o caso.

4.2.2 Análise do tema no direito brasileiro

4.2.2.1 Recorte teórico: a técnica de eliminação progressiva

Traçado o panorama de como o assunto vem sendo endereçado em outros países, volta-se o foco para o direito brasileiro. Para tanto, é importante determinar como essa análise será conduzida. Como o presente capítulo se dedica à análise dos efeitos civis da corrupção nos contratos, entende-se pertinente que tal análise seja conduzida por meio da teoria tricotômica do negócio jurídico. Como já destacava Pontes de Miranda: "[s]er fato jurídico é existir no mundo jurídico. (...) Dentro dêle, há o plano da existência, o plano da validade e o plano da eficácia"[46]. Antônio Junqueira de Azevedo, por sua vez, explica bem tal sistemática:

> Fato jurídico é o nome que se dá a todo fato do mundo real sobre o qual incide norma jurídica. Quando acontece, no mundo real, aquilo que estava previsto na norma, esta cai sobre o fato, qualificando-o como jurídico; tem ele, então, *existência jurídica*. (...) Em tese, porém, o exame de qualquer fato jurídico deve ser feito em dois planos: primeiramente, é preciso verificar se reúnem os elementos de fato para que ele exista (*plano da existência*); depois suposta a existência, verificar se ele passa a produzir efeitos (*plano da eficácia*).

---

44 Acerca de detalhes sobre o tema, consultar os dois textos previamente referenciados.

45 Vejamos: "The arbitrator, like the court, has to deny effect to simulated or fictitious contracts, even if it is in the face of objection of the parties" (HIBER, Dragor; PAVIC, Vladimir. Arbitration and crime. *Journal of International Arbitration*, v. 25, n. 4, p. 461-478, 2008, p. 478).

46 PONTES DE MIRANDA, Francisco Cavalcanti. *Tratado de Direito Privado*. Tomo V. São Paulo: Editora Revista dos Tribunais, 2013, §508, p. 69.

> Sendo o negócio jurídico uma espécie de fato jurídico, também o seu exame pode ser feito nesses dois planos. Entretanto, e essa é a grande peculiaridade do negócio jurídico, sendo ele um caso especial de fato jurídico, já que seus efeitos estão na dependência dos efeitos que foram manifestados como queridos, o direito, para realizar essa atribuição, exige que a declaração tenha uma série de requisitos, ou seja, exige que a declaração seja válida. Eis aí, pois, um plano para exame, peculiar ao negócio jurídico — *o plano da validade*, a se interpor entre o plano da existência e o plano da eficácia.
>
> Plano da existência, plano da validade e plano da eficácia são os três planos nos quais a mente humana deve sucessivamente examinar o negócio jurídico, a fim de verificar se ele obtém plena realização[47].

Ademais, tratando-se especificamente do que interessa para o objetivo deste capítulo, discorre o referido autor sobre inexistência, invalidade e ineficácia:

> Realmente, examinado o negócio jurídico sob o ângulo da existência, da validade e da eficácia, torna-se simples dizer quando ele inexiste, quando não vale e quando é ineficaz (ineficácia em sentido restrito).
>
> Se, no plano da existência, faltar um dos elementos próprios a todos os negócios jurídicos (elementos gerais), não há negócio jurídico; poderá haver um ato jurídico em sentido restrito ou um fato jurídico, e é a isso que se chama "negócio inexistente". Se houver os elementos, mas, passando ao plano da validade, faltar um requisito neles exigido, o negócio existe, mas não é válido. Finalmente, se houver os elementos e se os requisitos estiverem preenchidos, mas faltar um fator de eficácia, o negócio existe, é válido, mas ineficaz (ineficácia em sentido restrito). (...)
>
> Portanto, temos: no plano da existência, o negócio existente e o negócio inexistente; no plano da validade, o negócio válido e o negócio inválido (subdividido em nulo e anulável); e, no plano da eficácia, o negócio eficaz e o negócio ineficaz em sentido restrito.
>
> O exame do negócio, sob o ângulo negativo, deve ser feito através do que batizamos com o nome de *técnica de eliminação progressiva*. Essa técnica consiste no seguinte: primeiramente, há de se examinar o negócio jurídico no plano da existência e, aí, ou ele existe, ou não existe. Se não existe, não é negócio jurídico, é aparência de negócio (dito "ato inexistente") e, então, essa aparência não passa, como negócio, para o plano seguinte, morre no plano da existência. No plano seguinte, o da validade, já não entram os negócios aparentes, mas sim somente os negócios existentes; nesse plano, os negócios existentes serão, ou válidos, ou

47 AZEVEDO, Antônio Junqueira de. *Negócio Jurídico*: Existência, Validade e Eficácia. 4. ed. atual, de acordo com o novo Código Civil (Lei n. 10.406, de 10-1-2002). São Paulo: Saraiva, 2002, p. 23-24.

> inválidos; se forem inválidos, não passam para o plano da eficácia, ficam no plano da validade; somente os negócios válidos continuam e entram no plano da eficácia. Nesse último plano, por fim, esses negócios, existentes e válidos, serão ou eficazes ou ineficazes (ineficácia em sentido restrito)[48].

Dessa maneira, entende-se que é a partir da análise desses três planos (existência, validade e eficácia) que é possível identificar quais são os efeitos civis dos atos de corrupção, isto é, através da técnica de eliminação progressiva. É importante, outrossim, informar o(a) leitor(a) de que esta não é a única corrente adotada na chamada teoria das nulidades, de maneira que vários autores civilistas adotam sua própria construção ou divisão de quais devem ser as categorias e subcategorias do fato e do negócio jurídico, resultando em grande inconsistência na terminologia utilizada entre autores diferentes[49]. De toda forma, adotando a técnica de eliminação progressiva, a maneira mais fácil de se identificar quais serão suas consequências é procurar descobrir quando, na linha do tempo do negócio jurídico, surgiu ou foi praticado o ato de corrupção e, a partir de então, determinar quais serão os defeitos do negócio jurídico provenientes de tal ato.

4.2.2.2 Os papéis a que se prestam a nulidade e anulabilidade

Apesar de as consequências da nulidade ou da anulabilidade serem distintas, ambas são categorias de atos inválidos. A primeira visa o respeito à ordem pública, "assentando as regras definidoras da nulidade na infração de leis que têm esse caráter cogente, e, por esta mesma razão, legitimou, para argui-la, qualquer interessado, em seu próprio nome, ou o representante do Ministério Público em nome da sociedade que *ex officio* representa"[50]. Não obstante, o legislador foi além, afirmando, no parágrafo único do art. 168 do Código Civil, que "as nulidades devem ser pronunciadas pelo juiz [e, portanto, também pelo árbitro] quando conhecer do negócio jurídico

---

48 AZEVEDO, Antônio Junqueira de. *Negócio Jurídico*: Existência, Validade e Eficácia. 4. ed. atual, de acordo com o novo Código Civil (Lei n. 10.406, de 10-1-2002). São Paulo: Saraiva, 2002, p. 23-24.

49 Sobre o tema, consultar, entre outros: (i) GOMES, Orlando. *Introdução ao direito civil.* 22 ed. Rio de Janeiro: Forense, 2019; (ii) PEREIRA, Caio Mário da Silva. *Introdução ao direito civil: teoria geral do direito civil.* 31 ed. Rio de Janeiro: Forense, 2019; e (iii) AZEVEDO, Antônio Junqueira de. *Negócio Jurídico*: Existência, Validade e Eficácia. 4. ed. atual, de acordo com o novo Código Civil (Lei n. 10.406, de 10-1-2002). São Paulo: Saraiva, 2002. Digno de nota também é o trabalho desenvolvido por Eduardo Nunes de Souza, que propõe uma perspectiva funcional para a invalidade do negócio jurídico, a partir de uma construção que o autor designa como "a invalidade negocial como um processo" (SOUZA, Eduardo Nunes de. *Teoria Geral das Invalidades do Negócio Jurídico*: nulidade e anulabilidade no direito civil contemporâneo. São Paulo: Almedina, 2017).

50 PEREIRA, Caio Mário da Silva. *Introdução ao direito civil*: teoria geral do direito civil. 31 ed. Rio de Janeiro: Forense, 2019, p. 530.

ou dos seus efeitos e as encontrar provadas, não lhe sendo permitido supri-las, ainda que a requerimento das partes".

A anulabilidade, por sua vez, carrega consigo efeitos diferentes. "Nela não se vislumbra o interesse público, porém a mera conveniência das partes, já que na sua instituição o legislador visa à proteção de interesses privados"[51]. Vale dizer, a anulabilidade, "por não concernir a questões de interesse geral, de ordem pública, como a nulidade, é prescritível e admite confirmação, como forma de sanar o defeito que a macula"[52]. Além disso, "a nulidade é penalidade que importa em deixar de existir qualquer efeito do ato, desde o momento de sua formação (*ex tunc*)", ao passo que a anulabilidade "produz efeitos até [o negócio jurídico] ser anulado. Os efeitos da anulação passam a correr a partir do decreto anulatório (*ex nunc*)"[53].

4.2.2.3 O primeiro negócio jurídico a ser analisado: a convenção de arbitragem

Frisados os conceitos e premissas básicos, o primeiro negócio jurídico que deve ser analisado pelos árbitros, na hipótese de suspeita ou alegação de corrupção, é a própria convenção de arbitragem. Isso faz sentido não apenas em razão do raciocínio da cláusula compromissória enquanto categoria de negócio jurídico[54], mas também por deferência às previsões contidas no art. 8º da LA, nomeadamente os princípios da autonomia da cláusula compromissória e competência-competência (abordados em detalhe no item 2.1 deste trabalho).

É justamente nesse ponto que se torna evidente a aplicação da técnica de eliminação progressiva à clausula compromissória. Uma análise superficial poderia levar à conclusão de que, na prática, seria indiferente se a cláusula compromissória fosse válida, existente ou eficaz, já que a previsão do parágrafo único do art. 8º da LA determina que a competência de analisar os planos do negócio jurídico seria do árbitro de qualquer maneira. Ocorre que, como ensina Giovanni Ettore Nanni, tal dispositivo não deve ser lido de maneira absoluta:

---

51 PEREIRA, Caio Mário da Silva. *Introdução ao direito civil*: teoria geral do direito civil. 31 ed. Rio de Janeiro: Forense, 2019, p. 536.

52 GONÇALVES, Carlos Roberto. *Direito Civil Brasileiro*. Volume 1: Parte Geral. 16 ed. São Paulo: Saraiva Educação, 2018, p. 491.

53 VENOSA, Sílvio de Salvo. *Direito civil*: parte geral. Volume 1. 18 ed. São Paulo: Atlas, 2018, p. 533 e 543, respectivamente.

54 NANNI, Giovanni Ettore. *Direito civil e arbitragem*. São Paulo: Atlas, 2014, p. 25.

> Apesar de tal dispositivo, pensa-se que ele não é absoluto, devendo ser conjugado com, ao menos, um elemento básico e instituidor do negócio jurídico, que é a declaração de vontade de pactuar a cláusula compromissória.
> Se, de fato, compete ao árbitro decidir a respeito de sua própria competência, bem como se cabe a ele deliberar sobre a inexistência, a invalidade, e a ineficácia da cláusula compromissória, abarcando, por conseguinte, a atribuição de julgar sobre toda a sorte de patologia de tal pacto, na hipótese de anomalia extrema a solução deve ser outra, em nome da segurança jurídica.
> A ausência de declaração de vontade apta a forma a cláusula compromissória equivale a uma anomalia extrema, digno de teratológico, que não deve dar azo a uma válida constituição de um procedimento arbitral.
> Veja-se que não se refere aqui a uma declaração negocial viciada, mas sim a uma completa ausência de consenso na formação da cláusula compromissória.
> Nesse hipotético exemplo, não se pode cogitar da substância de nem sequer um mínimo elemento capaz de justificar a existência da cláusula compromissória, pelo que não há – no plano fático de sua concretude – renúncia à jurisdição estatal. (...)
> Feitas essas considerações, conclui-se que, ausente manifestação de vontade, não existe a cláusula compromissória. Consequentemente, nesta hipótese, o efeito negativo do princípio da competência-competência não se concretiza[55].

Nesse contexto, é importante frisar que "[n]ão há uma gradação de invalidade entre o ato inexistente, o nulo e o anulável. Ao negócio inexistente opõe-se o negócio existente (este é que pode ser nulo, anulável ou válido). A dicotomia 'negócio existente — negócio inexistente', de um lado, e a tricotomia 'negócio válido — negócio nulo — negócio anulável', de outro, estão em planos diferentes"[56]. Portanto, não havendo manifestação de vontade, não há que se falar em jurisdição dos árbitros. Essa hipótese, contudo, é rara, sendo que a maior parte dos episódios relacionados à cláusula compromissória provavelmente se concretizará no plano da validade, esse sim afetado pelos vícios de consentimento.

É justamente nessa seara que atos de corrupção podem afetar a convenção de arbitragem. O tribunal arbitral do previamente mencionado caso *Westinghouse v. National Power Corporation* (*ICC Case No. 6401*) ressaltou essa possibilidade, afirmando que pode haver casos em que um defeito que esteja na raiz de um contrato entre as partes afete o contrato principal e a cláusula compromissória – um exemplo

55 NANNI, Giovanni Ettore. *Direito civil e arbitragem*. São Paulo: Atlas, 2014, p. 29-31.

56 AZEVEDO, Antônio Junqueira de. *Negócio Jurídico*: Existência, Validade e Eficácia. 4. ed. atual, de acordo com o novo Código Civil (Lei n. 10.406, de 10-1-2002). São Paulo: Saraiva, 2002, p. 63.

óbvio é um contrato obtido por ameaça[57]. Em outras palavras, e fazendo o diagnóstico de tal situação no direito brasileiro, "[s]e a cláusula compromissória apresenta algum defeito volitivo em sua formação, como erro, dolo, coação, por exemplo, ela é inválida, devendo assim ser declarada pelos árbitros"[58]. A solução para o exemplo dado no direito brasileiro estaria, portanto, contida no art. 151[59] do Código Civil, sendo a cláusula compromissória contaminada por coação considerada um negócio jurídico anulável.

4.2.2.4 O segundo negócio jurídico a ser analisado: o contrato objeto do litígio

A depender do caso concreto com o qual se depara o árbitro, situações distintas podem surgir, resultando em diagnósticos e, consequentemente, efeitos jurídicos diferentes. Sendo assim, essa seção será dividida em duas partes. A primeira é dedicada à análise dos contratos civis em geral, e a segunda aos contratos da Administração.

4.2.2.4.1 Os contratos civis em geral

Avançando da convenção de arbitragem para o contrato objeto do litígio, a análise deve seguir o mesmo raciocínio traçado acima. De acordo com Judith Martins-Costa, "[c]ontratos nascidos de atos de corrupção são, para o Direito brasileiro, negócios jurídicos nulos"[60]. A autora prossegue conferindo vários exemplos e, ao final, os enquadra no ordenamento jurídico pátrio:

> Assim ocorre quando as partes celebram negócio jurídico movidas por motivo determinante ilícito, comum a ambas, pois, muitas vezes, a corrupção é o próprio

---

57 Assim aifrmou o tribunal arbitral deste caso: "There may be instances where a defect going to the root of an agreement between parties affects both the main contract and the arbitration clause. An obvious example is a contract obtained by threat" (VAN DEN BERG, Albert Jan (Gen. Ed.). *Yearbook Commercial Arbitration Volume XIX – 1994*. Kluwer Law International, 1994, p. 51).

58 NANNI, Giovanni Ettore. *Direito civil e arbitragem*. São Paulo: Atlas, 2014, p. 35.

59 Art. 151. A coação, para viciar a declaração da vontade, há de ser tal que incuta ao paciente fundado temor de dano iminente e considerável à sua pessoa, à sua família, ou aos seus bens.
Parágrafo único. Se disser respeito a pessoa não pertencente à família do paciente, o juiz, com base nas circunstâncias, decidirá se houve coação.

60 MARTINS-COSTA, Judith. Efeitos obrigacionais da invalidade: o caso dos contratos viciados por atos de corrupção. In: BARBOSA, Henrique; SILVA, Jorge Cesa Ferreira da (cords.). *A Evolução do Direito Empresarial e Obrigacional*: os 18 anos do Código Civil – Obrigações e Contratos. Vol. II. São Paulo: Quartier Latin, p. 227-256, p. 227.

> contrato, que serve de instrumento para, por exemplo, lavagem de dinheiro, ou a formação de "caixa dois". Igualmente, será nulo o negócio quando o objetivo for o de fraudar lei imperativa, ocorrendo, por exemplo, violação das regras legais que impõem o prévio e probo procedimento licitatório.
>
> Também assim acontece quando, ainda exemplificativamente, um preposto de uma companhia, sabedor de que a empresa visa adquirir um imóvel para ter expandidas suas instalações, combina com o vendedor um "sobrepreço" ou "comissão", ambos induzindo a companhia em erro de modo a que essa pratique ato de disposição patrimonial, então se caracterizando a figura do estelionato, com o que se frauda no Direito das Obrigações lei imperativa. Igualmente, em outro exemplo, a corrupção levará à nulidade quando se verifica a conclusão de um negócio ou de um conjunto de negócios aparentemente lícitos a fim de contornar uma lei de natureza imperativa, de modo que o negócio (ou o conjunto de negócios) conduza a um resultado similar a outro que não é autorizado pelo Direito. Ainda quando houver o vício da simulação que, no vigente Código, está na esfera da nulidade, não mais da anulabilidade. A plasticidade das regras introduzidas nos incisos III e VII do Código Civil de 2002 – e ausentes no Código revogado – presta-se, admiravelmente, a permitir a incidência do regime das nulidades a fatos que assolam a sociedade por seus deletérios efeitos [referindo-se a autora à corrupção][61].

Enquadrando a fala da autora na terminologia empregada pela doutrina internacional examinada no item 4.2.1, pondera-se que a autora estaria se referindo aos contratos *providing for corruption*, ou seja, aqueles cujo objetivo é a prática de atos de corrupção, os colocando nas hipóteses do art. 166[62] do Código Civil.

Ocorre que, na prática, a real intenção daqueles que exercem a manifestação de vontade dos agentes emissores, ou seja, pessoas físicas que expressam para o mundo real a manifestação de vontade de pessoas jurídicas, nem sempre é de fácil verificação. Até porque, a depender do caso concreto, estas (ou seja, as vontades do agente pessoa física e da contratante/contratada, pessoa jurídica) podem estar alinhadas e,

---

61 MARTINS-COSTA, Judith. Efeitos obrigacionais da invalidade: o caso dos contratos viciados por atos de corrupção. In: BARBOSA, Henrique; SILVA, Jorge Cesa Ferreira da (cords.). *A Evolução do Direito Empresarial e Obrigacional*: os 18 anos do Código Civil – Obrigações e Contratos. Vol. II. São Paulo: Quartier Latin, p. 227-256, p. 227-229.

62 Art. 166. É nulo o negócio jurídico quando:

I - celebrado por pessoa absolutamente incapaz;

II - for ilícito, impossível ou indeterminável o seu objeto;

III - o motivo determinante, comum a ambas as partes, for ilícito;

IV - não revestir a forma prescrita em lei;

V - for preterida alguma solenidade que a lei considere essencial para a sua validade;

VI - tiver por objetivo fraudar lei imperativa;

VII - a lei taxativamente o declarar nulo, ou proibir-lhe a prática, sem cominar sanção.

assim, de modo geral, ao "negócio de corrupção" não se aplicam automaticamente as hipóteses de defeito do negócio jurídico. Esse é o entendimento de Christian Sahb Batista Lopes e Luiz Felipe Calábria Lopes:

> O negócio de corrupção – aquele celebrado entre corruptor e corrompido – não se encaixa, *a priori*, em nenhuma das hipóteses de defeito do negócio jurídico, uma vez que a manifestação de vontade do corruptor e do corrompido corresponderia, em tese, à vontade real de seus emissores. Também não parecem estar presentes vícios sociais como a fraude contra credores (não se presume a insolvência) ou a simulação. Além disso, na generalidade das situações: as partes são capazes; o objeto é possível e determinado; a forma, normalmente, obedecerá às prescrições e solenidades legais; não há intenção de fraudar lei imperativa; e a lei não declara tal negócio taxativamente nulo, ou proíbe-lhe a prática.
>
> Tampouco é possível afirmar aprioristicamente (sem analisar os elementos do caso concreto) a ilicitude do objeto ou motivo determinante do negócio de corrupção. De fato, a corrupção entre privados não é automaticamente ato ilícito, apenas porque a corrupção pública o é, mesmo porque o conceito de corrupção adotado neste artigo é bastante abrangente e abstrato, não encontrando suporte no direito positivo, diferentemente dos conceitos penais, que possuem tipologia específica. Na definição ampla acima adotada, um ato chamado de "corrupção" pode ser ou não ilícito. Por exemplo, o consumidor que dá gorjeta ao garçom para que ele dê preferência ao atendimento de sua mesa não se equipara, em antijuridicadade, com o cidadão que paga o funcionário público para ter preferência no atendimento.
>
> Por isso, não se deve afirmar, abstrata e aprioristicamente, que o negócio de corrupção seria de alguma forma inválido. Tal conclusão somente poderia ser alcançada diante do caso concreto, se as circunstâncias existentes demonstrarem, por exemplo, que a conduta configurou um ilícito penal, como o estelionato (art. 171 do Código Penal) ou a fraude no comércio (art. 175 do Código Penal), ou, ainda, que a conduta dos agentes corruptos configura ilícito civil, nos termos do art. 186.[63]

Neste contexto, entende-se que a posição dos autores está correta. Apenas o rótulo genérico e conferido *a priori* de "negócio de corrupção" não é suficiente para, por si só, ser causa de invalidade do negócio jurídico. Para tanto, a declaração da invalidade deve ser precedida de uma análise cuidadosa do caso concreto, que depende de processo de conhecimento e, portanto, impõe o respeito ao devido processo.

---

63 LOPES, Christian Sahb Batista; LOPES, Luiz Felipe Calábria. Os Efeitos Civis da Corrupção entre Particulares. In: FERES, Marcelo Andrade; CHAVES, Natália Cristina (Org.). *Sistema Anticorrupção e empresa*. Belo Horizonte: D'Plácido, 2018, p. 371-390, p. 380.

Visando a contribuir para a elucidação da matéria, imagina-se o seguinte exemplo: um contrato de agência em que determinada empresa contrata um consultor para, em caráter não eventual e sem vínculos de dependência, promover, à conta de outra, mediante retribuição, a realização de certos negócios, em zona determinada (definição de contrato de agência nos termos do art. 710[64] do Código Civil).

Apesar de o contrato de agência ser exaustivamente utilizado pela doutrina como um modelo básico de relação triangular propício para a prática de atos de corrupção (conforme visto acima no item 4.2.1), isso não significa que seria nulo no direito brasileiro somente pelo fato de ser um contrato de agência, pura e simplesmente. De maneira imediata, à primeira vista, é possível conferir apenas se as partes são capazes, se seu objeto é ilícito, se possui forma prescrita em lei e se foi preterida alguma solenidade que a lei considere essencial para a sua validade (art. 166, I, II, IV e V do Código Civil), pois expostos no texto do próprio contrato e verificáveis objetivamente a partir da lei aplicável. Qualquer análise mais profunda dependeria de um processo de conhecimento, a partir do qual se teria acesso a ferramentas que permitem uma cognição exauriente do julgador, árbitro ou juiz togado, acerca da real intenção das partes.

Posto de outra forma, neste exemplo de contrato de agência, na ausência de instrução probatória composta pela análise de documentos, pareceres de *experts*, oitiva de testemunhas e depoimento pessoal das partes, não é possível afirmar prontamente que o *motivo determinante* de ambas as partes é ilícito (art. 166, III, do Código Civil) ou mesmo que o contrato tem *por objetivo fraudar lei imperativa* (art. 166, VI, do Código Civil). Em contrapartida, caso ao longo do processo de conhecimento haja evidências suficientes para persuadir o julgador no sentido que a intenção das partes era, por exemplo, de pagar propina para um funcionário de empresa que realiza concorrência privada e, somente em razão disso, firmaram o contrato de agência para obter um resultado favorável na referida concorrência, a associação seria perfeitamente aceitável, com a consequente declaração de nulidade do negócio jurídico.

Os mesmos autores elencam outras possibilidades de negócios jurídicos nulos em razão da prática de atos de corrupção:

> nos casos em que o representante ou pessoa detentora de confiança da vítima se obriga à prática de atos artificiosos para induzir a vítima a declarar sua vontade de forma defeituosa, celebrando negócio jurídico que de outra forma não celebraria;

---

64 Art. 710. Pelo contrato de agência, uma pessoa assume, em caráter não eventual e sem vínculos de dependência, a obrigação de promover, à conta de outra, mediante retribuição, a realização de certos negócios, em zona determinada, caracterizando-se a distribuição quando o agente tiver à sua disposição a coisa a ser negociada.
Parágrafo único. O proponente pode conferir poderes ao agente para que este o represente na conclusão dos contratos.

com efeito, é nulo o negócio jurídico em que a parte se obriga a artifícios maliciosos para que seu representado (ou pessoa sob sua influência) celebre negócio jurídico eivado de dolo, conforme o art. 145 do Código Civil;
nos casos em que o representante legal da empresa se obriga à prática de ato em desconformidade com o dever de lealdade ao qual está obrigado (art. 155 da Lei das Sociedades por Ações; art. 1.011 do Código Civil);
nos casos em que o representante da empresa se obriga à prática de ato que, embora lícito em tese, na prática ultrapassa seus fins econômicos e sociais, a boa-fé, ou os bons costumes; haverá, então, ato ilícito por abuso de direito, conforme art. 187 do Código Civil[65].

Além dessas hipóteses, é possível também que o árbitro tenha que declarar a nulidade de ato jurídico simulado, nos termos do art. 167[66] do Código Civil. Imagina-se, por exemplo, determinada circunstância em que as partes, visando "lavar" dinheiro de fontes ilícitas, decidem submeter um conflito imaginário à arbitragem, para que os árbitros decidam a matéria e possam, dessa forma, obter um título executivo que justifique a movimentação financeira entre elas. Nesse caso, "as partes na realidade não realizam nenhum negócio. Apenas fingem, para criar uma aparência, uma ilusão externa, sem que na verdade desejem o ato (*colorem habens, substantiam vero nullam*)"[67]. Nota-se que, neste exemplo, o vício ocorre simultaneamente em dois planos, o do direito material – já mencionado – e o do direito processual. O vício processual neste exemplo é caracterizado pela prática de ato simulado para atingir um fim proibido por lei, sendo responsabilidade do julgador, em razão de seu poder-dever enquanto detentor da tutela jurisdicional, proferir decisão que obste a fraude[68].

---

65 LOPES, Christian Sahb Batista; LOPES, Luiz Felipe Calábria. Os Efeitos Civis da Corrupção entre Particulares. In: FERES, Marcelo Andrade; CHAVES, Natália Cristina (Org.). *Sistema Anticorrupção e empresa.* Belo Horizonte: D'Plácido, 2018, p. 371-390, p. 381.

66 Art. 167. É nulo o negócio jurídico simulado, mas subsistirá o que se dissimulou, se válido for na substância e na forma.

§ 1º Haverá simulação nos negócios jurídicos quando:

I - aparentarem conferir ou transmitir direitos a pessoas diversas daquelas às quais realmente se conferem, ou transmitem;

II - contiverem declaração, confissão, condição ou cláusula não verdadeira;

III - os instrumentos particulares forem antedatados, ou pós-datados.

67 GONÇALVES, Carlos Roberto. *Direito Civil Brasileiro.* Volume 1: Parte Geral. 16 ed. São Paulo: Saraiva Educação, 2018, p. 499.

68 Sobre o ato processual simulado, discorre Humberto Theodoro Júnior ao tratar sobre os poderes e deveres do juiz: "No processamento e julgamento da lide, impõe o Código ao juiz mais o poder-dever de ater-se às seguintes regras: (...)

(f) Cabe ao juiz proferir decisão que obste a fraude quando, pelas circunstâncias da causa, convencer-se de que autor e réu se serviram do processo para praticar ato simulado ou conseguir fim proibido por lei. Aplicará, *in casu*, de ofício, as penalidades da litigância de má-fé (art. 142)" (THEODORO JÚNIOR, Humberto. *Curso de Direito Processual Civil.* Vol. I. 64. ed. Rio de Janeiro: Forense, 2023, p. 424).

A anulabilidade, por sua vez, também pode ser uma consequência da prática de atos de corrupção, em razão das hipóteses previstas no art. 171[69], II, do Código Civil (por vício resultante de erro, dolo, coação, estado de perigo, lesão ou fraude contra credores). Dentre essas, é provável que os casos de dolo sejam mais frequentes. Isso porque o dolo, apesar de não haver conceito expresso em lei, é entendido como "artifício, artimanha, engodo, encenação, astúcia, desejo maligno tendente a viciar a vontade do destinatário, a desviá-la de sua correta direção"[70]. Seria o caso da maioria dos contratos *procured by corruption*[71]. Em cenários dessa natureza, há de fato uma transação comercial, "formalizada em um contrato real, que é então devidamente executado. Mas o acordo é contaminado por pagamentos corrompidos, tanto na aquisição quanto no estágio de desempenho: a parte corrompida suborna um oficial da (ou outra pessoa relacionada à) parte corrompida, para aumentar as chances de aquisição ou facilitar a execução do negócio"[72].

Nas hipóteses de suspeita ou alegação de dolo civil, o árbitro terá de buscar elementos para verificar se o dolo foi a causa determinante do ato (*dolus causam dans*), "chamado de dolo *principal*, que conduz o agente à declaração de vontade, fundado naquelas injunções maliciosas, o que de outra maneira dito significa que o dolo só tem efeito de anular o negócio jurídico quando chegue a viciar e desnaturar a declaração de vontade"[73]. Um caso bem conhecido que exemplifica esse cenário

---

69 Art. 171. Além dos casos expressamente declarados na lei, é anulável o negócio jurídico:
I - por incapacidade relativa do agente;
II - por vício resultante de erro, dolo, coação, estado de perigo, lesão ou fraude contra credores.

70 VENOSA, Sílvio de Salvo. *Direito civil*: parte geral. Volume 1. 18 ed. São Paulo: Atlas, 2018, p. 430.

71 Sobre o tema, ensina Richard Kreindler: "Instead, contracts entered into as a result of a bribing agreement (contracts procured by corruption) may be annulled at the option of one party, depending on the domestic applicable law. It follows that, if the innocent party takes action, '*what was previously an existing contract is set aside*' and, consequently, it cannot be enforced (i.e., no contractual remedies will be available to the parties)" (KREINDLER, Richard H.; GESUALDI, Francesca. The Civil Law Consequences of Corruption Under the UNIDROIT Principles of International Commercial Contracts: An Analysis in Light of International Arbitration Practice. In: BONELL, Michael Joachim; MEYER, Olaf (eds). *The Impact of Corruption on International Commercial Contracts*. Springer, Cham, 2015. p. 391-409, p. 403).

72 Tradução livre, no original: "The second category includes those contracts tainted by corruption. In this case there is a proper business transaction, which is formalized in an actual contract, which is then duly performed. But the deal is tainted by corrupt payments either at the procurement or at the performance stage: the corrupting party bribes an officer of (or other person related to) the corrupted party, to enhance the chances of procurement or to facilitate the execution of the deal" (ARMESTO, Juan Fernandez. The Effects of a Positive Finding of Corruption. In: BAIZEAU, Domitille, KREINDLER, Richard H. Addressing Issues of Corruption in Commercial and Investment Arbitration. *Dossiers of the ICC Institute of World Business Law*, v. 13, cap. 11, 2015, p. 169).

73 PEREIRA, Caio Mário da Silva. *Introdução ao direito civil: teoria geral do direito civil*. 31 ed. Rio de Janeiro: Forense, 2019, p. 442.

(se transportado para o direito brasileiro) é aquele referido como *Wold Duty Free v. The Republic of Kenya (ICSID Case No. ARB/00/7)*, em que World Duty Free havia celebrado contrato com a República do Quênia para o estabelecimento de *duty free shops* nos aeroportos internacionais de Nairobi e Mombaça. Durante o procedimento arbitral, o representante legal da parte requerente admitiu em depoimento escrito e, posteriormente, oral, que havia sido feito o pagamento do equivalente a quinhentos mil dólares em propina ao então Presidente da República[74].

É prudente, contudo, que se diga que é o árbitro quem terá de analisar, na prática, se, diante do caso concreto, não estaria presente o chamado *dolo acidental*, "quando não influi diretamente na realização do ato, que se teria praticado independentemente da malícia do interessado, porém em condições para este menos vantajosas, e é por isso que somente o dolo principal conduz à anulação do negócio, obrigando o dolo acidental exclusivamente à satisfação de pernas de danos (Código Civil, arts. 145 e 146)"[75].

Outros três pontos ainda merecem destaque quando se lida com a matéria. O primeiro deles, tal como abordado por Christian Sahb Batista Lopes e Luiz Felipe Calábria Lopes, é o fato de que o art. 149[76] do Código Civil, que trata do dolo dos representantes legais ou convencionais, aborda somente o cenário em que o representado obtém benefício em razão de dolo praticado pelo representante que prejudicou terceiro com quem o representado contratou, não encobrindo o cenário inverso, em que o representado é vítima de seu representante – possivelmente mais frequente que aquele positivado no Código[77].

Na sequência, tem-se a hipótese em que ambas as partes procedem com dolo, prevista no art. 150[78] do Código Civil, já que ambas as partes, em conluio, praticam

---

74 A sentença arbitral transcreveu na íntegra o depoimento do representante legal da parte, que assim descreve o pagamento de propina: "I understood that Sajjad had received the cash worth US$500,000 against the letter of credit on 16 February 1989. He had then arranged for this to be exchanged into Kenyan Shillings (KSh). He brought the KSh in cash to my meeting with HEDAM in a brown briefcase. When we entered the room where the President received us, he put the briefcase by the wall and left it there. After the meeting we collected the briefcase from where we had left it. On the departing journey I looked in the briefcase and saw that the money had been replaced with fresh corn" (*World Duty Free Company v Republic of Kenya, ICSID Case No. Arb/00/7*, sentença de 4 de outubro de 2006, p. 38).

75 PEREIRA, Caio Mário da Silva. *Introdução ao direito civil*: teoria geral do direito civil. 31 ed. Rio de Janeiro: Forense, 2019, p. 443.

76 Art. 149. O dolo do representante legal de uma das partes só obriga o representado a responder civilmente até a importância do proveito que teve; se, porém, o dolo for do representante convencional, o representado responderá solidariamente com ele por perdas e danos.

77 LOPES, Christian Sahb Batista; LOPES, Luiz Felipe Calábria. Os Efeitos Civis da Corrupção entre Particulares. In: FERES, Marcelo Andrade; CHAVES, Natália Cristina (Org.). *Sistema Anticorrupção e empresa*. Belo Horizonte: D'Plácido, 2018, p. 371-390, p. 383-384.

78 Art. 150. Se ambas as partes procederem com dolo, nenhuma pode alegá-lo para anular o negócio, ou reclamar indenização.

algum ato de corrupção. Nesse contexto, a regra geral determina que nenhuma das partes poderá se beneficiar de eventuais alegações da prática de dolo pela outra parte para pleitear em juízo a anulação do negócio jurídico ou indenização. Assim, "[o]s dolos restarão neutralizados, como se uma conduta dolosa refletisse na outra, anulando-se ambas, e o negócio subsistirá, não sendo permitida a anulação. Isso porque o direito não poderá proteger qualquer das partes que alega a torpeza da outra, se ambas obraram de má-fé"[79].

Finalmente, de modo geral, da prática de atos de corrupção não se denota necessariamente a figura do abuso de direito. Antes de se ponderar sobre o tema, é pertinente trazer a conceituação do instituto de acordo com Caio Mário da Silva Pereira, ao comentar o artigo 187[80] do Código Civil:

> O dispositivo oferece os extremos da caracterização do abuso do direito, assentando que o exercício dele há de ser limitado. O parâmetro instituído no Código está em que o sujeito de um direito subjetivo não o pode exercer em afronta à finalidade econômica ou social dele, ou contrariando o princípio da boa-fé ou os bons costumes. Não importa, na caracterização do uso abusivo do direito, a deliberação de malfazer – *animus nocendi*. É suficiente determinar que, independentemente desta indagação subjetiva, abusa de seu direito aquele que leva o seu exercício ao extremo de convertê-lo em prejuízo para outrem. O propósito de causar dano não requer apuração de intenção íntima do titular. Induz-se o abuso da circunstância de se servir dele o titular, excedendo manifestamente o seu fim econômico ou social, atentando contra a boa-fé ou os bons costumes[81].

Ainda sobre o tema, Orlando Gomes distingue o instituto do abuso de direito de figuras semelhantes, como a fraude à lei e o ato realizado sem direito:

> Do abuso de direito distinguem-se certas figuras de traços semelhantes, vistas de relance, como a *fraude à lei* e o *ato realizado sem direito*.
>
> Há *fraude à lei* com a realização, por meios lícitos, de fins que ela não permite sejam atingidos diretamente, por adversos à sua disposição. No abuso de direito, ocorre apenas irregularidades no exercício, da qual resulta dano ou constrangimento para terceiro. Na fraude à lei, a sanção há de ser, necessariamente, a

---

79 NANNI, Giovanni Ettore (Coord.). *Comentários ao Código Civil: direito privado contemporâneo.* São Paulo: Saraiva Educação, 2018, p. 237.

80 Art. 187. Também comete ato ilícito o titular de um direito que, ao exercê-lo, excede manifestamente os limites impostos pelo seu fim econômico ou social, pela boa-fé ou pelos bons costumes.

81 PEREIRA, Caio Mário da Silva. *Introdução ao direito civil*: teoria geral do direito civil. 34 ed. Rio de Janeiro: Forense, 2022, p. 574.

> nulidade do ato. No abuso de direito, consiste, principalmente, na obrigação de indenizar o prejuízo.
>
> O *ato realizado sem direito* não se confunde com o abuso de direito, porque, neste, o agente tem direito que exerce, todavia, de modo irregular, enquanto, naquele, exerce, normalmente, direito que não tem. Quem age sem direito responde pelo fato, independentemente de qualquer prejuízo que cause. O exercício de direito que não cause dano, ainda moral, abusivo não é.
>
> O abuso de direito é, para alguns, *ato ilícito*. Provém o equívoco da consideração, hoje ultrapassada, de que se sujeitam à mesma sanção. Diferem substancialmente. No *ato ilícito*, o agente infringe a lei frontalmente. No abuso de direito, viola o princípio geral de que os direitos devem ser exercidos com certos limites, a fim de que seja atingida a finalidade em vista da qual se conferem e tutelam [apesar de serem inconfundíveis, o novo texto do Código Civil de 2002 definiu o abuso de direito como sendo uma modalidade de ato ilícito][82].

Verifica-se, portanto, que mais uma vez a análise das circunstâncias do caso concreto é fundamental, não sendo possível fornecer uma fórmula padrão que resulte em um único resultado para a prática de atos de corrupção (*one-size-fits-all approach*).

É possível que, conforme notaram Christian Sahb Batista Lopes e Luiz Felipe Calábria Lopes, do ato de corrupção resulte um cenário em que "o representante da empresa se obriga à prática de ato que, embora lícito em tese, na prática ultrapassa seus fins econômicos e sociais, a boa-fé, ou os bons costumes; have[ndo], então, ato ilícito por abuso de direito"[83]. No entanto, vislumbra-se também a hipótese dos contratos *providing for corruption*, onde possivelmente estará presente o dolo de ambas as partes, atraindo a aplicação do art. 150 do Código Civil que, em razão disso, anulam-se, impedindo, a princípio, qualquer indenização. Neste último cenário, tal como se viu a partir da citação acima de Orlando Gomes, estar-se-ia diante de um ato realizado sem direito, e não de abuso de direito. Ademais, nos casos de anulabilidade, em que, como visto acima no item 4.2.2.2, depende-se da conveniência das partes e eventual decisão que declara o ato anulado produz efeitos *ex nunc*, pode se fazer oportuna a aplicação "de algumas figuras, decorrentes da boa-fé, no sentido de cláusula geral delimitadora do exercício de direitos, amplamente

---

82 GOMES, Orlando. *Introdução ao direito civil.* 22 ed. Rio de Janeiro: Forense, 2019, p. 98.

83 LOPES, Christian Sahb Batista; LOPES, Luiz Felipe Calábria. Os Efeitos Civis da Corrupção entre Particulares. In: FERES, Marcelo Andrade; CHAVES, Natália Cristina (Org.). *Sistema Anticorrupção e empresa.* Belo Horizonte: D'Plácido, 2018, p. 371-390, p. 381.

tutelada pelo Código Civil"[84], tais como *venire contra factum proprium*, *supressio*, *surrectio* e *tu quoque*[85].

Ao se tratar de fenômenos complexos com o potencial de permear todos os aspectos da vida humana, como é o caso da corrupção, é possível que seus efeitos jurídicos, mesmo aqueles confinados à esfera civil, atraiam diversas e, por vezes simultâneas, incidências normativas. Trata-se do que Pontes de Miranda definiu como multiplicidade de incidências[86]. Caberá ao árbitro analisar cada uma delas ao longo da instrução processual para, com base na técnica de eliminação progressiva, identificar e corretamente aplicar suas consequências civis, dentro dos limites de sua jurisdição.

4.2.2.4.2 Os contratos da Administração

Noutra quadra, na seara do direito administrativo, para os casos de atos de corrupção em relações jurídicas envolvendo a Administração Pública, o endereçamento é diferente, seja para o diagnóstico jurídico, seja para os efeitos que tais atos produzem, uma vez identificados.

Para este tópico, será utilizada a expressão "contratos da Administração", conferida por Maria Sylvia Zanella Di Pietro, para se referir de forma geral a todos os contratos firmados pela Administração Pública, sejam eles regidos pelo regime de direito público ou privado[87]. A referida expressão é empregada neste trabalho pois reflete de forma mais precisa o fato de que a jurisdição outorgada aos árbitros também pode se originar de relações jurídicas de ambos os regimes, englobando, por

---

84 MELO, Diogo Leonardo Machado de. Comentários aos arts. 186 a 188 do Código Civil. In: NANNI, Giovanni Ettore (coord.). *Comentários ao Código Civil*: direito privado contemporâneo. 2. ed. São Paulo: Saraiva Educação, 2021, p. 201.

85 MELO, Diogo Leonardo Machado de. Comentários ao art. 187 do Código Civil. In: NANNI, Giovanni Ettore (coord.). *Comentários ao Código Civil*: direito privado contemporâneo. 2. ed. São Paulo: Saraiva Educação, 2021, p. 201.

86 Nas palavras de Pontes de Miranda: "O mesmo ato pode ser elemento dos suportes fáticos de regras jurídicas diferentes; inclusive a incidência de uma delas pode fazê-lo entrar como ato ilícito relativo, e a de outra, como ato ilícito absoluto. Basta para isso que, violador de contrato, ou outro negócio jurídico, ou de ato jurídico *stricto sensu*, também o seja de direito absoluto; ou, melhor, que o ato seja ilícito absoluto e o fosse ainda se não existisse a relação jurídica entre o agente e o lesado O que se apropria do depósito viola as obrigações do depositário e ofende o direito de propriedade, civil e penalmente. Discute-se se, *de lege lata*, as duas ou mais regras jurídicas incidem, ao que não há qualquer obstáculo lógico ou político; ou se só uma delas pode incidir" (PONTES DE MIRANDA, Francisco Cavalcanti. *Tratado de Direito Privado*. Tomo II. Rio de Janeiro: Borsoi, 1954, §170, p. 519).

87 DI PIETRO, Maria Sylvia Zanella. *Direito Administrativo*. 36 ed. Rio de Janeiro: Forense, 2024, p. 284.

óbvio, a Administração Pública[88]. Nesse contexto, a expressão "contratos administrativos" será empregada unicamente para se referir aos negócios jurídicos celebrados pela própria Administração Pública, para o desempenho do interesse público e no regime de direito público[89].

A complexidade da teoria das nulidades não é exclusiva do direito privado, muito pelo contrário. Contudo, a doutrina publicista enfrenta o tema de maneira bem diferente. Recentemente, a partir da edição da nova Lei de Licitação e Contratos Administrativos (Lei nº 14.133/2021, doravante "NLLCA") e das alterações à Lei de Introdução às Normas do Direito Brasileiro (Decreto-Lei nº 4.657/1942, alterado pela Lei nº 13.655/2018, ou simplesmente "LINDB"), a matéria tem recebido maior atenção da doutrina, como se verá adiante.

Segundo Marçal Justen Filho, a teoria das nulidades no direito administrativo ainda está em construção, refletindo três esferas de dificuldade. A primeira é a ausência de um Código de Direito Administrativo, consagrando de modo amplo e sistêmico solução legislativa para a questão das nulidades, pois apesar de haver previsões esparsas (como na NLLCA, LINDB e Lei de Processo Administrativo Federal), não há uma sistematização ampla dos casos de nulidade e as soluções aplicáveis. A segunda advém das características heterogêneas do próprio direito administrativo, que contempla matérias distintas, dificultando em grande medida um tratamento uniforme e igualitário. Em terceiro lugar, tem-se o fato de que grande parte da teoria das nulidades no direito administrativo foi desenvolvida sob influência de um regime não democrático, de maneira que a atuação estatal da época refletia a vontade suprema do governante[90].

De qualquer maneira, é possível extrair algumas conclusões a partir do tratamento doutrinário conferido aos atos administrativos. Dentre os diferentes defeitos atribuíveis aos atos administrativos[91], importa para o presente trabalho aqueles em

---

88 Cf. LA, Art. 1º. Mesmo antes da alteração legislativa de 2015 que incluiu o §1º no art. 1º da LA, pacificando o entendimento de que a Administração Pública, Direta e Indireta, pode se valer de arbitragem para resolver os conflitos que versem sobre direitos patrimoniais disponíveis, tal posição já era defendida na doutrina há muito tempo. Na verdade, desde a promulgação da LA em 1996, a dicção do art. 1º já permitia a participação da Administração Pública em procedimentos arbitrais ao se referir às "pessoas capazes de contratar". Sobre o tema, conferir: (i) LEMES, Selma. *Arbitragem na administração pública*: fundamentos jurídicos e eficiência econômica. São Paulo: Quartier Latin, 2007; (ii) CARMONA, Carlos Alberto. *Arbitragem e processo*: um comentário à Lei nº 9.307/96. 4ª ed. Barueri: Atlas, 2023, p. 50-59.

89 DI PIETRO, Maria Sylvia Zanella. *Direito Administrativo*. 36 ed. Rio de Janeiro: Forense, 2024, p. 284.

90 JUSTEN FILHO, Marçal. *Curso de Direito Administrativo*. 14 ed. Rio de Janeiro: Forense, 2023, p. 189.

91 Marçal Justen Filho, ao elencar os defeitos dos atos administrativos em ordem crescente de gravidade, coloca-os da seguinte maneira: (i) irregularidade irrelevante; (ii) irregularidade suprível; (iii) nulidade relativa; (iv) nulidade absoluta; e (v) inexistência jurídica. O mesmo autor assim define cada um

que os atos de corrupção podem se manifestar. Logo, não obstante a possibilidade de aplicação subsidiária da teoria geral do direito privado no que tange aos contratos administrativos[92], é seguro afirmar que estes são submetidos ao regime do direito

---

deles: "Há *irregularidade irrelevante* quando a desconformidade não traduz infração a valor ou interesse jurídicos. O exemplo clássico é o erro na grafia de uma palavra, no corpo de um ato administrativo. Se o equívoco é evidente e não altera o sentido da oração, não se deve reconhecer a existência de um vício jurídico. A *irregularidade suprível* é aquela em que existe defeito sanável, sem que tal acarrete lesão a valor ou a interesse jurídicos. Esse é o caso de um ato de aposentadoria que contempla equívoco quanto à data a partir da qual produzirá efeitos. É possível produzir a correção, sem que o ato equivocado seja excluído da vida jurídica, mantendo-se os efeitos do ato cujo defeito foi sanado. A *nulidade relativa* ocorre quando o defeito afeta interesses disponíveis de sujeitos específicos, o que subordina a pronúncia do defeito à provocação do interessado. No caso de nulidade relativa, admite-se que o ato defeituoso produza os seus efeitos até a pronúncia do vício (ou, em alguns casos, até que o particular lesado contra ele se insurja). A *nulidade absoluta* se verifica quando o defeito lesiona interesses indisponíveis ou interesses disponíveis de sujeitos indeterminados, o que impõe o dever-poder de a Administração Pública pronunciar o vício de ofício, com efeitos geralmente retroativos à data em que se configurou o defeito. É costumeiro afirmar que a nulidade absoluta se caracteriza quando há infração a 'interesse público'. A impossibilidade de identificação de um único interesse público dificulta a utilização desse critério. Aliás, pode haver casos em que esteja presente um interesse qualificado como público de tamanha relevância que conduza ao reconhecimento da validade de atos defeituosos. (...) A *inexistência jurídica* se verifica quando não existem os requisitos mínimos necessários à qualificação de um ato como jurídico. Não obstante, podem existir alguns eventos no mundo dos fatos. Mas esses eventos são totalmente desconformes aos modelos jurídicos. O grau de desconformidade é tão intenso que nem cabe aludir a um 'ato jurídico defeituoso' – existe apenas ato material, destituído de qualquer carga jurídica. Lembre-se que essa categoria abrange os chamados atos administrativos putativos, os quais podem gerar efeitos jurídicos." (JUSTEN FILHO, Marçal. *Curso de Direito Administrativo*. 14 ed. Rio de Janeiro: Forense, 2023, p. 191).

92 Sobre o tema, veja-se: "Embora típica do Direito Privado, a instituição do *contrato* é utilizada pela Administração Pública na sua pureza originária (contratos privados realizados pela Administração) ou com as adaptações necessárias aos negócios públicos (contratos administrativos propriamente ditos). Daí por que a *teoria geral do contrato* é a mesma tanto para os *contratos privados* como para os *contratos públicos*, de que são espécies os *contratos administrativos* e os *acordos internacionais*. Todavia, os *contratos públicos* são regidos por normas e princípios próprios do Direito Público (...) atuando o Direito Privado apenas supletivamente, jamais substituindo ou derrogando as regras privativas da Administração" (MEIRELLES, Hely Lopes; BURLE FILHO, Emmanuel. *Direito Administrativo* Brasileiro. 42 ed. São Paulo: Malheiros, 2016, p. 238-239); "É importante frisar a aplicação subsidiária do direito privado porque é na teoria geral dos contratos que o contrato administrativo vai buscar os seus elementos essenciais, aos quais vai agregar as prerrogativas que o caracterizam. Fatores como a bilateralidade, a onerosidade e a comutatividade são extraídos da teoria geral e incorporados aos contratos administrativos e constituem, assim, limites ao uso, muitas vezes imoral e distorcido, das cláusulas exorbitantes. Busca-se, então, no direito privado, a solução para problemas que ultrapassam os limites do direito administrativo, sendo a indenização um exemplo típico dessa aplicação subsidiária" (SOUTO, Marcos Juruena Villela. *Direito administrativo contratual*: licitações, contratos administrativos. Lumen Juris, 2004, p. 277).

público, fato que enseja algumas particularidades[93]. Para que seja feita a análise que este item do trabalho se propõe, seis particularidades devem ser ressaltadas.

A primeira diz respeito ao fato de que os atos da Administração Pública, por serem praticados no âmbito de um Estado Democrático de Direito[94], estão sujeitos a vários mecanismos de controle[95]. O foco deste item será no chamado controle externo da atividade administrativa[96], entendido como "(...) o dever-poder atribuído constitucionalmente e instituído por lei como competência específica de certos Poderes e órgãos, tendo por objeto identificar e prevenir defeitos ou aperfeiçoar a atividade administrativa, promovendo as medidas necessárias para tanto"[97]. Posto de outra forma, de acordo com Celso Antônio Bandeira de Mello, o controle externo é aquele exercido por órgãos alheios à Administração, compreendendo o

---

93 Veja-se os comentários de Ricardo Panato: "Cumpre relembrar, todavia, que a teoria dualista aplicável aos atos e contratos administrativos não se confunde com a acima mencionada teoria das nulidades do direito privado. O regime de direito público impõe sejam observados certos temperamentos no uso de institutos de direito privado, porquanto a atividade da Administração Pública se orienta a partir de premissas diferentes. No direito privado, por exemplo, os casos de anulabilidade só poderão ser apreciados quando o vício for invocado por algum interessado. O Poder Público, no entanto, deve agir sempre em consonância com o princípio da legalidade, fazendo-se imperativa a invalidação do ato ou do contrato (ou mesmo de alguma de suas cláusulas se esta não prejudicar a preservação do ajuste), conforme a espécie de vício encontrado; não há de se exigir, para a Administração Pública, a iniciativa de qualquer interessado para que a desconformidade seja reparada com fundamento no poder-dever de autotutela. (...) Nada obstante, não há de ser olvidada a possibilidade de transportar da teoria geral do direito privado lições aplicáveis aos contratos administrativos, que, sob diversos aspectos, apresentam estrutura similar à dos contratos de direito privado. Não é sem motivo, pois, que o art. 54 da Lei 8.666/1993 prevê a aplicação supletiva dos princípios da teoria geral dos contratos e das disposições de direito privado aos contratos administrativos" (PANATO, Ricardo Epaminondas Leite Oliveira. A invalidade dos contratos administrativos e seus efeitos. *Revista do Instituto dos Advogados de São Paulo*, vol. 25/2010, p. 260-292, Jan-Jun, 2010, p. 263).

94 Conforme ensinam José dos Santos Carvalho Filho e Fernando Dias Menezes de Almeida: "Em resumo, podemos afirmar que a natureza jurídica do controle é, de um lado, a de elemento do regime democrático e do Estado de direito e, de outro, a natureza de princípio fundamental da Administração" (CARVALHO FILHO, José dos Santos; ALMEIDA, Fernando Dias Menezes de. *Tratado de Direito Administrativo*: Controle da Administração Pública e Responsabilidade do Estado. 2 ed. São Paulo: Thomson Reuters Brasil, 2019, p.41 (Tratado de Direito Administrativo; v. 7 / coordenação de Maria Sylvia Zanella Di Pietro)).

95 Não há consenso na doutrina acerca da sistematização do controle dos atos da Administração Pública. Sobre o tema, conferir: (i) JUSTEN FILHO, Marçal. *Curso de Direito Administrativo*. 14 ed. Rio de Janeiro: Forense, 2023, p. 741-742; (ii) DI PIETRO, Maria Sylvia Zanella. *Direito Administrativo*. 36 ed. Rio de Janeiro: Forense, 2024, p. 933.

96 Em oposição ao controle interno, definido por Celso Antônio Bandeira de Mello como aquele exercido pelos órgãos da própria Administração, que compõem o aparelho do Poder Executivo (BANDEIRA DE MELLO, Celso Antônio. *Curso de Direito Administrativo*. 35 ed. São Paulo: Malheiros, 2021, p. 883).

97 JUSTEN FILHO, Marçal. *Curso de Direito Administrativo*. 14 ed. Rio de Janeiro: Forense, 2023, p. 747.

controle parlamentar direto (ou legislativo), o controle efetuado pelos Tribunais de Contas, e o controle jurisdicional[98] – que engloba o instituto da arbitragem[99]. Mais especificamente, portanto, a análise tecida neste item se restringe ao campo do controle externo desempenhado pelos árbitros no procedimento arbitral.

A segunda particularidade, intrinsecamente ligada à primeira, consiste no fato de que o exercício do controle externo, por qualquer de seus Poderes e órgãos (*i.e.*, jurisdicional, legislativo, Tribunais de Contas e Ministério Público), não permite a revisão do mérito do ato administrativo[100]. Em regra, o controle jurisdicional poderá examinar os atos da Administração Pública de qualquer natureza, sejam eles individuais, unilaterais ou bilaterais, vinculados ou discricionários, mas sempre sob o prisma da legalidade e moralidade (Constituição Federal, arts. 5º, LXXIII, e 37)[101]. No que tange aos atos vinculados, não há qualquer restrição, visto que todos os elementos são definidos por lei, cabendo ao adjudicador simplesmente examinar os aspectos e requisitos legais[102]. Com relação aos atos discricionários, contudo, o controle jurisdicional deve "(...) respeitar a discricionariedade administrativa nos limites em que ela é assegurada à Administração Pública pela lei"[103-104]. Nesse con-

---

98 BANDEIRA DE MELLO, Celso Antônio. *Curso de Direito Administrativo*. 35 ed. São Paulo: Malheiros, 2021, p. 883.

99 BANDEIRA DE MELLO, Celso Antônio. *Curso de Direito Administrativo*. 35 ed. São Paulo: Malheiros, 2021, p. 903.

100 JUSTEN FILHO, Marçal. *Curso de Direito Administrativo*. 14 ed. Rio de Janeiro: Forense, 2023, p. 749.

101 DI PIETRO, Maria Sylvia Zanella. *Direito Administrativo*. 36 ed. Rio de Janeiro: Forense, 2024, p. 947.

102 DI PIETRO, Maria Sylvia Zanella. *Direito Administrativo*. 36 ed. Rio de Janeiro: Forense, 2024, p. 252.

103 DI PIETRO, Maria Sylvia Zanella. *Direito Administrativo*. 36 ed. Rio de Janeiro: Forense, 2024, p. 252.

104 Há de se notar também existência de diferentes teorias para analisar os limites do controle jurisdicional, tal como ensina Maria Sylvia Zanella Di Pietro: "Algumas teorias têm sido elaboradas para fixar limites ao exercício do poder discricionário, de modo a ampliar a possibilidade de sua apreciação pelo Poder Judiciário. Uma das teorias é a relativa ao desvio de poder, formulada com esse objetivo; o desvio de poder ocorre quando a autoridade usa do poder discricionário para atingir fim diferente daquele que a lei fixou. Quando isso ocorre, fica o Poder Judiciário autorizado a decretar a nulidade do ato, já que a Administração fez uso indevido da discricionariedade, ao desviar-se dos fins de interesse público definidos na lei. Outra é a teoria dos motivos determinantes, já mencionada: quando a Administração indica os motivos que a levaram a praticar o ato, este somente será válido se os motivos forem verdadeiros. Para apreciar esse aspecto, o Judiciário terá que examinar os motivos, ou seja, os pressupostos de fato e as provas de sua ocorrência. Por exemplo, quando a lei pune um funcionário pela prática de uma infração, o Judiciário pode examinar as provas constantes do processo administrativo, para verificar se o motivo (a infração) realmente existiu. Se não existiu ou não for verdadeiro, anulará o ato. Começa a surgir no direito brasileiro forte tendência no sentido de limitar-se ainda mais a discricionariedade administrativa, de modo a ampliar-se o controle judicial. Essa tendência verifica-se com relação às noções imprecisas que o legislador usa com frequência para designar o motivo e a finalidade do ato (interesse público, conveniência administrativa, moralidade, ordem pública etc.)." (DI PIETRO, Maria Sylvia Zanella. *Direito Administrativo*. 36 ed. Rio de Janeiro: Forense, 2024, p. 252).

texto, identificada existência de qualquer ilegalidade ou de atuação discricionária defeituosa, deverá o adjudicador verificar quais são as providências cabíveis, pois há limites não apenas quanto à amplitude da revisão propiciada, quanto às providências que podem ser produzidas[105].

Outra peculiaridade do direito administrativo que pode parecer óbvia, mas que deve ser destacada, é o fato de que a seara administrativa atrai para o ato jurídico, especificamente o ato administrativo, elementos diferentes daqueles do direito privado. Isso significa que, para além dos elementos de sujeito, objeto e forma (a partir dos quais incidem os vícios previstos nos arts. 166 e 171 do Código Civil), sobre o ato administrativo podem incidir vícios de motivo e finalidade[106].

Seguindo as categorias expostas pelo art. 2º[107] da Lei da Ação Popular (Lei nº 4.717/1965), Marçal Justen Filho oferece uma sistematização que detalha cada um dos cinco elementos acima mencionados, a saber: (i) vícios de competência, englobando (i.1) a inexistência de competência, (i.2) defeito quanto ao sujeito e (i.3) excesso de poder; (ii) vícios de forma, que compreende (ii.1) ofensa aos requisitos de existência e validade, (ii.2) ofensa ao procedimento e (ii.3) defeito de motivação; (iii) vícios de conteúdo, sendo eles (iii.1) ofensa aos requisitos de existência e (iii.2) ofensa aos requisitos de validade; (iv) vícios de motivo, que correspondem (iv.1) à ausência de escolha consciente, (iv.2) ao equívoco quanto à relação dos fatos, (iv.3) ao equívoco quanto à relação de causalidade entre motivo e decisão e (iv.4) ao equívoco quanto à relação de necessidade entre motivo e decisão; e (v) vícios de

---

105 JUSTEN FILHO, Marçal. *Curso de Direito Administrativo.* 14 ed. Rio de Janeiro: Forense, 2023, p. 749.

106 DI PIETRO, Maria Sylvia Zanella. *Direito Administrativo.* 36 ed. Rio de Janeiro: Forense, 2024, p. 269.

107 Art. 2º. São nulos os atos lesivos ao patrimônio das entidades mencionadas no artigo anterior, nos casos de:
a) incompetência;
b) vício de forma;
c) ilegalidade do objeto;
d) inexistência dos motivos;
e) desvio de finalidade.
Parágrafo único. Para a conceituação dos casos de nulidade observar-se-ão as seguintes normas:
a) a incompetência fica caracterizada quando o ato não se incluir nas atribuições legais do agente que o praticou;
b) o vício de forma consiste na omissão ou na observância incompleta ou irregular de formalidades indispensáveis à existência ou seriedade do ato;
c) a ilegalidade do objeto ocorre quando o resultado do ato importa em violação de lei, regulamento ou outro ato normativo;
d) a inexistência dos motivos se verifica quando a matéria de fato ou de direito, em que se fundamenta o ato, é materialmente inexistente ou juridicamente inadequada ao resultado obtido;
e) o desvio de finalidade se verifica quando o agente pratica o ato visando a fim diverso daquele previsto, explícita ou implicitamente, na regra de competência.

finalidade, abrangendo (v.1) vício quanto à escolha de finalidade, (v.2) desvio de poder, (v.3) desvio de procedimento e (v.4) abuso de poder[108].

Além disso, recorre-se aos ensinamentos de Maria Sylvia Zanella Di Pietro para resumidamente elencar as outras três diferenças relevantes entre a teoria das nulidades no direito privado e público:

1. os vícios dos atos privados atingem apenas interesses individuais, enquanto os vícios dos atos administrativos podem afetar o interesse de terceiros ou até mesmo o interesse público; por exemplo, a adjudicação, na licitação, a quem não seja o vencedor prejudica a este, aos demais licitantes e ao próprio interesse da Administração na escolha da melhor proposta; por isso mesmo, não pode o Poder Público ficar dependendo de provocação do interessado para declarar a nulidade do ato, incumbindo-lhe o poder-dever de fazê-lo, com base em seu poder de autotutela; daí decorre conceito diverso de ato anulável, no direito administrativo;
2. por outro lado, diante de determinados casos concretos, pode acontecer que a manutenção do ato ilegal seja menos prejudicial ao interesse público do que a sua anulação; nesse caso, pode a Administração deixar que o ato prevaleça, desde que não haja dolo, dele não resulte prejuízo ao erário, nem a direitos de terceiros; é o que ocorre, por exemplo, com os atos praticados por funcionários "de fato";
3. finalmente, quanto aos vícios que atingem o ato administrativo, há modalidades peculiares que não existem no direito privado, como o excesso e o abuso de poder, a usurpação de função, o exercício de fato[109].

Verifica-se, portanto, que a tarefa do adjudicador que exerce o controle jurisdicional dos atos da Administração é mais complexa que aquela desempenhada na investigação de atos de corrupção em contratos submetidos ao regime de direito privado. Isso porque, além de válida, ainda que subsidiariamente, a teoria geral dos contratos, e consequentemente a técnica da eliminação progressiva[110] (explorada

---

108 JUSTEN FILHO, Marçal. *Curso de Direito Administrativo.* 14 ed. Rio de Janeiro: Forense, 2023, p. 177.

109 DI PIETRO, Maria Sylvia Zanella. *Direito Administrativo.* 36 ed. Rio de Janeiro: Forense, 2024, p. 269.

110 Sobre o tema, discorre Vladimir da Rocha França: "Como todo ato jurídico, o contrato administrativo tem três planos no sistema do Direito Positivo: (i) o plano da existência, no qual há o reconhecimento do acordo como contrato administrativo; (ii) o plano da validade, em que se examina sua juridicidade em face das normas jurídicas vigentes; e (iii) o plano da eficácia, em que se afere a aptidão do contrato para produzir os efeitos constantes de seu objeto" (FRANÇA, Vladimir da Rocha. Invalidação e convalidação do contrato administrativo no direito brasileiro. *Revista de Direito Administrativo e Infraestrutura*, vol. 4/2018, p. 43-64, Jan-Mar, 2018, p. 44).

acima no item 4.2.2.1), o julgador terá de levar em consideração todas as ressalvas feitas neste tópico. A complexidade, todavia, não para por aqui.

As ressalvas abordadas acima representam apenas a primeira esfera de preocupação do árbitro que se vê diante da responsabilidade de julgar uma matéria de direito público em que se discuta a prática de atos de corrupção. Para se investigar devidamente as consequências dos atos de corrupção, é preciso ainda analisar a incidência das alterações da LINDB, através da chamada Lei da Segurança Jurídica para Inovação Pública (Lei nº 13.655/2018), bem como os novos ditames da NLLCA (Lei nº 14.133/2021).

Iniciando-se pela LINDB, é de rigor notar que suas previsões são introdutórias de todo o direito brasileiro, e não apenas ao Código Civil[111]. Não obstante, para o direito público, a LINDB atua precipuamente para orientar a produção normativa infralegal[112].

Calcada em pesquisas acadêmicas empíricas e imparciais[113], a alteração da LINDB foi implementada visando atacar três grandes problemas que açodavam os órgãos de controle externo, quais sejam: (i) invalidação de atos administrativos com base em uma abordagem rasa de conceitos ou princípios jurídicos indeterminados (*e.g.*, "supremacia do interesse público", "dignidade da pessoa humana" ou "princípio da licitação); (ii) decisões jurisdicionais que não consideram devidamente as consequências concretas da invalidação sobre a gestão pública, seja em termos de custo, tempo, legitimidade, eficácia da política pública ou isonomia perante os demais cidadãos; e (iii) a provisoriedade das decisões administrativas, pois, diante do alto grau de controle a que estão sujeitas, as decisões administrativas acabam sendo por vezes apenas uma "primeira tentativa", cuja validação dependeria dos órgãos de controle[114]. Trata-se, portanto, de norma que, ao impor ao controlador uma lógica

---

111 MARTINS, Fernando Rodrigues. Comentários à Lei de Introdução às Normas do Direito Brasileiro. In: NANNI, Giovanni Ettore (coord.). *Comentários ao Código Civil*: direito privado contemporâneo. 2. ed. São Paulo: Saraiva Educação, 2021, p. 8.

112 MARQUES NETO, Floriano de Azevedo; FREITAS, Rafael Véras. *Comentários à Lei nº 13.655/2018 (Lei da Segurança para Inovação Pública*. Belo Horizonte: Fórum, 2019, p. 8.

113 Para uma abordagem geral de tais pesquisas empíricas, conferir: PALMA, Juliana Bonacorsi de. Segurança jurídica para a inovação pública: a nova Lei de Introdução às Normas do Direito Brasileiro (Lei no 13.655/2018). *Revista de Direito Administrativo*, Rio de Janeiro, v. 279, n. 2, p. 209-249, maio/ago. 2020.

114 PALMA, Juliana Bonacorsi de. Segurança jurídica para a inovação pública: a nova Lei de Introdução às Normas do Direito Brasileiro (Lei no 13.655/2018). *Revista de Direito Administrativo*, Rio de Janeiro, v. 279, n. 2, p. 209-249, maio/ago. 2020, p. 216-217.

consequencialista, provoca a responsividade da decisão[115]. Especificamente sobre o regime das nulidades, são de especial importância os arts. 20 a 23 da LINDB[116].

Da norma geral prevista no art. 20, extrai-se claramente que eventual análise da invalidação dos contratos da Administração deverá se atentar para a necessidade de continuidade do serviço público[117]. Posto de outra forma, qualquer decisão jurisdicional que analise a invalidação dos contratos da Administração deverá, impreterivelmente, conter "motivação que demonstre, de forma cabal, a necessidade e a adequação da medida imposta, devendo inclusive haver uma fundamentação que aborde as possíveis alternativas (art. 20, parágrafo único, da LINDB), devendo restar devidamente justificada a decisão tomada"[118]. Nota-se que o legislador deixa clara sua posição quando, ao final do *caput* do art. 20, impõe ao julgador a obrigação da

---

115 MARQUES NETO, Floriano de Azevedo; FREITAS, Rafael Véras de. *Comentários à Lei Nº 13.655/2018 (Lei da Segurança para a Inovação Pública)*. Belo Horizonte: Fórum, 2019, p. 32.

116 Art. 20. Nas esferas administrativa, controladora e judicial, não se decidirá com base em valores jurídicos abstratos sem que sejam consideradas as consequências práticas da decisão.

Parágrafo único. A motivação demonstrará a necessidade e a adequação da medida imposta ou da invalidação de ato, contrato, ajuste, processo ou norma administrativa, inclusive em face das possíveis alternativas.

Art. 21. A decisão que, nas esferas administrativa, controladora ou judicial, decretar a invalidação de ato, contrato, ajuste, processo ou norma administrativa deverá indicar de modo expresso suas consequências jurídicas e administrativas.

Parágrafo único. A decisão a que se refere o *caput* deste artigo deverá, quando for o caso, indicar as condições para que a regularização ocorra de modo proporcional e equânime e sem prejuízo aos interesses gerais, não se podendo impor aos sujeitos atingidos ônus ou perdas que, em função das peculiaridades do caso, sejam anormais ou excessivos.

Art. 22. Na interpretação de normas sobre gestão pública, serão considerados os obstáculos e as dificuldades reais do gestor e as exigências das políticas públicas a seu cargo, sem prejuízo dos direitos dos administrados.

§ 1º Em decisão sobre regularidade de conduta ou validade de ato, contrato, ajuste, processo ou norma administrativa, serão consideradas as circunstâncias práticas que houverem imposto, limitado ou condicionado a ação do agente.

§ 2º Na aplicação de sanções, serão consideradas a natureza e a gravidade da infração cometida, os danos que dela provierem para a administração pública, as circunstâncias agravantes ou atenuantes e os antecedentes do agente.

§ 3º As sanções aplicadas ao agente serão levadas em conta na dosimetria das demais sanções de mesma natureza e relativas ao mesmo fato.

Art. 23. A decisão administrativa, controladora ou judicial que estabelecer interpretação ou orientação nova sobre norma de conteúdo indeterminado, impondo novo dever ou novo condicionamento de direito, deverá prever regime de transição quando indispensável para que o novo dever ou condicionamento de direito seja cumprido de modo proporcional, equânime e eficiente e sem prejuízo aos interesses gerais.

117 HORTA, Bernardo Tinôco de Lima; FORTINI, Cristiana; AVELAR, Mariana Magalhães. O Tema das Nulidades na Lei No. 13.133-21 (NLLCA) - Um Diálogo com a LINDB. In: BUSCH, Eduardo Vieira. *Nova Lei de Licitações e Contratos Administrativos*: Aspectos Relevantes da Lei nº 14.133/21. São Paulo: Quartier Latin, 2023, p. 227-246, p. 232.

118 HORTA, Bernardo Tinôco de Lima; FORTINI, Cristiana; AVELAR, Mariana Magalhães. O Tema das Nulidades na Lei No. 13.133-21 (NLLCA) - Um Diálogo com a LINDB. In: BUSCH, Eduardo Vieira. *Nova Lei de Licitações e Contratos Administrativos*: Aspectos Relevantes da Lei nº 14.133/21. São Paulo: Quartier Latin, 2023, p. 227-246, p. 232.

análise das consequências práticas e de proporcionalidade sempre que a *ratio* jurídica se apoiar em conceitos ou princípios jurídicos indeterminados.

Os arts. 21 e 22, mantendo a lógica consequencialista, consagram ainda o dever do julgador de atuar de forma pragmática, ponderando as consequências e resultados práticos dos contratos da Administração. O parágrafo único do art. 21 não deixa dúvidas ao determinar inclusive que o julgador "deverá, quando for o caso, indicar as condições para que a regularização ocorra de modo proporcional e equânime e sem prejuízo aos interesses gerais". Tal lógica é refletida também no art. 26[119], ao prever que, em caso de dúvida sobre os efeitos da decisão de invalidação, é permitida a oitiva, por exemplo, dos usuários do serviço público em questão ou comunidade local afetada, proporcionando maior legitimidade democrática à decisão do controlador[120].

Tais artigos impõem ao julgador o dever de considerar as consequências práticas da decisão que será prolatada, ponderando quais são as alternativas presentes, orientando-se sempre a partir da manutenção do interesse público. Isso representa um marco relevante na legislação, introduzindo uma quebra com o regime antigo, caracterizado por uma visão excessivamente formalista do princípio da legalidade. Nas palavras de Floriano de Azevedo Marques Neto e Rafael Véras de Freitas:

> Em resumo, o art. 21 confere racional pragmático às decisões invalidadoras, o qual nada obstante suas variações, apresenta, ao menos, três características básicas: (i) o antifundacionalismo, de acordo com o qual rejeita a existência de entidades metafísicas ou conceitos abstratos, estáticos e definitivos no direito, imune às transformações sociais; (ii) o contextualismo, conceito que orienta a interpretação jurídica por questões práticas: e (iii) o consequencialismo, característica de

---

119 Art. 26. Para eliminar irregularidade, incerteza jurídica ou situação contenciosa na aplicação do direito público, inclusive no caso de expedição de licença, a autoridade administrativa poderá, após oitiva do órgão jurídico e, quando for o caso, após realização de consulta pública, e presentes razões de relevante interesse geral, celebrar compromisso com os interessados, observada a legislação aplicável, o qual só produzirá efeitos a partir de sua publicação oficial.
§ 1º O compromisso referido no *caput* deste artigo:
I - buscará solução jurídica proporcional, equânime, eficiente e compatível com os interesses gerais;
II – (VETADO);
III - não poderá conferir desoneração permanente de dever ou condicionamento de direito reconhecidos por orientação geral;
IV - deverá prever com clareza as obrigações das partes, o prazo para seu cumprimento e as sanções aplicáveis em caso de descumprimento.
§ 2º (VETADO).

120 HORTA, Bernardo Tinôco de Lima; FORTINI, Cristiana; AVELAR, Mariana Magalhães. O Tema das Nulidades na Lei No. 13.133-21 (NLLCA) - Um Diálogo com a LINDB. In: BUSCH, Eduardo Vieira. *Nova Lei de Licitações e Contratos Administrativos*: Aspectos Relevantes da Lei nº 14.133/21. São Paulo: Quartier Latin, 2023, p. 227-246, p. 233.

acordo com a qual as decisões devem ser tomadas a partir de suas consequências práticas (olhar para o futuro, e não para o passado)[121].

É preciso, todavia, apontar duas importantes diferenças entre a aplicação dos arts. 20 e 21 da LINDB. Para tanto, recorre-se novamente às palavras de Floriano de Azevedo Marques Neto, um dos autores do anteprojeto que deu origem aos arts. 20 a 22 da LINDB, e Rafael Véras de Freitas:

> Duas são as diferenças de abrangência em comparação com o art. 20. O art. 21 não se aplica apenas às decisões tomadas com base em valores abstratos, mas a qualquer decisão, mesmo as fundamentadas em expressa disposição contida em norma. De outro lado, enquanto o art. 20 se aplica a qualquer decisão, com quaisquer efeitos, a norma contida no art. 21 cinge-se às decisões que invalidam o ato, contrato, processo ou norma[122].

O *caput* do art. 22 e o art. 23, por sua vez, determinam não somente que, para a interpretação de normas, o julgador considere as dificuldades reais do gestor público, mas que, ao estabelecer nova interpretação sobre determinada norma, preveja regime de transição adequado. Floriano de Azevedo Marques Neto e Rafael Véras de Freitas asseveram que, diante do caráter *ad hoc* da arbitragem, a incidência de tal dispositivo, por mais que em tese aplicável, seria de pouca utilidade[123]. Contudo, entende-se pertinente realizar duas ressalvas sobre o ponto feito pelos autores. Primeiramente, os autores reconhecem expressamente que "(...) os árbitros devem observar as normas gerais de interpretação, salvo se as partes, na cláusula ou no termo arbitrais, dispuserem em sentido contrário" concluindo que "[n]a ausência de disposição válida excludente da aplicação integral do direito brasileiro, entendo necessariamente aplicáveis as nomas da LINDB também à jurisdição arbitral"[124]. Em segundo lugar, concorda-se com a posição dos autores de que a jurisdição dos árbitros se esgota ao proferir a sentença, impedindo a formação de um órgão permanente. Entretanto, vislumbra-se ao menos um cenário em que se entende que deve ser observado o racional do art. 23 no âmbito da jurisdição arbitral.

---

121 MARQUES NETO, Floriano de Azevedo; FREITAS, Rafael Véras de. *Comentários à Lei nº 13.655/2018 (Lei da Segurança para Inovação Pública*. Belo Horizonte: Fórum, 2019, p. 45.
122 MARQUES NETO, Floriano de Azevedo; FREITAS, Rafael Véras de. *Comentários à Lei Nº 13.655/2018 (Lei da Segurança para a Inovação Pública)*. Belo Horizonte: Fórum, 2019, p. 43.
123 MARQUES NETO, Floriano de Azevedo; FREITAS, Rafael Véras de. *Comentários à Lei Nº 13.655/2018 (Lei da Segurança para a Inovação Pública)*. Belo Horizonte: Fórum, 2019, p. 71.
124 MARQUES NETO, Floriano de Azevedo; FREITAS, Rafael Véras de. *Comentários à Lei Nº 13.655/2018 (Lei da Segurança para a Inovação Pública)*. Belo Horizonte: Fórum, 2019, p. 71, nota de rodapé nº 170.

Imagina-se um contrato de longa duração e execução continuada, como um contrato de concessão por exemplo. Neste caso, havendo cláusula compromissória[125] (ou mesmo compromisso arbitral), é possível que o mesmo contrato gere mais de um procedimento arbitral ao longo de sua duração. É possível, outrossim, que as partes desejem indicar o mesmo tribunal arbitral para mais de um procedimento arbitral[126]. Esse sendo o caso, não pode ser descartada a hipótese de um mesmo tribunal arbitral vir a mudar sua interpretação referente à norma de conteúdo indeterminado. E mesmo que as partes não indiquem o mesmo tribunal para mais de um procedimento derivado do mesmo contrato, os novos árbitros que venham a alterar a interpretação dada pelo tribunal anterior deve prever regime de transição adequado. Em qualquer dessas hipóteses, o racional do art. 23 da LINDB deve ser observado.

De qualquer maneira, fato é que as alterações da LINDB oferecem ao caminho decisório do direito público brasileiro parâmetros legais de racionalidade (inclusive econômica), conveniência e oportunidade, proximidade do cidadão, capacidade de aprendizagem e adaptação, experiência e proporcionalidade[127], mesmo que ciente da complexidade inerente a tal tarefa[128]. Tais normas, contudo, representam apenas critérios gerais, sendo necessário ainda analisar as previsões pertinentes oferecidas pela NLLCA (Lei nº 14.133/2021).

A NLLCA trouxe, em seu capítulo XI, arts. 147 a 150[129], uma mudança do regime específico para disciplinar a nulidade dos contratos administrativos. Anteriormente, a disciplina das nulidades para os contratos administrativos e licitações

---

125 Hipótese expressamente prevista em lei, conforme art. 23-A da Lei nº 8.987/1995.

126 Apesar de parecer situação específica e rara, verifica-se ao menos um caso em que aconteceu exatamente isso. Trata-se do Contrato de Concessão Patrocinada nº 07/2007, firmado entre Concessionária da rodovia MG 050 S.A. e o Estado de Minas Gerais, em 21 de maio de 2007, tendo como finalidade a exploração da Rodovia MG-050, em Minas Gerais. O mesmo contrato gerou dois procedimentos arbitrais distintos, processados perante a CAMARB – Câmara de Mediação e Arbitragem Empresarial – Brasil sob os números 16/14 e 01/15. A Requerente de ambos os procedimentos (a Concessionária) formulou pedido de conexão entre as arbitragens. Durante a audiência de assinatura do Termo de Arbitragem, as Partes acordaram em reunir os procedimentos, de modo que foram julgados pelo mesmo Tribunal Arbitral. A sentença proferida neste caso e o contrato de concessão objeto do litígio são públicos e podem ser acessados em, respectivamente: <http://www.infraestrutura.mg.gov.br/images/documentos/mg050/docs/20170102-Sentenca-Arbitral.pdf>; e <http://www.infraestrutura.mg.gov.br/servidor/avaliacao-de-desempenho/page/2191-contrato-mg-050>. Último acesso em 9 de janeiro de 2024.

127 HORTA, Bernardo Tinôco de Lima; FORTINI, Cristiana; AVELAR, Mariana Magalhães. O Tema das Nulidades na Lei No. 13.133-21 (NLLCA) - Um Diálogo com a LINDB. In: BUSCH, Eduardo Vieira. *Nova Lei de Licitações e Contratos Administrativos*: Aspectos Relevantes da Lei nº 14.133/21. São Paulo: Quartier Latin, 2023, p. 227-246, p. 233-234.

128 SCHMIDT-ASSMANN, Eberhard. *La teoría general del derecho administrativo como sistema.* Madri: INAP/Marcial Pons, 2003, p. 34-35.

129 Art. 147. Constatada irregularidade no procedimento licitatório ou na execução contratual, caso não seja possível o saneamento, a decisão sobre a suspensão da execução ou sobre a declaração de

era disposta no art. 59[130] da Lei nº 8.666/1993 e adotava uma postura mecanicista quanto à nulidade que refletia o entendimento da Súmula 473[131] do STF[132]. Em sentido oposto, o advento da NLLCA consagra o chamado princípio do formalismo moderado, por meio do qual somente será decretada a nulidade após serem fundamentadamente avaliadas as consequências da impossibilidade de convalidação dos

---

nulidade do contrato somente será adotada na hipótese em que se revelar medida de interesse público, com avaliação, entre outros, dos seguintes aspectos:
I - impactos econômicos e financeiros decorrentes do atraso na fruição dos benefícios do objeto do contrato;
II - riscos sociais, ambientais e à segurança da população local decorrentes do atraso na fruição dos benefícios do objeto do contrato;
III - motivação social e ambiental do contrato;
IV - custo da deterioração ou da perda das parcelas executadas;
V - despesa necessária à preservação das instalações e dos serviços já executados;
VI - despesa inerente à desmobilização e ao posterior retorno às atividades;
VII - medidas efetivamente adotadas pelo titular do órgão ou entidade para o saneamento dos indícios de irregularidades apontados;
VIII - custo total e estágio de execução física e financeira dos contratos, dos convênios, das obras ou das parcelas envolvidas;
IX - fechamento de postos de trabalho diretos e indiretos em razão da paralisação;
X - custo para realização de nova licitação ou celebração de novo contrato;
XI - custo de oportunidade do capital durante o período de paralisação.
Parágrafo único. Caso a paralisação ou anulação não se revele medida de interesse público, o poder público deverá optar pela continuidade do contrato e pela solução da irregularidade por meio de indenização por perdas e danos, sem prejuízo da apuração de responsabilidade e da aplicação de penalidades cabíveis.
Art. 148. A declaração de nulidade do contrato administrativo requererá análise prévia do interesse público envolvido, na forma do art. 147 desta Lei, e operará retroativamente, impedindo os efeitos jurídicos que o contrato deveria produzir ordinariamente e desconstituindo os já produzidos.
§ 1º Caso não seja possível o retorno à situação fática anterior, a nulidade será resolvida pela indenização por perdas e danos, sem prejuízo da apuração de responsabilidade e aplicação das penalidades cabíveis.
§ 2º Ao declarar a nulidade do contrato, a autoridade, com vistas à continuidade da atividade administrativa, poderá decidir que ela só tenha eficácia em momento futuro, suficiente para efetuar nova contratação, por prazo de até 6 (seis) meses, prorrogável uma única vez.
Art. 149. A nulidade não exonerará a Administração do dever de indenizar o contratado pelo que houver executado até a data em que for declarada ou tornada eficaz, bem como por outros prejuízos regularmente comprovados, desde que não lhe seja imputável, e será promovida a responsabilização de quem lhe tenha dado causa.
Art. 150. Nenhuma contratação será feita sem a caracterização adequada de seu objeto e sem a indicação dos créditos orçamentários para pagamento das parcelas contratuais vincendas no exercício em que for realizada a contratação, sob pena de nulidade do ato e de responsabilização de quem lhe tiver dado causa.

130 Art. 59. A declaração de nulidade do contrato administrativo opera retroativamente impedindo os efeitos jurídicos que ele, ordinariamente, deveria produzir, além de desconstituir os já produzidos.
Parágrafo único. A nulidade não exonera a Administração do dever de indenizar o contratado pelo que este houver executado até a data em que ela for declarada e por outros prejuízos regularmente comprovados, contanto que não lhe seja imputável, promovendo-se a responsabilidade de quem lhe deu causa.

131 A administração pode anular seus próprios atos, quando eivados de vícios que os tornam ilegais, porque deles não se originam direitos; ou revogá-los, por motivo de conveniência ou oportunidade, respeitados os direitos adquiridos, e ressalvada, em todos os casos, a apreciação judicial.

132 JUSTEN FILHO, Marçal. *Curso de Direito Administrativo*. 14 ed. Rio de Janeiro: Forense, 2023, p. 290.

atos em exame[133]. Seguindo a mesma linha das alterações da LINDB exploradas acima, isso significa que a análise feita pelo controle externo das licitações e contratos administrativos passa a ser pautada não por um formalismo excessivo, mas sim pela salvaguarda do interesse público, impondo ao julgador o dever de considerar alternativas à decretação da nulidade do negócio jurídico. Trata-se de uma "(...) ruptura da lógica de que os contratos nulos devem ser sempre anulados e de que, quando invalidados, seus efeitos devem ser todos desconstituídos (...)"[134].

Essa lógica é verificada no art. 147 da NLLCA, ao prever expressamente que uma vez constatada qualquer irregularidade no procedimento licitatório ou na execução contratual, não sendo possível o saneamento, a nulidade poderá ser decretada apenas se tal conduta se revelar em prol do interesse público. Os aspectos a serem considerados pelo julgador, constantes nos seus onze incisos, consiste no que a doutrina chama de Estudo de Impacto Invalidatório (EII)[135]. Digno de nota ainda é a previsão do parágrafo único, determinando que "caso a paralisação ou anulação não se revele medida de interesse público, o poder público deverá optar pela continuidade do contrato e pela solução da irregularidade por meio de indenização por perdas e danos, sem prejuízo da apuração de responsabilidade e da aplicação de penalidades cabíveis".

O comando de continuidade da atividade administrativa encontra reflexo também no art. 148, por meio do qual o legislador previu a possibilidade de modulação dos efeitos da declaração de invalidade. O mesmo vale para a possibilidade de indenização caso seja impossível o retorno ao *status quo ante*, que encontra guarida no parágrafo primeiro do referido artigo.

Em seguida, o art. 149 também enfrenta expressamente a possibilidade de indenização pela Administração do contratado caso se prove necessário a anulação de um contrato parcialmente executado.

Finalmente, a norma constante do art. 150 é autoexplicativa, impondo ao gestor público o comando de que "nenhuma contratação será feita sem a caracterização adequada de seu objeto e sem a indicação dos créditos orçamentários para pagamento das parcelas contratuais vincendas no exercício em que for realizada a contratação, sob pena de nulidade do ato e de responsabilização de quem lhe tiver dado causa".

---

133 HORTA, Bernardo Tinôco de Lima; FORTINI, Cristiana; AVELAR, Mariana Magalhães. O Tema das Nulidades na Lei No. 13.133-21 (NLLCA) - Um Diálogo com a LINDB. In: BUSCH, Eduardo Vieira. *Nova Lei de Licitações e Contratos Administrativos*: Aspectos Relevantes da Lei nº 14.133/21. São Paulo: Quartier Latin, 2023, p. 227-246, p. 238.

134 MAFFINI, Rafael. LINDB e a Nova Lei de Licitações e Contratos Administrativos (Lei 14.133/2021): em torno do regime jurídico das nulidades. In: BUSCH, Eduardo Vieira. *Nova Lei de Licitações e Contratos Administrativos*: Aspectos Relevantes da Lei nº 14.133/21. São Paulo: Quartier Latin, 2023, p. 793-813, p. 802.

135 JUSTEN FILHO, Marçal. *Curso de Direito Administrativo.* 14 ed. Rio de Janeiro: Forense, 2023, p. 290.

Pode-se dizer, assim, que as alterações da LINDB e a NLLCA foram bem recebidas pela doutrina, e tendem a melhorar a aplicação do regime das nulidades na prática dos órgãos de controle. Isso porque, além de representarem a positivação de entendimento já expressado há muito tempo pelo Tribunal de Contas da União[136], fornecem parâmetros de eficiência, racionalidade e continuidade dos serviços de interesse público.

Finalmente, a legislação esparsa ainda oferece alguns outros dispositivos pertinentes ao tema[137], tais como: (i) a Lei nº 8.429/92, que dispõe sobre as sanções aplicáveis aos agentes públicos, especificamente os arts. 9, 10 e 11, que tratam dos atos de improbidade administrativa que importem em enriquecimento ilícito, causam prejuízo ao erário e que atentam contra os princípios da Administração Pública; (ii) a Lei nº 12.846/13, a chamada Lei Anticorrupção, que dispõe no art. 5º atos lesivos à Administração Pública nacional ou estrangeira; e (iii) a Lei nº 13.303/16, que dispõe sobre o estatuto jurídico da empresa pública, da sociedade de economia mista e de suas subsidiárias, especificamente o art. 31, §1º, que trata de sobrepreço e superfaturamento nos contratos administrativos e licitações.

Veja-se, portanto, que legislação atualmente vigente possui mecanismos capazes de lidar com os efeitos de nulidade ou anulabilidade ocasionados pela prática de atos de corrupção, sem a necessidade de se ampliar o escopo de legislações destinadas especificamente aos atos de corrupção que envolvem os agentes públicos[138], exceto nos casos em que de fato houve seu envolvimento.

---

136 LEARDINI, Leandro Moraes; BERTOLDI, Luiz Henrique Alves. Nulidades dos Contratos na Nova Lei de Licitações e Contratos Administrativos: inovação legislativa ou positivação do entendimento consolidado pelo Tribunal de Contas da União. In: BUSCH, Eduardo Vieira. *Nova Lei de Licitações e Contratos Administrativos*: Aspectos Relevantes da Lei nº 14.133/21. São Paulo: Quartier Latin, 2023, p. 815-828. Os autores identificaram em sua pesquisa que o raciocínio exposto nas alterações da LINDB e a NLLCA reflete entendimento consolidado do TCU, identificando os seguintes julgados: Acórdão 1904/2008-Plenário, Relator: Raimundo Carreiro; Acórdão 2253/2011-Plenário, Relator: Aroldo Cedraz; Acórdão 2789/2013-Plenário. Relator: Benjamin Zymler; Acórdão 3092/2014-Plenário, Relator: Bruno Dantas; Acórdão 637/2017-Plenário, Relator: Aroldo Cedraz; e Acórdão no 6485/2010-2ª Câmara, TC-003.615/2010-3, rel. Min. Aroldo Cedraz, DOU de 09.11.2010.

137 CURY, Antonio Alberto Rondina. Efeitos da Corrupção em Arbitragens envolvendo o Poder Público. In: *Revista de Arbitragem e Mediação*, vol. 60/2019, p. 185-215, Jan-Mar, 2019, p. 189-190. As referências feitas no texto correspondem somente aos dispositivos atualmente vigentes.

138 A pesquisa revelou, na doutrina nacional, um autor que defende que à corrupção privada, por ser, em última análise, contrária ao interesse público, seria possível aplicar as previsões da Lei Anticorrupção (Lei nº 12.846/13). Nesse sentido, afirma o autor: "Tudo isso indica, em outros termos, que a vocação de legislações como a Lei 12.846/2013 não é apenas o combate à corrupção no setor público, mas também o combate ao que aqui se chamou de 'corrupção privada'. O concurso de agentes públicos, em outros termos, não é necessário para que o interesse público, por conta do qual são traçados os princípios da administração pública, se mostre lesionado. Nestes casos, pode-se divisar a incidência da lei e a adoção das medidas de apuração e responsabilização nela previstas" (PIZA, Paulo Luiz Toledo de. Notas sobre a corrupção privada e a corretagem de seguros. *Revista dos Tribunais*, v.947, p. 179-200, set./2014).

4.3 DA RESTITUIÇÃO E DA REPARAÇÃO CIVIL

Feito o diagnóstico dos efeitos da corrupção no que tange à validade dos negócios jurídicos, é importante frisar que a nulidade ou anulabilidade de tais negócios é a posição que a doutrina defende há bastante tempo[139]. Ocorre que a situação é por vezes simplificada demais, desconsiderando-se as nuances do caso concreto. Alguns autores afirmam que uma abordagem única para todos os casos, referida pela doutrina como *one-size-fits-all approach*, não seria ideal ou eficiente, de maneira que a resposta da comunidade jurídica deve ser "mais sofisticada, com consequências jurídicas variadas para diferentes atos com efeitos diferentes. Caso contrário, a injustiça pode ser praticada contra uma empresa ou um indivíduo, tratando todos os atos com as mesmas consequências, algumas das quais são desproporcionais às ofensas envolvidas"[140]. São exatamente algumas dessas peculiaridades que serão abordadas nos próximos tópicos.

4.3.1 Tentativas de uniformização do tema na doutrina internacional

Antes de se aprofundar neste tópico, é importante ressaltar que há uma grande preocupação da doutrina com a chamada "política de tolerância zero" (*zero tolerance approach*) em relação aos efeitos civis da corrupção nos contratos de modo geral. Isso não quer dizer que se entenda – ou mesmo que há divergência doutrinária – que a corrupção não deva ser combatida por todos os meios possíveis, visando evitar ou mitigar o máximo possível suas consequências nefastas. A preocupação é centrada em situações em que somente a nulidade ou anulabilidade do contrato não é suficiente para lidar com os efeitos dos atos de corrupção, ou pior, situações em que, especialmente nos contratos *procured by corruption* (conceito definido acima no item 4.2.1), a simples negativa de efeitos ao contrato é medida desproporcional, que prejudica a parte inocente. Ao discorrer acerca dos pontos negativos da política de tolerância zero no âmbito do direito público, discorre Kevin E. Davis:

---

139 Desde 1999, Fouchard, Gaillard e Goldman assim se posicionam: "It would appear that arbitral tribunals now generally admit the arbitrability of disputes involving allegations of corruption, and that where corruption is proved, they will hold the relevant contracts to be void" (FOUCHARD, Philippe; GAILLARD, Emmanuel; GOLDMAN, Berthold. *International Commercial Arbitration*. The Hague: Kluwer, 1999, p. 355).

140 Tradução livre, no original: "The international legal response needs to be more sophisticated, with varied legal consequences for different acts having differing effects. Otherwise, injustice can be done to a company or an individual by treating all acts with the same consequences, some of which are disproportionate to the offenses involved" (BISHOP, Doak. Toward a More Flexible Approach to the International Legal Consequences of Corruption. *ICSID Review*, v. 25, n. 1, p. 63-66, 2010, p. 66).

> The basic concern is that the zero-tolerance approach essentially punishes firms for two types of misconduct: 1) failing to prevent contracts from being procured through bribery and 2) making investments in reliance on those contracts rather than walking away. This approach seems misguided because it ignores the potential limits of preventive efforts and exit as well as the range of alternative ways in which both firms and governments can help to combat bribery in public contracting. No matter how unequivocally legal institutions state their opposition to enforcement of corruptly obtained contracts, there will be corruptible government officials and employees of private firms willing to deal with them. At the same time, even if there is nothing (short of shunning entire regimes) that firms can do to prevent their employees from resorting to bribery, they can still monitor and punish the ones who lapse, report them to law enforcement authorities, and create value for the government and society as a whole by continuing to invest in reliance upon their contracts. However, the zero-tolerance approach condemns firms unequivocally, regardless of whether they have taken any of these steps. The argument here is simply that a firm whose agents pay bribes ought to receive at least some credit on the basis of factors such as their role in exposing the extent of corruption and the value created by their investments[141].

A mesma preocupação é ecoada na iniciativa privada. O tribunal arbitral do *ICC Case No. 8891 (1998)* fez questão de ressaltar a solução desconfortável oferecida pelo direito, no caso ora citado francês e suíço, de se declarar a nulidade de um contrato parcialmente cumprido:

> (...) par ailleurs, le Tribunal arbitral est conscient que le nullité d'un contrat de pots-de-vin a pour effet que la partie ayant bénéficié des services de son cocontractant

---

141 Tradução livre: "A preocupação básica é a de que a abordagem de tolerância zero pune essencialmente as empresas por dois tipos de má conduta: 1) deixar de impedir a obtenção de contratos por meio de suborno e 2) fazer investimentos confiando nesses contratos em vez de desistir. Essa abordagem parece equivocada porque ignora os limites potenciais de esforços preventivos e de saída, bem como a variedade de maneiras alternativas pelas quais empresas e governos podem ajudar a combater o suborno em contratos públicos. Não importa quão inequivocamente as instituições jurídicas se oponham à execução de contratos obtidos de forma corrupta, haverá funcionários governamentais corruptos e funcionários de empresas privadas dispostos a lidar com eles. Ao mesmo tempo, mesmo que não exista nada (além de evitar regimes inteiros) que as empresas possam fazer para impedir que seus funcionários recorram ao suborno, ainda poderão monitorar e punir os que resvalarem, denunciá-los às autoridades policiais e criar valor para o governo e a sociedade como um todo, continuando a investir na confiança em seus contratos. No entanto, a abordagem de tolerância zero condena as empresas de maneira inequívoca, independentemente de terem tomado alguma dessas medidas. O argumento aqui é simplesmente que uma empresa cujos agentes pagam subornos deve receber pelo menos algum crédito com base em fatores como seu papel em expor a extensão da corrupção e o valor criado por seus investimentos" (DAVIS, Kevin E. Civil remedies for corruption in government contracting: zero tolerance versus proportional liability. *NYU School of Law, Public Law Research Paper*, n. 09-22, p. 09-16, 2009, p. 3-4).

> est dispense d'en payer le prix convenu. C'est là, sans nul doute, une conséquence pour le moins déplaisante. Elle apparaît toutefois insuffisante à légitimer le contrat, soit à en imposer la validité malgré son objet ou sa cause illicite[142].

Nesse cenário, seguro afirmar que a corrupção é um problema universal e que, apesar de haver um consenso internacional acerca da necessidade de sua condenação, como sempre, o diabo está nos detalhes. As consequências legais para ambas as partes em contratos afetados por corrupção ainda não foram completamente resolvidas[143]. Justamente por essa razão, algumas das iniciativas internacionais de uniformização do tratamento do tema, expostas acima, visam amenizar a situação.

Em primeiro lugar, a Convenção de *Civil Law* sobre corrupção do Conselho Europeu prevê a possibilidade de compensação por eventuais danos sofridos em razão da prática de atos de corrupção, tanto no setor privado (art. 3[144]) como no público (art. 5[145]), além de responsabilidade civil pela prática de tais atos (art. 4[146]).

---

142 Tradução livre: "(...) além disso, o Tribunal Arbitral está ciente de que a nulidade de um contrato de *pots-de-vin* resulta na isenção do pagamento da parte acordada pelos serviços do parceiro contratante. Esta é sem dúvida uma consequência desagradável, para dizer o mínimo. No entanto, parece insuficiente para legitimar o contrato, ou seja, impor sua validade, apesar de seu objeto ou causa ilegal" (*Journal du droit international*, 2000, 1076 e ss; ADDA, Marco. Arbitration Case Law on Bribery: Issues of Arbitrability, Contract Validity, Merits and Evidence. *Dossier of the ICC Institute of World Business Law: Arbitration: Money Laundering, Corruption and Fraud*, ICC Publication, n. 651, cap. 7, p. 109-147, 2003, p. 142; BETZ, Kathrin. *Proving Bribery, Fraud and Money Laundering in International Arbitration: On Applicable Criminal Law and Evidence*. Cambridge University Press, 2017, cap. 6, p. 194 e ss.).

143 Sobre o tema: "Corruption is one of the biggest problems of our time, and at first glance, there is international consensus in condemning it. As ever, however, the devil is in the details. The legal consequences for both parties to corrupt contracts are not, as of yet, completely resolved" (MEYER, Olaf. The formation of a transnational *ordre public* against corruption: lessons for and from arbitral tribunals. In: ROSE-ACKERMAN, Susan. *Anti-corruption policy, can International actors play a constructive role*, Cap. 15, p. 229-245, 2013, p. 243).

144 Article 3 – Compensation for damage

1. Each Party shall provide in its internal law for persons who have suffered damage as a result of corruption to have the right to initiate an action in order to obtain full compensation for such damage.
2. Such compensation may cover material damage, loss of profits and non-pecuniary loss.

145 Article 5 – State responsibility

Each Party shall provide in its internal law for appropriate procedures for persons who have suffered damage as a result of an act of corruption by its public officials in the exercise of their functions to claim for compensation from the State or, in the case of a non-state Party, from that Party's appropriate authorities.

146 Article 4 – Liability

1. Each Party shall provide in its internal law for the following conditions to be fulfilled in order for the damage to be compensated:

i. the defendant has committed or authorised the act of corruption, or failed to take reasonable steps to prevent the act of corruption;

ii. the plaintiff has suffered damage; and

iii. there is a causal link between the act of corruption and the damage.

2. Each Party shall provide in its internal law that, if several defendants are liable for damage for the same corrupt activity, they shall be jointly and severally liable.

Em seguida, os Princípios UNIDROIT Relativos aos Contratos Comerciais Internacionais de 2016, em seu art. 3.3.1(2)[147] e (3)[148], também contêm previsão que pode ocasionar em resultado similar, além da possibilidade de restituição prevista no art. 3.3.2(1)[149].

Finalmente, tem-se o art. 35 da UNAC, norma que passou a integrar o direito brasileiro mediante o Decreto nº 5.687/06. O texto do art. 35 da referida Convenção afirma categoricamente que "cada Estado Parte adotará as medidas que sejam necessárias, em conformidade com os princípios de sua legislação interna, para garantir que as entidades ou pessoas prejudicadas como consequência de um ato de corrupção tenham direito a iniciar uma ação legal contra os responsáveis desses danos e prejuízos a fim de obter indenização". Não há, contudo, legislação específica sobre o tema, o que ocasiona grande incerteza acerca de como tal situação seria implementada na prática.

4.3.2 Análise do tema no direito brasileiro

Sendo assim, cabe analisar como o direito brasileiro regula, até o momento, os efeitos civis da corrupção no que tange à possibilidade de restituição ou reparação civil dos danos sofridos pela prática de atos de corrupção. O ponto nevrálgico do tema é identificar o que deve ser feito nas hipóteses de invalidade do contrato já cumprido ou parcialmente cumprido. Como ensina Judith Martins-Costa, a máxima por vezes ecoada de que "do ato nulo não nascem efeitos" não é correta e nem rigorosa:

> Segundo reza o brocardo, *quod nullum est nullum effectum producit* – do ato nulo não nascem efeitos. Essa asserção, porém, não é rigorosa nem correta. Quando se diz que não decorrem efeitos dos atos nulos, se está referir que deles não decorre

147 (2) Where the mandatory rule does not expressly prescribe the effects of an infringement upon a contract, the parties have the right to exercise such remedies under the contract as in the circumstances are reasonable.

148 (3) In determining what is reasonable regard is to be had in particular to:
(a) the purpose of the rule which has been infringed;
(b) the category of persons for whose protection the rule exists;
(c) any sanction that may be imposed under the rule infringed;
(d) the seriousness of the infringement;
(e) whether one or both parties knew or ought to have known of the infringement;
(f) whether the performance of the contract necessitates the infringement; and
(g) the parties' reasonable expectations.

149 (1) Where there has been performance under a contract infringing a mandatory rule under Article 3.3.1, restitution may be granted where this would be reasonable in the circumstances.

> a sua *eficácia típica*, isto é, os efeitos normais aos quais o negócio estava predisposto. Não significa, de modo algum, que as consequências fenomênicas de atos atingidos por defeitos em sua formação sejam irrelevantes para a Ordem jurídica. E há efeitos não apenas porque mesmo nos atos nulos pode haver eficácia mínima de vinculação, mas, igualmente, porque a declaração negocial é recebida pelo Ordenamento ao menos como *fato jurídico* do qual decorrerão outros efeitos, não necessariamente aqueles queridos pelas partes[150].

O diagnóstico dos efeitos operados pela invalidade do negócio jurídico quando se busca a restituição ou reparação, contudo, é tortuoso. De maneira geral, "todo aquele que recebeu o que lhe não era devido fica obrigado a restituir", essa é a previsão de restituição constante no art. 876[151] do Código Civil. Ocorre que o próprio legislador fez questão de pontuar uma exceção importante: caso o negócio jurídico tenha sido formado com a finalidade de obter fim ilícito, imoral, ou proibido por lei, não se aplica a restituição, nos termos do art. 883[152] do Código Civil. Assim sendo, nos casos dos contratos cuja finalidade é a prática de atos de corrupção (*contracts providing for corruption*), não há que se falar em repetição, trata-se da máxima *ex turpi causa non oritur actio*[153]. Não obstante, também não se pode falar em indenização por ato ilícito, pois como ambas as partes concorreram para a prática do ilícito (*pari in delicto*), as culpas se compensam[154]. Há, todavia, uma razão de ser por trás desse raciocínio, tal como explicam Michael Bonell e Olaf Meyer:

---

150 MARTINS-COSTA, Judith. Efeitos obrigacionais da invalidade: o caso dos contratos viciados por atos de corrupção. In: BARBOSA, Henrique; SILVA, Jorge Cesa Ferreira da (cords.). *A Evolução do Direito Empresarial e Obrigacional*: os 18 anos do Código Civil – Obrigações e Contratos. Vol. II. São Paulo: Quartier Latin, p. 227-256, p. 230-231.

151 Art. 876. Todo aquele que recebeu o que lhe não era devido fica obrigado a restituir; obrigação que incumbe àquele que recebe dívida condicional antes de cumprida a condição.

152 Art. 883. Não terá direito à repetição aquele que deu alguma coisa para obter fim ilícito, imoral, ou proibido por lei.

Parágrafo único. No caso deste artigo, o que se deu reverterá em favor de estabelecimento local de beneficência, a critério do juiz.

153 Sobre o tema, completa Michael Bonell: "In other words, the parties to the contract should not receive the return of their performance if the invalidity of the contract results *contra legem* or *contra bonos mores*. The legal system's disapproval of the illicit contract is thus not extinguished by the failure of claims for performance, but continues on the level of unjust enrichment" (BONELL, Michael Joachim; MEYER, Olaf. The Impact of Corruption on International Commercial Contracts – General Report. In: BONELL, Michael Joachim; MEYER, Olaf (eds). *The Impact of Corruption on International Commercial Contracts*. Springer, Cham, 2015, p. 1-36, p. 14).

154 De acordo com Maria Helena Diniz: "(...) não poderá haver anulação do negócio, em caso de dolo recíproco. Assim válido será o ato negocial, ficando o dolo de um compensado pelo dolo do outro, seja qual foi a espécie de dolo. A lei confere validade ao ato por não admitir que quem agiu dolosamente queira, baseado em atos iníquos, obter a proteção da ordem jurídica, chegando-se ao absurdo de uma parte pedir a anulação do ato, enquanto a outra reclamasse a indenização, cada uma em busca do seu proveito, porque, quando ambas as partes procedem com dolo, não há boa-fé a defender" (DINIZ,

However, the approach does require further explanation, as the striking imbalance between the parties is certainly intentional: the party who performs first is faced with the risk of the entire loss of its performance. In turn, there is no incentive for his contractual partner to fulfil his part of the agreement, as he does not need to expect either claims for performance or reimbursement; he can thus breach the agreement without fear of consequence. Both parties have reason for doubting the honesty of their partners in crime, as both will have already demonstrated that they are willing to use illegal means to cheat their joint contractual partner, namely the principal. However, they nonetheless have to trust each other, because the law offers no protection to their agreement. The one-sided distribution of the economic risk of advance performance thus illustrates that the law intends to undermine the relationship of trust between two potentially corrupt parties.
A further reason for the failure of the claim for restitution can also be given: it would surely be unsatisfactory if the bribe-giver could rely on the assistance from the court in seeking to undo illegal payments. Excluding the claim for repayments thus protects the integrity of the courts, which dishonest parties should not be allowed to use as an instrument to facilitate their wrongdoings[155].

Maria Helena. *Curso de direito civil brasileiro*, volume 1: teoria geral do direito civil. 29 ed. São Paulo: Saraiva, 2012, p. 509). Especificamente sobre o tema, afirma Juan Fernandez Armesto: "In contracts providing for corruption both parties are equally at fault (*pari in delicto*), since both the corrupting and the corrupted party consent in executing a simulated contract, without legitimate purpose, which hides an illicit payment, and both act with full knowledge of the illegality of their transaction" (ARMESTO, Juan Fernandez. The Effects of a Positive Finding of Corruption. In: BAIZEAU, Domitille, KREINDLER, Richard H. Addressing Issues of Corruption in Commercial and Investment Arbitration. *Dossiers of the ICC Institute of World Business Law*, v. 13, cap. 11, 2015, p. 167).

155 Tradução livre: "No entanto, a abordagem exige mais explicações, pois o impressionante desequilíbrio entre as partes é certamente intencional: a parte que cumpre os termos do contrato primeiro enfrenta o risco de toda a perda de seu desempenho. Por sua vez, não há incentivo para que seu parceiro contratual cumpra sua parte do contrato, pois ele não precisa esperar reivindicações de execução ou reembolso; assim, ele pode violar o acordo sem medo das consequências. Ambas as partes têm motivos para duvidar da honestidade de seus parceiros no crime, pois ambas já demonstraram que estão dispostas a usar meios ilegais para enganar seu parceiro contratual, ou seja, o principal [ou proponente]. No entanto, eles precisam confiar um no outro, porque a lei não oferece proteção ao seu acordo. A distribuição unilateral do risco econômico do desempenho avançado ilustra, assim, que a lei pretende minar a relação de confiança entre duas partes potencialmente corruptas.
Uma outra razão para o fracasso do pedido de restituição também pode ser apresentada: certamente seria insatisfatório se o suborno pudesse contar com a assistência dos tribunais na tentativa de desfazer pagamentos ilegais. A exclusão do pedido de restituição protege, assim, a integridade dos tribunais, pois as partes desonestas não devem ser autorizadas a usá-los como um instrumento para facilitar seus ilícitos" (BONELL, Michael Joachim; MEYER, Olaf. The Impact of Corruption on International Commercial Contracts – General Report. In: BONELL, Michael Joachim; MEYER, Olaf (eds). *The Impact of Corruption on International Commercial Contracts*. Springer, Cham, 2015. p. 1-36, p. 15).

Em outras palavras, essa disparidade entre as partes corruptas ocorre pois incentivar a desconfiança entre elas pode ser um mecanismo preventivo de combate à corrupção[156]. Ora, se não se pode confiar no seu parceiro de falcatrua, a prática do ilícito se torna mais difícil e menos interessante, uma vez que isso significa um aumento nos custos de transação[157]. Assim como afirmado pelo tribunal arbitral do caso 8891 da ICC, a desigualdade criada entre as partes não é suficiente para legitimar o ato de corrupção praticado. Trata-se, pois, não apenas de uma medida preventiva, mas de uma reiteração da chamada *clean hands doctrine*[158].

Com isso em mente, pondera-se se não há, no ordenamento jurídico pátrio, remédio que permita a restituição ou reparação civil da parte que já cumpriu suas obrigações contratuais, de forma integral ou parcial. A análise do tema seguirá a divisão empregada acima entre os contratos *providing for corruption* e aqueles *procured by corruption.*

4.3.2.1 Os contratos *providing for corruption*

Diante do cenário descrito acima, a questão dos contratos *providing for corruption* parece, à primeira vista, complicada, uma vez que poderiam estar vedadas as

156 Sobre o tema: "Formal models of corrupt behavior usually assume that contracts can be enforced, requiring no further costs. This assumption appears realistic only in the rare case of market corruption, where a face-to-face exchange of bribes and favors renders opportunism unlikely. Usually, the corrupt deal entails the necessity of one partner in the transaction providing the service before the return is obtained – or obtaining the return before the service is delivered. This is the rule in larger transactions, where the corrupt service is too complex to be provided at once. A corrupt service may require the manipulation of tendering procedures or steady lobbying for certain decisions – actions that take place over a fairly long period of time. Such cases give one partner the possibility of reneging on the deal (Rose-Ackerman 1999: 17, 98). After obtaining the corrupt service, she may refuse to provide the return, or after obtaining a bribe, she may defect on the delivery of the negotiated service (Boycko et al., 1995). She may also raise the price of the service later, or simply demand another payment. Alternatively, she may sell secrets about competitors' bids in a public tender to many competitors at the same time, each time invalidating the previously sold information" (LAMBSDORFF, Johann Graf. *The institutional economics of corruption and reform:* theory, evidence and policy. Cambridge University Press, 2007, p. 144).

157 Ainda sobre o tema: "Central to the analysis are transaction costs, including the costs of searching for partners, determining contract conditions, and enforcing contract terms. Transaction costs of corrupt agreements differ from those of legal deals, because there is a need for camouflage and because partners in such a deal end up with potentially damaging information about each other. For these reasons, corrupt agreements are more likely to employ middlemen or come about as a by-product of legal exchange and social structures" (LAMBSDORFF, Johann Graf. T*he institutional economics of corruption and reform*: theory, evidence and policy. Cambridge University Press, 2007, p. 136).

158 Veja-se o comentário de James Crawford sobre o assunto: "(...) the so-called "clean hands" doctrine, according to which a claimant's involvement in activity unlawful under either municipal or international law may bar the claim" (CRAWFORD, James. *Brownlie's Principles of Public International Law*. Oxford University Press, 2012, p. 701).

hipóteses legais para que a parte que executou o contrato, no todo ou em parte, não fique "a ver navios", por assim dizer, frente um contrato decretado nulo. Esta visão, no entanto, é tão superficial quanto equivocada.

A solução de anulação do negócio jurídico com operação dos efeitos *ex tunc* pode parecer acertada quando se está diante, por exemplo, das hipóteses citadas por Judith Martins-Costa de lavagem de dinheiro, formação de "caixa dois" ou outros fins nefastos[159]. Contudo, existem cenários em que apenas a nulidade operada *ex tunc* pode ser insuficiente – por vezes até mesmo injusta. Retome-se, a título meramente exemplificativo, o caso já referenciado alhures, no qual existe um contrato para o fornecimento de materiais cuja proposta foi aceita apenas mediante o pagamento de propina. Pode ter havido dolo de ambas as partes, tanto em pagar quanto em receber propina, contudo, a simples invalidação do contrato, em momento no qual já houve o fornecimento dos materiais, mas ainda não houve o pagamento, parece deixar algo a desejar. Este exemplo poderia muito bem estar no contexto já cogitado por Christian Sahb Batista Lopes e Luiz Felipe Calábria Lopes, no qual "o representante da empresa se obriga à prática de ato que, embora lícito em tese, na prática ultrapassa seus fins econômicos e sociais, a boa-fé, ou os bons costumes; have[ndo], então, ato ilícito por abuso de direito"[160]. As formas através das quais os contratos *providing for corruption* podem se manifestar, assim como de qualquer ato de corrupção, são numerosas demais para citar, estando limitadas apenas pela criatividade da mente humana.

Para esses casos, em que, como dito, apenas a decretação da nulidade do negócio jurídico com operação dos efeitos *ex tunc* seria insuficiente para a adequada aplicação do direito, vislumbra-se uma hipótese em que, a depender das particularidades do caso concreto, pode ser possível a devolução de quantias ou serviços indevidamente obtidos. A resposta é encontrada a partir do Direito Restituitório e o princípio da conservação estática dos patrimônios. Conforme ensina Cláudio Michelon Jr.:

> O estudo das medidas restituitórias pode ser simplesmente compreendido como o estudo das condições nas quais uma atribuição patrimonial ocorrida em detrimento de outrem pode gerar direito à restituição e o quanto desse enriquecimento deve ser restituído. Para tanto é necessário investigar o princípio fundamental

---

159 MARTINS-COSTA, Judith. Efeitos obrigacionais da invalidade: o caso dos contratos viciados por atos de corrupção. In: BARBOSA, Henrique; SILVA, Jorge Cesa Ferreira da (cords.). *A Evolução do Direito Empresarial e Obrigacional*: os 18 anos do Código Civil – Obrigações e Contratos. Vol. II. São Paulo: Quartier Latin, p. 227-256, p. 227-28.

160 LOPES, Christian Sahb Batista; LOPES, Luiz Felipe Calábria. Os Efeitos Civis da Corrupção entre Particulares. In: FERES, Marcelo Andrade; CHAVES, Natália Cristina (Org.). *Sistema Anticorrupção e empresa*. Belo Horizonte: D'Plácido, 2018, p. 371-390, p. 381.

> subjacente aos remédios restituitórios, qual seja o princípio da conservação estática dos patrimônios.
>
> Segundo esse princípio, *o valor dos bens e direitos atribuídos a alguém e dos bens e direitos gerados a partir desses bens e direitos já atribuídos deve permanecer, em princípio, no patrimônio desse alguém*[161].

Assim, o princípio da conservação estática dos patrimônios baseia-se no conceito há muito incorporado no direito civil brasileiro de que "ninguém deve locupletar-se à custa alheia"[162]. Trata-se de princípio que é referido por certos autores como princípio do enriquecimento sem causa[163] e, por esta razão, é frequentemente confundido com o instituto que leva o mesmo nome[164]. Prudente, portanto, valer-se novamente dos ensinamentos de Judith Martins-Costa para entender a diferença entre princípio e instituto:

> O princípio da conservação estática dos patrimônios, embora não esteja expresso na *littera* do Código Civil, foi nele acolhido de modo implícito, sendo, não raramente confundido com o *instituto* do enriquecimento sem causa previsto no Código Civil (arts. 884 a 886), tomando-se a espécie pelo gênero, em verdadeira operação verbal de metonímia. Todavia, o que está no Título VII do Livro I do Código Civil são espécies que não esgotam – como logo se assinalará – as hipóteses de remédios restituitórios admissíveis em nosso sistema. O fenômeno da deslocação patrimonial por ausência de causa não se limita àquelas espécies, assim como não se distinguem as hipóteses de restituição ao *status quo ante* em razão da invalidade (art. 182) e a do enriquecimento sem causa (art. 884 a 886), embora ambas gerem a pretensão de restituir porque fundadas, ambas, numa deslocação patrimonial sem causa, tenha jamais existido a causa, tenha deixado de existir[165].

---

161 MICHELON JR., Cláudio. *Direito Restituitório* :enriquecimento sem causa, pagamento indevido, gestão de negócios. São Paulo: Editora Revista dos Tribunais, 2007 (Coleção Biblioteca de direito civil: estudos em homenagem ao professor Miguel Reale; v. 8 / coordenação Miguel Reale, Judith Martins-Costa), p. 29.

162 CARVALHO SANTOS, João Manuel. *Código Civil brasileiro interpretado*. Vol. XII, 7 ed. Rio de Janeiro: Freitas Bastos, 1958, p. 377-400.

163 NANNI, Giovanni Ettore. *Enriquecimento sem causa*. 3 ed. São Paulo: Saraiva, 2012.

164 MARTINS-COSTA, Judith. Efeitos obrigacionais da invalidade: o caso dos contratos viciados por atos de corrupção. In: BARBOSA, Henrique; SILVA, Jorge Cesa Ferreira da (cords.). *A Evolução do Direito Empresarial e Obrigacional*: os 18 anos do Código Civil – Obrigações e Contratos. Vol. II. São Paulo: Quartier Latin, p. 227-256, p. 233.

165 MARTINS-COSTA, Judith. Efeitos obrigacionais da invalidade: o caso dos contratos viciados por atos de corrupção. In: BARBOSA, Henrique; SILVA, Jorge Cesa Ferreira da (cords.). *A Evolução do Direito Empresarial e Obrigacional*: os 18 anos do Código Civil – Obrigações e Contratos. Vol. II. São Paulo: Quartier Latin, p. 227-256, p. 233-234.

Veja-se que aqui se encontra o segundo fundamento para que a invalidade de um negócio jurídico (*i.e.*, o contrato *providing for corruption*) produza não apenas efeitos (ou seja, sua nulidade), mas gere pretensão restitutória acobertada pelo direito brasileiro. Como visto no trecho citado acima, o princípio da conservação estática dos patrimônios ou do enriquecimento sem causa atua para impedir que haja deslocação patrimonial sem causa, ou seja, sem um direito subjetivo que a suporte. Esse é o fundamento oferecido por Cláudio Michelon Jr., como se vê:

> A tentativa de identificar a justa causa da atribuição patrimonial é uma investigação mais geral sobre a existência de razão que justifique que uma posição jurídica ativa (v.g., um direito subjetivo) sobre um determinado bem seja atribuída a um determinado sujeito de direito. Há diversas maneiras por meio das quais o ordenamento jurídico atribui posições jurídicas, entre as quais figuram com destaque os negócios jurídicos, os modos de aquisição originária de direito de propriedade e os atos administrativos.
>
> Nem toda atribuição patrimonial decorre de negócio jurídico, mas quando a atribuição decorre de negócio jurídico é necessário, como veremos, que este seja eficaz. Isso porque um negócio jurídico eficaz é uma causa de atribuição patrimonial. A atribuição de um bem ao patrimônio de um determinado sujeito de direito pode ter como "causa de atribuição" um negócio jurídico eficaz, como um contrato de doação ou um contrato de seguro. A causa de atribuição é, portanto, a justificativa jurídica *material* para que uma determinada atribuição patrimonial tenha ocorrido[166].

Portanto, para se investigar se a causa é válida no caso concreto, como dito acima (item 4.2.2.4.1) entende-se necessário o exercício de cognição exauriente por meio de processo de conhecimento, a partir da qual poderá se chegar à conclusão de que, de fato, o motivo determinante de ambas as partes é ilícito ou que o contrato tem por objetivo fraudar lei imperativa (art. 166, III e VI, do Código Civil, respectivamente). Em sendo o caso, haveria incidência do que Pontes Miranda já chamava de atribuição patrimonial defetiva de causa[167] e, a partir da invalidação do negócio jurídico, faz-se necessário o reestabelecimento do *status quo ante*[168].

---

166 MICHELON JR., Cláudio. *Direito Restituitório*: enriquecimento sem causa, pagamento indevido, gestão de negócios. São Paulo: Editora Revista dos Tribunais, 2007 (Coleção Biblioteca de direito civil: estudos em homenagem ao professor Miguel Reale; v. 8 / coordenação Miguel Reale, Judith Martins-Costa), p. 212-213.

167 PONTES DE MIRANDA, Francisco Cavalcanti. *Tratado de Direito Privado*. Tomo XXVI. São Paulo: Editora Revista dos Tribunais, p. 253.

168 PONTES DE MIRANDA, Francisco Cavalcanti. *Tratado de Direito Privado*. Tomo XXVI. São Paulo: Editora Revista dos Tribunais, p. 255.

Sendo assim, a pretensão restitutória encontra-se abrangida pelo art. 182[169] do Código Civil. E aqui duas ressalvas são importantes. A primeira diz respeito ao emprego da palavra "anulado" no texto legal. A posição doutrinária, desde a vigência do Código passado[170], é de que "mesmo diante da redação pouco clara dos artigos 177 e 182 do Código Civil, prevalece o reconhecimento de que a pronúncia de qualquer espécie de invalidade (nulidade ou anulabilidade) implica o surgimento das mencionadas obrigações restitutórias"[171].

A segunda ressalva diz respeito ao emprego da palavra "indenização", que é feita pelo legislador de maneira atécnica, uma vez que, nessas circunstâncias, não há dano – e, portanto, não há que se falar em indenização propriamente dita. O entendimento doutrinário suporta essa afirmação:

> A indenização do equivalente diz respeito mais à realização da restituição do que foi negociado, do que propriamente uma reparação. A composição do que deve ser restituído pelas partes diante da anulação do negócio jurídico engloba os frutos e os rendimentos obtidos de má-fé (art. 1.214, CC), ou seja, conhecendo o vício que inquinava o negócio ou tendo praticado o ato que levou à anulação, como nos casos de dolo e de coação[172].

Logo, nos cenários em que outra opção não está disponível para as partes, como a que ora é endereçada, discorre Giovanni Ettore Nanni acerca do princípio do enriquecimento sem causa:

---

169 Art. 182. Anulado o negócio jurídico, restituir-se-ão as partes ao estado em que antes dele se achavam, e, não sendo possível restituí-las, serão indenizadas com o equivalente.

170 Esse é o entendimento de SERPA LOPES, Miguel Maria de. *Curso de Direito Civil.* 2 ed. Vol. I. Rio de Janeiro: Livraria Freitas Bastos, 1957, p. 512.

171 SILVA, Rodrigo da Guia. *Enriquecimento sem causa.* As obrigações restitutórias no direito civil. São Paulo: Revista dos Tribunais, 2018, p. 246. No mesmo sentido: (i) MARTINS-COSTA, Judith. Efeitos obrigacionais da invalidade: o caso dos contratos viciados por atos de corrupção. In: BARBOSA, Henrique; SILVA, Jorge Cesa Ferreira da (cords.). *A Evolução do Direito Empresarial e Obrigacional*: os 18 anos do Código Civil – Obrigações e Contratos. Vol. II. São Paulo: Quartier Latin, p. 227-256, p. 235-236; e (ii) VELOSO, Zeno. *Invalidade do negócio jurídico*: nulidade e anulabilidade. 2 ed. Belo Horizonte: Del Rey, 2005, p. 150.

172 MENKE, Fabiano. Comentário ao art. 182. In: NANNI, Giovanni Ettore (coord.). *Comentários ao Código Civil*: Direito Privado contemporâneo. 2 ed. São Paulo: Saraiva Educação, 2021, p. 174. No mesmo sentido: (i) THEODORO JÚNIOR, Humberto. *Comentários ao novo Código Civil*: livro III. Dos fatos jurídicos: do negócio jurídico. Rio de Janeiro: Forense, 2008, v. 3, t. 1, p. 621; e (ii) MARTINS-COSTA, Judith. Efeitos obrigacionais da invalidade: o caso dos contratos viciados por atos de corrupção. In: BARBOSA, Henrique; SILVA, Jorge Cesa Ferreira da (cords.). *A Evolução do Direito Empresarial e Obrigacional*: os 18 anos do Código Civil – Obrigações e Contratos. Vol. II. São Paulo: Quartier Latin, p. 227-256, p. 235.

> As relações jurídicas não devem ceder espaço à injustiça, ao desequilíbrio de prestações, nem podem contrariar os princípios da dignidade humana, da liberdade e da solidariedade.
>
> Em decorrência disso, qualquer relação jurídica obrigacional pode fazer uso do enriquecimento sem causa como um corretivo principiológico, ou seja, um elemento com força normativa para purgar os desequilíbrios e as desproporcionalidades, cuja aplicabilidade é espraiada, em princípio, de forma ilimitada, desde que não contrarie a lei. (...)
>
> Por isso, em variadas faces o enriquecimento sem causa pode apresentar-se, não necessariamente como fonte de obrigações, mas como princípio[173].

O referido autor defende, assim, a configuração do enriquecimento sem causa como princípio e cláusula geral, conferindo ao julgador, árbitro ou juiz togado, liberdade suficiente para intervir na relação jurídica e sanar injustiças e desequilíbrios para os quais outros remédios civis não existem.

Retorna-se então ao desconforto expressado no início deste item, o de que, por vezes, a simples anulação do negócio jurídico com operação dos efeitos *ex tunc* seria insuficiente para a adequada aplicação do direito. Vale dizer, para que se evite situações de injustiça, os "rastros" deixados pela nulidade devem ser apagados, conforme explica Judith Martins-Costa:

> Justamente neste ponto distinguem-se as consequências operadas pela invalidação de contrasto cujas obrigações *ainda não foram* cumpridas e de outro *já executado.* Na primeira hipótese, o vínculo se desfaz e praticamente não deixa rastros no mundo natural e no mundo jurídico. Na segunda, com a execução promovida por uma ou ambas as partes, há rastros, que terão que ser apagados: as prestações terão de ser restituídas reciprocamente[174].

Assim, o princípio da conservação estática dos patrimônios (ou do enriquecimento sem causa), é o fundamento na seara do direito civil, ainda que por exclusão da incidência de qualquer outro, da restituição recíproca pelas partes do contrato *providing for corruption* naquilo que já foi executado, ainda que parcialmente, de modo que a sentença que decreta a nulidade do negócio jurídico possui eficácia constitutiva negativa[175].

---

173 NANNI, Giovanni Ettore. *Enriquecimento sem causa.* 3 ed. São Paulo: Saraiva, 2012, p. 167.

174 MARTINS-COSTA, Judith. Efeitos obrigacionais da invalidade: o caso dos contratos viciados por atos de corrupção. In: BARBOSA, Henrique; SILVA, Jorge Cesa Ferreira da (cords.). *A Evolução do Direito Empresarial e Obrigacional*: os 18 anos do Código Civil – Obrigações e Contratos. Vol. II. São Paulo: Quartier Latin, p. 227-256, p. 236-237.

175 MARTINS-COSTA, Judith. Efeitos obrigacionais da invalidade: o caso dos contratos viciados por atos de corrupção. In: BARBOSA, Henrique; SILVA, Jorge Cesa Ferreira da (cords.). *A Evolução do Direito Empresarial e Obrigacional*: os 18 anos do Código Civil – Obrigações e Contratos. Vol. II. São Paulo: Quartier Latin, p. 227-256, p. 236.

É importante ressaltar, por fim, que caso se torne impossível a restituição, por culpa do devedor, a questão se resolverá em perdas e danos, nos termos dos artigos 239[176] e 240[177] do Código Civil. Nesse cenário, migra-se do regime de obrigação restituitória para o regime de responsabilidade civil[178] – cujas peculiaridades de reparação serão analisadas abaixo.

4.3.2.2 Os contratos *procured by corruption*

Em contrapartida, no caso dos contratos obtidos por corrupção (*contracts procured by corruption*), o cenário é distinto. Nesses casos, conforme tratado anteriormente, não estão em jogo interesses públicos, mas sim a mera conveniência das partes, visando a proteção dos direitos privados[179]. Logo, a anulabilidade do negócio jurídico fica à mercê dos interesses da parte inocente. Caso essa queira anular o contrato, terá de mover demanda (arbitral ou judicial) para tanto. Do contrário, o contrato permanece válido[180]. Na hipótese de nenhuma demanda ser movida para a declaração da anulação do contrato, a relação seguirá seu curso normal, encerrando com o cumprimento das obrigações assumidas de parte a parte. Todavia, de maneira similar ao que se analisou acima, problema está nas hipóteses em que, após o cumprimento parcial ou total das obrigações assumidas, é movida ação buscando

---

176 Art. 239. Se a coisa se perder por culpa do devedor, responderá este pelo equivalente, mais perdas e danos.

177 Art. 240. Se a coisa restituível se deteriorar sem culpa do devedor, recebê-la-á o credor, tal qual se ache, sem direito a indenização; se por culpa do devedor, observar-se-á o disposto no art. 239.

178 Conforme ensina Cláudio Michelon Jr: "No direito brasileiro, o art. 240 estabelece que a impossibilidade de restituir decorrente de culpa do devedor resolve-se em perdas e danos. Transmuda-se aqui o regime da obrigação restituitória em um regime de responsabilidade civil" (MICHELON JR., Cláudio. *Direito Restituitório*: enriquecimento sem causa, pagamento indevido, gestão de negócios. São Paulo: Editora Revista dos Tribunais, 2007 (Coleção Biblioteca de direito civil: estudos em homenagem ao professor Miguel Reale; v. 8 / coordenação Miguel Reale, Judith Martins-Costa), p. 196).

179 PEREIRA, Caio Mário da Silva. *Introdução ao direito civil: teoria geral do direito civil.* 31 ed. Rio de Janeiro: Forense, 2019, p. 530.

180 Sobre o tema, discorre Juan Fernandez Armesto: "In fact, the proper legal reaction to a contract procured or executed with corruption should be the full protection of the innocent party — and the punishment of the corrupting party. The innocent party must be shielded from the negative consequences of the counterparty's wrongdoing, but it must also have the option to reap the benefits of the contract, if it so prefers. This implies that the innocent party must be offered an array of alternative remedies, depending on the circumstances. And the tribunal's reaction must represent an 'appropriate and proportional response to the infringement' — performance or voidance of the contract, or any other appropriate remedy, should be for the innocent party to request and for the tribunal to adjudicate" (ARMESTO, Juan Fernandez. The Effects of a Positive Finding of Corruption. In: BAIZEAU, Domitille, KREINDLER, Richard H. Addressing Issues of Corruption in Commercial and Investment Arbitration. *Dossiers of the ICC Institute of World Business Law*, v. 13, cap. 11, 2015, p. 170).

decretar a anulação do contrato e, assim, esquivar-se do cumprimento das obrigações recíprocas.

O *ICC Case No. 11307 (2003)*[181] reflete bem esse cenário, pois foi avaliado por um tribunal arbitral da CCI e, posteriormente, submetido à revisão judicial pela corte inglesa como o caso *Camaroon Airlines v Transnet Ltd*[182]. Nesse caso, as partes celebraram contratos para a manutenção de toda a frota nacional de aeronaves da requerente, sendo os termos dos contratos cumpridos normalmente durante anos. Ocorre que o requerente, ao descobrir que a empresa que prestava os serviços de manutenção conseguiu os contratos somente porque se valeu de outra sociedade para subornar funcionários públicos da República dos Camarões, iniciou procedimento arbitral para declarar a nulidade dos contratos, além de requerer a restituição de todas as quantias já pagas (por volta de 55,5 milhões de dólares). O tribunal arbitral, ao analisar o caso, declarou a nulidade do contrato e, ao mesmo tempo, determinou que a requerida deveria ser devidamente compensada pelos serviços prestados. Após instrução probatória, o tribunal, por maioria de votos, chegou à conclusão de que o valor pago de propina tinha sido por volta de 8 milhões de dólares e, assim, retirou esse valor do montante ao qual o requerido fazia jus pela prestação dos serviços de manutenção. Posteriormente, contudo, a corte inglesa reverteu a sentença proferida pelo tribunal arbitral, por entender que não havia sido conferido às partes oportunidade para exercer o contraditório de maneira devida em relação à quantificação do que seria o valor "justo" que o requerido faria jus a título de remuneração pelos serviços já prestados.

Em sentido similar, decidiu o tribunal arbitral do *ICC Case No. 10581 (2001)*[183]. Tratava-se de um contrato de construção de uma planta industrial em um país do sudeste asiático, regido pela lei de Nova Iorque. Ao longo do procedimento arbitral, o requerido (dono da obra), como defesa, alegou que o requerente (empreiteiro) somente obteve o contrato mediante pagamento de propina para um de seus conselheiros. O tribunal, então, proferiu sentença parcial, decidindo que a existência de suborno não tornava o contrato inexequível ou impedia o requerente de prosseguir com suas reivindicações. Posteriormente, o tribunal entendeu que a lei de Nova Iorque permitia que fosse aplicada outra penalidade que não somente a rejeição de todos os pedidos do requente, especificamente em razão de previsões contidas na seção 180 da legislação penal nova-iorquina. Em razão disso,

---

181 VAN DEN BERG, Albert Jan (Gen. Ed.). *Yearbook Commercial Arbitration Volume XXXIII – 2008*. Kluwer Law International, 2008, p. 24.

182 Cameroon Airlines v Transnet Ltd [2004] EWHC 1829. In: SHACKLETON, S. *Arbitration Law Reports and Review*. Volume 2004. Issue 1. ARBITRATION-LONDON, 2004, p. 109-133.

183 INTERNATIONAL CHAMBER OF COMMERCE. Extracts from ICC Arbitral Awards Relating to Bribery and Corruption, ICC Case No. 10518 (2001). In: *ICC International Arbitration Bulletin (Special Supplement)*, v. 24, 2013, p. 39-99.

baseando-se no princípio da proporcionalidade e nas circunstâncias específicas do caso, decidiu-se que o remédio apropriado era permitir ao requerente recuperar suas despesas, mas sem lucro.

Ao fazer o diagnóstico desse cenário no direito brasileiro, Christian Sahb Batista Lopes e Luiz Felipe Calábria Lopes fazem uma divisão das possíveis medidas de responsabilidade civil cabíveis nos casos de corrupção privada, identificando serem possíveis demandas (i) da parte inocente que celebrou negócio jurídico com o corruptor ou corrompido e (ii) da indenização de um terceiro, que foi prejudicado ao não celebrar negócio jurídico com o corruptor[184]. Diante do escopo e propósito deste trabalho, todavia, entende-se prudente focar na primeira hipótese, já que haverá relação contratual entre as partes em que poderá haver cláusula compromissória. Isso não significa, contudo, que na segunda hipótese não seja possível a celebração de compromisso arbitral para levar a demanda para arbitragem, apenas entende-se que essa é uma possibilidade improvável de se concretizar[185]. Com efeito, os autores notam que o cenário (i) ainda se subdivide entre as medidas cabíveis, (i.1) contra o corrompido e (i.2) contra o corruptor.

Contra o corrompido, restam duas possibilidades calcadas na resolução do contrato por meio do art. 475[186] do Código Civil, uma relativa à pretensão restitutória e outra à pretensão indenizatória[187]. Para entender devidamente a diferença entre as duas, recorre-se novamente às colocações de Judith Martins-Costa:

> Frequentes vezes a *pretensão restitutória* confunde-se com a *pretensão indenizatória*. A confusão é incorreta. A principal diferença está no fundamento: as regras de indenização incidem se há um dano causado por ato jurídico ilícito (absoluto ou relativo); o seu fundamento ou *principium discriminationis* radica na ideia segundo a qual todo o dano ilicitamente causado deve ser tornar *indemne* (sem dano), como se não tivesse existido, razão pela qual o princípio é o da equivalência entre dano e a indenização ("princípio da reparação integra", Código

---

184 LOPES, Christian Sahb Batista; LOPES, Luiz Felipe Calábria. Os Efeitos Civis da Corrupção entre Particulares. In: FERES, Marcelo Andrade; CHAVES, Natália Cristina (Org.). *Sistema Anticorrupção e empresa.* Belo Horizonte: D'Plácido, 2018, p. 371-390, p. 384.

185 A título meramente exemplificativo, entende-se improvável essa situação pois parece difícil que, na prática, um terceiro de boa-fé consiga estabelecer com o corruptor relação boa o suficiente para (i) manifestar interesse em resolver o impasse por arbitragem; (ii) celebrar compromisso arbitral; (iii) com o objetivo de invalidar a relação jurídica, com pretensão restitutória ou indenizatória, em desfavor do corruptor.

186 Art. 475. A parte lesada pelo inadimplemento pode pedir a resolução do contrato, se não preferir exigir-lhe o cumprimento, cabendo, em qualquer dos casos, indenização por perdas e danos.

187 ZANETTI, Cristiano de Sousa. Comentário ao art. 475. In: NANNI, Giovanni Ettore (coord.). *Comentários ao Código Civil*: Direito Privado contemporâneo. 2. Ed. São Paulo: Saraiva Educação, 2021, p. 467.

> Civil, art. 944). Conquanto, em rigor técnico, não se deva falar em *indenização* se não houver dano (isto é: lesão a um interesse juridicamente protegido, em regra, derivado causalmente de um ato ilícito), a lei, muito frequentemente, utiliza, de modo atécnico, a palavra "indenização" para aludir não a uma reposição consequente a um dano derivado de um ato ilícito, mas a uma reposição do que migrara, *sem causa*, de um patrimônio para outro[188].

Nesse contexto, Cristiano de Sousa Zanetti explica como se opera a eficácia restitutória fundada no art. 475 do Código Civil:

> Pode ocorrer, no entanto, que a execução do contrato já tenha sido posta em marcha. Nessa hipótese, tem lugar a eficácia restitutória decorrente da resolução, destinada a repor as partes no estado em que se encontravam antes de celebrar o negócio jurídico. As partes devem então ser reconduzidas ao *status quo ante* por meio da restituição das prestações efetuadas, seja *in natura*, seja pelo seu equivalente em pecúnia. Resolvido o contrato, portanto, o comprador e o vendedor devem restituir, respectivamente, o bem e o preço recebidos em cumprimento ao ajustado. Para os contratos de duração, aplica-se, por analogia, o art. 128 do Código Civil, com o escopo de preservar as prestações executadas em conformidade à natureza do negócio e às exigências da boa-fé objetiva. Assim, o locador não será obrigado a restituir os alugueres recebidos em caso de resolução do contrato. A restituição será devida, porém, se o locatário tiver antecipado o pagamento do aluguel.
>
> A disciplina da eficácia restitutória própria à resolução afasta a possibilidade de recorrer ao instituto do enriquecimento sem causa, cujo caráter subsidiário se encontra expresso no art. 886 do Código Civil. Isso porque, a restituição objetiva reconduzir as partes à sua posição inicial e não a evitar que uma delas se enriqueça ao custo da outra[189].

Por outro lado, agora tratando-se da possibilidade de eficácia indenizatória na demanda da parte inocente contra o corrompido, afirmam Christian Sahb Batista Lopes e Luiz Felipe Calábria Lopes que é possível que este seja obrigado a indenizar com base em responsabilidade contratual, se o dano for proveniente de relação contratual entre agente e vítima, ou extracontratual, na ausência de tal relação.

---

188 MARTINS-COSTA, Judith. Efeitos obrigacionais da invalidade: o caso dos contratos viciados por atos de corrupção. In: BARBOSA, Henrique; SILVA, Jorge Cesa Ferreira da (cords.). *A Evolução do Direito Empresarial e Obrigacional*: os 18 anos do Código Civil – Obrigações e Contratos. Vol. II. São Paulo: Quartier Latin, p. 227-256, p. 235.

189 ZANETTI, Cristiano de Sousa. Comentário ao art. 475. In: NANNI, Giovanni Ettore (coord.). *Comentários ao Código Civil*: Direito Privado contemporâneo. 2. Ed. São Paulo: Saraiva Educação, 2021, p. 467.

Novamente, em se tratando de demandas submetidas à arbitragem, será abordada somente a possibilidade de responsabilidade civil contratual.

Nesse contexto, a indenização embasada no art. 475 do Código Civil prevê que a parte lesada pelo inadimplemento poderá pedir a resolução do contrato, se não preferir exigir-lhe o cumprimento, cabendo, em qualquer dos casos, indenização por perdas e danos. E aqui nota-se que o conceito de inadimplemento pode ser alargado, atendendo "a todos os interesses envolvidos na obrigação, abarcando tanto os deveres ligados à prestação propriamente dita, como aqueles relacionados à proteção dos contratantes em todo o desenvolvimento do processo obrigacional"[190]. Assim sendo, ordinariamente, a caracterização da responsabilidade civil enseja a cumulação de dano, culpa e nexo de causalidade. Ressalta-se a expressão "ordinariamente", pois existem situações específicas em que a própria lei dispensa a existência da culpa, tal como na hipótese do art. 1º da Lei Anticorrupção, que prevê a responsabilidade civil objetiva das pessoas jurídicas pela prática de atos de corrupção contra a administração pública nacional ou estrangeira.

Em seguida, na hipótese (i.2) que versa sobre as medidas cabíveis pela parte inocente contra o corruptor, afirmam Christian Sahb Batista Lopes e Luiz Felipe Calábria Lopes que se resolverão não pela responsabilidade civil contratual ou extracontratual, mas sim pela aplicação das normas que regem o dolo, como vício do negócio jurídico. Dessa maneira, sendo o dolo uma causa de anulabilidade do negócio jurídico, nos termos do art. 182[191] do Código Civil, uma vez decretada a anulação do negócio jurídico, as partes deverão ser restituídas ao estado que antes se encontravam e, não sendo possível a restituição, serão indenizadas em valor equivalente. Caso contrário, estar-se-ia diante de uma hipótese de enriquecimento sem causa, especificamente aquela disposta no art. 885[192] do Código Civil. E aqui nota-se que, no âmbito do Direito Civil, ao contrário dos contratos *providing for corruption*, naqueles *procured by corruption* não há, a princípio, dolo ou qualquer outro objetivo nefasto de ambos os polos contratuais, de maneira que a vedação à restituição prevista no art. 883[193] do Código Civil não se aplica à parte inocente.

---

190 FARIAS, Cristiano Chaves de; ROSENVALD, Nelson; BRAGA NETTO, Felipe Peixoto. *Curso de direito civil: responsabilidade civil.* Volume 3. 2ª edição revista, ampliada e atualizada. São Paulo: Atlas, 2015, p. 71.

191 Art. 182. Anulado o negócio jurídico, restituir-se-ão as partes ao estado em que antes dele se achavam, e, não sendo possível restituí-las, serão indenizadas com o equivalente.

192 Art. 885. A restituição é devida, não só quando não tenha havido causa que justifique o enriquecimento, mas também se esta deixou de existir.

193 Art. 883. Não terá direito à repetição aquele que deu alguma coisa para obter fim ilícito, imoral, ou proibido por lei.

Parágrafo único. No caso deste artigo, o que se deu reverterá em favor de estabelecimento local de beneficência, a critério do juiz.

4.3.2.3 Breves notas sobre a quantificação dos valores a serem restituídos ou reparados

Finalmente, ressalta-se que, nesse contexto, a quantificação do valor que deve ser restituído ou reparado pode se apresentar como um grande desafio. Um estudo aprofundado acerca da melhor forma de quantificar os danos em contratos contaminados por corrupção foge ao escopo desta pesquisa. Não obstante, entende-se prudente dedicar ao menos algumas linhas sobre o desafio da tarefa em questão. O desafio é tamanho que a OCDE e o Banco Mundial chegaram a preparar um estudo destinado especificamente a analisar as formas de identificação e quantificação dos benefícios auferidos por contratos obtidos por meio de suborno[194].

No referido estudo, os métodos de quantificação cabíveis no cenário de restituição são (i) receita bruta (*gross revenue method*) e (ii) lucro líquido derivado do contrato (*the net proceeds*). O primeiro método é de aplicação mais simples, de forma que todas as receitas recebidas sob o contrato obtidas subornando um funcionário seriam receitas sujeitas a restituição. O segundo método considera apenas o lucro líquido auferido, de maneira que os benefícios sujeitos a restituição são as receitas do contrato, menos certos custos ou despesas legítimas incorridos pela parte culpada na execução do contrato, por exemplo, o custo de fornecimento dos bens ou serviços. Apesar dessas diretrizes, não há, contudo, uma fórmula exata para, em contratos complexos, estabelecer o que deve e o que não deve ser restituído, especialmente se a restituição não for possível, devendo, então, a parte inocente ser indenizada.

No cenário doméstico, ao discorrer acerca do dever de restituir derivado da invalidação de negócios jurídicos, Judith Martins-Costa defende que deve haver a identificação do valor daquilo (bens ou serviços) que saiu do patrimônio dos agentes envolvidos na relação jurídica invalidada posteriormente. A referida autora assim explica seu raciocínio:

> Logo, tendo em conta a hipótese de contratos nulos que foram executados, total ou parcialmente, há que proceder ao retorno – fático ou jurídico – do que saiu do patrimônio dos figurantes do negócio. A quantificação do montante a retornar deverá observar, como parâmetro, o que saiu do patrimônio em razão do contrato invalidado, basicamente: serviços, materiais, obras e *expertise*, cujo valor terá como paradigma o *valor de mercado*, pois, no vaso de invalidação decorrente do fato da corrupção, os preços contratuais comumente estão inflados em razão da própria corrupção ("sobrepreço"; "superfaturamento"). A razão pela qual se deve aplicar o "valor de mercado" está em que os contraentes não puderam determinar

194 OECD; WORLD BANK. *Identification and Quantification of the Proceeds of Bribery: Revised edition.* OECD Publishing: 2012, p. 36.

> licitamente o valor os bens trocados. Não há, portanto, verdadeiramente *sinalagma genético*. Integra o *quantum* a restituir não apenas o valor do material físico, mas, igualmente, o crédito por remunerações devidas em razão dos serviços prestados, projetos elaborados, etc[195].

Partindo do pressuposto do "valor de mercado" sugerido acima, a autora parece indicar a necessidade de julgador, árbitro ou juiz togado, adentrar na identificação do chamado *market value* dos bens ou serviços que saíram do patrimônio dos agentes contratantes em razão do negócio jurídico posteriormente invalidado. De acordo com o *International Valuation Standards Council* (IVSC), possivelmente a maior autoridade mundial em questões de *valuation*[196], o conceito de *market value* seria o seguinte:

> 20.14 Market value
> The estimated amount for which an asset or liability should exchange on the valuation date between a willing buyer and a willing seller in an arm's length transaction, after proper marketing and where the parties had each acted knowledgeably, prudently and without compulsion[197].

A quantificação do valor de mercado, por sua vez, gira em torno da existência de informações de mercado acerca de bens (ou serviços) compatíveis, como ensinam José Alberro e Paul Zurek:

> In theory, when information about values of other, similar assets is available, the comparables approach may be used to value any asset. This includes entire assets or equity of businesses and companies, as well as other types of assets, such as real estate and financial securities. The key to implementing the comparables approach is identifying similar assets with observable values, using an appropriate valuation ratio, and controlling for any relevant differences. What constitutes

---

195 MARTINS-COSTA, Judith. Efeitos obrigacionais da invalidade: o caso dos contratos viciados por atos de corrupção. In: BARBOSA, Henrique; SILVA, Jorge Cesa Ferreira da (cords.). *A Evolução do Direito Empresarial e Obrigacional*: os 18 anos do Código Civil – Obrigações e Contratos. Vol. II. São Paulo: Quartier Latin, p. 227-256, p. 244-245.

196 HABERMAN, Philip. Overview of Methodologies for Assessing Fair Market Value. In: TRENOR, John A. (ed). *The Guide to Damages in International Arbitration*. London: Law Business Research Ltd / Global Arbitration Review, 2016, p. 164-173, p. 164.

197 Tradução livre:
"20.14 Valor de mercado
O valor estimado pelo qual um ativo ou passivo deveria ser negociado na data de avaliação entre um comprador disposto e um vendedor disposto em uma transação em condições normais de mercado, após *marketing* adequado e onde cada uma das partes agiu com conhecimento, prudência e sem compulsão" (INTERNATIONAL VALUATION STANDARDS COUNCIL. *International Valuation Standards (IVS)*. Effective 31 January 2022, p. 7).

> relevant differences will vary depending on the asset being valued. For instance, older homes with the same square footage may sell for less than otherwise similar newer homes, which implies that either only sales of homes of comparable age should be considered or that age should be explicitly factored into the calculation of the multiple. When valuing companies and businesses, expectations regarding the growth rate of the company's future earnings and cash flows must be accounted for[198].

A partir do momento em que se quantifica exatamente o valor de mercado, Judith Martins-Costa, ainda tratando da pretensão restitutória, invoca a criação jurisprudencial germânica da chamada Teoria do Saldo para tratar da recomposição do *status quo ante*. Assim, explica a ilustre autora, por vezes citando obra alemã[199]:

> A Teoria é aplicável apenas à recondução do *status quo ante* em contratos sinalagmáticos, não desempenhando qualquer papel na restituição de contratos unilaterais. Sua função é a de simplificar a recomposição dos acréscimos patrimoniais: avalia-se, *pelo saldo*, o que ocorreu de acréscimo patrimonial quando não é possível restituir *in natura*. Seu pressuposto é o de que 'uma pretensão restituitória existe somente à medida que um saldo positivo dos valores trocados resulte em favor do titular, independentemente de ele ainda estar no patrimônio das partes'. Diante de um contrato sinalagmático já cumprido que vem a ser invalidado, e não sendo possível restituir as prestações realizadas ou sendo elas apenas valor, 'a 'Teoria do Saldo' – conforme seu próprio nome – gera um desconto [*Saldierung*] do valor que circulou a ambas as partes, surgindo apenas uma pretensão no valor do saldo remanescente'[200].

---

198 Tradução livre: "Em teoria, quando estão disponíveis informações sobre valores de outros ativos semelhantes, a abordagem dos comparáveis pode ser utilizada para avaliar qualquer ativo. Isto inclui ativos inteiros ou patrimônio de negócios e empresas, bem como outros tipos de ativos, como imóveis e títulos financeiros. A chave para implementar a abordagem de comparáveis é identificar ativos semelhantes com valores observáveis, utilizando um rácio de avaliação apropriada e controlando quaisquer diferenças relevantes. O que constitui diferenças relevantes irá variar dependendo do ativo que está sendo avaliado. Por exemplo, casas mais antigas com a mesma metragem podem ser vendidas por menos do que casas mais recentes semelhantes, o que implica que apenas as vendas de casas de idade comparável devem ser consideradas ou que a idade deve ser explicitamente tida em conta no cálculo do múltiplo. Ao avaliar empresas e negócios, as expectativas quanto à taxa de crescimento dos lucros e fluxos de caixa futuros da empresa devem ser levadas em consideração" (ALBERRO, José; ZUREK, Paul. Market Approach or Comparables. In: TRENOR, John A. (ed). *The Guide to Damages in International Arbitration*. London: Law Business Research Ltd / Global Arbitration Review, 2016, p. 204-2018, p. 206).

199 RÖTHEL, Anne. *Die sog. Saldotheorie. Juristische Ausbildung*, v. 37, n. 12, 2015, p. 1287-1294. Traduzido por Luca Gianotti como "A Chamada Teoria do Saldo", 2020.

200 MARTINS-COSTA, Judith. Efeitos obrigacionais da invalidade: o caso dos contratos viciados por atos de corrupção. In: BARBOSA, Henrique; SILVA, Jorge Cesa Ferreira da (cords.). *A Evolução do Direito Empresarial e Obrigacional*: os 18 anos do Código Civil – Obrigações e Contratos. Vol. II. São Paulo: Quartier Latin, p. 227-256, p. 253.

A autora ainda ressalva que, não sendo possível a restituição *in natura*, não se aplica a Teoria do Saldo, de modo que, nessas hipóteses, surgem duas pretensões restitutórias com finalidades distintas, uma visando a restituição do preço e outra da coisa. Todavia, ao se aplicar por analogia a exceção do contrato não cumprido, visando restaurar o *status quo ante* de forma integral, ambos os deveres restitutórios devem ser cumpridos simultaneamente[201]. Para completar o tema da quantificação da pretensão restitutória, a mesma autora ainda ensina que, sobre a obrigação de restituir, incide atualização monetária "*a partir de cada deslocação patrimonial*, e não desde a celebração do contrato porventura invalidado"[202].

Não obstante, tal como visto acima, a restituição não é o único mecanismo que permite a recomposição do *status quo ante*, sendo possível também a reparação civil, especialmente no caso dos contratos *procured by corruption*.

Na seara da pretensão indenizatória, a regra geral do Código Civil direciona o julgador, árbitro ou juiz togado, para o *caput* do artigo 944, de modo que "a indenização mede-se pela extensão do dano". E, de pronto, a regra provoca o adjudicador a enfrentar o que será entendido por "dano" no contexto da relação jurídica contaminada por atos de corrupção e posteriormente invalidada. Será, por exemplo, como indica o referido estudo da OCDE[203], a receita bruta (*gross revenue method*) ou o lucro líquido derivado do contrato (*the net proceeds*)? Qualquer que seja a escolha tomada (por óbvio de forma fundamentada), a doutrina clássica conduz à aplicação da chamada Teoria da Diferença, assim explicada (novamente) por Judith Martins-Costa:

> Isso significa dizer que o credor tem direito à efetiva reintegração no seu patrimônio, constituída essa reintegração pela diferença entre o valor atual do bem e aquele que apresentaria se a obrigação fosse exatamente seguida, havendo que proceder ao apuramento da diferença entre a situação real e a situação hipotética atuais do patrimônio do lesado (isto é, na data mais recente possível) de modo que o resultado dessa operação ("montante da indenização") apague a diferença entre aquelas duas situações. Assim sendo, adotando-se o critério subjetivo, o credor não tem direito apenas ao equivalente objetivo do bem ou da prestação

---

201 MARTINS-COSTA, Judith. Efeitos obrigacionais da invalidade: o caso dos contratos viciados por atos de corrupção. In: BARBOSA, Henrique; SILVA, Jorge Cesa Ferreira da (cords.). *A Evolução do Direito Empresarial e Obrigacional*: os 18 anos do Código Civil – Obrigações e Contratos. Vol. II. São Paulo: Quartier Latin, p. 227-256, p. 253.

202 MARTINS-COSTA, Judith. Efeitos obrigacionais da invalidade: o caso dos contratos viciados por atos de corrupção. In: BARBOSA, Henrique; SILVA, Jorge Cesa Ferreira da (cords.). *A Evolução do Direito Empresarial e Obrigacional*: os 18 anos do Código Civil – Obrigações e Contratos. Vol. II. São Paulo: Quartier Latin, p. 227-256, p. 254.

203 OECD; WORLD BANK. *Identification and Quantification of the Proceeds of Bribery: Revised edition*. OECD Publishing: 2012, p. 36.

inadimplida determinado segundo o seu valor de mercado, mas ao ressarcimento integral, calculado segundo todas as consequências danosas produzidas pelo inadimplemento no seu patrimônio[204].

Assim, é necessário olhar para a totalidade dos bens e direitos da parte inocente para avaliar qual a posição ela teria em cada uma dessas situações, a fim de avaliar se existe uma diferença entre as duas e, assim, avaliar corretamente a extensão do dano sofrido. Ocorre que, no entendimento de parte da doutrina civilista, a pretensão indenizatória que deriva do art. 475 do Código Civil é medida pelo interesse negativo[205], não incluindo, assim, o lucro que seria auferido pela parte inocente. Veja-se os ensinamentos de Cristiano de Sousa Zanetti:

> Por outro lado, se o credor decidir pela resolução, tem-se entendido que a indenização é medida pelo interesse negativo. Nesse caso, o credor deverá ser ressarcido por tudo o que perdeu ou deixou de ganhar por acreditar na execução do contrato. Relativamente ao interesse positivo, portanto, a diferença é de fundo e não de extensão. No mais das vezes, o interesse negativo compreende as despesas de cumprimento previstas, por exemplo, no art. 325 do Código Civil. Assim, o vendedor tem o direito de ser ressarcido por tudo o que gastou para transportar as mercadorias que, ao final, não foram adquiridas pelo comprador. Não se encontra compreendido no interesse negativo, no entanto, o lucro que seria auferido com a venda[206].

No entanto, como bem apontado na sequência pelo próprio autor citado acima, há fortes críticas a tal posição. Outros autores defendem haver um falso problema de incompatibilidade lógica na cumulação da resolução com a indenização

---

204 MARTINS-COSTA, Judith. *Comentários ao novo Código Civil.* Rio de Janeiro: Forense, 2009, v. V, t. II, p. 475-476.

205 Esse é foi o entendimento expressado, dentre outros, por: (i) PONTES DE MIRANDA, Francisco Cavalcanti. *Tratado de Direito Privado.* 3. ed. São Paulo: RT, 1984, t. 25, p. 343-349 e *Tratado de Direito Privado.* 3. ed. São Paulo: RT, 1984, t. 38, p. 340; (ii) ASSIS, Araken de. *Resolução do contrato por inadimplemento.* 4. ed. São Paulo: RT, 2004, p. 147-152; e ASSIS, Araken de. Dano positivo e negativo na dissolução do contrato. *Revista do Advogado* 44:20/23; e (iii) MARTINS-COSTA, Judith. *Comentários ao novo Código Civil*: do inadimplemento das obrigações. 2. ed. Rio de Janeiro: Forense, 2009, v. 5, t. 2, p. 489-491.

206 ZANETTI, Cristiano de Sousa. Comentário ao art. 475. In: NANNI, Giovanni Ettore (coord.). *Comentários ao Código Civil*: Direito Privado contemporâneo. 2. Ed. São Paulo: Saraiva Educação, 2021, p. 467.

pelo interesse positivo, tais como Ruy Rosado de Aguiar Jr.[207], Gustavo Tepedino[208] e Orlando Gomes[209].

A mais recente voz nessa vertente é de Renata Steiner, que, ao defender que o julgador tenha em mente o caráter flexível da composição da indenização devida, explica:

> Não há, pois, incompatibilidade lógica entre a extinção do vínculo e a reparação do interesse positivo, desde que se atente para o fato de que, nos casos de resolução, a indenização não será calculada tal qual se faz no cumprimento pelo equivalente, mas antes por uma diferença – que corresponde, essencialmente, à vantagem esperada com aquele contrato. Trata-se, com efeito, de uma formação diversa do interesse positivo, que mantém o mesmo resultado (ficcional, é verdade)[210].

Independentemente da corrente que o julgador se filie, apesar de complexa na prática a quantificação do valor a ser restituído ou indenizado, caminhos certamente existem para tanto. O que não deve se admitir é que o árbitro, frente às inúmeras questões postas neste trabalho, se recuse a julgar (até porque o direito brasileiro veda o *non liquet*) ou o faça de maneira insatisfatória, abrindo o flanco da sentença arbitral para, no mínimo, aplicação equivocada do direito brasileiro e, no máximo, para a declaração de nulidade da sentença, nos termos da lei.

---

207 AGUIAR JÚNIOR, Ruy Rosado. *Extinção dos contratos por incumprimento do devedor*. Resolução. 2ª tiragem. Rio de Janeiro: Aide Editora, 2004, p. 266 e ss.

208 TEPEDINO, Gustavo; BARBOZA, Heloisa Helena; e BODIN DE MORAES, Maria Celina. *Código Civil interpretado conforme a Constituição da República*. vol. II. Rio de Janeiro: Renovar, 2006, p. 122-123.

209 GOMES, Orlando. *Contratos*. 26ª ed. Atualizadores: Antonio Junqueira de Azevedo e Francisco Paulo de Crescenzo Marino. Rio de Janeiro: Editora Forense, 2008, p. 128.

210 STEINER. Renata C. *Reparação de danos*: Interesse Positivo e Interesse Negativo. São Paulo: Quartier Latin, 2018, p. 385.

5. CONSIDERAÇÕES SOBRE O *SUPOSTO* DEVER DE REPORTAR

5.1 A POSSIBILIDADE E O DEVER DO ÁRBITRO REPORTAR CORRUPÇÃO ÀS AUTORIDADES COMPETENTES: QUESTÕES DIFERENTES, CONCLUSÕES DISTINTAS

Neste tópico, analisar-se-á duas questões diferentes. A primeira diz respeito à *possibilidade* de o árbitro reportar eventual conduta ilegal da parte, ou sua suspeita, às autoridades competentes. A segunda questão, apesar de correlata, é independente da primeira e se destina a ponderar se há, no direito brasileiro, o *dever* do árbitro reportar as mesmas situações.

Para tanto, entende-se importante passar pelos argumentos técnico-jurídicos que normalmente são utilizados pela doutrina, nacional e internacional, para fundamentar posições acerca dos temas deste item. Serão analisadas a confidencialidade na arbitragem, assim como suas exceções, a aproximação e os limites entre as figuras do árbitro e do juiz togado, a equiparação do árbitro aos servidores públicos (art. 17 da LA), a incidência, para os árbitros, das previsões contidas no Estatuto da Ordem dos Advogados do Brasil (OAB) e os Códigos de Ética que por ventura se apliquem aos árbitros.

Antes de se aprofundar neste debate, contudo, entende-se prudente definir a terminologia que será utilizada ao longo deste item.

5.2 TERMINOLOGIA ADEQUADA

5.2.1 Confidencialidade ou privacidade?

A doutrina especializada traça uma diferenciação importante entre as expressões *confidencialidade* e *privacidade* no contexto da arbitragem. Sobre o tema, ensinam José Antônio Fichtner, Sérgio Nelson Mannheimer e André Luís Monteiro:

> Por um lado, a confidencialidade na arbitragem, seguindo-se essa distinção, seria um limitador a que as partes, árbitros, instituição arbitral e terceiros eventualmente participantes do processo divulgasse publicamente as informações obtidas durante a arbitragem, o que englobaria dados, documentos, provas e decisões. Trata-se, pois, de um dever imposto aos sujeitos da arbitragem em relação a eles mesmos. A privacidade na arbitragem, por outro lado, se referiria apenas e tão somente à proibição de estranhos ao conflito de participar do processo arbitral, notadamente da audiência arbitral, que se realiza a portas fechadas (*in camera*). Trata-se, nesse caso, de um direito das partes de manter a privacidade do procedimento em relação a estranhos ao conflito. A distinção terminológica tem servido para que parte da doutrina afirme que a privacidade seria inerente e indeclinável na arbitragem, admitida implicitamente, enquanto que a confidencialidade, enquanto dever, exigiria previsão legal ou convencional expressa[1].

Assim sendo, o que se considera pertinente para este tópico não é o fato de a arbitragem, enquanto procedimento privado, ter de ser conduzida de portas fechadas, mas sim de que, via de regra, há previsão contratual de confidencialidade que vincula as partes, árbitros, instituição arbitral e quaisquer terceiros que tenham participação no procedimento, vez que prevista na maioria dos regulamentos de arbitragem dos principais centros do mundo. A pergunta então passa a ser se regra contratual da confidencialidade é absoluta ou se permite exceções.

5.2.2 Dever vs. Possibilidade de o árbitro reportar suspeitas ou ilegalidades às autoridades competentes

A noção exata do conceito jurídico do vocábulo "dever" é central para o correto entendimento deste ponto. É a partir dele que se compreende o limite entre o *dever*

---

1 FICHTNER, José Antônio; MANNHEIMER, Sergio Nelson; MONTEIRO, André Luís. A confidencialidade na arbitragem: regra geral e exceções. *Revista de Direito Privado*, v. 49, p. 227-285, 2012, p. 232.

jurídico, o *dever moral* e a mera possibilidade de se agir de certa maneira. Veja-se o conteúdo da definição fornecida por De Plácido e Silva:

> *Dever*. Como substantivo, em ampla acepção, revela a *obrigação*, que se impõe a toda pessoa, de fazer ou não fazer alguma coisa, segundo as regras que se inscrevem no direito e mesmo na moral.
>
> Mas, nesta circunstância, o dever apresenta-se em dupla acepção: *dever moral* e *dever jurídico*, somente este sendo, legítima e racionalmente, sujeito a se tornar objeto de uma coação externa.
>
> O *dever moral* caracteriza-se por ser livre e voluntariamente assumido, não havendo imposição de ordem legal que possa compelir a pessoa a cumpri-lo.
>
> O *dever jurídico*, dependa ou não da vontade humana, estabelece sempre um *vinculum juris*, de que se gera a necessidade jurídica de ser cumprido aquilo a que se é obrigado.
>
> Dessa forma, o *dever jurídico* tanto provém do contrato, para formular especialmente a *obrigação* criada pelo mútuo consentimento dos contratantes, como decorre do respeito pelos princípios elementares da equidade e da ordem jurídica, em virtude dos quais se firma a *obrigação* de não ofender direito alheio (*neminem laedere*).
>
> No entanto, o *dever jurídico*, fundado na obrigação contratual dependente sempre da vontade do homem, mais se apresenta como um *direito de exigir*, pertinente ao sujeito ativo da obrigação, que um *dever a cumprir*, como sucede ao *dever* decorrente de uma imposição de ordem legal.
>
> E, neste primeiro caso, o dever difere da obrigação. Esta resulta da própria natureza das coisas e se funda na ação que tem o sujeito ativo sobre aquele que a deve cumprir e sobre as coisas que são de seu objeto. O dever é fundado nas relações que subsistem entre o sujeito ativo, que exige o adimplemento da obrigação, e aquele que a deve cumprir[2].

A partir da definição acima, é preciso ficar claro que quando se trata neste trabalho do suposto *dever* do árbitro de reportar às autoridades competentes a suspeita ou a existência de atos de corrupção praticados pelas partes, a referência é feita no sentido de haver dever jurídico capaz de vincular o árbitro a uma obrigação de fazer – no caso, de reportar. Isso significa que não havendo uma norma, seja ela contratual ou cogente, que imponha ao árbitro determinada conduta, pode até se falar em dever moral, mas não em dever jurídico. Posto de outra maneira, caso não haja um

---

2 SILVA, De Plácido e. *Vocabulário Jurídico*. Atualizadores: Nagib Slaibi Filho e Priscila Pereira Vasques Gomes. 31 ed. Rio de Janeiro: Forense, 2014, p. 710.

direito de exigir determinada obrigação de fazer do árbitro, não há que se falar em dever jurídico.

Os próximos itens investigarão, portanto, (i) se *pode* o árbitro reportar eventual conduta ilegal da parte, ou sua suspeita, às autoridades competentes e (ii) se há *dever jurídico* para que o árbitro comporte dessa maneira. Para tanto, a primeira pergunta que se tece diz respeito à confidencialidade dos procedimentos arbitrais, que passa a ser investigada a seguir.

5.3 BREVES NOTAS ACERCA DA CONFIDENCIALIDADE NA ARBITRAGEM

Concebida como um atrativo da arbitragem[3], pesquisas empíricas demonstram que 87% de seus usuários revelaram que a consideram como uma qualidade importante do método de solução de conflitos[4]. Não obstante, apesar do consenso em seu estabelecimento como qualidade desejável da arbitragem, a doutrina não é uníssona em sua forma de tratamento, de maneira que alguns autores entendem ser a confidencialidade um princípio inerente à arbitragem[5], enquanto outros defen-

---

3 Sobre o tema: "In general, most international business prefer, and actually seek, the privacy and confidentiality that the arbitral process offers. Confidentiality reduces the risk of aggravating the parties' dispute limits the collateral damage of a dispute and focuses the parties on an amicable, business-like resolution of their disagreements" (BORN, Gary. *International Arbitration: Law and Practice*. Kluwer Law International, 2016, p. 13).

4 WHITE & CASE; QUEEN MARY UNIVERSITY OF LONDON; SCHOOL OF INTERNATIONAL ARBITRATION. *2018 International Arbitration Survey: The Evolution of International Arbitration*, p. 3.

5 FOUCHARD, Philippe; GOLDMAN, Berthold. *Fouchard, Gaillard, Goldman on international commercial arbitration*. Kluwer Law International BV, 1999, p. 188 e 773; PINTO, José Emilio Nunes. A confidencialidade na arbitragem. *Revista de Arbitragem e Mediação*, n. 06, p. 25-36, 2005, p. 33. Alguns autores chegam a ser bem enfáticos em sua posição: "What an absurdity to postulate that confidentiality is not part and parcel of commercial arbitration. It is inconceivable that such a procedure, whether domestic or international, should take place in the public eye. If, as Ihering wrote, form is the twin sister of freedom, then confidentiality is the twin sister of arbitration. Just think what would happen if hearings were open to all and if requests, briefs and evidence were freely available in the media and on the Internet. Imagine the situation if company accounts, know-how, reports of negotiations and internal correspondence were divulged to the general public. I am utterly convinced that confidentiality is an inherent part of international commercial arbitration, subject to the sole exception of absolute and overriding public interest" (SERGE, Lazareff. Confidentiality in Arbitration: Theoretical and Philosophical Reflections. *Confidentiality in arbitration/Commentaries on rules, statutes, case law and practice/A special supplement to the ICC international court of arbitration bulletin*. ICC Publication, n. 700, p. 81-93, 2009, p. 81).

dem que sua aplicação depende de expressa previsão normativa ou contratual[6] – a análise profunda de sua natureza jurídica, contudo, foge ao escopo deste trabalho.

De qualquer forma, seguro dizer que o embate doutrinário deriva do fato de que a confidencialidade da arbitragem não encontra previsão legal na maioria das legislações nacionais, ou mesmo na Lei-Modelo da UNCITRAL[7]. A legislação brasileira também não foge à regra, de maneira que o legislador não dispôs, em momento nenhum, que a confidencialidade deverá ser observada nos procedimentos arbitrais. Pelo contrário, nos procedimentos com o envolvimento da administração pública, o legislador fez questão de deixar claro a necessidade de observância do princípio da publicidade[8]. Nesse contexto, é possível afirmar que o tratamento confidencial conferido aos procedimentos arbitrais é normalmente derivado de previsões dos regulamentos de arbitragem das principais instituições, sejam elas estrangeiras[9] ou brasileiras[10].

5.3.1 Exceções à *confidencialidade dos procedimentos arbitrais*

Em 2008, a Corte de Apelação Inglesa, no caso *John Forster Emmott v. Michael Wilson & Partners Limited*, foi provocada para se manifestar sobre a confidencialidade

---

6 Cf. precedentes *Esso Australia Resources Ltd v The Honourable Sidney James Plowman and ors* (Australia); e *Bulgaria Foreign Trade Bank Ltd v A.I. Trade Fin. Inc.* (Suécia). Ademais, tal como afirma André Abbud, o Código de Processo Civil brasileiro parece ter adotado essa corrente ao permitir o trâmite em segredo de justiça de processos que versem sobre arbitragem, desde que a confidencialidade estipulada na arbitragem seja comprovada perante o juízo, nos termos do art. 189, IV (ABBUD, André de Albuquerque Cavalcanti. Confidencialidade vs. publicação de sentenças pelas câmaras arbitrais: das regras às condutas. In: VASCONCELOS, Ronaldo et al (Coord.). *Análise prática das câmaras arbitrais e da arbitragem no Brasil.* São Paulo: Editora IASP, 2019, p. 361-380).

7 Sobre o tema: "The UNCITRAL Model Law is representative of most arbitration legislation, being silent on the subject of the confidentiality of the international arbitral process. Other arbitration legislation is also silent with regard to confidentiality. This is true of the FAA, the Swiss Law on Private International Law, the English Arbitration Act, the Japanese Arbitration Law and most other contemporary legislation" (BORN, Gary. *International Arbitration: Law and Practice.* Kluwer Law International, 2016, p. 202).

8 Conf. art. 2º, § 3º, da LA.

9 Conf. art. 30, LCIA Arbitration Rules (2020); art. 40, ICDR Arbitration Rules (2021); rules 39, SIAC Arbitration Rules (2016); art. 45, HKIAC Arbitration Rules (2018); rule 43, CAS Arbitration Rules (2019); art. 75, WIPO Arbitration Rules (2020), dentre outros.

10 Conf. art. 39.1, Regulamento de Arbitragem do CAM-CCBC (2022); item 10.6, Regulamento de Arbitragem da CIESP/FIESP (2013); art. 19.1, Regulamento de Arbitragem da AMCHAM (2023); item 17.1, Regulamento de Arbitragem do CBMA (2013); item 13.1, Regulamento de Arbitragem da CAMARB (2019); art. 46, Regulamento de Arbitragem da Câmara FGV (2016); item 9.1, Regulamento de Arbitragem da CAM (2011).

na arbitragem em vários aspectos diferentes. Nesse caso, em linhas gerais, *Emmott* pretendia valer-se, em processos judiciais, de documentos provenientes de procedimento arbitral em que figurava como parte, em defesa às alegações de fraude que lhe estavam sendo dirigidas. O entendimento da Corte foi no sentido de que era permitida a apresentação de tais documentos. Entretanto, pertinente para o estudo ora desenvolvido é o trecho do acórdão proferido pelo relator *Lord Justice Lawrence Collins*, que trata sobre as hipóteses de relativização da obrigação de confidencialidade:

> In my judgment the content of the obligation may depend on the context in which it arises and on the nature of the information or documents at issue. The limits of that obligation are still in the process of development on a case-by-case basis. On the authorities as they now stand, the principal cases in which disclosure will be permissible are these: the first is where there is consent, express or implied; **second, where there is an order, or leave of the court (but that does not mean that the court has a general discretion to lift the obligation of confidentiality); third, where it is reasonably necessary for the protection of the legitimate interests of an arbitrating party; fourth, where the interests of justice require disclosure**, and also (perhaps) where the public interest requires disclosure[11].

A doutrina especializada vem no mesmo sentido quando se refere aos limites ou exceções da confidencialidade na arbitragem. Assim afirma Gary Born:

> First, any confidentiality provisions in the parties' arbitration agreement are binding only on the parties themselves, and not on third parties. (...) Neither the terms of the arbitration agreement (and its confidentiality provisions) nor national law and the New York Convention would extend the effects of a contractual confidentiality provision to non-parties to that agreement.
>
> Second, even as between the parties to arbitral proceedings, there may be circumstances where an agreement regarding confidentiality will be unenforceable

11 Tradução livre: "Na minha opinião, o conteúdo da obrigação pode depender do contexto em que ela surge e da natureza das informações ou documentos em questão. Os limites dessa obrigação ainda estão em processo de desenvolvimento caso a caso. Nas autoridades em que estão agora, os principais casos em que a divulgação será permitida são os seguintes: o primeiro é onde há consentimento, expresso ou implícito; segundo, quando houver uma ordem ou permissão do tribunal (mas isso não significa que o tribunal tenha um poder geral de levantar a obrigação de confidencialidade); terceiro, quando for razoavelmente necessário para a proteção dos interesses legítimos de uma parte arbitral; quarto, onde os interesses da justiça exigem divulgação e também (talvez) onde o interesse público exige a divulgação" (*John Forster Emmott v. Michael Wilson & Partners Limited* [2008] EWCA Civ 184, §107).

> on public policy or mandatory law grounds. Examples include reporting obligations imposed on publicly-held companies by national securities or stock exchange regulations or investigatory powers granted to governmental agencies. Thus, a confidentiality agreement may be unenforceable where it would require a party to violate disclosure requirements imposed by securities regulations or competition law provisions[12].

Da mesma maneira, concluem Nigel Blackaby, Constatine Partasides e Alan Redfern:

> It seems wrong that the confidential nature of arbitral proceedings and the ultimate enforceability of an award should be open to abuse by international crime. The arbitration community should be vigilant to ensure that it does not unwittingly assist in such ends[13].

A doutrina brasileira também parece estar de acordo com essa posição. E aqui, novamente, entende-se pertinente referência ao trecho do artigo elaborado por José Antônio Fichtner, Sérgio Nelson Mannheimer e André Luís Monteiro:

> No nosso modo de ver, tanto a confidencialidade imposta por lei a árbitros e instituições arbitrais quanto a confidencialidade estabelecida contratualmente é regra relativa, que pode sim sofrer exceções. Não se trata, portanto, de regra absoluta. Tenha a confidencialidade origem legal ou convencional, impõe-se dizer que ela não é absoluta e cede espaço em razão de determinadas circunstâncias. (...)
> Outra exceção ao dever de confidencialidade, já mencionada anteriormente, é no caso de constatação pelos árbitros da ocorrência de algum delito penal durante

---

12 Tradução livre: "Primeiro, quaisquer disposições de confidencialidade na convenção de arbitragem das partes vinculam apenas as próprias partes, e não terceiros. (...) Nem os termos da convenção de arbitragem (e suas disposições de confidencialidade), nem a lei nacional ou a Convenção de Nova York estenderiam os efeitos de uma disposição contratual de confidencialidade a não-partes desse acordo. Em segundo lugar, mesmo entre as partes em um processo arbitral, pode haver circunstâncias em que um acordo sobre confidencialidade seja inexequível por razões de ordem pública ou lei obrigatória. Os exemplos incluem obrigações de relatórios impostas a empresas de capital aberto por regulamentos nacionais de valores mobiliários ou bolsas de valores ou poderes de investigação concedidos a agências governamentais. Assim, um acordo de confidencialidade pode ser inexequível quando exigir que uma parte viole os requisitos de divulgação impostos pelos regulamentos de valores mobiliários ou disposições da lei concorrencial" (BORN, Gary. *International commercial arbitration.* 3rd. Ed. Kluwer Law International, 2021, §20.03[C] (Kluwer Law International, Updated August 2022)).

13 Tradução livre: "Parece errado que a natureza confidencial dos procedimentos arbitrais e a exequibilidade de uma sentença sejam passíveis de abuso por parte do crime internacional. A comunidade arbitral deve estar vigilante para garantir que não ajude involuntariamente em tais fins" (BLACKABY, Nigel; PARTASIDES, Constantine; REDFERN, Alan. *Redfern and Hunter on international arbitration.* Oxford University Press, 7 Ed., 2022, p. 308).

> a arbitragem, situação na qual os árbitros poderão quebrar o compromisso de confidencialidade legalmente imposto e levar ao conhecimento das autoridades competentes os fatos criminosos que tiveram ciência durante a arbitragem.[14]

Percebe-se, portanto, que a exceção de confidencialidade no que tange ao potencial desrespeito à ordem pública parece ser amplamente aceito. Com efeito, tal como mencionado pelos autores acima citados, a própria IBA chegou a mencionar a mesma exceção nas chamadas *Rules of Ethics for International Arbitrators* de 1987, no que tange à conduta reprovável dos árbitros em deliberação:

> 9. Confidentiality of the Deliberations
> The deliberations of the arbitral tribunal, and the contents of the award itself, remain confidential in perpetuity unless the parties release the arbitrators from this obligation. An arbitrator should not participate in, or give any information for the purpose of assistance in, any proceedings to consider the award unless, exceptionally, he considers it his duty to disclose any material misconduct or fraud on the part of his fellow arbitrators[15].

Nesse cenário, os mais ferrenhos no combate à corrupção argumentam que a existência de mera regra convencional, ainda que calcada no princípio da força obrigatória dos contratos[16], não seria hierarquicamente superior às normas cogentes de combate à corrupção, que podem ser aplicáveis ao caso concreto em razão da *lex arbitri*, direito material aplicável, local de execução do contrato ou mesmo da ordem pública transnacional e, portanto, deveria ser relativizada, permitindo a denúncia do árbitro[17]. Seria possível, então, fazer a associação no sentido de que, pelo fato

---

14 FICHTNER, José Antônio; MANNHEIMER, Sergio Nelson; MONTEIRO, André Luís. A confidencialidade na arbitragem: regra geral e exceções. *Revista de Direito Privado*, v. 49, p. 227-285, 2012, p. 270 e 272.

15 Tradução livre:
"9. Confidencialidade das deliberações
As deliberações do tribunal arbitral e o conteúdo da sentença permanecem confidenciais em perpetuidade, a menos que as partes libertem os árbitros desta obrigação. Um árbitro não deve participar ou fornecer qualquer informação com a finalidade de assistência em qualquer processo para considerar a sentença, a menos que, excepcionalmente, considere seu dever divulgar qualquer má conduta ou fraude material por parte de seus colegas árbitros" (INTERNATIONAL BAR ASSOCIATION. *IBA Rules of Ethics for International Arbitrators*, 1987).

16 O princípio da força obrigatória do contrato significa, em essência, a irreversibilidade, da palavra empenhada (PEREIRA, Caio Mário da Silva. *Instituições de direito civil.* 11 ed. Rio de Janeiro: Forense, 2005, p. 14).

17 Sobre o tema: "Therefore, it seems unlikely that the duty of confidentiality (even expressly provided for in the statute of arbitration rules) trumps the obligation to report the preparation or perpetration of a crime which might be imposed by the legal system where arbitration is located. Confidentiality is even less potent if arbitration is considered a part of performing publicly entrusted

de atos de corrupção prejudicarem a sociedade como um todo, somando-se ao fato de que o ordenamento jurídico de modo geral – assim como a moral e os bons costumes da sociedade – os condena, poderia o árbitro, baseado no argumento de respeito à ordem pública, reportar a prática ou suspeita de atos de corrupção às autoridades competentes? Afinal de contas, não seria a ordem pública, seja ela nacional, internacional ou transnacional, uníssona na condenação e combate à corrupção? Entende-se que a resposta ainda não é tão simples, não sendo esse o único fator a ser considerado. Esse também é o entendimento de parte da doutrina:

> It is not quite clear at least to me, notwithstanding the extreme importance of avoiding and combating corruption, that there really is a groundswell of support for such greater initiative. I do not see a groundswell among parties, desiring an increase in this kind of investigative and/or reporting activity by the tribunal. I also do not see a groundswell of interest on the part of tribunals, with tribunals being more willing and more desirous than 15 or 20 years ago to take on these investigative and reporting rights and/or duties[18].

Deve-se entender melhor a referida exceção de ofensa à ordem pública, em qualquer de seus níveis, para responder tal indagação com seriedade.

5.3.2 Análise da exceção de ofensa à ordem pública

Um ponto que normalmente é conjugado com a preservação do interesse público e ordem pública é aquele da função jurisdicional do árbitro. O argumento é no sentido de que o árbitro não é simplesmente uma instrumentalidade da vontade das partes expressa através da convenção de arbitragem, mas, em vez disso, é parte integrante de um sistema maior que depende, em parte, de eles desempenharem seu

---

competences. Finally, if the right to report that a crime has been committed is both 'a duty and a right', it appears that such duty, even if non-compulsory (i.e., not backed by threat of criminal punishment) would be enough to excuse the nonobservance of the duty of confidentiality that arbitrators owe to the parties as well as to the arbitral institution" (HIBER, Dragor; PAVIC, Vladimir. Arbitration and crime. *Journal of International Arbitration*, v. 25, n. 4, p. 461-478, 2008, p. 467).

18 Tradução livre: "Não está claro, pelo menos para mim, apesar da extrema importância de evitar e combater a corrupção, que realmente existe uma onda de apoio a uma iniciativa tão maior. Não vejo uma onda entre as partes, desejando um aumento desse tipo de atividade de investigação e/ou denúncia pelo tribunal. Também não vejo uma onda de interesse por parte dos tribunais, com os tribunais sendo mais dispostos e desejosos do que há 15 ou 20 anos atrás em assumir esses direitos e / ou deveres de investigação e denúncia" (KREINDLER, Richard H. Concluding Remarks: Corruption and International Arbitration. In: BAIZEAU, Domitille, KREINDLER, Richard H. Addressing Issues of Corruption in Commercial and Investment Arbitration. *Dossiers of the ICC Institute of World Business Law*, v. 13, 2015, p. 191).

papel como custodiantes responsáveis desse sistema[19]. Em outras palavras, haveria um dever moral que deveria compelir o árbitro a exercer o que a doutrina chama de direito do árbitro (ou dever) de reportar a suposta atividade corrupta. No entanto, como discorre Richard H. Kreindler, ainda que tal direito ou dever exista, a proteção da ordem pública e a aplicação de *mandatory rules* não necessariamente conduzem o árbitro a reportar a suposta conduta da parte, de maneira que isso poderia ser considerado uma invasão às competências das autoridades penais ou civis do local onde a conduta possa ser investigada ou punida:

> Likewise, the powers and duties of the arbitrator to take into consideration mandatory norms and public policy when rendering its award respecting the parties' civil obligations would not necessarily translate into a duty to tell all. In an extreme case, the tribunal could obtain unique knowledge, through its appointment, of heinous acts associated with the contract containing the agreement to arbitrate. The desire and duty to inform the authorities of the suspicion or existence of such acts, and their perpetrators, would be great, but not necessarily flow from the mission as arbitrator. The foregoing is separate and apart from the question of the danger of infringing upon or appearing to usurp competent State civil or criminal authorities, whether at the seat (if any), at the place or places of putative enforcement or at some other 'centre of gravity'[20].

É preciso considerar, outrossim, que mesmo aqueles que defendem o dever de reportar advertem os árbitros que eles podem sofrer retaliações das partes denunciadas por quebra do dever de confidencialidade[21], demonstrando que a matéria

---

19 Nesse sentido: "What emerges from this analysis is an understanding that the modern international arbitrator is not simply an instrumentality of the parties' collective will expressed through the arbitration agreement, but instead an integral part of a larger system that depends, in part, on them performing their role as responsible custodians of that system" (ROGERS, Catherine A. The vocation of the international arbitrator. *American University International Law Review*, v. 20, p. 957, 2004, p. 963).

20 Tradução livre: "Da mesma forma, os poderes e deveres do árbitro de levar em consideração mandatory norms ou a ordem pública ao render sua sentença respeitando as obrigações civis das partes não se traduziriam necessariamente no dever de informar tudo. Em um caso extremo, o tribunal poderia obter conhecimento único, através de sua nomeação, de atos hediondos associados ao contrato que contém a convenção de arbitragem. O desejo e o dever de informar as autoridades da suspeita ou existência de tais atos, e de seus autores, seria grande, mas não necessariamente decorreria da missão como árbitro. O tema acima mencionado é separado e está à parte da questão do perigo de infringir ou parecer usurpar autoridades civis ou criminais competentes do Estado, seja na sede (se houver), no local ou nos locais de aplicação putativa ou em algum outro 'centro de gravidade'" (KREINDLER, Richard H. *Competence-competence in the Face of Illegality in Contracts and Arbitration Agreements*. BRILL, 2013, p. 334-335).

21 Sobre o tema: "In principle, arbitrators have a right to report suspected corruption to the domestic prosecuting authorities. There may be a risk, though, that arbitrators are held liable for breach of confidentiality if they report their suspicions to the authorities. However, their acts may be justified under the applicable laws. Arbitrators will weigh the risk of becoming liable against their right to report.

está longe de ser pacífica e bem compreendida em todos os seus aspectos. Ora, advertência também deveria ser feita no sentido de que o árbitro deve honrar com seu dever de discrição[22], além de manter sua independência e imparcialidade para preservar a equidistância necessária para julgar a matéria que lhe foi submetida. Poder-se-ia argumentar que o árbitro que reporta a parte às autoridades por conduta suspeita, e o faz antes de proferir sentença, dificilmente se manteria imparcial frente à parte denunciada. Tal como abordado no item 2.3.3 *supra*, a mera suspeita da prática de ato de corrupção não deve levar o árbitro ao desespero, tampouco transformá-lo em um detetive que investigará obsessivamente um ponto que porventura nem seja central ao objeto do litígio.

Não obstante, à luz do que foi exposto acima, parece que a exceção de ordem pública à confidencialidade da arbitragem poderia permitir – apesar de não blindar o árbitro de eventuais retaliações da parte que se sinta ofendida – que o árbitro reporte a prática de ilegalidade, ou sua suspeita, às autoridades competentes. Todavia, afirmar que tal possibilidade concretiza um dever imposto ao árbitro parece precipitado, carecendo da análise dos pontos suscitados abaixo.

Entende-se que a advertência posta por Alexis Mourre é pertinente neste ponto. O autor se manifesta veementemente no sentido de que nenhuma arbitragem poderia ocorrer em um contexto de confiança e cooperação mútua se as partes tivessem dúvidas de que qualquer coisa que dissessem poderia ser relatada pelo árbitro às autoridades competentes. E conclui que a luta contra a corrupção, em todas as suas formas, deve respeitar as liberdades fundamentais, inclusive o direito de acesso à justiça, que inclui a jurisdição arbitral, se as partes fizeram essa escolha[23]. Em outras palavras, o autor adverte que a aproximação indevida das funções de árbitro e juiz togado podem ser extremamente prejudiciais, não apenas ao instituto da arbitragem, mas, principalmente, para as partes que submetem seu conflito para julgamento por meio do referido método.

Whether arbitrators have an obligation to report depends on the applicable domestic laws. Which authorities would have jurisdiction depends on the facts of the case" (COMPETENCE CENTRE FOR ARBITRATION AND CRIME; BASEL INSTITUTE ON GOVERNANCE. *Corruption and Money Laundering in International Arbitration: A Toolkit for Arbitrators.* 2019, p. 14)

22 LEMES, Selma Maria Ferreira. Árbitro. O Padrão de Conduta Ideal. In: CASELLA, Paulo Barbosa (org.). *Arbitragem.* Lei Brasileira e Praxe Internacional. São Paulo: LTr, 1999, p. 233-268.

23 Sobre o tema, discorre Alexis Mourre: "No arbitration could ever take place in a context of trust and mutual cooperation if the parties had doubts that anything they say might be reported by the arbitrator to a public prosecutor, or indeed the tax authorities (...). Yet, the fight against this dangerous form of criminality should be respectful of fundamental liberties, amongst which is the right of access to justice, including the right to arbitral justice if the parties made that choice" (MOURRE, Alexis. Arbitration and Criminal Law: Reflections on the Duties of the Arbitrator. *Arbitration International,* v. 22, n. 1, p. 95-118, 2006, p. 111-112).

5.4 LIMITES DA APROXIMAÇÃO ENTRE AS FIGURAS DO ÁRBITRO E JUIZ TOGADO (ART. 18 DA LA)

O argumento de que o árbitro deve reportar as atitudes suspeitas da parte às autoridades competentes é acompanhado não somente da proteção à ordem pública, moral e bons costumes, mas também do fato de que, em determinadas jurisdições, como na França (art. 40[24] do *Code de procédure pénale*) e no Brasil (art. 40[25] do Código de Processo Penal), há regra específica que determina que o juiz togado o faça e, portanto, o árbitro deveria proceder da mesma forma. Afinal de contas, conforme previsão da própria lei[26], não seria o árbitro "juiz de fato e de direito"? Essa interpretação, contudo, é imprecisa e equivocada[27].

A aproximação das figuras do juiz togado e do árbitro deve ser bem compreendida. Para tanto, é preciso esclarecer a intenção do legislador ao empregar tal expressão ("juiz de fato e de direito") no art. 18 da LA. Sobre esse tópico, ensina Carlos Alberto Carmona:

> É possível que o legislador, ao empregar a consagrada expressão "juiz de fato e de direito", tenha tido em mente a ideia de que em alguns juízos separam-se as decisões de fato e de direito (como ocorre com o julgamento do júri, onde apenas os fatos são submetidos aos jurados, enquanto toca ao juiz togado aplicar o direito), querendo deixar consolidada a ideia de que no juízo arbitral não se fará tal separação; talvez tenha o legislador querido ressaltar que, por conta de sua investidura privada, os árbitros são juízes de fato (privados), mas sua decisão produz a mesma eficácia da decisão estatal (daí serem também juízes de direito); talvez

---

24 Art. 40. Le procureur de la République reçoit les plaintes et les dénonciations et apprécie la suite à leur donner conformément aux dispositions de l'article 40-1.
Toute autorité constituée, tout officier public ou fonctionnaire qui, dans l'exercice de ses fonctions, acquiert la connaissance d'un crime ou d'un délit est tenu d'en donner avis sans délai au procureur de la République et de transmettre à ce magistrat tous les renseignements, procès-verbaux et actes qui y sont relatifs.

25 Art. 40. Quando, em autos ou papéis de que conhecerem, os juízes ou tribunais verificarem a existência de crime de ação pública, remeterão ao Ministério Público as cópias e os documentos necessários ao oferecimento da denúncia.

26 Cf. art. 18 da LA.

27 Conforme lecionam Carlos Alberto Carmona e José Augusto Bitencourt Machado Filho: "O art. 18 da Lei de Arbitragem traz redação abrangente, esclarecendo que *'o árbitro é juiz de fato e de direito, e a sentença que proferir não fica sujeita a recurso ou a homologação pelo Poder Judiciário'*. Com base nesse preceito legal, há quem argumente que os árbitros se sujeitariam às mesmas restrições que seriam aplicáveis ao exercício da jurisdição pelos representantes do Poder Judiciário. Tal interpretação, todavia, não é precisa, tampouco expressa a finalidade da norma." (CARMONA, Carlos Alberto; MACHADO FILHO, José Augusto Bitencourt. A Inaplicabilidade das Garantias e Vedações do Art. 95 da Constituição Federal aos Árbitros. In: ABBOUD, Georges; MALUF, Fernando; VAUGHN, Gustavo Favero. *Arbitragem e Constituição*. São Paulo: Thomson Reuters Brasil, 2023, p. 75-95).

> tenha o legislador querido ressaltar que o árbitro lidará tanto com as *questiones facti* quanto com as *questiones iuris*. Seja como for, resulta claro dessa fórmula, verdadeiramente histórica, que o intuito da Lei foi o de ressaltar que a atividade do árbitro é idêntica à do juiz togado, conhecendo o fato e aplicando o direito[28].

Vale dizer, o objetivo do legislador foi deixar claro que o árbitro poderá analisar os fatos e o direito pertinentes ao caso que lhe foi submetido para julgamento. Fazer uma leitura desse dispositivo extraindo a interpretação de que essa aproximação seria irrestrita demonstra-se, portanto, equivocada.

Carlos Eduardo Stefan Elias, em obra destinada à compreensão da aproximação e, especialmente, da diferenciação entre os papéis exercidos pelo árbitro e pelo juiz togado, é claro ao afirmar que a expressão constante do referido dispositivo legal se valeu da mesma redação do art. 1.078 do Código de Processo Civil de 1973 que, por seu turno, utilizou a do art. 1.041 do Código Civil de 1916[29], não sendo nenhuma novidade no ordenamento jurídico pátrio. Afirmou, ademais, que o art. 18 da LA foi importante, porque estendeu à sentença arbitral a mesma validade da sentença judicial, blindando-a do recurso e da necessidade de homologação pelo Poder Judiciário. Especialmente relevante para esse ponto, todavia, é o trecho em que o autor explica por que as equiparações entre árbitro e juiz togado devem cessar por aqui:

> Para o árbitro, ser juiz de fato e de direito é somente ter autoridade para decidir as questões fáticas e jurídicas colocadas pelas partes para a solução da controvérsia. Essa identificação está sempre ligada a um complemento, seja para imunizar a decisão contra recurso, seja para imunizá-la contra a homologação pelo Poder Judiciário. Tal equivalência somente pode ser entendida e aplicada nesse específico contexto.
>
> A equivalência entre juiz e árbitro é meramente instrumental e não autoriza que se traga para o mesmo plano personagens diferentes. Árbitro e juiz estão sujeitos a estatutos distintos, sendo que as posições de cada qual, tanto dentro quanto fora da relação processual, não se confundem. (...)
>
> Processo arbitral e processo judicial (de conhecimento) seguem os mesmos princípios e conceitos básicos identificados pela teoria geral do processo, mas não se confundem, razão pela qual não servem para equiparar árbitro e juiz. Pragmaticamente, o processo judicial segue lógica e regras peculiares, positivadas legislativamente para a generalidade dos conflitos que são submetidos ao Poder Judiciário.

---

28 CARMONA, Carlos Alberto. *Arbitragem e processo*: um comentário à Lei nº 9.307/96. 4ª ed. Barueri: Atlas, 2023, p. 275.

29 ELIAS, Carlos Eduardo Stefen. O Árbitro é (mesmo) Juiz de Fato e de Direito? Análise dos Poderes do Árbitro Vis-À-Vis os Poderes do Juiz no Novo Código de Processo Civil Brasileiro. *Revista de Arbitragem e Mediação.* São Paulo: RT, vol. 54/2017, jul – set, p. 79-122, p. 82.

> O processo arbitral, por sua vez, obedece a uma lógica distinta, que incentiva as partes e o árbitro a adequarem, de modo mais profundo, o procedimento ao específico caso a ser decidido. Daí a noção geral de que o processo arbitral é mais flexível que o processo estatal[30].

Contextualizando a interpretação conferida por Carlos Elias, tal é o entendimento do autor devido aos distintos fundamentos e escopos da atividade jurisdicional exercida pelo árbitro e juiz togado. O árbitro é um agente privado, sua jurisdição tem origem no acordo de vontade das partes e é limitada por três fatores muito claros: (i) pela lei, ao dispor sobre arbitrabilidade (objetiva e subjetiva); (ii) pelo escopo definido no âmbito da própria convenção de arbitragem; e (iii) pela sua natureza efêmera (o árbitro exerce tal função somente até decidir definitivamente o litígio posto para seu julgamento)[31]. O juiz togado, em contrapartida, é um representante do Estado (agente público), cuja relação com as partes é prévia e abstrata, sendo sua jurisdição universal[32].

---

30 ELIAS, Carlos Eduardo Stefen. O Árbitro é (mesmo) Juiz de Fato e de Direito? Análise dos Poderes do Árbitro Vis-À-Vis os Poderes do Juiz no Novo Código de Processo Civil Brasileiro. *Revista de Arbitragem e Mediação*. São Paulo: RT, vol. 54/2017, jul – set, p. 79-122, p. 82.

31 CARMONA, Carlos Alberto; MACHADO FILHO, José Augusto Bitencourt. A Inaplicabilidade das Garantias e Vedações do Art. 95 da Constituição Federal aos Árbitros. In: ABBOUD, Georges; MALUF, Fernando; VAUGHN, Gustavo Favero. *Arbitragem e Constituição*. São Paulo: Thomson Reuters Brasil, 2023, p. 75-95. Ainda sobre o tema, esclarece Rafael Alves: "Nesse sentido, o árbitro possui uma missão perante as partes, não necessariamente perante a sociedade. Ao contrário do juiz, o árbitro não tem o dever de resguardar a integridade ou a coerência da ordem jurídica e, assim, sua relação com o direito parecer ser distinta. O modo pelo qual um árbitro aplica ou deixa de aplicar determinada norma jurídica não traz, em princípio, qualquer impacto para ordem jurídica da qual faz parte aquela norma jurídica. As decisões dos árbitros não conformam comportamento dos cidadãos, não forma jurisprudência no sentido próprio deste termo, inclusive porque não são públicas. Sua decisão diz respeito somente às partes em disputa. Assim, os escopos da jurisdição arbitral não são totalmente coincidentes com os escopos da jurisdição estatal. O árbitro tem um papel a desempenhar na administração da Justiça, com certa dimensão pública (pacificação social), mas esse papel não coincide com aquele desempenhado pelo juiz" (ALVES, Rafael Francisco. *Árbitro e Direito*: o julgamento do mérito da arbitragem. São Paulo: Almedina, 2018, p. 24-25).

32 CARMONA, Carlos Alberto; MACHADO FILHO, José Augusto Bitencourt. A Inaplicabilidade das Garantias e Vedações do Art. 95 da Constituição Federal aos Árbitros. In: ABBOUD, Georges; MALUF, Fernando; VAUGHN, Gustavo Favero. *Arbitragem e Constituição*. São Paulo: Thomson Reuters Brasil, 2023, p. 75-95. Em complemento, os ensinamentos de Rafael Alves são mais uma vez pertinentes: "O juiz possui uma relação de direito público com as partes. Ele foi escolhido pelo Estado (no caso brasileiro, por meio de concurso público) e atribuído ao processo específico em que as partes litigam por meio de um sorteio, seguindo regras públicas. As regras de organização judiciária e também as regras processuais possuem caráter público, algumas de natureza constitucional. Conforme o artigo 37 da Constituição Federal, a administração pública deve obedecer aos princípios da legalidade, impessoalidade, moralidade, publicidade e eficiência. Por definição, o juiz deve ser impessoal e estar distante das partes. Segundo o entendimento predominante, essa é a base da sua relação com as partes, ele é um estranho. Sua responsabilidade não é direta e pessoal com as partes, ela ocorre por intermédio do Estado. Um erro do juiz é, em primeiro lugar, um erro do Estado, dentro da relação entre o cidadão e o Estado" (ALVES, Rafael Francisco. *Árbitro e Direito*: o julgamento do mérito da arbitragem. São Paulo: Almedina, 2018, p. 24-25).

Esse entendimento é, inclusive, expressado pela doutrina especializada há muito tempo, conforme se depreende das lições de Pedro A. Batista Martins:

> [D]o ponto de vista extrínseco, não há nada na lei que compare o árbitro ao juiz togado. E nem poderia, pois o árbitro não presta concurso, não é pago pelo erário público e, tampouco, está investido das prerrogativas constitucionais fixadas no art. 95 da Constituição Federal, ou seja, inamovibilidade, irredutibilidade e vitaliciedade. O árbitro não é magistrado e não integra a carreira pública. O árbitro é um mero cidadão, civilmente capaz e que goza da confiança das partes e, por isso, e somente por isso, é nomeado para resolver determinada controvérsia. Nomeação essa que não lhe confere qualquer prerrogativa, exceto o poder-dever de pôr fim ao conflito de direito. E é justamente aí que reside a essência da previsão contida no art. 18 da lei de Arbitragem[33].

Percebe-se, então, que a conclusão de que árbitro e juiz togado estão sujeitos a princípios e regras distintos é inescapável, conferindo justificativas diferentes para o escopo e exercício de cada jurisdição, ainda que os princípios gerais de processo se apliquem indistintamente a ambos[34]. Em outras palavras, pode-se afirmar que os processos judicial e arbitral, em que pese serem norteados por princípios gerais de processo, são sistemas distintos e, como tais, as figuras dos julgadores nele inseridos possuem características diferentes. Isso advém, em parte, da chamada teoria dos sistemas de Niklas Luhmann, que inspirou a adaptação dos conceitos de fechamento operacional[35] e abertura cognitiva[36] ao sistema arbitral, tal como explorados por Eduardo de Albuquerque Parente.

---

33 MARTINS, Pedro A. Batista. *Apontamentos sobre a Lei de Arbitragem*. Rio de Janeiro: Forense, 2008, p. 218.

34 CARMONA, Carlos Alberto; MACHADO FILHO, José Augusto Bitencourt. A Inaplicabilidade das Garantias e Vedações do Art. 95 da Constituição Federal aos Árbitros. In: ABBOUD, Georges; MALUF, Fernando; VAUGHN, Gustavo Favero. *Arbitragem e Constituição*. São Paulo: Thomson Reuters Brasil, 2023, p. 75-95.

35 Sobre o tema: "Como já mencionado, os sistemas devem ser capazes de produzir e reproduzir seus elementos a partir da sua rede instrumental interna, mediante processos endógenos. Neste ponto, é fora de dúvida que os instrumentos do processo arbitral são produzidos pelo próprio organismo. Talvez por isso ele tenha até mais autonomia do que o processo estatal. Não está de forma nenhuma amarrado a limitações legais rígidas, como o processo estatal. É, isso sim, orientado pelas diretrizes da Lei de Arbitragem, das quais poucas são cogentes, mas fundamentalmente informativas e racionais, as quais, no fundo, estão muito marcadas pela autonomia da vontade e pela disposição diretiva do árbitro do que por qualquer pretensão regulatória da atividade arbitral. Da lei advêm princípios, basicamente, e algumas poucas regras voltadas a buscar um denominador comum mínimo (adequado) de devido processo legal" (PARENTE, Eduardo de Albuquerque. *Processo arbitral e sistema*. São Paulo: Atlas, 2012, p. 43-44).

36 Prossegue o autor: "Sinteticamente, definimos abertura cognitiva como a capacidade de um sistema em se comunicar com outros, trocando mútuos influxos. E isso é consequência de ele ser dotado

Posto de maneira simples, o simples dever do juiz togado de tomar certas providências na condução do processo judicial não quer dizer que o árbitro deverá fazer o mesmo.

5.5 LIMITES DA EQUIPARAÇÃO DO ÁRBITRO AOS SERVIDORES PÚBLICOS (ART. 17 DA LA) E CRIMES A QUE ESTARIA SUJEITO

Ademais, aproveitando-se a oportunidade em que se aborda a abertura cognitiva do sistema arbitral, é importante mencionar que um dos mecanismos que permite a comunicação do sistema arbitral com o judicial está previsto no art. 17 da LA, que prevê que "os árbitros, quando no exercício de suas funções ou em razão delas, ficam equiparados aos funcionários públicos, para os efeitos da legislação penal".

Sobre este ponto, a doutrina é clara ao afirmar que "[a]o equiparar o árbitro aos funcionários públicos, objetivou o legislador fortalecer a confiabilidade oferecida pelo juízo arbitral, garantindo aos usuários deste meio alternativo de solução de controvérsias uma decisão isenta de deturpações e desvios"[37].

Digno de nota, e extremamente importante para o tópico ora abordado, é a atualização da doutrina essencial de Carlos Alberto Carmona, *Arbitragem e Processo*, que comenta os dispositivos da Lei de Arbitragem. Ao tratar do art. 17, o referido autor é enfático ao analisar a tese de que esse dispositivo poderia ser utilizado para fundamentar a existência de um dever de reportar do árbitro:

> O art. 116, VI, da Lei nº 8.112/1990 (que dispõe sobre o regime jurídico dos servidores públicos civis da União, das autarquias e das fundações públicas federais) determina ser dever do servidor "[L]evar as irregularidades de que tiver ciência em razão do cargo ao conhecimento de outra autoridade competente para apuração". O art. 6º da Lei nº 7.347/1985 (que disciplina a ação civil pública) determina que "[Q]ualquer pessoa poderá e o servidor público deverá provocar a iniciativa do Ministério Público, ministrando-lhe informações sobre fatos que

---

de fechamento operacional, pois, se não for autorreferencial e autônomo, ele não tem condições de manter tal tipo de relacionamento com os demais sistemas da sociedade. O conceito de sistema tal qual posto pressupõe sua independência relativamente aos demais sistemas sociais e à sociedade, considerada doutrinariamente como o entorno desse complexo conjunto de sistemas. Logo, apenas se tiver fechamento operacional, o sistema pode ter abertura cognitiva sem se desnaturar. Trata-se de um falso paradoxo: embora hermeticamente fechado, em termos instrumentais, o sistema deve ser aberto cognitivamente" (PARENTE, Eduardo de Albuquerque. *Processo arbitral e sistema.* São Paulo: Atlas, 2012, p. 58-59).

37 CARMONA, Carlos Alberto. *Arbitragem e processo*: um comentário à Lei nº 9.307/96. 4ª ed. Barueri: Atlas, 2023, p. 273.

> constituam objeto da ação civil e indicando-lhe os elementos de convicção". Estes dois dispositivos legais reportam-se ao **dever** de servidores públicos de levar ao conhecimento da "autoridade competente" a existência de fato que possa caracterizar o ilícito. Estaria o árbitro – equiparado para os efeitos da legislação penal aos funcionários públicos – sujeito ao dever de denunciar tais fatos? Minha resposta é negativa.
> O dispositivo da Lei de Arbitragem objetivou basicamente sujeitar o árbitro às regras do Código Penal quando, na função de julgador, cometer desvios que comprometam a atividade de bem decidir. Assim, quer-se punir com rigor o árbitro que retarde ou deixe de praticar indevidamente o ato ligado ao seu ofício para satisfazer interesse pessoal, ou então exija (ou receba) vantagem indevida. São **crimes próprios**, ou seja, funcionais, de modo que a equiparação legal visa a permitir que os árbitros sejam enquadrados nos tipos penais. Este é o motivo da equiparação legal. Os árbitros não integrarão, nem provisoriamente, os quadros funcionais do estado, em qualquer nível, ou seja, não ingressarão nos quadros dos juízes estatais. Dizer que o árbitro exerce função jurisdicional não significa que o árbitro esteja vinculado à estrutura do Poder Judiciário ou à organização judiciária. O árbitro não está, por tudo isso, vinculado aos preceitos da Lei Orgânica da Magistratura, que impõe aos magistrados o dever de cumprir e fazer cumprir as disposições legais (art. 35, I, da Lei Complementar nº 35/1979).[38]

Logo, verifica-se que o legislador, por meio do art. 17 da LA, pretendeu proteger a função jurisdicional do árbitro, e seu inerente dever de julgar, de crimes próprios cometidos pelos árbitros. Este entendimento, somado ao fato de que árbitros e juízes togados são submetidos a regimes e deveres distintos e independentes (reiterado na citação antecedente e analisado no tópico anterior), parece encerrar o debate acerca da existência do dever de reportar do árbitro. Todavia, ainda se analisará os tipos penais a que os árbitros poderiam estar sujeitos nesse cenário, para analisar se o dever de reportar poderia, em alguma medida, se originar pela intenção do árbitro de não ser ver enquadrado em tais tipos penais.

Nesse contexto, os crimes que os árbitros poderiam estar sujeitos para os fins deste trabalho, nos termos do art. 17 da LA, seriam aqueles previstos no título do Código Penal que trata dos crimes contra a administração pública capazes de comprometer a higidez da atuação do julgador, ou seja, a concussão[39], a corrupção

---

38 CARMONA, Carlos Alberto. *Arbitragem e processo*: um comentário à Lei nº 9.307/96. 4ª ed. Barueri: Atlas, 2023, p. 274.

39 Art. 316 - Exigir, para si ou para outrem, direta ou indiretamente, ainda que fora da função ou antes de assumi-la, mas em razão dela, vantagem indevida:
Pena - reclusão, de dois a oito anos, e multa.

(passiva[40] ou ativa[41], esta última se enquadrando no capítulo dos crimes praticados por particulares contra a administração em geral) e a prevaricação. E, aqui, outro comentário se faz pertinente: a escolha de se focar na análise ora tecida apenas no tipo penal da prevaricação em detrimento dos demais, pois, nos crimes de concussão e corrupção, o árbitro estaria diretamente envolvido na conduta ilícita[42], de maneira que o recorte do presente estudo é centrado na figura do árbitro inocente que, após aceitar o encargo de sua função jurisdicional, se depara com a prática (ou sua possibilidade) de condutas ilícitas pelas partes.

Inserida no capítulo dos crimes contra a administração pública, o art. 319[43] do Código Penal define prevaricação como a conduta de "retardar ou deixar de praticar, indevidamente, ato de ofício, ou praticá-lo contra disposição expressa de lei, para satisfazer interesse ou sentimento pessoal", punível por pena de detenção, de três meses a um ano, e multa. Em outras palavras, analisa-se se o árbitro, enquanto no exercício de sua função e, portanto, equiparado a funcionário público para os efeitos da legislação penal, ao deixar de reportar a conduta suspeita da parte, ou mesmo ao retardá-la, incorreria no crime de prevaricação. Para tanto, faz-se necessário destrinchar o tipo penal da prevaricação.

A partir da simples análise do texto legal, é possível identificar que o bem jurídico tutelado pelo ordenamento, nesse contexto, é o bom e correto funcionamento da administração pública. Como sujeito ativo do delito, até mesmo pela topografia da norma no Código, descrita no capítulo reservado aos crimes praticados por funcionário público contra a administração em geral, é o funcionário público, ou quem a ele é equiparado no exercício de sua função. Finalmente, como sujeito passivo,

---

40 Art. 317 - Solicitar ou receber, para si ou para outrem, direta ou indiretamente, ainda que fora da função ou antes de assumi-la, mas em razão dela, vantagem indevida, ou aceitar promessa de tal vantagem:

Pena – reclusão, de 2 (dois) a 12 (doze) anos, e multa.

§ 1º - A pena é aumentada de um terço, se, em consequência da vantagem ou promessa, o funcionário retarda ou deixa de praticar qualquer ato de ofício ou o pratica infringindo dever funcional.

§ 2º - Se o funcionário pratica, deixa de praticar ou retarda ato de ofício, com infração de dever funcional, cedendo a pedido ou influência de outrem:

Pena - detenção, de três meses a um ano, ou multa.

41 Art. 333 - Oferecer ou prometer vantagem indevida a funcionário público, para determiná-lo a praticar, omitir ou retardar ato de ofício:

Pena – reclusão, de 2 (dois) a 12 (doze) anos, e multa. (Redação dada pela Lei nº 10.763, de 12.11.2003)

Parágrafo único - A pena é aumentada de um terço, se, em razão da vantagem ou promessa, o funcionário retarda ou omite ato de ofício, ou o pratica infringindo dever funcional.

42 Nesses cenários, o árbitro estaria demandando para si, para outrem, ou sendo corrompido por particular para obter vantagem indevida em troca do exercício imoral, irresponsável, antiético e leviano de sua atividade jurisdicional.

43 Art. 319 - Retardar ou deixar de praticar, indevidamente, ato de ofício, ou praticá-lo contra disposição expressa de lei, para satisfazer interesse ou sentimento pessoal:

Pena - detenção, de três meses a um ano, e multa.

tem-se o próprio Estado, representado por seus entes federados e demais pessoas descritas no art. 327[44] do Código Penal.

Do texto da lei observa-se, outrossim, a existência de três verbos nucleares, a saber: (i) retardar, (ii) deixar de praticar e (iii) praticar ato de ofício – ou seja, duas condutas omissivas e uma comissiva. Sobre a tipicidade objetiva da norma, discorre Luiz Regis Prado:

> *Retardar* expressa a conduta do funcionário público que não realiza o ato inerente à sua função no prazo legalmente estabelecido ou deixa fluir prazo temporal relevante para a sua prática, ocorrendo, por conseguinte, uma procrastinação, um protelamento do ato de ofício, subsistindo o delito ainda que seja ele realizado, validamente, em período posterior. *Deixar de praticar* denota também uma conduta omissiva, em que o agente fica inerte com o manifesto propósito de não realizar o ato, diferenciando-se da conduta anterior, em que a intenção é de apenas protrair no tempo a feitura do ato.
>
> O não cumprimento do ato, nas duas modalidades omissivas, deve se dar de forma indevida, ou seja, contrária ao dever legal do funcionário em praticá-lo, expressando tanto uma conduta ilegal quanto injusta, de forma que o advérbio *indevidamente* figura no texto como elemento normativo do tipo que diz respeito à existência de uma possível causa de justificação, cuja presença torna a conduta permitida ou lícita.
>
> A omissão pode também ser perpetrada através do obstrucionismo, em que o agente, sob o argumento de que deve obedecer rigorosamente ao regulamento ou instrução, retarda ou deixa de praticar o ato, maliciosamente, invocando, por conseguinte, pretextos normativos, com o deliberado propósito de omitir-se na realização do ato de ofício, sabendo previamente que a interpretação da norma regulamentadora permitia a feitura do ato omitido ou retardado. (...)
>
> *Praticar o ato atentando contra disposição expressa de lei* denota conduta comissiva, na qual o agente, arrostando a lei, substitui, arbitrariamente, a vontade do legislador pela sua e pratica o ato contrariamente ao mandamento legal.
>
> Trata-se de *norma penal em branco*, que depende de complementação por outro ato normativo para a exata compreensão de seu significado. Importa assinalar

---

44 Art. 327 - Considera-se funcionário público, para os efeitos penais, quem, embora transitoriamente ou sem remuneração, exerce cargo, emprego ou função pública.

§ 1º - Equipara-se a funcionário público quem exerce cargo, emprego ou função em entidade paraestatal, e quem trabalha para empresa prestadora de serviço contratada ou conveniada para a execução de atividade típica da Administração Pública.

§ 2º - A pena será aumentada da terça parte quando os autores dos crimes previstos neste Capítulo forem ocupantes de cargos em comissão ou de função de direção ou assessoramento de órgão da administração direta, sociedade de economia mista, empresa pública ou fundação instituída pelo poder público.

que o comando normativo no texto legal há que ser expresso, a fim de que não subsista nenhuma dúvida ou obscuridade[45].

Diante da descrição feita pelo referido doutrinador, seguro afirmar que a hipótese deste estudo estaria enquadrada em uma das modalidades de conduta omissiva denotadas pelos verbos nucleares *retardar* ou *deixar de praticar*. Ocorre que a prática de um desses verbos nucleares pelo sujeito ativo, por si só, não é suficiente para a ocorrência de prevaricação. Para tanto, é preciso, também, a configuração dos chamados elementos subjetivos do tipo, que, no caso da prevaricação, são entendidos como o *dolo* e o *intuito de satisfazer interesse ou sentimento pessoal*[46], assim comentados pela doutrina:

> O primeiro [tipo subjetivo] é o dolo, expressado na vontade de retardar, omitir ou praticar ilegalmente o ato de ofício. É imprescindível, segundo Damásio de Jesus, que abranja o conhecimento da ilegalidade da conduta, ou seja, é preciso que o sujeito saiba que está retardando ou deixando de realizar o ato de forma indevida ou que o esteja praticando contra a lei. (...)
> É exigível também a presença do segundo elemento subjetivo do tipo, para a caracterização do delito, que é o intuito de satisfazer interesse ou sentimento pessoal. Então, não basta a existência do dolo, vontade livre e consciente de praticar as ações indicadas, sendo necessária a presença do elemento subjetivo do tipo expresso, segundo as palavras do eterno Celso Dalmanto, pela finalidade especial de agir, "para satisfazer interesse ou sentimento pessoal"[47].

Dessa maneira, para que o árbitro inocente incorra na prática do crime de prevaricação, simplesmente deixar de reportar o ato ou atitude suspeita da parte não é suficiente. Deve haver o dolo do árbitro – intenção clara e expressa, realidade essencialmente psicológica – somado ao intuito de satisfazer interesse ou sentimento pessoal. Características essas que, naturalmente, em nada se alinham com o desempenho de uma função jurisdicional. E mais, situação improvável na prática. Ora, se o árbitro se corromperá de toda maneira, situação que se entretém unicamente para fins exemplificativos, é mais provável que seja exigida uma contraprestação indevida (pecuniária, provavelmente), que, por sua vez, atrairia a incidência das normas de concussão ou corrupção, não de prevaricação. Outro possível cenário seria uma

---

45 PRADO, Luiz Regis. *Curso de direito penal brasileiro*. Volume II. 6 ed. São Paulo: Thomson Reuters Brasil, 2018, p. 454-455.

46 SIQUEIRA, Geraldo Batista de. Prevaricação – estrutura típica e aspectos processuais. *Revista dos Tribunais*. Vol. 618, p. 264-269, abr/1987.

47 LEITE, Mário Sérgio. Requisitos Típicos do Delito de Prevaricação e o Princípio do Livre Convencimento. *Revista Brasileira de Ciências Criminais*, v. 12, p. 144, 1995, p. 148.

espécie de *quid pro quo* entre uma decisão favorável em um determinado caso, por uma subsequente indicação (ou mesmo indicações reiteradas) em caso(s) futuro(s) – o que denotaria um relacionamento absolutamente impróprio, indevido e imoral entre o a parte e/ou seus procuradores e o árbitro indicado. Ambos os casos tratam de situações que, apesar de possíveis, são absolutamente raras, sendo ínfimos os casos postos sob suspeita diante da vasta gama de procedimentos arbitrais em andamento no país (vide estatísticas citadas na introdução).

Finalmente, e encerrando a possibilidade da prática de prevaricação pelo árbitro inocente que deixa de reportar a parte corrupta, a conduta omissiva é relevante para a legislação penal somente nas situações em que o omitente devia e podia agir para evitar o resultado, nos termos do art. 13, §2º[48], do Código Penal[49]. Deve haver não apenas uma relação de causalidade e imputação objetiva entre o sujeito ativo e o resultado[50], mas, mais importante para o cenário em análise, não havendo obrigação legal de cuidado, proteção ou vigilância, não há que se falar em omissão relevante para a legislação penal. No mesmo sentido, posiciona-se Cândido Rangel Dinamarco:

> Essa equiparação [entre o árbitro e o funcionário público] não tem, porém, a força que poderia parecer porque, antes de responsabilizar alguém por uma omissão, precisa definir o que há de essencial e nuclear, a saber, se esse sujeito (o árbitro) tinha ou não o *dever de praticar o ato que omitiu.*[51]. Em direito uma omissão

48 Relevância da omissão
§ 2º - A omissão é penalmente relevante quando o omitente devia e podia agir para evitar o resultado. O dever de agir incumbe a quem:
a) tenha por lei obrigação de cuidado, proteção ou vigilância;
b) de outra forma, assumiu a responsabilidade de impedir o resultado;
c) com seu comportamento anterior, criou o risco da ocorrência do resultado.

49 Exige a omissão os elementos seguintes: capacidade física de agir; possibilidade de direção final da ação; conhecimento da situação típica (o fim, que o objeto do efeito da ação seja conhecido) e das formas e meios empregados. Se inexistente qualquer desses elementos não há que falar-se em omissão (PRADO, Luiz Regis. *Curso de direito penal brasileiro.* Volume II. 6 ed. São Paulo: Thomson Reuters Brasil, 2018, p. 291).

50 Sobre o tema: "A relação de causalidade jurídico-penal relaciona uma conduta a determinado resultado no plano naturalístico e constitui pressuposto para a responsabilização criminal do indivíduo. A definição do critério a ser utilizado para estabelecer a vinculação decorre das opções político-criminais, que acolhe qualquer das diversas teorias elaboradas para a determinação da causalidade. A imputação objetiva, por sua vez, é a atribuição normativa da produção de determinado resultado a um indivíduo, de modo a viabilizar sua responsabilização. Note-se, entretanto, que a imputação objetiva caracteriza apenas o aspecto objetivo do tipo, sendo que a responsabilidade penal ainda exige a caracterização do elemento subjetivo, bem como dos demais requisitos de identificação da conduta punível" (RODRIGUES, Eduardo Silveira. A relevância causal da omissão. *Revista Brasileira de Ciências Criminais*, v. 14, p. 149, p. 16).

51 CARMONA, Carlos Alberto. *Arbitragem e processo*: um comentário à Lei nº 9.307/96. 4ª ed. Barueri: Atlas, 2023, p. 274.

> só será ilícita quando, ao omitir-se, o sujeito deixou de praticar um ato comissivo que tinha o *dever* de praticar (...).
>
> O reconhecimento de um verdadeiro exercício da *jurisdição* pelo árbitro, sendo a jurisdição uma função *pública*, não é suficiente para *publicizar* sua atuação a ponto de erigi-lo em guardião da legalidade, tanto quanto o juiz togado. A jurisdição exercida pelos árbitros não é movida pelo escopo, ao qual a jurisdição estatal se submete, de *dar efetividade ao direito material* (*supra*, n 11). Perante as partes o árbitro tem o compromisso de bem aplicar o direito de regência do caso (salvo hipótese de julgamento por equidade) mas perante a própria ordem jurídico-material do país seu compromisso é *nenhum*[52].

Logo, entende-se que não há fundamento legal para entender existir um *dever* do árbitro de reportar a conduta ou atitude suspeita da parte às autoridades competentes, pois, além de não haver sanção em caso de omissão, não há qualquer previsão legal que fundamente essa conduta.

5.6 O ESTATUTO DA ADVOCACIA E O CÓDIGO DE ÉTICA E DISCIPLINA DA OAB

Há quem defenda que, para responder aos questionamentos a que se dedicam este item, deve-se analisar também o Estatuto da Advocacia (Lei nº 8.906/1994) e o Código de Ética de Disciplina da Ordem dos Advogados do Brasil (OAB)[53].

A leitura das referidas normas revela o seguinte cenário: (i) o art. 33, *caput*, do Estatuto da Advocacia determina que o "advogado obriga-se a cumprir rigorosamente os deveres consignados no Código de Ética e Disciplina"[54]; (ii) o art. 35,

---

52 DINAMARCO, Cândido Rangel. *O Processo Arbitral*. Curitiba: Editora Direito Contemporâneo, 2022, p. 73.

53 Sobre o tema, consultar: (i) PEREIRA, Cesar; SOUZA, Leonardo F. Arbitragem e Corrupção: o que os árbitros podem (e devem) fazer? In: ALENCAR, Aristhéa Totti Silva Castelo Branco de, *et al* (coords.). *Desafios da Arbitragem com a Administração Pública*. Brasília: Publicações da Escola da AGU. Ano 14, n. 01, p. 273-300; (ii) NOGUEIRA, Daniel F. Jacob. *Crimes e Arbitragem*: a deontologia profissional do advogado atuando como árbitro. Apud PEREIRA e SOUZA, 2022, p. 292; e (iii) FERREIRA, Ivan Nunes. A Constatação de Crimes, como Lavagem de Dinheiro e Corrupção, na Arbitragem Doméstica. In: CANTIDIANO, Maria Lucia; MUNIZ, Igor; CANTIDIANO, Isabel (coords.). *Sociedades Anônimas, Mercado de Capitais e Outros Estudos*: Homenagem a Luiz Leonardo Cantidiano. São Paulo: Quartier Latin, 2019, p. 497-511.

54 Art. 33. O advogado obriga-se a cumprir rigorosamente os deveres consignados no Código de Ética e Disciplina.

Parágrafo único. O Código de Ética e Disciplina regula os deveres do advogado para com a comunidade, o cliente, o outro profissional e, ainda, a publicidade, a recusa do patrocínio, o dever de assistência jurídica, o dever geral de urbanidade e os respectivos procedimentos disciplinares.

caput, do Código de Ética e Disciplina da OAB prevê que "o advogado tem o dever de guardar sigilo dos fatos de que tome conhecimento no exercício da profissão"[55]; (iii) o *caput* do art. 36 do mesmo diploma é enfático ao afirmar que o "sigilo profissional é de ordem pública, independendo de solicitação de reserva que lhe seja feita pelo cliente" [56]; (iv) o Provimento nº 196/2020 do Conselho Federal da OAB, por sua vez, estabelece em seu art. 1º que "constitui atividade advocatícia, para todos os fins, a atuação de advogados como (...) árbitros, nos moldes preconizados pela Lei n. 9.307/1996"[57]; (v) indo adiante, o parágrafo segundo do art. 36 do Código de Ética e Disciplina deixa claro que o dever de sigilo se aplica inclusive aos árbitros, quando no exercício de sua função[58]; e, finalmente, (vi) o art. 37 Código de Ética e Disciplina da OAB estipula exceções ao dever profissional de sigilo, determinando que "o sigilo profissional cederá em face de circunstâncias excepcionais que configurem justa causa, como nos casos de grave ameaça ao direito à vida e à honra ou que envolvam defesa própria"[59].

Nesse contexto, cabe ponderar primeiramente se as referidas normas se aplicam à arbitragem para apenas em seguida analisar se elas: (i) permitem ao árbitro reportar eventuais ilegalidades ou sua suspeita às autoridades competentes e (ii) se há a imposição de algum dever de reportar ao árbitro.

Até onde se tem notícia, a doutrina nacional que investiga a aplicação ou não das normas do Estatuto da Advocacia à arbitragem o faz na tentativa de esclarecer a extensão do art. 27 da LA quanto às custas e despesas do procedimento, particularmente quanto à possibilidade de condenação em honorários advocatícios de sucumbência[60]. Apesar da pertinência do tema a que se destinam tais obras, este

---

55 Art. 35. O advogado tem o dever de guardar sigilo dos fatos de que tome conhecimento no exercício da profissão.

Parágrafo único. O sigilo profissional abrange os fatos de que o advogado tenha tido conhecimento em virtude de funções desempenhadas na Ordem dos Advogados do Brasil.

56 Art. 36. O sigilo profissional é de ordem pública, independendo de solicitação de reserva que lhe seja feita pelo cliente.

57 Art. 1º Constitui atividade advocatícia, para todos os fins, a atuação de advogados como conciliadores ou mediadores, nos termos da Lei n. 13.140/2015, ou árbitros, nos moldes preconizados pela Lei n. 9.307/1996.

58 Art. 36, § 2º O advogado, quando no exercício das funções de mediador, conciliador e árbitro, se submete às regras de sigilo profissional.

59 Art. 37. O sigilo profissional cederá em face de circunstâncias excepcionais que configurem justa causa, como nos casos de grave ameaça ao direito à vida e à honra ou que envolvam defesa própria.

60 Sobre o tema, conferir: (i) TEPEDINO, Gustavo; PINTO, José Emilio Nunes. Notas sobre o ressarcimento de despesas com honorários de advogado em procedimentos arbitrais. In: FERRAZ, Rafaella; MUNIZ, Joaquim de Paiva (coords.). *Arbitragem Doméstica e Internacional*: Estudos em Homenagem ao Professor Theóphilo de Azeredo Santos. Rio de Janeiro: Forense, 2008, p. 43-50; (ii) APRIGLIANO, Ricardo de Carvalho. Alocação de custas e despesas e a condenação em honorários advocatícios sucumbenciais em arbitragem. In: CARMONA, Carlos Alberto; LEMES; Selma Ferreira; MARTINS, Pedro Batista (coords.). *20 anos da Lei de Arbitragem*: homenagem a Petrônio R. Muniz.

foge do objeto do presente estudo. É suficiente dizer que não há consenso acerca da possibilidade de os árbitros determinarem condenação ao pagamento de honorários sucumbenciais ou quanto ao raciocínio para a aplicação (ou não) do Estatuto da Advocacia na arbitragem.

No entanto, em outro item deste trabalho (item 3.2) já se posicionou no sentido de que as leis processuais, incluindo a de arbitragem, enquanto normas que regulam processos jurisdicionais, não devem ser interpretadas no vácuo, especialmente no âmbito de procedimentos arbitrais com sede no brasil e aplicação do direito brasileiro. Logo, entende-se adequado neste trabalho se filiar ao entendimento de Ricardo Aprigliano e Flávio Yarshell no que tange à aplicação do Estatuto da Advocacia aos procedimentos arbitrais. O raciocínio dos autores parece claro e coerente: "[s]e houvesse a aplicação da Lei de Arbitragem, sem qualquer recurso a noções, conceitos e institutos que lhes são exteriores, teríamos uma figura sem forma, um processo sem base, um procedimento sem propósito"[61]. Sobre as normas do Estatuto da Advocacia, Ricardo Aprigliano, em obra anterior, deixa claro:

> Tratando-se de arbitragem regida pelo direito brasileiro, não há motivos para se recusar a incidência das regras do Estatuto da Advocacia, caso no procedimento arbitral tenham funcionado profissionais do direito na representação das partes (o que acontece na imensa maioria dos casos, para dizer o mínimo). Uma vez mais repita-se. A autonomia do processo arbitral não faz com que se deva

---

São Paulo: Atlas, 2017, p. 667-688; (iii) NEVES, José Roberto de Castro. Os honorários advocatícios de sucumbência na arbitragem. In: CARMONA, Carlos Alberto; LEMES; Selma Ferreira; MARTINS, Pedro Batista (coords.). *20 anos da Lei de Arbitragem*: homenagem a Petrônio R. Muniz. São Paulo: Atlas, 2017, p. 639-649; (iv) FINKELSTEIN, Cláudio. Arbitration costs: the case of adverse costs (honorários sucumbenciais) in the Brazilian legal system. *World Arbitration and Mediation Review*, v. 12, n. 4, 2018, p. 395-411; (v) NOGUEIRA, Daniel Jacob. A mais doce das jabuticabas: os honorários de sucumbência na arbitragem. In: CASADO FILHO, Napoleão; QUINTÃO, Luísa; SIMÃO, Camila (orgs.). *Direito Internacional e Arbitragem*: Estudos em Homenagem ao Prof. Cláudio Finkelstein. São Paulo, Quartier Latin, p. 521-538; (vi) NUNES, Thiago Marinho; PEREIRA, Mariana Gofferjé. Custos e despesas na arbitragem doméstica e internacional. In: CASADO FILHO, Napoleão; QUINTÃO, Luísa; SIMÃO, Camila (orgs.). *Direito Internacional e Arbitragem*: Estudos em Homenagem ao Prof. Cláudio Finkelstein. São Paulo, Quartier Latin, p. 539-552; (vii) ELIAS, Carlos Eduardo Stefen. Honorários advocatícios de sucumbência na arbitragem regida pela lei brasileira. *Revista de Arbitragem e Mediação*. vol 68. ano 18. São Paulo: Revista dos Tribunais, jan/mar 2021, p. 181-114; e (viii) APRIGLIANO, Ricardo de Carvalho; YARSHELL, Flávio Luiz. Honorários de Sucumbência e Honorários Contratuais em Arbitragem. In: MACHADO FILHO, José Augusto Bitencourt *et al. Arbitragem e processo*: Homenagem ao Prof. Carlos Alberto Carmona. São Paulo: Quartier Latin, 2022. v. 2, p. 443-482.

61 APRIGLIANO, Ricardo de Carvalho; YARSHELL, Flávio Luiz. Honorários de Sucumbência e Honorários Contratuais em Arbitragem. In: MACHADO FILHO, José Augusto Bitencourt *et al. Arbitragem e processo*: Homenagem ao Prof. Carlos Alberto Carmona. São Paulo: Quartier Latin, 2022. v. 2., p. 460.

> encará-lo como uma ilha ou uma bolha, na qual não se aplicam circunstâncias e regimes jurídicos comuns a outras formas de atuação profissional ou de solução de controvérsias. Arbitragens nacionais, com advogados brasileiros, são regidas pelas normas que regulam a advocacia, inclusive e especialmente nas disposições sobre ética profissional[62].

Nota-se então que parece fazer sentido este raciocínio quando, nos procedimentos arbitrais, atuam advogados brasileiros inscritos na OAB. E quanto aos árbitros, advogados brasileiros, inscritos na Ordem? O raciocínio seria o mesmo? Diante da previsão contida no art. 1º do Provimento Nº 196/2020 do Conselho Federal da OAB, assim como do art. 36, § 2º, do Código de Ética e Disciplina da OAB, acima citados, a resposta parece ser a mesma.

Os limites da equiparação do árbitro à figura do juiz togado, acima tratado no item 5.4, não parece livrar o árbitro, advogado inscrito na OAB, das previsões expressas contidas nos arts. 1º do Provimento Nº 196/2020 e 36, § 2º, do Código de Ética e Disciplina. É verdade que para o exercício da função de árbitro não é necessária formação jurídica, bastando ser pessoa capaz e de confiança das partes[63], o que permite que pessoas de formações diversas como engenheiros, economistas, contadores e outros profissionais exerçam essa função. Contudo, para os advogados inscritos na OAB que atuam como árbitros, o texto dos referidos diplomas legais, diante da previsão dos arts. 33[64] e 54, V[65], do Estatuto da Advocacia, parecem não deixar espaço para outra interpretação.

Ainda que esta não tenha sido a intenção do Conselho Federal da OAB quando da edição do Provimento Nº 196/2020, que expressamente inclui a atuação de árbitro como atividade advocatícia, isso em nada altera seu texto, extensão e aplicação. À época, a intenção parece ter sido de combater o que foi chamado de "cruzada tributária" encabeçada pela Receita Federal do Brasil visando "incrementar a tributação

---

62 APRIGLIANO, Ricardo de Carvalho. Alocação de custas e despesas e a condenação em honorários advocatícios sucumbenciais em arbitragem. In: CARMONA, Carlos Alberto; LEMES; Selma Ferreira; MARTINS, Pedro Batista (coords.). *20 anos da Lei de Arbitragem*: homenagem a Petrônio R. Muniz. São Paulo: Atlas, 2017, p. 685-686.

63 Cf. art. 13, *caput*, da LA.

64 Art. 33. O advogado obriga-se a cumprir rigorosamente os deveres consignados no Código de Ética e Disciplina.

Parágrafo único. O Código de Ética e Disciplina regula os deveres do advogado para com a comunidade, o cliente, o outro profissional e, ainda, a publicidade, a recusa do patrocínio, o dever de assistência jurídica, o dever geral de urbanidade e os respectivos procedimentos disciplinares.

65 Art. 54. Compete ao Conselho Federal: (...)

V - editar e alterar o Regulamento Geral, o Código de Ética e Disciplina, e os Provimentos que julgar necessários; (...).

dos honorários decorrentes desta função [de árbitro]"[66]. A despeito de tal intenção, como dito, o conteúdo do Provimento parece não deixar dúvidas de que, para os advogados inscritos na OAB, o exercício da função de árbitro constitui atividade advocatícia "para todos os fins".

Isso significa que o Conselho Federal não ponderou possíveis consequências que tal norma teria no exercício da função de árbitro no direito brasileiro. Não se discorrerá aqui acerca de todas (potencialmente inúmeras) as consequências, mas entende-se prudente alertar o(a) leitor(a) que nem mesmo a doutrina internacional especializada parece convergir acerca da imposição de normas de órgãos de classe à arbitragem. Sobre o tema, veja-se a opinião de Gary Born:

> International treaties and national legislation have omitted treatment of the subject because the arbitrators' status has been too complex, important and delicate for national legislatures to have addressed in any comprehensive fashion. They have also done so because the arbitrators' rights and duties vis-à-vis the parties are distinguishable from the main focus of most national arbitration legislation (which is directed largely to the parties' rights and obligations vis-à-vis one another). (...)
>
> It is fundamental in virtually all legal systems that an international arbitrator is not party to an attorney-client or lawyer-client relationship with any of the parties to an arbitration. As a consequence, an arbitrator is not subject to the professional or ethical obligations of a lawyer to his or her clients, and does not enjoy the rights and protections of a lawyer vis-à-vis clients and third parties.
>
> The professional and ethical obligations of a lawyer to his or her client are fundamentally different from the arbitrator's obligations of independence and impartiality. As discussed elsewhere, the role of an arbitrator as an adjudicator is incompatible with the role of a lawyer (or other agent) acting on behalf of a client: an arbitrator is required to resolve a dispute between two (or more) parties, in an adjudicatory manner after hearing both parties' submissions, generally with duties of independence and impartiality.
>
> Parties do not, and cannot properly, expect that persons with the authority to resolve disputes in a binding manner, in an adjudicatory process, also function as their lawyer or counsel. Rather, parties regard arbitrators as possessing a quasi-judicial status which is defined contractually, by the terms of the arbitrator's

---

66 CRUZ, Elisa Schmidlin; MOREIRA, Egon Bockmann. Arbitragem e o Provimento 196/2020 da OAB: o fim de uma saga? In: *Consultor Jurídico*, 14 de maio de 2020. Disponível em: <https://www.conjur.com.br/2020-mai-14/moreira-cruz-arbitragem-provimento-1962020-oab>. Acesso em 5 de maio de 2023.

> contract with the parties, and statutorily, by applicable national law standards, principally of independence and impartiality[67].

Esse raciocínio parece seguir a escola do chamado "contrato de árbitro"[68] que, por sua vez, seria coerente com a separação das funções de árbitro e juiz togado mencionadas acima e defendidas por parte da doutrina nacional[69]. Esta posição colocaria o árbitro em uma posição *sui generis* e, dessa forma, não sujeito às determinações provenientes de órgãos de classe.

Em sentido contrário, ao menos no que se refere às arbitragens domésticas, pondera Catherine Rogers:

---

67 Tradução livre: "Os tratados internacionais e a legislação nacional têm omitido o tratamento do assunto porque o *status* dos árbitros tem sido muito complexo, importante e delicado para as legislações nacionais terem abordado de forma abrangente. Eles também o fizeram porque os direitos e deveres dos árbitros em relação às partes são distinguíveis do foco principal da maioria das legislações arbitrais nacionais (que é direcionada em grande parte aos direitos e obrigações das partes em relação umas às outras). (...)

É fundamental em praticamente todos os sistemas jurídicos que um árbitro internacional não seja parte de uma relação procurador-cliente ou advogado-cliente com nenhuma das partes de uma arbitragem. Como consequência, um árbitro não está sujeito às obrigações profissionais ou éticas de um advogado para com seus clientes e não goza dos direitos e proteções de um advogado em relação a clientes e terceiros.

As obrigações profissionais e éticas de um advogado para com seu cliente são fundamentalmente diferentes das obrigações de independência e imparcialidade do árbitro. Conforme discutido em outro lugar, o papel de um árbitro como adjudicador é incompatível com o papel de um advogado (ou outro agente) agindo em nome de um cliente: um árbitro é obrigado a resolver uma disputa entre duas (ou mais) partes, de forma adjudicatória após ouvir as alegações de ambas as partes, geralmente com deveres de independência e imparcialidade.

As partes não esperam e não podem esperar que pessoas com autoridade para resolver disputas de maneira vinculante, em um processo adjudicatório, também atuem como seus advogados ou conselheiros. Em vez disso, as partes consideram os árbitros como possuidores de um *status* quase judicial que é definido contratualmente, pelos termos do contrato do árbitro com as partes e estatutariamente, pelos padrões de direito nacional aplicáveis, principalmente de independência e imparcialidade" (BORN, Gary. *International commercial arbitration.* 3rd. Ed. Kluwer Law International, 2021, §13.02[B][2] e §13.02[F] (Kluwer Law International, Updated August 2022)).

68 CLAY, Thomas. *L'arbitre.* Pairs: Dalloz, 2001, p. 475-486.

69 Sobre o contrato de árbitro no direito brasileiro, consultar: (i) HENRY, Marc. Do contrato do árbitro: o árbitro, um prestador de serviços. *Revista Brasileira de Arbitragem*, n. 6, 2005, p. 65-74; (ii) LIMA, Leandro Rigueira Rennó. *La responsabilité des acteurs de l'arbitrage.* Tese de Doutorado, Université de Versailles-St Quentin en Yvelines, 2010; (iii) BAPTISTA, Luiz Olavo. *Arbitragem comercial e internacional.* São Paulo: Lex magister, 2011, p. 175-179; (iv) LIMA, Leandro Rigueira Rennó. A responsabilidade civil do árbitro. In: CELLI JUNIOR, Umberto; BASSO, Maristela; AMARAL JÚNIOR, Alberto do (coords.). *Estudos em homenagem a Luiz Olavo Baptista.* São Paulo: Quartier Latin, 2013; (v) ELIAS, Carlos Eduardo Stefen. O Árbitro é (mesmo) Juiz de Fato e de Direito? Análise dos Poderes do Árbitro Vis-À-Vis os Poderes do Juiz no Novo Código de Processo Civil Brasileiro. *Revista de Arbitragem e Mediação.* São Paulo: RT, vol. 54/2017, jul – set, p. 79-122; e (vi) NANNI, Giovanni Ettore. Confiança na arbitragem: o seu papel no contrato *intuitu personae* de árbitro. *Revista dos Tribunais.* vol. 1041. ano 111. São Paulo: RT, julho 2022, p. 19-53.

> National bar authorities may be justified, and have an important function, in extending their regulatory reach to domestic arbitrators. If national bar authorities systematically reach out to regulate international arbitrators, however, the consequences are quite different. Nationally developed ethical standards that apply directly to international arbitrators through bar authorities risk fragmenting at the national level the meaning of international obligations, such as impartiality. Fragmentation of arbitrators' individual professional obligations is different, and potentially much more problematic, than fragmented national law standards for challenging arbitrators or awards. (...) National standards for arbitrators' professional obligations developed by bar authorities, meanwhile, would be applied by bar authorities or courts in the jurisdictions where arbitrators are licensed (assuming they are licensed attorneys). The result would be that individual arbitrators on the same tribunal could be subject to different ethical obligations. These obligations could, in turn, be different from the standards applied by courts in the seat or enforcement jurisdictions in ruling on challenges during arbitral proceedings or to the award based on the same alleged misconduct by the same arbitrator[70].

A advertência feita pela autora acerca de possíveis normas deontológicas conflitantes para árbitros que compõem o mesmo painel em uma arbitragem doméstica é relevante. Trata-se da chamada dupla deontologia (*double deontology*), quando advogados, mesmo aqueles que atuam como árbitro, podem, potencialmente, estar diante de regras éticas conflitantes[71]. Para aprofundar este ponto, volta-se a atenção para as normas do Estatuto da Advocacia e Código de Ética e Disciplina da OAB.

---

70 Tradução livre: "As autoridades nacionais de advogados podem ser justificadas e têm uma função importante em estender seu alcance regulatório aos árbitros domésticos. No entanto, se as autoridades nacionais dos advogados procurarem regulamentar os árbitros internacionais, as consequências serão bem diferentes. Padrões éticos desenvolvidos nacionalmente que se aplicam diretamente a árbitros internacionais por meio de autoridades dos advogados correm o risco de fragmentar em nível nacional o significado de obrigações internacionais, como a imparcialidade. A fragmentação das obrigações profissionais individuais dos árbitros é diferente e potencialmente muito mais problemática do que os padrões de direito nacional fragmentados para contestar árbitros ou sentenças. (...) Os padrões nacionais para as obrigações profissionais dos árbitros desenvolvidos pelas autoridades dos advogados, por sua vez, seriam aplicados pelas autoridades dos advogados ou tribunais nas jurisdições onde os árbitros são licenciados (supondo que sejam advogados licenciados). O resultado seria que os árbitros individuais no mesmo tribunal poderiam estar sujeitos a diferentes obrigações éticas. Essas obrigações poderiam, por sua vez, ser diferentes dos padrões aplicados pelos tribunais da sede ou das instâncias de execução ao julgar impugnações em procedimentos arbitrais ou à sentença com base na mesma alegada improbidade do mesmo árbitro" (ROGERS, Catherine A. *Ethics in International Arbitration*. Oxford University Press, 2014, p. 88).

71 Catherine Rogers assim explica este fenômeno: "The first, and arguably most severe, problem from an attorney's perspective is sometimes referred to by ethicists as the 'double deontology' problem. When an attorney is subject to two conflicting ethical rules, the attorney may potentially be subject to discipline (or other professional sanction) regardless of what course of action the attorney chooses. In

Como visto acima, a redação dos arts. 1º do Provimento nº 196/2020 e 36, § 2º, do Código de Ética e Disciplina, são bem claras ao afirmar que (i) o exercício da função de árbitro pelo advogado constituí atividade advocatícia e (ii) o advogado, quando no papel de árbitro, submete-se ao dever de manter o sigilo profissional. Em relação ao segundo ponto, há de se reconhecer o caráter de ordem pública conferido ao sigilo profissional do advogado, quando no exercício da função de árbitro. Sobre o tema, comenta Ivan Nunes Ferreira:

> O dispositivo do Art. 36, parágrafo 2º, do Código de Ética da OAB causa enorme perplexidade, na medida em que o advogado, enquanto árbitro, exerce função que não deveria estar regulada ou protegida pelo órgão de classe dos advogados. Trata-se, ao meu ver, de norma extravagante. Entretanto, constitui lei cogente, que deve ser cumprida, mormente se interpretada de forma isolada e na sua literalidade, pelos árbitros-advogados[72].

A posição do autor acima retratada parece estar acertada, tanto em premissa quanto em conclusão. Conforme exposto anteriormente quando da análise do dever do árbitro de investigar eventuais atos ilícitos das partes, desde que relevantes para o objeto da arbitragem (item 2.3), a doutrina argumenta que o aparente embate entre o risco de proferir uma sentença *ultra petita* e a obrigação de obedecer às normas de ordem pública, deve ser resolvido em prol da ordem pública[73]. Haveria

---

international arbitration, for example, the ethical rules or law of the arbitral seat or rules adopted by an arbitral tribunal may require disclosure of information that an attorney's home ethical rules require be maintained as confidential. This situation would present a 'double deontology' problem if the rules or law of the seat were mandatory. Similarly, an arbitral tribunal could order an attorney to do something that is prohibited by his or her local ethical rules. Disobeying a direct order from the tribunal would arguably create a similar double deontology problem if an attorney were ethically obliged to obey tribunal orders" (ROGERS, Catherine A. *Ethics in International Arbitration*. Oxford University Press, 2014, p. 107).

72 FERREIRA, Ivan Nunes. A Constatação de Crimes, como Lavagem de Dinheiro e Corrupção, na Arbitragem Doméstica. In: CANTIDIANO, Maria Lucia; MUNIZ, Igor; CANTIDIANO, Isabel (coords.). *Sociedades Anônimas, Mercado de Capitais e Outros Estudos*: Homenagem a Luiz Leonardo Cantidiano. São Paulo: Quartier Latin, 2019, p. 505-506.

73 De acordo com o Richard Kreindler: "But are there tensions here between the mandate of *ultra petita* and the mandate of conforming with public policy? Perhaps yes, but they can and should be resolved where possible in favor of public policy. Where suspected or manifest illegality is arguably "relevant", it is also relevant to the duty, if any, to render an enforceable award, especially at the seat (...)" (KREINDLER, Richard H. *Competence-competence in the Face of Illegality in Contracts and Arbitration Agreements*. BRILL, 2013, p. 339). De forma similar, como mencionado por Richard Kreindler, ensinam Bernardo Cremades e David Cairns: "[The position] that an arbitral tribunal has no duty to investigate bribery unless one of the parties explicitly raises the issue is incompatible with the modern significance of bribery in international public policy" (CREMADES, Bernardo M.; CAIRNS, David J.A. Corruption, International Public Policy and the Duties of Arbitrators. *Dispute Resolution Journal*, vol 58, n. 4, 2003).

aqui então um conflito entre duas normas de ordem pública? Possivelmente. Duas interpretações são possíveis.

A primeira seria no sentido de que, ao editar o parágrafo segundo do art. 36 do Código de Ética e Disciplina, o Conselho Federal da OAB parece ter fechado a porta para a possibilidade de os advogados brasileiros que atuam como árbitros reportarem às autoridades competentes a prática, ou sua suspeita, de ilegalidades cometidas pelas partes. Nesta linha, nem mesmo a exceção de "circunstâncias excepcionais" prevista no art. 37 do mesmo diploma permitiria tal possibilidade de reportar às autoridades competentes. Essa é a posição de Ivan Nunes Ferreira:

> Por sua vez, o Art. 37 do mesmo diploma legal, embora não seja taxativo, merece interpretação restritiva e não parece autorizar o árbitro a violar o sigilo em caso de constatação de crime no curso da arbitragem, pois os parâmetros ali estabelecidos nada tem a ver com a prática pelas partes de corrupção ou lavagem de dinheiro, descoberta, pelo árbitro, na arbitragem. (...)
>
> Por tudo isso, os advogados, enquanto no exercício da função de árbitro, poderão sempre alegar que, por conta do sigilo profissional a que estão submetidos pelo Código de Ética da OAB, não possuem obrigação de revelar às autoridades policiais delitos constatados no exercício de sua função arbitral. Inclusive, podem alegar que se sentem impedidos legalmente de fazer tal revelação[74].

Por outro lado, justamente em função do caráter não taxativo do art. 37 do Código de Ética e Disciplina da OAB, vislumbra-se o argumento de que a possibilidade de reportar estaria em linha com os demais deveres do advogado dispostos no mesmo diploma. Dentre os deveres do advogado constantes do Código de Ética e Disciplina, fica claro que o advogado, dentre outros, tem o dever de: (i) defender a cidadania, moralidade, a Justiça e paz social[75]; (ii) preservar a dignidade da profissão[76]; (iii) atuar com honestidade[77]; (iv) emprestar concurso aos que atentem contra a ética, a moral, a honestidade e a dignidade da pessoa humana[78]; (v) ter consciência de que o Direito é um meio de mitigar as desigualdades para o encontro de soluções justas e que a lei é um instrumento para garantir a igualdade de todos[79]; e (vi) agir com urbanidade[80]. Haveria, nesse argumento, uma incompatibilidade entre o dever de sigilo e vários outros do Código de Ética e Disciplina, que talvez

---

74 FERREIRA, Ivan Nunes. A Constatação de Crimes, como Lavagem de Dinheiro e Corrupção, na Arbitragem Doméstica. In: CANTIDIANO, Maria Lucia; MUNIZ, Igor; CANTIDIANO, Isabel (coords.). *Sociedades Anônimas, Mercado de Capitais e Outros Estudos*: Homenagem a Luiz Leonardo Cantidiano. São Paulo: Quartier Latin, 2019, p. 505.

75 Art. 2º, *caput*, do Código de Ética e Disciplina da OAB.

76 Art. 2º, parágrafo único, I, do mesmo diploma.

77 Art. 2º, parágrafo único, II, do mesmo diploma.

78 Art. 2º, parágrafo único, VIII, "d", do mesmo diploma.

79 Art. 3º do mesmo diploma.

80 Art. 27 do mesmo diploma.

permitam mais uma opção de flexibilidade do sigilo dentre aquelas já reconhecidas no art. 37. Este cenário, contudo, não se esquiva do alerta feito por Alexis Mourre citado acima[81], no sentido de que nenhuma arbitragem poderia ocorrer em um contexto de confiança e cooperação mútua se as partes tivessem dúvidas de que qualquer coisa que dissessem poderia ser relatada pelo árbitro às autoridades competentes.

Independentemente dos dois cenários aqui ponderados, caso o árbitro seja advogado estrangeiro não inscrito na Ordem ou possua outra formação que não o sujeite a qualquer norma deontológica similar àquela do Código de Ética e Disciplina da OAB, não parece haver impedimento à possibilidade de que os árbitros reportem às autoridades competentes a suspeita ou a prática de atos de corrupção praticados pelas partes. A resposta ao primeiro questionamento a que se propõe este item, portanto, não é clara. Na verdade, a permissão ou proibição da flexibilização da confidencialidade dependerá não apenas da exegese do Código de Ética e Disciplina da OAB, mas também da naturalidade e formação dos árbitros no caso concreto.

Mesmo diante de tal incerteza, entende-se importante para o tema investigar a segunda questão, ou seja, se Código de Ética e Disciplina da OAB *imporia* ao árbitro o *dever* de reportar a prática de atos de corrupção pelas partes, ou sua suspeita, às autoridades competentes.

Para os autores que defendem a existência de um dever de reportar com base no Estatuto da Advocacia e no Código de Ética e Disciplina da OAB[82], existem três circunstâncias em que tal dever se concretizaria: (i) para dar cumprimento à legítima expectativa das partes decorrente, direta ou indiretamente, da convenção de arbitragem – o que incluiria a proteção do procedimento contra atos ilegais praticados pelos atores da arbitragem (*i.e.*, partes, testemunhas, advogados, peritos, etc); (ii) quando necessário para descaracterizar sua anterior ciência de participação em ilegalidade "sub-reptícia à causa de pedir" [83]; e (iii) em função da aplicação dos prin-

81 Sobre o tema, discorre Alexis Mourre: "No arbitration could ever take place in a context of trust and mutual cooperation if the parties had doubts that anything they say might be reported by the arbitrator to a public prosecutor, or indeed the tax authorities (...). Yet, the fight against this dangerous form of criminality should be respectful of fundamental liberties, amongst which is the right of access to justice, including the right to arbitral justice if the parties made that choice" (MOURRE, Alexis. Arbitration and Criminal Law: Reflections on the Duties of the Arbitrator. *Arbitration International*, v. 22, n. 1, p. 95-118, 2006, p. 111-112).

82 PEREIRA, Cesar; SOUZA, Leonardo F. Arbitragem e Corrupção: o que os árbitros podem (e devem) fazer? In: ALENCAR, Aristhéa Totti Silva Castelo Branco de, *et al* (coords.). *Desafios da Arbitragem com a Administração Pública*. Brasília: Publicações da Escola da AGU. Ano 14, n. 01, p. 273-300; e NOGUEIRA, Daniel F. Jacob. *Crimes e Arbitragem*: a deontologia profissional do advogado atuando como árbitro. Apud PEREIRA e SOUZA, 2022, p. 292.

83 PEREIRA, Cesar; SOUZA, Leonardo F. Arbitragem e Corrupção: o que os árbitros podem (e devem) fazer? In: ALENCAR, Aristhéa Totti Silva Castelo Branco de, *et al* (coords.). *Desafios da Arbitragem com a Administração Pública*. Brasília: Publicações da Escola da AGU. Ano 14, n. 01, p. 273-300; e NOGUEIRA, Daniel F. Jacob. Crimes e Arbitragem: a deontologia profissional do advogado atuando como árbitro. Apud PEREIRA e SOUZA, 2022, p. 292.

cípios que regem a formação dos negócios jurídicos com a Administração Pública, sendo possível presumir que a legítima expectativa das partes inclui a proteção da legalidade, impessoalidade, moralidade e da probidade administrativa.

Com o devido respeito que tais autores merecem, ousa-se discordar de tal entendimento. Para entender o porquê, é necessário remeter ao conceito jurídico do vocábulo "dever", abordado no item 5.2.2 acima[84]. Lembra-se que não havendo o direito de exigir determinada obrigação de fazer do árbitro (no caso, de reportar), não há que se falar em *dever jurídico*. Afirmar que as normas contidas no Estatuto da Advocacia e no Código de Ética e Disciplina da OAB constituem um dever jurídico para que o advogado que atue como árbitro reporte eventuais suspeitas ou a própria existência de ilegalidades praticadas pelas partes é equivalente a incluir novas previsões nos referidos textos. Não há nenhuma passagem, artigo, alínea ou parágrafo que imponha tal obrigação de fazer ao advogado inscrito na Ordem que atue como árbitro. O mesmo vale para qualquer direito das partes de exigir tal conduta do árbitro.

Além disso, dentre as três circunstâncias que de acordo com os autores geram o dever de reportar, duas (dar cumprimento à legítima expectativa das partes decorrente da convenção de arbitragem e proteger a legalidade, impessoalidade, moralidade e probidade administrativa) estão abarcadas pelo dever do árbitro de proferir uma sentença arbitral válida e exequível. Este dever, diga-se de passagem, é compatível com o conceito de dever jurídico mencionado neste trabalho pois advém de uma obrigação de fazer, qual seja, de proferir a sentença – que, por óbvio, deve ser válida. Tal obrigação também decorre (i) do contrato de árbitro; (ii) da ordem legal e (iii) se

---

84 Para a conveniência do(a) leitor(a), repete-se aqui a definição do conceito de dever utilizado neste trabalho: "*Dever*. Como substantivo, em ampla acepção, revela a *obrigação*, que se impõe a toda pessoa, de fazer ou não fazer alguma coisa, segundo as regras que se inscrevem no direito e mesmo na moral.
Mas, nesta circunstância, o dever apresenta-se em dupla acepção: *dever moral* e *dever jurídico*, somente este sendo, legítima e racionalmente, sujeito a se tornar objeto de uma coação externa.
O *dever moral* caracteriza-se por ser livre e voluntariamente assumido, não havendo imposição de ordem legal que possa compelir a pessoa a cumpri-lo.
O *dever jurídico*, dependa ou não da vontade humana, estabelece sempre um *vinculum juris*, de que se gera a necessidade jurídica de ser cumprido aquilo a que se é obrigado.
Dessa forma, o *dever jurídico* tanto provém do contrato, para formular especialmente a *obrigação* criada pelo mútuo consentimento dos contratantes, como decorre do respeito pelos princípios elementares da equidade e da ordem jurídica, em virtude dos quais se firma a *obrigação* de não ofender direito alheio (*neminem laedere*).
No entanto, o *dever jurídico*, fundado na obrigação contratual dependente sempre da vontade do homem, mais se apresenta como um *direito de exigir*, pertinente ao sujeito ativo da obrigação, que um *dever a cumprir*, como sucede ao dever decorrente de uma imposição de ordem legal.
E, neste primeiro caso, o dever difere da obrigação. Esta resulta da própria natureza das coisas e se funda na ação que tem o sujeito ativo sobre aquele que a deve cumprir e sobre as coisas que são de seu objeto. O dever é fundado nas relações que subsistem entre o sujeito ativo, que exige o adimplemento da obrigação, e aquele que a deve cumprir" (SILVA, De Plácido e. *Vocabulário Jurídico*. Atualizadores: Nagib Slaibi Filho e Priscila Pereira Vasques Gomes. 31 ed. Rio de Janeiro: Forense, 2014, p. 710).

apresenta para as partes como um direito de exigir – enquadrando-se perfeitamente no conceito de dever jurídico utilizado neste trabalho.

A hipótese não abarcada pelo dever do árbitro de proferir sentença válida e exequível (quando necessário para descaracterizar sua anterior ciência de participação em ilegalidade "sub-reptícia à causa de pedir"), é nada mais do que uma prerrogativa conferida ao advogado, nos termos do art. 37 no Código de Ética e Disciplina da OAB, de flexibilizar a confidencialidade de sua relação com o cliente em defesa de sua própria vida, honra ou quando envolva defesa própria. Em outras palavras, volta-se neste cenário à primeira conclusão deste item: no limite, poderia se falar apenas em *possibilidade*, talvez até mesmo de um dever moral, mas não de um *dever jurídico* do árbitro de reportar. Afirmar que tal possibilidade concretizaria um dever jurídico não parece ser o caminho mais adequado. A conclusão para a segunda pergunta deste item, considerando o Estatuto da Advocacia e o Código de Ética e Disciplina da OAB é, portanto, negativa.

5.6.1 Outros Códigos de Ética

De modo geral, a doutrina parece uníssona ao afirmar que, além dos deveres impostos por lei ou pela convenção das partes, os árbitros devem seguir certas obrigações de cunho moral e ético[85]. A missão deste item é, ainda que em linhas gerais, investigar se há alguma premissa de caráter moral ou ético, derivada de códigos de ética, que (i) possibilite ao árbitro reportar às autoridades competentes a prática de atos de corrupção pelas partes, ou sua suspeita; e, indo além, (ii) que crie um dever de proceder desta forma.

Deve-se notar, antes de seguir adiante, que este tópico investigará somente eventuais normas que possam ser aplicadas aos profissionais que atuem como árbitro. A investigação de normas que sejam aplicáveis apenas aos advogados que representam as partes nos procedimentos arbitrais foge, portanto, ao escopo deste estudo[86].

Historicamente, a fonte ética primária dos árbitros era nada mais do que um senso de "dever" compartilhado por toda a comunidade de que faziam parte[87]. Isso remonta a posição tradicional, defendida pelos chamados *grand old men*, de que

---

85 Sobre o tema, conferir: (i) BLACKABY, Nigel; PARTASIDES, Constantine; REDFERN, Alan. *Redfern and Hunter on international arbitration.* Oxford University Press, 7 Ed., 2022, p. 307: e (ii) MOSES. Margaret. *The Principles and Practice of International Commercial Arbitration.* 3 Ed. Cambridge University Press, 2017, p. 145.

86 Para uma análise de normas que se aplicam aos advogados que representam as partes nos procedimentos arbitrais em que se discute corrupção, consultar: VIDAL, Marina Coelho Reverendo. *A Arbitragem Internacional como Instrumento de Combate à Corrupção.* São Paulo: Almedina, 2021, p. 161-169.

87 ROGERS, Catherine A. *Ethics in International Arbitration.* Oxford University Press, 2014, p. 74.

"arbitration is a duty, not a carreer"[88]. Os deveres morais intrínsecos ao dever de julgar, e assim aplicáveis também aos árbitros, seriam, por exemplo, honestidade, justiça, paciência, diligência, imparcialidade, independência, respeito, discrição e competência que, em conjunto, refletiriam um padrão de conduta ideal para o árbitro[89]. Em contraste a tal visão, a ascensão dos chamados tecnocratas (*technocrats*)[90] ocasionou grande diversificação no campo da arbitragem e, consequentemente, desconstruiu presunções tradicionais acerca da conduta dos árbitros[91]. A expansão do instituto gerou também a necessidade de elaboração de normas e parâmetros de *soft law* voltados principalmente para alinhar as expectativas entre partes, advogados e árbitros acerca dos deveres de independência e imparcialidade dos árbitros[92].

---

88 Tradução livre: "arbitragem é um dever, não uma carreira" (DEZALEY, Yves; GARTH, Bryant G. *Dealing in Virtue*: International Commercial Arbitration and the Construction of a Transnational Legal Order. The University of Chicago Press, 1996, p. 34).

89 LEMES, Selma Maria Ferreira. Árbitro. O Padrão de Conduta Ideal. In: CASELLA, Paulo Barbosa (org.). *Arbitragem*. Lei Brasileira e Praxe Internacional. São Paulo: LTr, 1999, p. 233-268.

90 O retrato de visões conflitantes entre diferentes gerações de grandes e proeminentes árbitros, advogados e professores foi retratada por Yves Dezelay e Bryant Garth em sua famosa obra "Dealing in Virtue". Os autores assim descrevem o contraste entre a visão dos *grand old men* e dos *technocrats*: "The starting point of the generational warfare is diverging ideas of arbitral competence – the characteristics that qualify one to be an arbitrator. For the pioneers of arbitration, exemplified especially, but not only, by very senior European professors imbued with the traditional values of the European legal elites, the dominant opinion has been that arbitration should not be a profession: 'Arbitration is a duty, not a career'. For true independence of judgment, in the words of another senior insider, 'The person who goes into this business as an arbitrator to make a living should not be encouraged'. Arbitrators, they insist, should render an occasional service, provided on the basis of long experience and wisdom acquired in law, business, or public service. Those who hold this opinion are, indeed, individuals who have risen to the top of their national legal professions and gained financial independence before being asked to serve as arbitrators. (...) To the aura or the charisma of their elders, these new arrivals oppose their specialization and technical competence. (...) They present themselves in this new generation as international arbitration professionals, and also as entrepreneurs selling their services to business practitioners, contrasting their qualities to the 'amateurism" or 'idealism' of their predecessors" (DEZALEY, Yves; GARTH, Bryant G. *Dealing in Virtue*: International Commercial Arbitration and the Construction of a Transnational Legal Order. The University of Chicago Press, 1996, p. 34-37). Além disso, tal como indicado pelos próprios autores, a visão dos tecnocratas foi bem posta por Jan Paulsson, ao afirmar categoricamente: "The age of innocence has come to an end for international commercial arbitration. With disconcerting speed, the process of resolving contractual disputes between foreigners, which scarcely a generation ago was but a marginal curiosity of international trade, has taken its place centre stage. In becoming weightier the subject has inevitably lost some of its charm. Once the delightful discipline of a handful of academic *aficionados*, somewhere on the fringes of private international law, it has become a matter of serious concern for great numbers of professionals determined to master a process because it is essential to their business. They labour, but not for love" (PAULSSON, Jan. Introduction. *Arbitration International*, vol. 1, issue 1, 1985, p. 2-5).

91 ROGERS, Catherine A. *Ethics in International Arbitration*. Oxford University Press, 2014, p. 74.

92 HUNTER, Martin. Ethics of the International Arbitrator. *ASA Bulletin*. Association Suisse de l'Arbitrage; Kluwer Law International, 1986, vol. 4, issue 4, p. 173-196.

Um dos primeiros códigos de ética amplamente aceito e destinado a guiar a conduta dos árbitros foi o Código de Ética elaborado conjuntamente pela *American Arbitration Association* (AAA) e *American Bar Association* (ABA) em 1977 e revisto em 2004[93]. Tal Código é composto por dez cânones destinados primordialmente a guiar a conduta do árbitro ao longo do procedimento arbitral de modo independente e imparcial e contém provisões reforçando obrigações de integridade e justiça[94] e justiça e diligência[95], por exemplo.

De maneira similar, encontra-se o Código de Ética elaborado pela *International Bar Association* (IBA) em 1987[96-97]. A IBA estabelece uma regra fundamental de diligência e eficiência[98] e, ao final, prevê expressamente uma exceção à confidencialidade em caso de má conduta ou fraude por um dos árbitros, revelando essa informação às partes[99].

---

93 AMERICAN ARBITRATION ASSOCIATION; AMERICAN BAR ASSOCIATION. *The Code of Ethics for Arbitrators in Commercial Disputes*. 2004. Disponível em: <https://www.adr.org/sites/default/files/document_repository/Commercial_Code_of_Ethics_for_Arbitrators_2010_10_14.pdf>. Acesso em 9 de maio de 2023.

94 AAA, Code of Ethics for Arbitrators, CANON I: "An arbitrator should uphold the integrity and fairness of the arbitration process.

A. An arbitrator has a responsibility not only to the parties but also to the process of arbitration itself, and must observe high standards of conduct so that the integrity and fairness of the process will be preserved. Accordingly, an arbitrator should recognize a responsibility to the public, to the parties whose rights will be decided, and to all other participants in the proceeding. This responsibility may include pro bono service as an arbitrator where appropriate. (...)".

95 AAA, Code of Ethics for Arbitrators, CANON IV: "An arbitrator should conduct the proceedings fairly and diligently".

96 INTERNATIONAL BAR ASSOCIATION. *IBA Rules of Ethics for International Arbitrators*. 1987. Disponível em: <https://www.trans-lex.org/701100/_/iba-rules-of-ethics-for-international-arbitrators-1987/#head_2>. Acesso em 9 de maio de 2023.

97 Deve-se alertar o(a) leitor(a) para o fato de que, em grande parte, as *IBA Rules of Ethics* foram substituídas pela mais popular *IBA Guidelines on Conflics of Interest in International Arbitration* de 2014, particularmente quanto às obrigações de independência, imparcialidade e revelação. Contudo, o parágrafo 8 da introdução das *Guidelines* de conflito de interesse de 2014 deixa claro que as regras *IBA Rules of Ethics* continuam em vigor para as matérias não abordadas pelas *Guidelines*. Vejamos: "In 1987, the IBA published Rules of Ethics for International Arbitrators. Those Rules cover more topics than these Guidelines, and they remain in effect as to subjects that are not discussed in the Guidelines. The Guidelines supersede the Rules of Ethics as to the matters treated here".

98 IBA Rules of Ethics for International Arbitrators: "1. Fundamental Rule

Arbitrators shall proceed diligently and efficiently to provide the parties with a just and effective resolution of their disputes, and shall be and shall remain free from bias".

99 IBA Rules of Ethics for International Arbitrators: "9. Confidentiality of the Deliberations

The deliberations of the arbitral tribunal, and the contents of the award itself, remain confidential in perpetuity unless the parties release the arbitrators from this obligation. An arbitrator should not participate in, or give any information for the purpose of assistance in, any proceedings to consider the award unless, exceptionally, he considers it his duty to disclose any material misconduct or fraud on the part of his fellow arbitrators".

Ainda na linha de instituições de classe internacionais, deve-se mencionar o Código de Conduta Ética e Profissional para os Membros do *Chartered Institute of Arbitrators* (CIArb)[100]. Na parte 2 do referido Código, notam-se *inter alia* as obrigações de agir com integridade e justiça, devendo o membro até renunciar ao seu encargo de árbitro caso não seja possível se comportar dessa forma[101], assim como de não ser influenciado por pressão externa ou interesse próprio[102].

A redação de códigos de ética ou normas de conduta também foram alvo da atenção das câmaras de arbitragem. Apesar do fato de que os principais centros de arbitragem do mundo, ICC e LCIA, não possuem seus próprios códigos de ética, recentemente tais instituições têm publicado normas que visam regular a conduta dos árbitros, especialmente quanto à extensão dos deveres de revelação ou punições por ausência de diligência[103]. Não obstante, outras renomadas instituições como o HKIAC[104] e SIAC[105] possuem códigos de ética próprios. Recentemente, o ICSID também tem tomado passos para elaboração de normas nesse sentido, de modo que o rascunho mais recente sobre o tema data de julho de 2023[106].

---

100 CHARTERED INSTITUTE OF ARBITRATORS. *The Chartered Institute of Arbitrators Code of Professional and Ethical Conduct for Members*. 2009. Disponível em: <https://www.ciarb.org/media/4230/ciarb-code-of-professional-and-ethical-conduct-for-members.pdf>. Acesso em 9 de maio de 2023.

101 The Chartered Institute of Arbitrators Code of Professional and Ethical Conduct for Members, Rule 2: "Integrity and Fairness

A member shall maintain the integrity and fairness of the dispute resolution process and shall withdraw if this is no longer possible."

102 The Chartered Institute of Arbitrators Code of Professional and Ethical Conduct for Members, Rule 7: "Conduct of the Process

(...) A member shall not be influenced by outside pressure or self interest. (...)".

103 Sobre o tema, discorre Catherine Rogers: "Notably, the two most historically important institutions, the ICC and the LCIA, have not adopted codes for arbitrators. This omission may signal the relative brand strength in the market of these institutions as compared to newer regional institutions that seek to establish their legitimacy through formal and express guarantees of quality, including with regard to arbitrator conduct in their cases. Still, despite market strength, even the ICC and LCIA have been adopting new rules and procedures to address certain conduct by arbitrators. For example, the new ICC form that arbitrators must complete for appointment requires disclosure of the total number of arbitrations in which the candidate is sitting to ensure that the arbitrator has sufficient time to commit to the new case. Reportedly, dereliction or delay by arbitrators may also be redressed by a reduction of fees by the ICC" (ROGERS, Catherine A. *Ethics in International Arbitration*. Oxford University Press, 2014, p. 83).

104 HONG KONG INTERNATIONAL ARBITRATION CENTRE. *Code of Ethical Conduct*. Disponível em: <https://www.hkiac.org/arbitration/arbitrators/code-of-ethical-conduct>. Acesso em 9 de maio de 2023.

105 SINGAPORE INTERNATIONAL ARBITRATION CENTRE. *Code of Ethics for an Arbitrator*. 2015. Disponível em: <https://siac.org.sg/code-of-ethics-for-an-arbitrator>. Acesso em 9 de maio de 2023.

106 CENTRE FOR SETTLEMENT OF INVESTMENT DISPUTES; UNITED NATIONS COMMISSION ON INTERNATIONAL TRADE LAW. *Draft Code of Conduct for Arbitrators in International Investment Dispute Resolution and Commentary*. Note by the Secretariat, Vienna, July 2023. Disponível em: <http://undocs.org/en/a/cn.9/1148>. Acesso em 29 de novembro de 2023.

No âmbito nacional, destacam-se os Códigos de Ética do CAM-CCBC[107] e da CIESP/FIESP[108]. Ambos possuem, por exemplo, obrigações de diligência[109]. No caso do CAM-CCBC, há inclusive previsão específica para que o árbitro evite não somente a conduta, mas a aparência de conduta imprópria ou duvidosa[110].

Ainda no campo nacional, é interessante notar o Código de Ética aplicável às próprias câmaras de arbitragem, editado pelo Conselho Nacional das Instituições de Mediação e Arbitragem (CONIMA)[111]. No referido Código, existem previsões para que se evite a conduta ou aparência de conduta duvidosa[112], manutenção da integridade do processo[113], diligência[114], e de que os árbitros sigam das determinações do Código de Ética do CONIMA para os árbitros e mediadores[115] – que, por sua vez, possui previsões similares[116].

---

107 CENTRO DE ARBITRAGEM E MEDIAÇÃO DA CÂMARA DE COMÉRCIO BRASIL-CANADÁ. *Código de Ética*. Disponível em: <https://ccbc.org.br/cam-ccbc-centro-arbitragem-mediacao/resolucao-de-disputas/arbitragem/codigo-etica/>. Acesso em 9 de maio de 2023.

108 CÂMARA DE CONCILIAÇÃO, MEDIAÇÃO E ARBITRAGEM CIESP/FIESP. *Código de Ética*. Disponível em: <https://www.camaradearbitragemsp.com.br/pt/atos-normativos/codigo-etica.html>. Acesso em 9 de maio de 2023.

109 CAM-CCBC, Enunciado 2 do Código de Ética: "(...) Conduzir o procedimento de forma escorreita e diligente, com extrema retidão em todas as suas ações e atitudes, que devem ser conduzidas com prudência. (...)".

CIESP/FIESP, item 4.2 do Código de Ética: "Ao procedimento arbitral deverão ser empregados os melhores esforços do árbitro, bem como a prudência e a eficiência, a fim de atender aos fins a que se destina a arbitragem."

110 CAM-CCBC, Enunciado 2 do Código de Ética: "(...) Evitar não apenas a conduta, mas também aparência de conduta imprópria ou duvidosa. (...)"

111 CONIMA – CONSELHO NACIONAL DAS INSTITUIÇÕES DE MEDIAÇÃO E ARBITRAGEM. *Código de Ética das Instituições*. Disponível em: <https://conima.org.br/institucional/codigo-de-etica-das-instituicoes/>. Acesso em 9 de maio de 2023.

112 CONIMA, Código de Ética das Instituições, item V, 2: "(...) Evitar conduta ou aparência de conduta imprópria ou duvidosa; (...)".

113 CONIMA, Código de Ética das Instituições, item VII, 1: "(...) Manter a integridade do processo; (...)".

114 CONIMA, Código de Ética das Instituições, item VII, 2: "(...) Administrar e organizar o procedimento com diligência; (...)".

115 CONIMA, Código de Ética das Instituições, item VI, 1: "(...) Zelar para que o(s) árbitro(s) ou o(s) mediador(es) não viole(m) o Código de Ética dos árbitros e dos mediadores do CONIMA; (...)".

116 CONIMA – CONSELHO NACIONAL DAS INSTITUIÇÕES DE MEDIAÇÃO E ARBITRAGEM. *Código de Ética dos Árbitros*. Disponível em: <https://conima.org.br/site-em-construcao/arbitragem/codigo-etica-arbitros/>. Acesso em 9 de maio de 2023. Conferir as previsões de diligência (item II), manter a prudência e a veracidade, se abstendo de promessas e garantias a respeito dos resultados (item V, 1), evitar a conduta ou aparência de conduta imprópria ou duvidosa (item V, 2), manter a integridade do processo (item VII, 1), dentre outras.

Nesse contexto, analisando todas as previsões dos vários códigos de ética citados neste item, tudo indica que as conclusões acima mencionadas não se alteram. Parece que as previsões contidas nos códigos de ética suportariam, em linha com a doutrina, a exceção de ordem pública à confidencialidade, não impedindo a possibilidade de que o árbitro reporte às autoridades competentes a prática (ou sua suspeita) de ilegalidades praticadas pelas partes. Em contraste, todavia, não parece haver um dever equivalente que determine tal conduta do árbitro.

5.7. CONCLUSÃO DO TEMA

Diante do exposto, conclui-se que, em que pese a defesa de alguns autores para uma atitude socialmente responsável dos árbitros[117], não há qualquer fundamento legal para tanto. Acompanha-se, portanto, a linha da doutrina estrangeira[118] e brasileira[119] que defende que, ainda que haja argumentos para que se defenda a possibilidade de o árbitro reportar a suspeita ou prática de atos de corrupção praticados pelas

---

117 Discorrem alguns autores: "Such approach may be possible by developing a form of socially responsible international arbitration where, beyond a certain threshold, the primary obligation of the international arbitrator, as agent to the parties, would be replaced by an obligation to the larger society. Beyond this threshold, a duty to report the incidence and occurrence of international corruption would be imposed on the arbitrator by the State. The rationale for this could centre on the proposition that in the absence of the grant of a right of private enforcement, matters involving public rights are beyond the scope of the delegated power to settle private disputes granted by the State to international arbitrators" (MAKINWA, Abiola O. Civil Remedies for International Corruption: The Role of International Arbitration. In: MEYER, Olaf (ed). *The Civil Law Consequences of Corruption*. Nomos Verlagsgesellschaft mbH & Co. KG, 2009. p. 257-280, p. 279).

118 Sobre o tema: "After all if there is a duty, it must come from statute, regulation or similar and not from the views of the arbitration community following a debate, no matter how detailed and scholarly it may be" (SPRANGE, Thomas K. Corruption in Arbitration. In: BAIZEAU, Domitille, KREINDLER, Richard H. Addressing Issues of Corruption in Commercial and Investment Arbitration. *Dossiers of the ICC Institute of World Business Law*, v. 13, cap. 8, 2015, p. 137-138).

119 Da mesma forma: "Em relação à última indagação proposta, acreditamos, por ora, que reportar indícios de crime às autoridades públicas competentes não consiste, *de lege lata*, à luz do direito brasileiro, num dever imposto ao árbitro, diversamente do que ocorre com o juiz togado. De toda sorte, não quer isso absolutamente dizer que a arbitragem possa ser usada como refúgio para aqueles que tencionam cometer crimes fora da alça de mira da polícia e do Ministério Público. Obviamente, a arbitragem não se presta nem pode se prestar a este censurável papel" (VERÇOSA, Fabiana; MONEGALHA, Guilherme. Como deve se comportar o árbitro diante de indícios e provas de corrupção? Algumas impressões. *Revista de Arbitragem e Mediação*. São Paulo: RT, vol. 63/2019, Out – Dez, 2019, p. 13.). Em publicações recentes, conferir ainda: (i) VIDAL, Marina Coelho Reverendo. *A Arbitragem Internacional como Instrumento no Combate à Corrupção*. São Paulo: Almedina, 2021; (ii) DINAMARCO, Cândido Rangel. *O Processo Arbitral*. Curitiba: Editora Direito Contemporâneo, 2022, p. 72-75; e (iii) CARMONA, Carlos Alberto. *Arbitragem e processo*: um comentário à Lei nº 9.307/96. 4ª ed. Barueri: Atlas, 2023, p. 274.

partes às autoridades competentes, não há como defender a existência de um dever que imponha ao árbitro a mesma conduta.

Em prol da preservação do instituto da arbitragem, segurança e previsibilidade das partes, tal obrigação só poderia ser imposta ao árbitro por meio de previsão expressa de lei, ou eventualmente contratual (seja do contrato objeto do litígio, convenção de arbitragem ou regulamento de arbitragem aplicável ao procedimento), mas nunca por mera vontade da doutrina ou comunidade arbitral. Posto de forma simples, a *possibilidade* de o árbitro agir dessa forma não necessariamente corresponde à existência de um *dever jurídico* equivalente.

CONCLUSÕES

O combate à corrupção, em todos os seus enfoques, apesar de longo e tortuoso, é absolutamente necessário. A partir do desenvolvimento do presente trabalho, foi possível compreender um pouco melhor o caminho que a luta contra a corrupção vem traçando no instituto da arbitragem, permeando o procedimento de diversas maneiras.

Inicialmente, foi possível verificar que o surgimento de alegações da prática de atos de corrupção na formação ou execução do contrato objeto da arbitragem não impedem o exercício do papel jurisdicional do árbitro. Em outras palavras, a suspeita da prática, ou mesmo a confissão de corrupção, no desenrolar do procedimento arbitral não implicam a inarbitrabilidade automática da matéria, muito menos a renúncia do árbitro. Apesar de o tema ter surgido recentemente no Brasil como ponto forte de debate, em razão do contexto sociopolítico do país, a comunidade arbitral internacional discute a matéria desde a década de 1960, quando se teve notícia do famoso *ICC Case No. 1110*[1], que se tornou conhecido como o caso do Árbitro Único Gunnar Lagergren. Ocorre que, desde então, o tratamento do tema, como era de se esperar, evoluiu, e para melhor. Afinal, à medida que as práticas e artimanhas das falcatruas se aperfeiçoam, seu combate e repressão devem se desenvolver mais ainda, pois para que o combate às condutas reprováveis seja efetivo, seu

---

1 Mais informações, consultar, dentre outros: (i) MARTIN, A. Timothy. International arbitration and corruption: an evolving standard. *Transnational Dispute Management*, v. 1, n. 2, p. 5, 2004; (ii) MUÑOZ, Tiago. Mr X, Buenos Aires v. Company A, Award, ICC Case No. 1110, 1963. In: LEE, João Bosco; DONATO, Elton José (eds.). *Revista Brasileira de Arbitragem*, v. X, n. 38, p. 212-213, 2013; e (iii) GILLIS WETTER, J. Issues of Corruption before International Arbitral Tribunals: The Authentic Text and True Meaning of Judge Gunnar Lagergren's 1963 Award in ICC Case No. 1110. *Arbitration International*, v. 10, n. 3, p. 277-294, 1994.

nível de sofisticação deve, necessariamente, ser superior. Do contrário, provar-se-ia absolutamente inócuo.

Nesse contexto, argumentou-se que, para que o combate da corrupção se dê também na esfera arbitral – e, portanto, somente dentro dos limites da jurisdição do árbitro – alguns princípios inerentes ao instituto são cruciais. Em primeiro lugar, a partir do princípio da autonomia da cláusula compromissória, a eventual declaração de nulidade ou anulabilidade do contrato em que esta está inserida não implica, necessariamente, a invalidade da convenção de arbitragem. Em segundo lugar, tem-se o princípio da competência-competência (*Kompetenz-Kompetenz*), que permite que o árbitro decida se possui ou não jurisdição sobre a matéria posta para sua decisão de maneira precedente, ou seja, o árbitro é o sujeito competente para decidir sobre sua própria competência. Esses dois princípios são consagrados na legislação brasileira no art. 8º da LA. Na sequência está o preceito fundamental de que o árbitro, para o exercício de seu papel jurisdicional, deve ser – e permanecer – independente e imparcial ao longo de todo o procedimento. Recepcionados pela LA no art. 13, §6º, da LA, isso significa não apenas que o árbitro deve preservar sua equidistância das partes até a prolação da sentença arbitral, mas também que ele não deve ceder a pressões das partes ou de terceiros, sendo livre na formação de seu convencimento. Por último, mas não menos importante, o árbitro possui o dever de proferir uma sentença arbitral exequível, afinal, foi para isso que foi contratado[2]. E, para tanto, não pode o árbitro deixar de julgar, renunciar apenas em razão do aparecimento da prática de atos de corrupção, nem ceder à pressão de qualquer das partes. A legalidade da sentença reside, pois, no devido cumprimento de seu encargo como julgador, dentro de sua jurisdição.

No item seguinte, aventaram-se institutos que o árbitro não pode deixar de analisar. Os conceitos de conflitos de lei, ordem pública e leis de aplicação mandatória (*loi de police*) devem ser enfrentados pelo árbitro independentemente do disposto na convenção de arbitragem. Vale dizer, a conduta chicaneira ou ardilosa das partes que praticam atos de corrupção não deve impedir a boa aplicação do direito. Nesse sentido, os conceitos de ordem pública, seja ela nacional, internacional ou transnacional, aliado às normas de aplicação mandatória são fundamentais, uma vez que auxiliam a demonstrar a universalidade da condenação às condutas corruptas.

Ao término desse capítulo, chega-se à conclusão de que ao árbitro é permitido, desde que pertinente ao objeto da arbitragem, a investigação de ofício ou *sua sponte* de atos de corrupção alegadamente ocorridos. Demonstra-se que o árbitro não está preso *between a rock and a hard place*, tal como colocado pela doutrina[3]. Na ver-

---

2 Sobre as implicações do "contrato de árbitro", consultar textos da nota de rodapé n. 661 e 662.

3 KREINDLER, Richard H. Aspects of Illegality in the Formation and Performance of Contracts. In: VAN DEN BERG, Albert Jan et al. (Ed.). *International commercial arbitration: important contemporary questions*. Kluwer Law International BV, 2003, p. 209-260, p. 236.

dade, o aprofundamento feito para que a conduta da parte seja esclarecida decorre também do dever do árbitro de garantir a exequibilidade de sua sentença, uma vez que, se proferida sem o devido endereçamento da matéria, poderia atentar contra a ordem pública e, portanto, estar sujeita à anulação pelo Poder Judiciário, nos termos do art. 32 da LA. Encerra-se o tópico fazendo remissão à figura do árbitro-poeta[4], denotando a habilidade que o árbitro precisa ter para navegar na linha tênue entre a investigação desnecessária para o objeto da arbitragem e aquela que garante a validade da sentença arbitral.

No capítulo seguinte, o trabalho analisa questões processuais pertinentes quando alegações da prática de atos de corrupção surgem ao longo do procedimento arbitral. Antes disso, todavia, pondera-se o desafio que a condução do procedimento em tais circunstâncias pode representar, especialmente diante de um painel heterogêneo, formado por profissionais com formação de *civil law* e *common law*. Em razão disso, propõe-se que os temas relativos ao ônus e à medida da prova, bem como às inferências negativas e às *red flags*, sejam vistos pelos árbitros do "topo do monte"[5], ou seja, nem tão perto das trincheiras, onde se perde a visão panorâmica do conflito, mas também não do cume da montanha, onde a visão é tão distante que se ponderam apenas questões abstratas, longe de aplicação prática ao litígio que deve ser resolvido. A partir da obra de William Park, conclui-se, então, que o árbitro deve ver o conflito do topo do monte, perto o suficiente para não perder de vista a realidade da controvérsia, mas distante o suficiente para não se tornar alienado a questões como eficiência e custo-benefício do mecanismo eleito.

Dessa maneira, argumenta-se que o ônus da prova, apesar de, via de regra, recair sobre a parte que traz as alegações para julgamento, pode ser dinamizado, a depender das situações do caso concreto. Isso significa que o árbitro pode, excepcionalmente, diante da dificuldade, senão impossibilidade de produção da chamada prova diabólica, solicitar à contraparte, mediante provas *prima facie*, que refute as alegações de corrupção contra ela feitas. Adverte-se, todavia, que tal decisão não deve ser tomada levianamente pelo árbitro. Não basta somente conferir prazo para o exercício do contraditório, mas gerir bem e ativamente a condução da instrução probatória. Em outras palavras, o árbitro deve sempre manter as partes seguras, mediante fundamentação das decisões, bem como informadas das consequências do não cumprimento de qualquer decisão.

Em seguida, trata-se de qual deve ser a medida da prova a ser considerada pelo árbitro em casos dessa natureza. Apesar dos casos identificados na doutrina

---

4 FORTIER, L. Yves. Arbitrators, corruption, and the poetic experience: 'When power corrupts, poetry cleanses'. *Arbitration International*, v. 31, n. 3, p. 367-380, 2015.

5 PARK, William W. Arbitrators and accuracy. *Journal of International Dispute Settlement*, v. 1, n. 1, p. 25-53, 2010.

internacional, que defendem uma medida mais rigorosa que a normalmente exigida[6], entende-se que o livre convencimento do árbitro, disposto no art. 21, §2º, da LA, não deve ser indevidamente endurecido, estabelecendo, portanto, uma medida da prova que essencialmente torna impossível a comprovação da prática de atos de corrupção pelas partes.

Em paralelo, no desafio posto para o árbitro de adjudicar o conflito em que se discute a prática de atos de corrupção, duas ferramentas que podem ser extremamente úteis são as inferências negativas e *red flags*. Apesar de deixar claro que a decisão do árbitro não pode se apoiar unicamente nesses institutos, eles podem ser essenciais para as hipóteses em que a produção de determinada prova está fora do escopo dos poderes e jurisdição dos árbitros. Dessa maneira, seguindo o árbitro o "teste de Sharpe"[7], somado à enumeração das *red flags* do caso concreto, entende-se que às partes é conferida a devida previsibilidade, além de oportunidade para o exercício do contraditório e ampla defesa suficientes para que seja possível a conclusão pela prática de atos de corrupção.

Os próximos capítulos, por sua vez, destinam-se ao estudo dos efeitos que os atos de corrupção, uma vez devidamente estabelecidos e provados, podem ocasionar na esfera de direitos das partes e dos árbitros – estes últimos apenas no que tange ao dever de reportar, de acordo com o recorte conferido ao presente trabalho. Nesse contexto, a partir da divisão estabelecida pela doutrina estrangeira dos contratos *providing for corruption* e aqueles *procured by corruption*[8], o primeiro item se dedica ao enquadramento dessa divisão na teoria das nulidades do Código Civil brasileiro. Para tanto, embasa-se o estudo na técnica de eliminação progressiva, que determina que a análise do negócio jurídico deve ser feita nos planos de existência, validade e eficácia, tal como posto por Antônio Junqueira de Azevedo[9]. Isso permite ao árbitro superar as dificuldades terminológicas impostas pela divergência doutrinária do tema, permitindo uma análise mais pragmática dos efeitos civis da corrupção nos contratos, incluindo a própria convenção de arbitragem. Conclui-se, pois, que, de modo geral, aqueles contratos *providing for corruption* são submetidos às hipóteses de nulidade previstas nos arts. 166 e 167 do Código Civil, uma vez que as partes estão alinhadas na prática de atos de corrupção. No que tange aos contratos *procured*

---

6 Identificados em ADDA, Marco. Arbitration Case Law on Bribery: Issues of Arbitrability, Contract Validity, Merits and Evidence. *Dossier of the ICC Institute of World Business Law: Arbitration: Money Laundering, Corruption and Fraud*, ICC Publication, n. 651, cap. 7, p. 109-147, 2003, p. 115-116.

7 SHARPE, Jeremy K. Drawing adverse inferences from the non-production of evidence. *Arbitration International*, v. 22, n. 4, p. 549-572, 2006.

8 BONELL, Michael Joachim; MEYER, Olaf. The Impact of Corruption on International Commercial Contracts – General Report. In: BONELL, Michael Joachim; MEYER, Olaf (eds). *The Impact of Corruption on International Commercial Contracts*. Springer, Cham, 2015.

9 AZEVEDO, Antônio Junqueira de. Negócio Jurídico: Existência, Validade e Eficácia. 4. ed. atual, de acordo com o novo Código Civil (Lei n. 10.406, de 10-1-2002). São Paulo: Saraiva, 2002.

by corruption, concluiu-se que se aplicam as hipóteses de anulabilidade do negócio jurídico, previstas no art. 171, II, do Código Civil, especialmente o dolo. Nesse contexto, há, de fato, uma transação comercial, mas o contrato é contaminado pela prática de atos de corrupção, seja na sua formação ou execução.

Ao final, conclui-se que o ordenamento jurídico brasileiro possui ferramentas suficientes para lidar com a nulidade ou anulabilidade dos contratos maculados pela prática de atos de corrupção, sendo desnecessária a edição de novas normas para tanto.

Com efeito, o item subsequente aborda cenários em que seria possível a restituição ou a reparação civil da parte inocente. O foco do item se dá, pois, naquelas situações em que somente a nulidade ou anulabilidade do contrato não é suficiente para lidar com os efeitos dos atos de corrupção, ou pior, situações em que a simples negativa de efeitos ao contrato implica um tratamento desproporcional que prejudica a parte inocente. A partir da análise da matéria, compreende-se a justificativa e raciocínio não apenas legislativo, mas econômico, para a impossibilidade de reparação das partes pela prática de atos de corrupção nos casos dos contratos *providing for corruption*, uma vez que, nos termos do art. 883 do Código Civil, não terá direito à repetição aquele que deu alguma coisa para obter fim ilícito, imoral, ou proibido por lei. Vislumbra-se, todavia, a possibilidade de que o árbitro, com base no instituto do enriquecimento sem causa, enquanto cláusula geral e princípio informador do direito privado, determine, diante das particularidades do caso concreto, a devolução de quantias ou serviços indevidamente obtidos.

Para o caso dos contratos *procured by corruption*, no entanto, é feita menção à divisão construída por Christian Sahb Batista Lopes e Luiz Felipe Clábria Lopes, no que tange ao contrato de corrupção[10]. Logo, dentro do recorte conferido ao estudo, é possível concluir que, em face do corrompido, a matéria pode ser resolvida por meio da responsabilidade contratual, embasada no art. 475 do Código Civil, de maneira que a parte lesada pelo inadimplemento poderá pedir a resolução do contrato, se não preferir exigir-lhe o cumprimento, cabendo, em qualquer dos casos, indenização por perdas e danos. Nota-se que o inadimplemento, nesse contexto, é entendido de forma abrangente[11], justamente para permitir o ressarcimento da parte.

No que tange ao segundo cenário, de medidas contra o corruptor, a questão é resolvida pela aplicação das normas que regem o dolo, como vício do negócio jurídico. Dessa maneira, sendo o dolo uma causa de anulabilidade do negócio jurídico, nos termos do art. 182 do Código Civil, uma vez decretada a anulação do negócio

---

10 LOPES, Christian Sahb Batista; LOPES, Luiz Felipe Calábria. Os Efeitos Civis da Corrupção entre Particulares. In: FERES, Marcelo Andrade; CHAVES, Natália Cristina (Org.). *Sistema Anticorrupção e empresa*. Belo Horizonte: D'Plácido, 2018, p. 371-390, p. 384.

11 FARIAS, Cristiano Chaves de; ROSENVALD, Nelson; BRAGA NETTO, Felipe Peixoto. *Curso de direito civil: responsabilidade civil*. Volume 3. 2ª edição revista, ampliada e atualizada. São Paulo: Atlas, 2015, p. 71.

jurídico, as partes deverão ser restituídas ao estado em que antes se encontravam e, não sendo possível a restituição, serão indenizadas em valor equivalente. Do contrário, estar-se-ia diante de uma hipótese de enriquecimento sem causa, especificamente aquela disposta no art. 885[12] do Código Civil. E, neste ponto, conclui-se que, ao contrário dos contratos *providing for corruption*, naqueles *procured by corruption* não há, a princípio, dolo ou qualquer outro objetivo nefasto de ambos os polos contratuais, de maneira que a vedação à restituição prevista no art. 883 do Código Civil não se aplica à parte inocente.

Visando a conferir ao árbitro alternativas para a quantificação do *quantum* necessário à reparação do dano sofrido pela prática dos atos de corrupção, abordam-se possíveis soluções traçadas pela OCDE e pelo Banco Mundial[13] e por Judith Martins-Costa[14]. De tal maneira, a identificação e quantificação dos benefícios indevidos auferidos podem ser feitas valendo-se da receita bruta[15] (*gross revenue method*), do lucro líquido derivado do contrato[16] (*the net proceeds*) ou a partir da identificação do valor de mercado dos bens ou serviços prestados e a aplicação da construção jurisprudencial germânica da Teoria do Saldo.

Finalmente, o último capítulo se dedica a responder à seguinte pergunta: deve o árbitro, uma vez identificados e provados os atos de corrupção ao longo da arbitragem, reportar a conduta da parte às autoridades competentes? Em suma, um simples e retumbante não. Isso se dá, em primeiro lugar, pois a obrigação conferida ao juiz togado, por força do art. 40 do Código de Processo Penal, não é aplicável ao árbitro, haja vista que os sujeitos em questão estão inseridos em sistemas distintos e, como tais, as figuras dos julgadores possuem características diferentes. Logo, conclui-se que a expressão contida no art. 18 da LA, referindo-se ao árbitro como "juiz de fato e de direito", não tem o condão de impor ao árbitro uma transposição das regras aplicáveis ao juiz togado. As justificativas, todavia, não param por aí. Além disso, ao analisar o art. 17 da LA, conclui-se que a omissão do árbitro que deixa de reportar a conduta da parte às autoridades não atrai a incidência do crime de prevaricação, uma vez que não estão presentes os elementos objetivos e subjetivos

---

12 Art. 885. A restituição é devida, não só quando não tenha havido causa que justifique o enriquecimento, mas também se esta deixou de existir.

13 OECD; WORLD BANK. *Identification and Quantification of the Proceeds of Bribery: Revised edition*. OECD Publishing: 2012, p. 36.

14 MARTINS-COSTA, Judith. Efeitos obrigacionais da invalidade: o caso dos contratos viciados por atos de corrupção. In: BARBOSA, Henrique; SILVA, Jorge Cesa Ferreira da (cords.). *A Evolução do Direito Empresarial e Obrigacional*: os 18 anos do Código Civil – Obrigações e Contratos. Vol. II. São Paulo: Quartier Latin, p. 227-256, p. 244-245.

15 Todas as receitas obtidas por meio do contrato estão sujeitas a restituição.

16 Considera apenas o lucro líquido auferido, de maneira que os benefícios sujeitos a restituição são as receitas do contrato menos certos custos ou despesas legítimas incorridos pela parte culpada na execução do contrato.

do tipo. Dessa forma, não há que se falar em lesão praticada pelo árbitro contra a ordem jurídica, haja vista que a omissão é relevante para a legislação penal apenas quando o omitente devia e podia agir para evitar o resultado, nos termos do art. 13, §2º, do Código Penal.

Conclui-se, portanto, que, apesar da possibilidade, aceita pela doutrina, de relativização da confidencialidade pactuada entre as partes, árbitros, instituição arbitral e demais terceiros no procedimento, o dever de reportar do árbitro somente se concretizaria se houvesse legislação específica para tanto. Em outras palavras, acompanha-se linha da doutrina que defende que, ainda que haja argumentos morais e éticos para que se defenda o dever de reportar, em prol da preservação do instituto da arbitragem, segurança e previsibilidade das partes, tal obrigação só poderia ser imposta ao árbitro por meio de previsão expressa de lei, e não pela vontade da comunidade jurídica.

REFERÊNCIAS BIBLIOGRÁFICAS

ABBUD, André de Albuquerque Cavalcanti. Confidencialidade vs. publicação de sentenças pelas câmaras arbitrais: das regras às condutas. In: VASCONCELOS, Ronaldo et al (Coord.). *Análise prática das câmaras arbitrais e da arbitragem no Brasil.* São Paulo: Editora IASP, 2019, p. 361-380.

ABBUD, André de Albuquerque Cavalcanti. *Soft law e produção de provas na arbitragem internacional.* Editora Atlas SA, 2014.

ADDA, Marco. Arbitration Case Law on Bribery: Issues of Arbitrability, Contract Validity, Merits and Evidence. *Dossier of the ICC Institute of World Business Law: Arbitration: Money Laundering, Corruption and Fraud*, ICC Publication, n. 651, cap. 7, p. 109-147, 2003.

AGUIAR JÚNIOR, Ruy Rosado de. *Comentários ao novo Código Civil*: da extinção do contrato. Rio de Janeiro: Forense, 2011, v. 6, t. 2.

AGUIAR JÚNIOR, Ruy Rosado. *Extinção dos contratos por incumprimento do devedor.* Resolução. 2ª tiragem. Rio de Janeiro: Aide Editora, 2004.

ALBERRO, José; ZUREK, Paul. Market Approach or Comparables. In: TRENOR, John A. (ed). *The Guide to Damages in International Arbitration.* London: Law Business Research Ltd / Global Arbitration Review, 2016, p. 204-2018.

ALI, Arif Hyder; SAINATI, Tatiana E. Adverse Inferences: A Proposed Methodology in the Light of Investment Arbitrations Involving Middle Eastern States. *BCDR International Arbitration Review*, v. 3, n. 2, p. 293-325, 2016.

ALMEIDA, Ricardo Ramalho. *Arbitragem Comercial Internacional e Ordem Pública.* Rio de Janeiro: Renovar, 2005.

ALVES, Rafael Francisco. *Árbitro e Direito*: o julgamento do mérito da arbitragem. São Paulo: Almedina, 2018.

AMARAL, Guilherme Rizzo. Burden of Proof and Adverse Inferences in International Arbitration: Proposal for an Inference Chart. *Journal of International Arbitration*, v. 35, n. 1, p. 1-30, 2018.

AMERICAN ARBITRATION ASSOCIATION; AMERICAN BAR ASSOCIATION. *The Code of Ethics for Arbitrators in Commercial Disputes*. 2004. Disponível em: <https://www.adr.org/sites/default/files/document_repository/Commercial_Code_of_Ethics_for_Arbitrators_2010_10_14.pdf>. Acesso em 9 de maio de 2023.

APRIGLIANO, Ricardo de Carvalho. Alocação de custas e despesas e a condenação em honorários advocatícios sucumbenciais em arbitragem. In: CARMONA, Carlos Alberto; LEMES; Selma Ferreira; MARTINS, Pedro Batista (coords.). *20 anos da Lei de Arbitragem*: homenagem a Petrônio R. Muniz. São Paulo: Atlas, 2017, p. 667-688.

APRIGLIANO, Ricardo de Carvalho. *Fundamentos Processuais da Arbitragem*. Curitiba: Editora Direito Contemporâneo, 2023.

APRIGLIANO, Ricardo de Carvalho. *Ordem pública e processo*. São Paulo: Atlas, 2011.

APRIGLIANO, Ricardo de Carvalho; YARSHELL, Flávio Luiz. Honorários de Sucumbência e Honorários Contratuais em Arbitragem. In: MACHADO FILHO, José Augusto Bitencourt *et al*. *Arbitragem e processo*: Homenagem ao Prof. Carlos Alberto Carmona. São Paulo: Quartier Latin, 2022. v. 2.

ARGANDOÑA, Antonio. Private-to-private corruption. *Journal of business ethics*, v. 47, n. 3, p. 253-267, 2003.

ARMESTO, Juan Fernandez. The Effects of a Positive Finding of Corruption. In: BAIZEAU, Domitille, KREINDLER, Richard H. Addressing Issues of Corruption in Commercial and Investment Arbitration. *Dossiers of the ICC Institute of World Business Law*, v. 13, cap. 11, 2015.

ASHFORD, Peter. *The IBA Rules on the Taking of Evidence in International Arbitration: A Guide*. Cambridge University Press, 2013.

ASSIS, Araken de. Dano positivo e negativo na dissolução do contrato. *Revista do Advogado* 44:20/23.

ASSIS, Araken de. *Processo civil brasileiro*. Volume II: parte geral: institutos fundamentais. São Paulo: Revista dos Tribunais, 2019.

ASSIS, Araken de. *Resolução do contrato por inadimplemento*. 4. ed. São Paulo: RT, 2004.

AZEVEDO, Antônio Junqueira de. Negócio Jurídico: Existência, Validade e Eficácia. 4. ed. atual, de acordo com o novo Código Civil (Lei n. 10.406, de 10-1-2002). São Paulo: Saraiva, 2002.

BANDEIRA DE MELLO, Celso Antônio. *Curso de direito administrativo*. 22 ed. São Paulo: Malheiros, 2007.

BANDEIRA DE MELLO, Celso Antônio. *Curso de Direito Administrativo*. 35 ed. São Paulo: Malheiros, 2021.

BAPTISTA, Luiz Olavo. *Arbitragem comercial e internacional*. São Paulo: Lex magister, 2011.

BAUMAN, Zygmunt. *Tempos líquidos*. Zahar, 2007.

BAXTER, Richard R. International Law in "Her Infinitye Variety". *International & Comparative Law Quarterly*, v. 29, n. 4, p. 549-566, 1980.

BÉDARD, Julie; MARQUES, Ricardo Dalmaso. A conduta dos advogados e representantes de parte em geral na arbitragem internacional–as Diretrizes IBA para a Representação de Partes em Arbitragens Internacionais. *Revista Brasileira de Arbitragem*, v. 14, n. 53, p. 24-43, 2017.

BEDROSYAN, Alexander Sevan. Adverse Inferences in International Arbitration: Toothless or Terrifying. *University of Pennsylvania Journal of International Law*, v. 38, p. 241, 2016.

BETZ, Kathrin. *Proving Bribery, Fraud and Money Laundering in International Arbitration: On Applicable Criminal Law and Evidence*. Cambridge University Press, 2017.

BHARGAVA, Viy K. Curing the Cancer of Corruption. In*:* BHARGAVA, Viy K (Ed.). *Global issues for global citizens*: An introduction to key development challenges. The World Bank, 2006, Cap. 18, p. 1-30.

BISHOP, Doak. Toward a More Flexible Approach to the International Legal Consequences of Corruption. *ICSID Review*, v. 25, n. 1, p. 63-66, 2010.

BLACKABY, Nigel; PARTASIDES, Constantine; REDFERN, Alan. *Redfern and Hunter on international arbitration*. Oxford University Press, 2015.

BLACKABY, Nigel; PARTASIDES, Constantine; REDFERN, Alan. *Redfern and Hunter on international arbitration*. Oxford University Press, 2022.

BÖCKSTIEGEL, Karl-Heinz. Presenting evidence in international arbitration. *ICSID Review*, v. 16, n. 1, p. 1-9, 2001.

BOISSÉSON, Matthieu de. New tensions between arbitrators and parties in the conduct of the arbitral procedure. *Revista Brasileira de Arbitragem*, v. 4, n. 16, p. 68-75, 2007.

BONELL, Michael Joachim. Model Clauses for the Use of the UNIDROIT Principles of International Commercial Contracts. *Uniform Law Review*, v. 18, n. 3-4, p. 473-489, 2013.

BONELL, Michael Joachim; MEYER, Olaf. The Impact of Corruption on International Commercial Contracts – General Report. In: BONELL, Michael Joachim; MEYER, Olaf (eds). *The Impact of Corruption on International Commercial Contracts*. Springer, Cham, 2015. p. 1-36.

BORN, Gary. *International Arbitration: Law and Practice*. Kluwer Law International, 2016.

BORN, Gary. *International Commercial Arbitration*. Kluwer Law International, 2014.

BORN, Gary. *International Commercial Arbitration*. Kluwer Law International, 2021.

BRASIL, Constituição (1988). *Constituição da República Federativa do Brasil.* Brasília.

BRASIL, Lei nº 8.906, de 4 de julho de 1994. Dispõe sobre o Estatuto da Advocacia e a Ordem dos Advogados do Brasil (OAB). *Diário Oficial da União, Brasília*, 24 de setembro de 1996. Disponível em: <https://www.planalto.gov.br/ccivil_03/leis/l8906.htm>. Acesso em 5 de maio de 2023.

BRASIL. Decreto nº 12.462, de 4 de agosto de 2011. Institui o Regime Diferenciado de Contratações Públicas – RDC e dá outras providências. *Diário Oficial da União*, Brasília, 5 de agosto de 2011. Disponível em: <http://www.planalto.gov.br/ccivil_03/_Ato2011-2014/2011/Lei/L12462.htm>. Acesso em 18 de novembro de 2018.

BRASIL. Decreto nº 3.679, de 30 de novembro de 2000. Promulga a Convenção sobre o Combate da Corrupção de Funcionários Públicos Estrangeiros em Transações Comerciais Internacionais, concluída em Paris, em 17 de dezembro de 1997. *Diário Oficial da União*, Brasília, 1º de dezembro de 2000. Disponível em: <http://www.planalto.gov.br/ccivil_03/decreto/D3678.htm>. Acesso em 18 de novembro de 2018.

BRASIL. Decreto nº 4.410, de 7 de outubro de 2002. Promulga a Convenção Interamericana contra a Corrupção, de 29 de março de 1996, com reserva para o art. XI, parágrafo 1º, inciso "c". *Diário Oficial da União*, Brasília, 8 de outubro de 2002. Disponível em: <http://www.planalto.gov.br/ccivil_03/decreto/2002/D4410.htm>. Acesso em 18 de novembro de 2018.

BRASIL. Decreto nº 4.413, de 23 de julho de 2002. Promulga a Convenção sobre o Reconhecimento e a Execução de Sentenças Arbitrais Estrangeiras. *Diário Oficial da União*, Brasília, 24 de julho de 2002. Disponível em: <http://www.planalto.gov.br/ccivil_03/decreto/2002/D4311.htm>. Acesso em 18 de novembro de 2018.

BRASIL. Decreto nº 5.687, de 31 de janeiro de 2006. Promulga a Convenção das Nações Unidas contra a Corrupção, adotada pela Assembleia-Geral das Nações Unidas em 31 de outubro de 2003 e assinada pelo Brasil em 9 de dezembro de 2003. *Diário Oficial da União*, Brasília, 1º de fevereiro de 2006. Disponível em: <http://www.planalto.gov.br/ccivil_03/_Ato2004-2006/2006/Decreto/D5687.htm>. Acesso em 18 de novembro de 2018.

BRASIL. Decreto-lei nº 2.848, de 7 de dezembro de 1940. Código Penal. *Diário Oficial da União*, Brasília, 31 de dezembro de 1940. Disponível em: <http://

www.planalto.gov.br/ccivil_03/decreto-lei/del2848compilado.htm>. Acesso em 18 de novembro de 2018.

BRASIL. Decreto-lei nº 3.689, de 3 de outubro de 1941. Código de Processo Penal. *Diário Oficial da União*, Brasília, 13 de outubro de 1941. Disponível em: <http://www.planalto.gov.br/ccivil_03/decreto-lei/del3689.htm>. Acesso em 18 de novembro de 2018.

BRASIL. Decreto-lei nº 4.657, de 4 de setembro de 1942. Lei de Introdução às normas do Direito Brasileiro. *Diário Oficial da União*, Brasília, 9 de setembro de 1942. Disponível em: <http://www.planalto.gov.br/ccivil_03/decreto-lei/Del4657compilado.htm>. Acesso em 18 de novembro de 2018.

BRASIL. Lei nº 10.406 de 10 de janeiro de 2002. Institui o Código Civil. *Diário Oficial da União*, Brasília, 11 de janeiro de 2002. Disponível em: <http://www.planalto.gov.br/ccivil_03/leis/2002/l10406.htm>. Acesso em 18 de novembro de 2018.

BRASIL. Lei nº 12.846, de 1º de agosto de 2013. Dispõe sobre a responsabilização administrativa e civil de pessoas jurídicas pela prática de atos contra a administração pública, nacional ou estrangeira, e dá outras providências. *Diário Oficial da União*, Brasília, 2 de agosto de 2013. Disponível em: <http://www.planalto.gov.br/ccivil_03/_ato2011-2014/2013/lei/l12846.htm>. Acesso em 18 de novembro de 2018.

BRASIL. Lei nº 13.105, de 16 de março de 2015. Código de Processo Civil. *Diário Oficial da União, Brasília*, 17 de março de 2015. Disponível em: <http://www.planalto.gov.br/ccivil_03/_ato2015-2018/2015/lei/l13105.htm>. Acesso em 18 de novembro de 2018.

BRASIL. Lei nº 13.303, de 30 de junho de 2016. Dispõe sobre o estatuto jurídico da empresa pública, da sociedade de economia mista e de suas subsidiárias, no âmbito da União, dos Estados, do Distrito Federal e dos Municípios. *Diário Oficial da União*, Brasília, 1º de julho de 2016. Disponível em: <http://www.planalto.gov.br/ccivil_03/_ato2015-2018/2016/lei/l13303.htm>. Acesso em 18 de novembro de 2018.

BRASIL. Lei nº 8.429, de 2 de junho de 1992. Dispõe sobre as sanções aplicáveis aos agentes públicos nos casos de enriquecimento ilícito no exercício de mandato, cargo, emprego ou função na administração pública direta, indireta ou fundacional e dá outras providências. *Diário Oficial da União, Brasília*, 3 de junho de 1992. Disponível em: <https://www.planalto.gov.br/ccivil_03/leis/l8429.htm>. Acesso em 18 de novembro de 2018.

BRASIL. Lei nº 8.666, de 21 de junho de 1993. Regulamenta o art. 37, inciso XXI, da Constituição Federal, institui normas para licitações e contratos da Administração Pública e dá outras providências. *Diário Oficial da União, Brasília*, 22 de junho de 1993. Disponível em: <http://www.planalto.gov.br/ccivil_03/leis/l8666cons.htm>. Acesso em 18 de novembro de 2018.

BRASIL. Lei nº 9.307, de 23 de setembro de 1996. Dispõe sobre a arbitragem. *Diário Oficial da União, Brasília*, 24 de setembro de 1996. Disponível em: <http://www.planalto.gov.br/ccivil_03/LEIS/L9307.htm>. Acesso em 18 de novembro de 2018.

BREI, Zani Andrade. Corrupção: dificuldades para definição e para um consenso. *Revista de Administração Pública*, v. 30, n. 1, p. 64-77, 1996.

BUCHANAN, Mark A. Public policy and international commercial arbitration. *American Business Law Journal*, v. 26, p. 511, 1988.

BURGER, Ethan S.; HOLLAND, Mary S. Why the private sector is likely to lead the next stage in the global fight against corruption. *Fordham International Law Journal*, v. 30, p. 45, 2006.

BUXBAUM, Richard M. Public Law, *Ordre Public* and Arbitration: A Procedural Scenario and a Suggestion. In: HAY, Peter *et al. Resolving International Conflicts*: liber amicorum Tibor Várady. Budapest-New York: Central European University Press, p. 83-100.

CAHALI, Francisco José. *Curso de arbitragem*. São Paulo: Revista dos Tribunais, 2018.

CAIVANO, Roque J. Reconocimiento y ejecución de laudos arbitrales extranjeros. In: PUCCI, Adriana Noemi (Coord.). *Arbitragem comercial internacional*. São Paulo: LTr, 1998.

CÂMARA DE ARBITRAGEM DO MERCADO. *Regulamento de Arbitragem*. 2011.

CÂMARA DE CONCILIAÇÃO, MEDIAÇÃO E ARBITRAGEM CIESP/FIESP. *Código de Ética*. Disponível em: <https://www.camaradearbitragemsp.com.br/pt/atos-normativos/codigo-etica.html>. Acesso em 9 de maio de 2023.

CÂMARA DE CONCILIAÇÃO, MEDIAÇÃO E ARBITRAGEM CIESP/FIESP. *Regulamento de Arbitragem*. 2013.

CAMARB – CÂMARA DE MEDIAÇÃO E ARBITRAGEM EMPRESARIAL – BRASIL. *Regulamento de Arbitragem*. 2019.

CARMONA, Carlos Alberto. *Arbitragem e processo*: um comentário à Lei nº 9.307/96. 4ª ed. Barueri: Atlas, 2023.

CARMONA, Carlos Alberto. Os sete pecados capitais do árbitro. *Revista de Arbitragem e Mediação*. São Paulo: RT, vol. 52/2017, jan – marc, p. 391-406.

CARMONA, Carlos Alberto; MACHADO FILHO, José Augusto Bitencourt. A Inaplicabilidade das Garantias e Vedações do Art. 95 da Constituição Federal aos Árbitros. In: ABBOUD, Georges; MALUF, Fernando; VAUGHN, Gustavo Favero. *Arbitragem e Constituição*. São Paulo: Thomson Reuters Brasil, 2023, p. 75-95.

CARRETEIRO, Mateus Aimoré. Burden and standard of proof in international arbitration: proposed guidelines for promoting predictability. *Revista Brasileira de Arbitragem*, v. 13, n. 49, p. 82-109, 2016.

CARVALHO FILHO, José dos Santos; ALMEIDA, Fernando Dias Menezes de. *Tratado de Direito Administrativo*: Controle da Administração Pública e Responsabilidade do Estado. 2 ed. São Paulo: Thomson Reuters Brasil, 2019, (Tratado de Direito Administrativo; v. 7 / coordenação de Maria Sylvia Zanella Di Pietro).

CARVALHO SANTOS, João Manuel. *Código Civil brasileiro interpretado*. Vol. XII, 7 ed. Rio de Janeiro: Freitas Bastos, 1958.

CENTRE FOR SETTLEMENT OF INVESTMENT DISPUTES; UNITED NATIONS COMMISSION ON INTERNATIONAL TRADE LAW. *Draft Code of Conduct for Arbitrators in International Investment Dispute Resolution and Commentary*. Note by the Secretariat, Vienna, July 2023. Disponível em: <http://undocs.org/en/a/cn.9/1148>. Acesso em 29 de novembro de 2023.

CENTRO DE ARBITRAGEM E MEDIAÇÃO DA CÂMARA DE COMÉRCIO BRASIL-CANADÁ. *Código de Ética*. Disponível em: <https://ccbc.org.br/cam-ccbc-centro-arbitragem-mediacao/resolucao-de-disputas/arbitragem/codigo-etica/>. Acesso em 9 de maio de 2023.

CENTRO DE ARBITRAGEM E MEDIAÇÃO DA CÂMARA DE COMÉRCIO BRASIL-CANADÁ. *Regulamento de Arbitragem*. 2022.

CHARTERED INSTITUTE OF ARBITRATORS. *The Chartered Institute of Arbitrators Code of Professional and Ethical Conduct for Members*. 2009. Disponível em: <https://www.ciarb.org/media/4230/ciarb-code-of-professional-and-ethical-conduct-for-members.pdf>. Acesso em 9 de maio de 2023.

CHURI, Salen; FINKELSTEIN, David; MUELLER, Joe. *Complying with the Foreign Corrupt Practices Act: A practical Primer*. ABA Criminal Justice Section, Global Anti-Corruption Task Force, 2012.

CLAY, Thomas. *L'arbitre*. Pairs: Dalloz, 2001.

CLERMONT, Kevin M. Procedure's magical number three psychological bases for standards of decision. *Cornell Law Review*, v. 72, p. 1115, 1987.

CLERMONT, Kevin M.; SHERWIN, Emily. A comparative view of standards of proof. *The American Journal of Comparative* Law, v. 50, p. 243, 2002.

COELHO, Eleonora. As táticas de guerrilha e a Ética na Arbitragem Internacional. *Revista Brasileira da Advocacia*, v. 5, ano 2, abr.-jul. 2017. p. 39.

COMISSÃO DA ONU SOBRE O DIREITO MERCANTIL INTERNACIONAL – UNCITRAL. *Lei Modelo da UNCITRAL sobre Arbitragem Comercial Internacional (1985) com as alterações adotadas em 2006*. Tradução não oficial realizada por Flavia Foz Mange, Gustavo Santos Kulesza, Rafael Bittencourt Silva e Rafael Vicente Soares. Disponível em: <http://www.cbar.org.br/leis_intern_arquivos/

Lei_Modelo_Uncitral_traduzida_e_revisada_versao_final.pdf>. Acesso em 29 de setembro de 2019.

COMPETENCE CENTRE FOR ARBITRATION AND CRIME; BASEL INSTITUTE ON GOVERNANCE. *Corruption and Money Laundering in International Arbitration: A Toolkit for Arbitrators*. 2019.

CONIMA – CONSELHO NACIONAL DAS INSTITUIÇÕES DE MEDIAÇÃO E ARBITRAGEM. *Código de Ética dos Árbitros.* Disponível em: <https://conima.org.br/site-em-construcao/arbitragem/codigo-etica-arbitros/>. Acesso em 9 de maio de 2023.

CONIMA – CONSELHO NACIONAL DAS INSTITUIÇÕES DE MEDIAÇÃO E ARBITRAGEM. *Código de Ética das Instituições.* Disponível em: <https://conima.org.br/institucional/codigo-de-etica-das-instituicoes/>. Acesso em 9 de maio de 2023.

CONSELHO FEDERAL DA ORDEM DOS ADVOGADOS DO BRASIL. *Provimento Nº 196*, de 10 de fevereiro de 2020. Dispõe sobre o reconhecimento da atividade advocatícia decorrente da atuação de advogados como conciliadores ou mediadores, árbitros ou pareceristas e no testemunho (*expert witness*) ou no assessoramento às partes em arbitragem e dá outras providências. Disponível em: <https://www.oab.org.br/leisnormas/legislacao/provimentos/196-2020#:~:text=Disp%C3%B5e%20sobre%20o%20reconhecimento%20da,arbitragem%20e%20d%C3%A1%20outras%20provid%C3%AAncias>. Acesso em 5 de maio de 2023.

CONSELHO FEDERAL DA ORDEM DOS ADVOGADOS DO BRASIL. *Resolução Nº 02/2015*, de 19 de outubro de 2015. Aprova o Código de Ética e Disciplina da Ordem dos Advogados do Brasil - OAB. Disponível em: <https://www.oab.org.br/leisnormas/legislacao/resolucoes/02-2015>. Acesso em 5 de maio de 2023.

COSTA E SILVA, Paula. *A prova difícil: da probatio levior à inversão do ônus da prova*. 2013.

COURT OF ARBITRATION FOR SPORT. *Code: Procedural Rules*. 2019.

CRAWFORD, James. *Brownlie's Principles of Public International Law*. Oxford University Press, 2012.

CREMADES, Bernardo M. Corrupción y arbitraje de inversión. *Revista Internacional de Arbitraje*, n. 3, p. 50-75, 2005.

CREMADES, Bernardo M.; CAIRNS, David J. A. Trans-national Public Policy in International Arbitral Decision-Making: The Cases of Bribery, Money Laundering and Fraud. *Dossier of the ICC Institute of World Business Law: Arbitration: Money Laundering, Corruption and Fraud, ICC Publication*, n. 651, p. 65, 2003.

CREMADES, Bernardo M.; CAIRNS, David J.A. Corruption, International Public Policy and the Duties of Arbitrators. *Dispute Resolution Journal*, vol 58, n. 4, 2003.

CREMASCO, Suzana Santi. *A distribuição dinâmica do ônus da prova.* Rio de Janeiro: GZ, 2009.

CRUZ, Elisa Schmidlin; MOREIRA, Egon Bockmann. Arbitragem e o Provimento 196/2020 da OAB: o fim de uma saga? In: *Consultor Jurídico*, 14 de maio de 2020. Disponível em: <https://www.conjur.com.br/2020-mai-14/moreira-cruz--arbitragem-provimento-1962020-oab>. Acesso em 5 de maio de 2023.

CURY, Antonio Alberto Rondina. Efeitos da Corrupção em Arbitragens envolvendo o Poder Público. *Revista de Arbitragem e Mediação*, vol. 60/2019, p. 185-215, Jan-Mar, 2019.

DAVIS, Kevin E. Civil remedies for corruption in government contracting: zero tolerance versus proportional liability. *NYU School of Law, Public Law Research Paper*, n. 09-22, p. 09-16, 2009.

DERAINS, Yves. Public Policy and the Law Applicable to the Dispute in International arbitration. *Comparative Arbitration Practice and Public Policy in Arbitration*, v. 227, 1987.

DEZALEY, Yves; GARTH, Bryant G. *Dealing in Virtue*: International Commercial Arbitration and the Construction of a Transnational Legal Order. The University of Chicago Press, 1996.

DI PIETRO, Maria Sylvia Zanella. *Direito Administrativo.* 36 ed. Rio de Janeiro: Forense, 2024.

DIAS, Aline Henrique. Os sistemas monista e dualista na arbitragem comercial. *Revista Brasileira de Arbitragem*, v. 13, n. 50, p. 92-111, 2016.

DIDIER JÚNIOR; Fredie; BRAGA, Paula Sarno; OLIVEIRA, Rafael Alexandria de. *Curso de direito processual civil: teoria da prova, direito probatório, decisão, precedente, coisa julgada e tutela provisória.* 14 ed. Salvador: Ed. Jus Podivm, 2019.

DINAMARCO, Cândido Rangel. *O Processo Arbitral.* Curitiba: Editora Direito Contemporâneo, 2022.

DINIZ, Maria Helena. *Curso de direito civil brasileiro*, volume 1: teoria geral do direito civil. 29 ed. São Paulo: Saraiva, 2012.

DOLINGER, Jacob. A autonomia da vontade para a escolha da lei aplicável no direito internacional privado brasileiro. In: LEMES, Selma Ferreira; CARMONA, Carlos Alberto; MARTINS, Pedro Batista (Coord.). *Arbitragem*: estudos em homenagem ao Prof. Guido Fernando da Silva Soares. São Paulo: Atlas, 2007.

ELIAS, Carlos Eduardo Stefen. Honorários advocatícios de sucumbência na arbitragem regida pela lei brasileira. *Revista de Arbitragem e Mediação.* vol 68. ano 18. São Paulo: Revista dos Tribunais, jan/mar 2021, p. 181-114.

ELIAS, Carlos Eduardo Stefen. O Árbitro é (mesmo) Juiz de Fato e de Direito? Análise dos Poderes do Árbitro Vis-À-Vis Os Poderes do Juiz no Novo Código de Processo Civil Brasileiro. *Revista de Arbitragem e Mediação*. São Paulo: RT, vol. 54/2017, jul. – set., p. 79-122.

ENGEL, Christoph. Preponderance of the evidence versus *intime conviction*: A behavior perspective on a conflict between American and Continental European law. *Vermont Law Review*, v. 33, p. 435, 2008.

ENGLAND. *Arbitration Act*, 1996.

EWALD, William B. What's So Special About American Law? *Oklahoma State University Law Review*, vol. 26, no. 3, 2011, p. 1083-1101.

FARIAS, Cristiano Chaves de; ROSENVALD, Nelson; BRAGA NETTO, Felipe Peixoto. *Curso de direito civil: responsabilidade civil.* Volume 3. 2ª edição revista, ampliada e atualizada. São Paulo: Atlas, 2015.

FERRAZ, Patrícia Sá Moreira de Figueiredo. Relato do XVI Congresso Internacional de Arbitragem do Comitê brasileiro de Arbitragem, Realizado de 24 a 26 de Setembro de 2017 em Gramado/RS. *Revista Brasileira de Arbitragem*, v. 15, n. 57, p. 185-190, 2018.

FERREIRA, Ivan Nunes. A Constatação de Crimes, como Lavagem de Dinheiro e Corrupção, na Arbitragem Doméstica. In: CANTIDIANO, Maria Lucia; MUNIZ, Igor; CANTIDIANO, Isabel (coords.). *Sociedades Anônimas, Mercado de Capitais e Outros Estudos*: Homenagem a Luiz Leonardo Cantidiano. São Paulo: Quartier Latin, 2019, p. 497-511.

FICHTNER, José Antonio; MANNHEIMER, Sérgio Nelson; MONTEIRO, André Luís. *Teoria geral da arbitragem.* Rio de Janeiro: Forense, 2018.

FICHTNER, José Antônio; MANNHEIMER, Sergio Nelson; MONTEIRO, André Luís. A confidencialidade na arbitragem: regra geral e exceções. *Revista de Direito Privado*, v. 49, p. 227-285, 2012.

FINKELSTEIN, Cláudio. Arbitration costs: the case of adverse costs (honorários sucumbenciais) in the Brazilian legal system. *World Arbitration and Mediation Review*, v. 12, n. 4, 2018, p. 395-411.

FORTIER, L. Yves. Arbitrators, corruption, and the poetic experience: 'When power corrupts, poetry cleanses'. *Arbitration International*, v. 31, n. 3, p. 367-380, 2015.

FOUCHARD, Philippe; GAILLARD, Emmanuel; GOLDMAN, Berthold. *International Commercial Arbitration.* The Hague: Kluwer, 1999.

FRANÇA, Vladimir da Rocha. Invalidação e convalidação do contrato administrativo no direito brasileiro. *Revista de Direito Administrativo e Infraestrutura*, vol. 4/2018, p. 43-64, Jan-Mar, 2018.

FRANCE. Décret n° 2011-48 du 13 janvier 2011 portant réforme de l'arbitrage. JORF n°0011 du 14 janvier 2011 page 777. Texte n° 9.

FULLER, Lon Luvois. *The morality of law.* Yale University Press, 1969.

GABARDO, Emerson et al. A nova lei anticorrupção e a importância do compliance para as empresas que se relacionam com a Administração Pública. *A&C-Revista de Direito Administrativo & Constitucional*, v. 15, n. 60, p. 129-147, 2015.

GAILLARD, Emmanuel. *Teoria jurídica da arbitragem internacional.* Tradução de Natália Mizrahi Lamas. São Paulo: Altas, 2014.

GAILLARD, Emmanuel. The emergence of transnational responses to corruption in international arbitration. *Arbitration International*, v. 35, n. 1, p. 1-19, 2019.

GAILLARD, Emmanuel. Thirty years of *lex mercatoria*: Towards the selective application of transnational rules. *ICSID Review*, v. 10, n. 2, p. 208-231, 1995.

GARNER, Brian A. *Black's Law Dictionary*. St. Paul, MN: Thomson/West, 2009.

GASPAR. Renata Alves. Causas de denegação de homologação de decisões arbitrais estrangeiras: um diálogo com a jurisprudência brasileira e com a doutrina especializada – 1ª parte. *Revista de Arbitragem e Mediação*, São Paulo/SP, ano 7, n. 24, p. 58-91, jan./mar. 2010.

GERMAN. *German Arbitration Act*, 1998, and subsequent amendments by the Civil Procedure Reform Act of 27 Jul. 2001 and the Law of Contracts Reform Act of 26 Nov. 2001.

GHITTI, Laura. Comentários ao Art. 27. In: WEBER, Ana Carolina: LEITE, Fabiana de Cerqueira (coords.). *Lei de Arbitragem Comentada.* 1. ed. São Paulo: Thomson Reuters Brasil, 2023, p. 324-330.

GIOVANNINI, Teresa. *Ex Officio* Powers to Investigate: When do arbitrators cross the line? In: EHLE, Bernd; BAIZEAU, Domitille (Eds.). *Stories from the Hearing Room: Experience from Arbitral Practice (Essays in Honour of Michael E. Schneider).* Kluwer Law International, 2015, cap. 8, p. 59-76.

GIUSTI, Gilberto. As arbitragens internacionais relacionadas a investimentos: a convenção de Washington, o ICSID e a posição do Brasil. *Revista de Arbitragem e Mediação*, vol. 7/2005, p. 49-78, Out – Dez, 2005.

GOLDENBAUM, Daniel. Arbitre International Face a la Corruption. *McGill Journal of Dispute Resolution*, v. 2, p. 82, 2015.

GOMES, Orlando. *Contratos.* 26ª ed. Atualizadores: Antonio Junqueira de Azevedo e Francisco Paulo de Crescenzo Marino. Rio de Janeiro: Editora Forense, 2008.

GOMES, Orlando. *Introdução ao direito civil.* 22 ed. Rio de Janeiro: Forense, 2019.

GONÇALVES, Carlos Roberto. *Direito Civil Brasileiro*, Volume 1: Parte Geral. 16 ed. São Paulo: Saraiva Educação, 2018.

GOUVEIA, Lúcio Grassi. A função legitimadora do princípio da cooperação intersubjetiva no processo civil brasileiro. *Revista de Processo*, São Paulo, n. 172, 2009, p. 32-53.

GREBLER, Eduardo. Relatório-Síntese do XIV Congresso do Comitê Brasileiro de Arbitragem, realizado de 13 a 15 de Setembro de 2015 em Foz do Iguaçu. *Revista Brasileira de Arbitragem*, v. 13, n. 49, p. 207-228, 2016.

GREENBERG, Simon; LAUTENSCHLAGER, Felix. Adverse Inferences in International Arbitral Practice. In: *ICC International Arbitration Bulletin*, v. 22/Number 2, 2011.

GUEDES, Henrique Lenon Farias. A Posição Processual do Estado na Arbitragem de Investimentos e na Arbitragem Tributária Interna: Um Problema de Legislação. *Revista de Arbitragem e Mediação*, vol. 62/2019, p. 115-130, Jul-Set, 2019.

HABERMAN, Philip. Overview of Methodologies for Assessing Fair Market Value. In: TRENOR, John A. (ed). *The Guide to Damages in International Arbitration*. London: Law Business Research Ltd / Global Arbitration Review, 2016, p. 164-173.

HAMILTON, Jonathan C. Three Decades of Latin American Commercial Arbitration. *U. Pa. J. Int'l L.*, v. 30, p. 1099, 2008.

HENRY, Marc. Do contrato do árbitro: o árbitro, um prestador de serviços. *Revista Brasileira de Arbitragem*, n. 6, 2005, p. 65-74.

HIBER, Dragor; PAVIC, Vladimir. Arbitration and crime. *Journal of International Arbitration*, v. 25, n. 4, p. 461-478, 2008.

HIROI, Taeko; RENNO, Lucio. *Meaning of Time: Legislative Duration in the Brazilian Congress*. Instituto de Pesquisa Econômica Aplicada – Ipea, Discussion Paper 228. Brasilia: November, 2017.

HONG KONG INTERNATIONAL ARBITRATION CENTRE. *Code of Ethical Conduct*. Disponível em: <https://www.hkiac.org/arbitration/arbitrators/code-of-ethical-conduct>. Acesso em 9 de maio de 2023.

HORNIKX, Jos. Chapter 4: Cultural differences in the perceptions of strong and weak arguments. In: COLE, Tony (ed.). *The Roles of Psychology in International Arbitration*, cap. 4, p. 75-92, 2017.

HORTA, Bernardo Tinôco de Lima; FORTINI, Cristiana; AVELAR, Mariana Magalhães. O Tema das Nulidades na Lei No. 13.133-21 (NLLCA) - Um Diálogo com a LINDB. In: BUSCH, Eduardo Vieira. *Nova Lei de Licitações e Contratos Administrativos*: Aspectos Relevantes da Lei nº 14.133/21. São Paulo: Quartier Latin, 2023, p. 227-246.

HORVATH, Günther J.; KHAN, Katherine. Addressing Corruption in Commercial Arbitration: How Do Arbitral Tribunals Evaluate and Adjudicate Contractual Relationships Tainted by Corruption? In: RISSE, Jörg; PICKRAHN, Guenter; *et al.* (eds). *German Arbitration Journal*. Kluwer Law International; Verlag C.H. Beck oHG 2017, Vol. 15, Issue 3, p. 127-135.

HORVATH, Gunther J; WILSKE, Stephan (eds.). *Guerrilla Tactics in International Arbitration* Kluwer Law International, 2013.

HUNTER, Martin. Ethics of the International Arbitrator. *ASA Bulletin*. Association Suisse de l'Arbitrage; Kluwer Law International, 1986, vol. 4, issue 4, p. 173-196.

HWANG, Michael; LIM, Kevin. Corruption in Arbitration—Law and Reality. *Asian International Arbitration Journal*, v. 8, n. 1, p. 1-119, 2012.

ICC Case No. 3913 of 1981.

ICC. *Case No. 10581 of 2001.*

ICC. *Case No. 1110 of 1963.*

ICC. *Case No. 11307 of 2003.*

ICC. *Case No. 12990 of 2013.*

ICC. *Case No. 13384.*

ICC. *Case No. 13515 of 2006.*

ICC. *Case No. 4145*, sentenças parciais e finais de 1983, 1984 e 1986

ICC. *Case No. 6401 of 1991 (Westinghouse v. National Power Corporation).*

ICC. *Case No. 6497 of 1994.*

ICC. *Case No. 7047 of 1994.*

ICC. *Case No. 8891 of 1998.*

ICSID. *Case No. Arb/00/7 (World Duty Free Company v Republic of Kenya),* sentença de 4 de outubro de 2006.

ICSID. *Case No. ARB/03/25 (Fraport v. Philippines)*, sentença de 6 de agosto de 2007.

ICSID. *Case No. ARB/05/13 (EDF (Services) Limited v Romania)*, sentença de 8 de outubro de 2009.

ICSID. *Case No. ARB/05/15* (*Waguih Elie George Siag and Clorinda Vecchi v. The Arab Republic of Egypt*), sentença de 1º de junho de 2009.

ICSID. *Case No. ARB/05/18* (*Ioannis Kardassopoulos v. The Republic of Georgia*), sentença de 3 de março de 2010.

ICSID. *Case No. ARB/05/21 (African Holding Company of America, Inc. and Société Africaine de Construction au Congo S.A.R.L. v. La République démocratique du Congo*), sentença de 29 de julho de 2008.

ICSID. *Case No. ARB/06/3 (The Rompetrol Group N.V. v. Romania)*, sentença de 6 de maio de 2013.

ICSID. *Case No. ARB/10/3 (Metal-Tech Ltd. v. Republic of Uzbekistan)*, sentença de 4 de outubro de 2013.

INGLATERRA. Court of Appeals. *John Forster Emmott v. Michael Wilson & Partners Limited* [2008] EWCA Civ 184.

INGLATERRA. House of Lords. *Fiona Trust and Holding Corporation and Others v. Yuri Privalov*. UKHL n. 40, julgado em 10 de outubro de 2007.

INTERNATIONAL BAR ASSOCIATION et al. *IBA Rules on the Taking of Evidence in International Arbitration*. 2020.

INTERNATIONAL BAR ASSOCIATION. *Commentary on the revised text of the 2020 IBA Rules on the Taking of Evidence in International Arbitration*. January 2021.

INTERNATIONAL BAR ASSOCIATION. *IBA Rules of Ethics for International Arbitrators*, 1987.

INTERNATIONAL CENTRE FOR DISPUTE RESOLUTION. *International Arbitration Rules*. 2021.

INTERNATIONAL CHAMBER OF COMMERCE. *Arbitration Rules*. 2017.

INTERNATIONAL CHAMBER OF COMMERCE. *ICC Guidelines on Agents, Intermediaries and Other Third Parties*. 2010.

INTERNATIONAL CHAMBER OF COMMERCE. *ICC International Arbitration Bulletin*, v. 22/Number 2, 2011.

INTERNATIONAL CHAMBER OF COMMERCE. *ICC International Arbitration Bulletin (Special Supplement)*, v. 24, 2013.

INTERNATIONAL INSTITUTE FOR THE UNIFICATION OF PRIVATE LAW (UNIDROIT). *UNIDROIT Principles of International Commercial Contracts*. Roma, 2016. Disponível em: <https://www.unidroit.org/instruments/commercial-contracts/unidroit-principles-2016>. Acesso em 18 de novembro de 2018.

INTERNATIONAL VALUATION STANDARDS COUNCIL. *International Valuation Standards (IVS)*. Effective 31 January 2022. Disponível em: <https://viewpoint.pwc.com/dt/gx/en/ivsc/international_valuat/assets/IVS-effective-31-Jan-2022.pdf>. Acesso em 26 de outubro de 2023.

ITÁLIA. *Codice di Procedura Civile*. R.D. 28 ottobre 1940, n. 1443.

JALUZOT, Beatrice; MEISELLES, Michaela. Civil Law Consequences of Corruption and Bribery in France. In: MEYER, Olaf (ed). *The Civil Law Consequences of Corruption*. Nomos Verlagsgesellschaft mbH & Co. KG, 2009, p. 225-238.

JAPAN. *Arbitration Law*, Law No.138 of 2003.

JUSTEN FILHO, Marçal. *Curso de Direito Administrativo*. 14 ed. Rio de Janeiro: Forense, 2023.

KAYE, David. The limits of the preponderance of the evidence standard: Justifiably naked statistical evidence and multiple causation. *American Bar Foundation Research Journal*, v. 7, n. 2, p. 487-516, 1982.

KHODYKIN, Roman; MULCAHY, Carol; FLETCHER, Nicholas. *A Guide to the IBA Rules on the Taking of Evidence in International Arbitration*. Oxford University Press, 2019.

KHVALEI, Vladimir. Standards of Proof for Allegations of Corruption in International Arbitration. In: BAIZEAU, Domitille, KREINDLER, Richard H. Addressing Issues of Corruption in Commercial and Investment Arbitration. *Dossiers of the ICC Institute of World Business Law*, v. 13, cap. 4, 2015.

KHVALEI, Vladimir. Using Red Flags to Prevent Arbitration from Becoming a Safe Harbour for Contracts that Disguise Corruption. *ICC International Court of Arbitration Bulletin (Special Supplement)*, v. 24, p. 15-26, 2013.

KIM, Sung Hui. Insider trading as private corruption. *UCLA Law Review*, v. 61, p. 928-1008, 2013.

KLEINHEISTERKAMP, Jan. Overriding Mandatory Laws in International Arbitration. *International & Comparative Law Quarterly*, vol. 67, no. 4, 2018, p. 903-930.

KLEINHEISTERKAMP, Jan. The myth of transnational public policy in international arbitration. *American Journal of Comparative Law*, 2021.

KOREA. *Arbitration Act*, amended by Act No.6083 as of Dec. 31, 1999.

KRAFT, David. English private law and corruption: Summary and suggestions for the development of European private law. In: MEYER, Olaf (ed). *The civil law consequences of corruption*. Nomos Verlagsgesellschaft mbH & Co. KG, 2009, p. 207-224.

KREINDLER, Richard H. Approaches to the application of transnational public policy by arbitrators. *The Journal of World Investment & Trade*, v. 4, n. 2, p. 239-250, 2003.

KREINDLER, Richard H. Aspects of Illegality in the Formation and Performance of Contracts. In: VAN DEN BERG, Albert Jan et al. (Ed.). *International commercial arbitration: important contemporary questions*. Kluwer Law International BV, 2003.

KREINDLER, Richard H. *Competence-competence in the Face of Illegality in Contracts and Arbitration Agreements*. BRILL, 2013.

KREINDLER, Richard H. Concluding Remarks: Corruption and International Arbitration. In: BAIZEAU, Domitille, KREINDLER, Richard H. Addressing Issues of Corruption in Commercial and Investment Arbitration. *Dossiers of the ICC Institute of World Business Law*, v. 13, 2015.

KREINDLER, Richard H.; GESUALDI, Francesca. The Civil Law Consequences of Corruption Under the UNIDROIT Principles of International Commercial Contracts: An Analysis in Light of International Arbitration Practice. In: BONELL, Michael Joachim; MEYER, Olaf (eds). *The Impact of Corruption on International Commercial Contracts*. Springer, Cham, 2015. p. 391-409.

KREINDLER, Richard. Practice and Procedure Regarding Proof: The Need for More Precision In: VAN DEN BERG, Albert Jan. *Legitimacy: Myths, Realities, Challenges–ICCA Congress Series No. 18*. 2015, p. 156-182.

KREVER, Tor. Curbing Corruption? The Efficacy of the Foreign Corrupt Practices Act. (July 14, 2007). *North Carolina Journal of International Law and Commercial Regulation*, Vol. 33, No. 1, 2007, p. 87. Disponível em: <http://ssrn.com/abstract=1761695>. Acesso em 18 de novembro de 2018.

KURKELA, Matti S. Criminal laws in International Arbitration – the May, the Must, the Should and the Should Not. *ASA Bulletin*, v. 26, n. 2, p. 280-293, 2008.

LACRETA, Isabela. Relato sobre a 14ª Conferência Anual da CCI em Miami– International Arbitration in Latin America. *Revista Brasileira de Arbitragem*, v. 14, n. 53, p. 148-150, 2017.

LALIVE, Pierre. Transnational (or truly international) public policy and international arbitration. In: Comitê Brasileiro de Arbitragem - CBAr & IOB. *Revista Brasileira de Arbitragem*, 2014, v. XI, n. 41, p. 173-230.

LAMBSDORFF, Johann Graf. *The institutional economics of corruption and reform*: Theory, evidence and policy. Cambridge University Press, 2007.

LAMM, Carolyn B.; PHAM, Hansel T.; MOLOO, Rahim. Fraud and corruption in international arbitration. In: FERNANDEZ-BALLESTEROES, Miguel Angel; ARIAS, David. *Liber Amicorum Bernardo Cremades*, Wolters Kluwer España; La Ley, 2010, p. 699-731.

LEARDINI, Leandro Moraes; BERTOLDI, Luiz Henrique Alves. Nulidades dos Contratos na Nova Lei de Licitações e Contratos Administrativos: inovação legislativa ou positivação do entendimento consolidado pelo Tribunal de Contas da União. In: BUSCH, Eduardo Vieira. *Nova Lei de Licitações e Contratos Administrativos*: Aspectos Relevantes da Lei nº 14.133/21. São Paulo: Quartier Latin, 2023, p. 815-828.

LEE, João Bosco. *Arbitragem Comercial Internacional nos Países do Mercosul*. Curitiba: Juruá, 2002.

LEITE, Mário Sérgio. Requisitos Típicos do Delito de Prevaricação e o Princípio do Livre Convencimento. *Revista Brasileira de Ciências Criminais*, v. 12, p. 144, 1995.

LEMES, Selma Ferreira. *A independência e a imparcialidade do árbitro e o dever de revelação*. 2010.

LEMES, Selma Maria Ferreira. *Arbitragens e Números e Valores. Seis Câmaras. 8 anos*: Período de 2010 (jan./dez) a 2017 (jan./dez), 2018. Disponível em: <http://selmalemes.adv.br/artigos/An%C3%A1lise-%20Pesquisa-%20Arbitragens%20Ns.%20e%20Valores-%202010%20a%202017%20-final.pdf>. Acesso em 18 de novembro de 2018.

LEMES, Selma Maria Ferreira. Árbitro. O Padrão de Conduta Ideal. In: CASELLA, Paulo Barbosa (org.). *Arbitragem*. Lei Brasileira e Praxe Internacional. São Paulo: LTr, 1999, p. 233-268.

LEMES, Selma. *Arbitragem na administração pública*: fundamentos jurídicos e eficiência econômica. São Paulo: Quartier Latin, 2007.

LEW, Julian D. M. Achieving the dream: autonomous arbitration. *Arbitration International*, vol. 22, Issue 2, 2006, p. 179-204.

LEW, Julian D. M. *Applicable law in international commercial arbitration*: A study in commercial arbitration awards. Dobbs Ferry, NY: Oceana Publications and Leiden: Sijthoff & Noordhoff, 1978.

LEW, Julian D. M. Determination of arbitrators' jurisdiction and the public policy limitations on that jurisdiction. In: LEW, Julian D. M. (ed.). *Contemporary Problems in International Arbitration*. Springer, 1987, p. 73-85.

LIMA, Leandro Rigueira Rennó. A responsabilidade civil do árbitro. In: CELLI JUNIOR, Umberto; BASSO, Maristela; AMARAL JÚNIOR, Alberto do (coords.). *Estudos em homenagem a Luiz Olavo Baptista.* São Paulo: Quartier Latin, 2013.

LIMA, Leandro Rigueira Rennó. *La responsabilité des acteurs de l'arbitrage.* Tese de Doutorado, Université de Versailles-St Quentin en Yvelines, 2010.

LONDON COURT OF INTERNATIONAL ARBITRATION. *LCIA Arbitration Rules*. 2020.

LOPES, Christian Sahb Batista; LOPES, Luiz Felipe Calábria. Os Efeitos Civis da Corrupção entre Particulares. In: FERES, Marcelo Andrade; CHAVES, Natália Cristina (Org.). *Sistema Anticorrupção e empresa.* Belo Horizonte: D'Plácido, 2018, p. 371-390.

MACÊDO, Lucas Buril de; PEIXOTO, Ravi Medeiros. Ônus da prova e sua dinamização. Salvador: JusPodivm, 2014.

MAFFINI, Rafael. LINDB e a Nova Lei de Licitações e Contratos Administrativos (Lei 14.133/2021): em torno do regime jurídico das nulidades. In: BUSCH, Eduardo Vieira. *Nova Lei de Licitações e Contratos Administrativos*: Aspectos Relevantes da Lei nº 14.133/21. São Paulo: Quartier Latin, 2023, p. 793-813.

MAKINWA, Abiola A. *Private remedies for corruption: towards an international framework.* Eleven International Publishing, The Hague, 2012.

MAKINWA, Abiola O. Civil Remedies for International Corruption: The Role of International Arbitration. In: MEYER, Olaf (ed). *The Civil Law Consequences of Corruption.* Nomos Verlagsgesellschaft mbH & Co. KG, 2009. p. 257-280.

MARINO, Francisco Paulo De Crescenzo. Perdas e danos. In: LOTUFO, Renan; NANNI, Giovanni Ettore (Coord.). *Obrigações.* São Paulo: Atlas, 2011, p. 664-667.

MARINONI, Luiz Guilherme; ARENHART, Sérgio Cruz. *Prova e convicção.* 5ª ed. rev., atual. e ampl. São Paulo: Thomson Reuters Brasil, 2019.

MARIQUE, Yseult. English judges: little mice in the big business of corruption? In: BONELL, Michael Joachim; MEYER, Olaf (eds). *The Impact of Corruption on International Commercial Contracts.* Springer, Cham, 2015, p. 141-158.

MARQUES NETO, Floriano de Azevedo; FREITAS, Rafael Véras. *Comentários à Lei nº 13.655/2018 (Lei da Segurança para Inovação Pública.* Belo Horizonte: Fórum, 2019.

MARQUES NETO, Floriano de Azevedo; FREITAS, Rafael Véras. *Comentários à Lei Nº 13.655/2018 (Lei da Segurança para a Inovação Pública)*. Belo Horizonte: Fórum, 2019.

MARTIN, A. Timothy. International arbitration and corruption: an evolving standard. *Transnational Dispute Management*, v. 1, n. 2, p. 5, 2004.

MARTINS, Fernando Rodrigues. Comentários à Lei de Introdução às Normas do Direito Brasileiro. In: NANNI, Giovanni Ettore (coord.). *Comentários ao Código Civil*: direito privado contemporâneo. 2. ed. São Paulo: Saraiva Educação, 2021.

MARTINS, Pedro A. Batista. *Apontamentos sobre a Lei de Arbitragem*. Rio de Janeiro: Forense, 2008.

MARTINS, Pedro A. Batista. Panorâmica sobre as provas na arbitragem. *Arbitragem no Brasil: aspectos jurídicos relevantes*. São Paulo: Quartier Latin, 2008.

MARTINS-COSTA, Judith. *Comentários ao novo Código Civil*. 2. ed. Rio de Janeiro: Forense, 2009, v. V, t. II, do inadimplemento das obrigações.

MARTINS-COSTA, Judith. Efeitos obrigacionais da invalidade: o caso dos contratos viciados por atos de corrupção. In: BARBOSA, Henrique; SILVA, Jorge Cesa Ferreira da (cords.). *A Evolução do Direito Empresarial e Obrigacional*: os 18 anos do Código Civil – Obrigações e Contratos. Vol. II. São Paulo: Quartier Latin, p. 227-256.

MAYER, Pierre. Mandatory rules of law in international arbitration. *Arbitration International*, v. 2, n. 4, p. 274-293, 1986.

MEIRELLES, Hely Lopes; BURLE FILHO, Emmanuel. *Direito Administrativo* Brasileiro. 42 ed. São Paulo: Malheiros, 2016.

MELO, Diogo Leonardo Machado de. Comentários aos arts. 186 a 188 do Código Civil. In: NANNI, Giovanni Ettore (coord.). *Comentários ao Código Civil*: direito privado contemporâneo. 2. ed. São Paulo: Saraiva Educação, 2021.

MELO, Leonardo de Campos. Introdução às arbitragens de investimento perante o sistema ICSID. *Revista de Arbitragem e Mediação*, vol. 34/2012, p. 55–94, Jul-Set, 2012.

MENAKER, Andrea J. The determinative impact of fraud and corruption on investment arbitrations. *ICSID Review*, v. 25, n. 1, p. 67-75, 2010.

MENAKER, Andrea. Proving Corruption in International Arbitration. Addressing Issues of Corruption in Commercial and Investment Arbitration. *Dossiers of the ICC Institute of World Business Law*, v. 13, cap. 5, 2015.

MENKE, Fabiano. Comentário ao art. 182. In: NANNI, Giovanni Ettore (coord.). *Comentários ao Código Civil*: Direito Privado contemporâneo. 2 ed. São Paulo: Saraiva Educação, 2021.

MERCENARO, Edoardo. Arbitrators' Investigative and Reporting Rights and Duties on Corruption. In: BAIZEAU, Domitille, KREINDLER, Richard H. Addressing Issues of Corruption in Commercial and Investment Arbitration. *Dossiers of the ICC Institute of World Business Law*, v. 13, cap. 9, 2015.

MEYER, Olaf. Combating Corruption by Means of Private Law – The German Experience. In: MEYER, Olaf (ed). *The Civil Law Consequences of Corruption*. Nomos Verlagsgesellschaft mbH & Co. KG, 2009, p. 145-164.

MEYER, Olaf. The formation of a transnational ordre public against corruption: lessons for and from arbitral tribunals. In: ROSE-ACKERMAN, Susan. *Anti-corruption policy, can International actors play a constructive role*, Cap. 15, p. 229-245, 2013.

MICHAELS, Ralf. Dreaming law without a state: scholarship on autonomous international arbitration as utopian literature. *London Review of International Law*, vol. 1, Issue 1, 2013, p. 35-62.

MICHELON JR., Cláudio. *Direito Restituitório*: enriquecimento sem causa, pagamento indevido, gestão de negócios. São Paulo: Editora Revista dos Tribunais, 2007 (Coleção Biblioteca de direito civil: estudos em homenagem ao professor Miguel Reale; v. 8 / coordenação Miguel Reale, Judith Martins-Costa).

MILLS, Karen. Corruption and Other Illegality in the Formation and Performance of Contracts and in the Conduct of Arbitration Relating Thereto. In: *ICC Congress Series*. 2002.

MISTELIS, Loukas A. Legal Issues Arising Out of Disputes Involving Fraud, Bribery, Corruption and Other Illegality and Illicitness Issues, p. 590. In: GAILLARD, Emmanuel; DI PIETRO, Domenico (Ed.). *Enforcement of Arbitration Agreements and International Arbitral Awards: The New York Convention in Practice*. Cameron May, 2008.

MONTEIRO, João. *Programa do Curso de Processo Civil*. 3 ed. São Paulo: Duprat, 1912, v. II.

MOSES. Margaret. *The Principles and Practice of International Commercial Arbitration*. 3 Ed. Cambridge University Press, 2017.

MOURRE, Alexis. Arbitration and Criminal Law: Reflections on the Duties of the Arbitrator. *Arbitration International*, v. 22, n. 1, p. 95-118, 2006.

MUÑOZ, Tiago. Mr X, Buenos Aires v. Company A, Award, ICC Case No. 1110, 1963. In: LEE, João Bosco; DONATO, Elton José (eds.). *Revista Brasileira de Arbitragem*, v. X, n. 38, p. 212-213, 2013.

MURIEL, Marcelo. Produção de provas na arbitragem. In: CARMONA, Carlos Alberto; LEMES, Selma Ferreira; MARTINS, Pedro Batista. *20 anos da lei de arbitragem: homenagem a Petrônio R. Muniz*. 1ª Edição. São Paulo: Atlas, 2017, p. 317-330.

NANNI, Giovanni Ettore (Coord.). *Comentários ao Código Civil: direito privado contemporâneo*. São Paulo: Saraiva Educação, 2018.

NANNI, Giovanni Ettore. Confiança na arbitragem: o seu papel no contrato *intuitu personae* de árbitro. *Revista dos Tribunais*. vol. 1041. ano 111. São Paulo: RT, julho 2022, p. 19-53.

NANNI, Giovanni Ettore. *Direito civil e arbitragem*. São Paulo: Atlas, 2014.

NANNI, Giovanni Ettore. *Enriquecimento sem causa*. 3 ed. São Paulo: Saraiva, 2012.

NEVES, José Roberto de Castro. Os honorários advocatícios de sucumbência na arbitragem. In: CARMONA, Carlos Alberto; LEMES; Selma Ferreira; MARTINS, Pedro Batista (coords.). *20 anos da Lei de Arbitragem*: homenagem a Petrônio R. Muniz. São Paulo: Atlas, 2017, p. 639-649.

NICHOLLS, Colin *et al. Corruption and misuse of public office*. Oxford University Press, 2011.

NOGUEIRA, Daniel Jacob. A mais doce das jabuticabas: os honorários de sucumbência na arbitragem. In: CASADO FILHO, Napoleão; QUINTÃO, Luísa; SIMÃO, Camila (orgs.). *Direito Internacional e Arbitragem*: Estudos em Homenagem ao Prof. Cláudio Finkelstein. São Paulo, Quartier Latin, p. 521-538.

NUNES, Thiago Marinho; PEREIRA, Mariana Gofferjé. Custos e despesas na arbitragem doméstica e internacional. In: CASADO FILHO, Napoleão; QUINTÃO, Luísa; SIMÃO, Camila (orgs.). *Direito Internacional e Arbitragem*: Estudos em Homenagem ao Prof. Cláudio Finkelstein. São Paulo, Quartier Latin, p. 539-552.

OECD; WORLD BANK. *Identification and Quantification of the Proceeds of Bribery: Revised edition*. OECD Publishing: 2012. Disponível em: <https://www.oecd.org/corruption/anti-bribery/50057547.pdf>. Acesso em 20 de setembro de 2019.

O'MALLEY, Nathan D. *Rules of Evidence in International Arbitration: An Annotated Guide*. London: Informa Law from Routledge, 2013.

ONISHI, Norimitsu. A nuclear plant, and a dream, fizzles. *The New York Times*, v. 14, 2012. Disponível em: <https://www.nytimes.com/2012/02/14/world/asia/bataan-nuclear-plant-never-opened-now-a-tourism-site.html>. Acesso em 20 de setembro de 2019.

ORDEM DOS ADVOGADOS DO BRASIL. *Código de Ética e Disciplina da OAB*. 2023. Disponível em: <https://www.oab.org.br/content/pdf/legislacaooab/codigodeetica.pdf> Acesso em 5 de maio de 2023.

PALMA, Juliana Bonacorsi de. Segurança jurídica para a inovação pública: a nova Lei de Introdução às Normas do Direito Brasileiro (Lei no 13.655/2018). *Revista de Direito Administrativo*, Rio de Janeiro, v. 279, n. 2, p. 209-249, maio/ago. 2020.

PANATO, Ricardo Epaminondas Leite Oliveira. A invalidade dos contratos administrativos e seus efeitos. *Revista do Instituto dos Advogados de São Paulo*, vol. 25/2010, p. 260-292, Jan-Jun, 2010.

PAQUISTÃO. Suprema Corte do Paquistão, Caso 1999 CLC 1320, The Hub Power Co Ltd. (UBCO) v Paquistão WAPDA e a Federação do Paquistão, 14 de junho de 2000.

PARK, William W. Arbitrators and accuracy. *Journal of International Dispute Settlement*, v. 1, n. 1, p. 25-53, 2010.

PARTASIDES, Constantine. Proving Corruption in International Arbitration: A Balanced Standard for the Real World. *ICSID Review*, v. 25, n. 1, p. 47-62, 2010.

PATTENDEN, Rosemary. The risk of non-persuasion in civil trials: the case against a floating standard of proof. *Civil Justice Quarterly*, v. 7, 1988.

PAULSSON, Jan. Introduction. *Arbitration International*, vol. 1, issue 1, 1985, p. 2-5.

PCA. *Case No. 2014-15 (The Republic of Croatia v. MOL Hungarian Oil and Gas PLC)*, sentença de 23 de dezembro de 2015.

PEOPLE'S REPUBLIC OF CHINA. *Arbitration Law*, 1994.

PEOPLE'S REPUBLIC OF CHINA. *Hong Kong Arbitration Ordinance (Cap. 609)*, 2011.

PEREIRA, Caio Mário da Silva. *Instituições de direito civil*. 11 ed. Rio de Janeiro: Forense, 2005.

PEREIRA, Caio Mário da Silva. *Introdução ao direito civil*: teoria geral do direito civil. 34 ed. Rio de Janeiro: Forense, 2022.

PEREIRA, Cesar; SOUZA, Leonardo F. Arbitragem e Corrupção: o que os árbitros podem (e devem) fazer? In: ALENCAR, Aristhéa Totti Silva Castelo Branco de, *et al* (coords.). *Desafios da Arbitragem com a Administração Pública*. Brasília: Publicações da Escola da AGU. Ano 14, n. 01, p. 273-300.

PERILLO, Joseph M. UNIDROIT Principles of International Commercial Contracts: The Black Letter Text and a Review. *Fordham Law Review*, v. 63, p. 281, 1994.

PHIPSON, Sidney Lovell; MALEK, Hodge M.; AUBURN, Jonathan. *Phipson on evidence*. Sweet & Maxwell, 2013.

PIETROWSKI, Robert. Evidence in international arbitration. *Arbitration International*, v. 22, n. 3, p. 373-410, 2006.

PINTO, José Emilio Nunes. A confidencialidade na arbitragem. *Revista de Arbitragem e Mediação*, n. 06, p. 25-36, 2005.

PINTO, José Emilio Nunes. Anotações práticas sobre a produção de prova na arbitragem. *Revista Brasileira de Arbitragem*, v. 7, n. 25, p. 7-28, 2010, p. 11.

PIRIE, Fernanda. *The Anthropology of Law*. Oxford University Press, 2013.

PIZA, Paulo Luiz Toledo de. Notas sobre a corrupção privada e a corretagem de seguros. *Revista dos Tribunais*, v.947, p. 179-200, set./2014.

POLKINGHORNE, Michael; ROSENBERG, Charles B. The Adverse Inference in ICSID Practice. *ICSID Review-Foreign Investment Law Journal*, v. 30, n. 3, p. 741-751, 2015.

PONTES DE MIRANDA, Francisco Cavalcanti. *Comentários ao Código de Processo civil*. Tomo VI. Rio de Janeiro: Forense, 1975.

PONTES DE MIRANDA, Francisco Cavalcanti. *Tratado de Direito Privado*. Tomo II. Rio de Janeiro: Borsoi, 1954.

PONTES DE MIRANDA, Francisco Cavalcanti. *Tratado de Direito Privado*. Tomo V. São Paulo: Editora Revista dos Tribunais, 2013.

PRADO, Luiz Regis. *Curso de direito penal brasileiro*. Volume II. 6 ed. São Paulo: Thomson Reuters Brasil, 2018.

PUCCI, Adriana Noemi. Homologação de sentenças arbitrais estrangeiras. In: LEMES, Selma Ferreira; CARMONA, Carlos Alberto; MARTINS, Pedro Batista (Coord.). *Arbitragem*: estudos em homenagem ao Prof. Guido Fernando da Silva Soares. São Paulo: Atlas, 2007.

PWC. *Global Economic Crime and Fraud Survey 2018*: Pulling fraud out of the shadows. 2018. Disponível em: <https://www.pwc.com/gx/en/services/advisory/forensics/economic-crime-survey.html>. Acesso em 18 de novembro de 2018.

RAMOS, Vitor de Paula. Direito fundamental à prova. *Revista de Processo*, n. 224, out. 2013.

RAOUF, Mohamed Abdel. How should international arbitrators tackle corruption issues? *ICSID review*, v. 24, n. 1, p. 116-136, 2009.

RAU, Wolfgang. The Council of Europe's Civil Law Convention on Corruption. In: *The Civil Law Consequences of Corruption*. Nomos Verlagsgesellschaft mbH & Co. KG, 2009, p. 21-30.

REDFERN, Alan. The Practical Distinction Between the Burden of Proof and the Taking of Evidence—An English Perspective. *Arbitration International*, v. 317, p. 321, 1994.

REDFERN, Alan; HUNTER, Martin. *Law and practice of international commercial arbitration*. Sweet & Maxwell, 1999.

REIS, Marcos Hokumura; REIS, Christiane Freire de Paula. The duty of International Arbitrators in Tackling Corruption *Sua Sponte*. In: FILHO, Napoleão Casado; QUINTÃO, Luísa; SIMÃO, Camila (Orgs.). *Direito Internacional e Arbitragem: estudos em homenagem ao Prof. Cláudio Finkelsetein*. São Paulo: Quartier Latin, 2019, p. 669-689.

REYMOND, Claude. The Practical Distinction Between the Burden of Proof and Taking of Evidence—A Further Perspective. *Arbitration International*, v. 323, 1994.

RODRIGUES, Eduardo Silveira. A relevância causal da omissão. *Revista Brasileira de Ciências Criminais*, v. 14, p. 149.

ROEBUCK, Derek. Sources for the History of Arbitration: A Bibliographical Introduction. *Arbitration international*, v. 14, n. 3, p. 237-344, 1998.

ROGERS, Catherine A. *Ethics in International Arbitration*. Oxford University Press, 2014.

ROGERS, Catherine A. The vocation of the international arbitrator. *American University International Law Review*, v. 20, p. 957, 2004.

ROSE, Cecily. Questioning the role of international arbitration in the fight against corruption. *Journal of International Arbitration*, v. 31, n. 2, p. 183-264, 2014.

ROSE-ACKERMAN, Susan; PALIFKA, Bonnie J. *Corruption and government: Causes, consequences, and reform*. Cambridge University Press, 2016.

RÖTHEL, Anne. *Die sog. Saldotheorie. Juristische Ausbildung*, v. 37, n. 12, 2015, p. 1287-1294. Traduzido por Luca Gianotti como "A Chamada Teoria do Saldo", 2020.

RUBIN, Fernando. Teoria geral da prova: do conceito de prova aos modelos de constatação da verdade. In: *Revista Magister de Direito Civil e Processual Civil, Porto Alegre*, v. 9, n. 52, p. 42-66, 2013.

SCHLAEPFER, Anne-Véronique. The Burden of Proof in International Arbitration. In: VAN DEN BERG, Albert Jan. *Legitimacy: Myths, Realities, Challenges– ICCA Congress Series No. 18*. 2015, p. 127-133.

SCHMIDT-ASSMANN, Eberhard. *La teoría general del derecho administrativo como sistema*. Madri: INAP/Marcial Pons, 2003.

SEREC, Fernando Eduardo. Provas na Arbitragem. In: CARMONA, Carlos Alberto; LEMES, Selma Ferreira; MARTINS, Pedro Batista. *20 anos da lei de arbitragem: homenagem a Petrônio R. Muniz*. 1ª Edição. São Paulo: Atlas, 2017, p. 293-310.

SERGE, Lazareff. Confidentiality in Arbitration: Theoretical and Philosophical Reflections. *Confidentiality in arbitration/Commentaries on rules, statutes, case law and practice/A special supplement to the ICC international court of arbitration bulletin*. ICC Publication, n. 700, p. 81-93, 2009.

SESTER, Peter Christian. *Comentários à Lei de Arbitragem e Legislação Extravagante*. São Paulo: Quartier Latin, 2020.

SHACKLETON, S. *Arbitration Law Reports and Review*. Volume 2004. Issue 1. ARBITRATION-LONDON, 2004.

SHARPE, Jeremy K. Drawing adverse inferences from the non-production of evidence. *Arbitration International*, v. 22, n. 4, p. 549-572, 2006.

SILVA ROMERO, Eduardo. Las normas jurídicas aplicables al arbitraje comercial internacional. *Revista de Derecho privado* No. 28. Universidad de Los Andes, Bogotá, 2002.

SILVA, De Plácido e. *Vocabulário Jurídico*. Atualizadores: Nagib Slaibi Filho e Priscila Pereira Vasques Gomes. 31 ed. Rio de Janeiro: Forense, 2014.

SILVA, Jorge Cesa Ferreira da; VÉRAS, Felipe Sebhastian Caldas. Os Árbitros e a Investigação *Sua Sponte* de Atos de Corrupção. In: TOLENTINO, Augusto; MARTINS, Julia Girão Baptista; POTSCH; Bernard M. *Arbitragem e Outros*

Temas: Homenagem a Pedro A. Batista Martins. São Paulo: Quartier Latin, 2023, p. 411-431.

SILVA, José Afonso da. *Curso de Direito Constitucional Positivo*. 39ª ed. São Paulo: Malheiros, 2016.

SILVA, Rodrigo da Guia. *Enriquecimento sem causa*. As obrigações restitutórias no direito civil. São Paulo: Revista dos Tribunais, 2018.

SINGAPORE INTERNATIONAL ARBITRATION CENTRE. *Code of Ethics for an Arbitrator*. 2015. Disponível em: <https://siac.org.sg/code-of-ethics-for-an--arbitrator>. Acesso em 9 de maio de 2023.

SIQUEIRA, Geraldo Batista de. Prevaricação – estrutura típica e aspectos processuais. *Revista dos Tribunais*. Vol. 618, p. 264-269, abr/1987.

SOUTO, Marcos Juruena Villela. *Direito administrativo contratual: licitações, contratos administrativos*. Lumen Juris, 2004.

SOUZA, Eduardo Nunes de. *Teoria Geral das Invalidades do Negócio Jurídico*: nulidade e anulabilidade no direito civil contemporâneo. São Paulo: Almedina, 2017.

SPRANGE, Thomas K. Corruption in Arbitration. In: BAIZEAU, Domitille, KREINDLER, Richard H. Addressing Issues of Corruption in Commercial and Investment Arbitration. *Dossiers of the ICC Institute of World Business Law*, v. 13, cap. 8, 2015, p. 136.

STEINER. Renata C. *Reparação de danos*: Interesse Positivo e Interesse Negativo. São Paulo: Quartier Latin, 2018.

SWITZERLAND. *Federal Statute on Private International Law*, Chapter 12, 1987.

TARUFFO, Michele. Rethinking the standards of proof. *The American Journal of Comparative Law*, v. 51, p. 659, 2003.

TEPEDINO, Gustavo; BARBOZA, Heloisa Helena; e BODIN DE MORAES, Maria Celina. *Código Civil interpretado conforme a Constituição da República*. vol. II. Rio de Janeiro: Renovar, 2006.

TEPEDINO, Gustavo; PINTO, José Emilio Nunes. Notas sobre o ressarcimento de despesas com honorários de advogado em procedimentos arbitrais. In: FERRAZ, Rafaella; MUNIZ, Joaquim de Paiva (coords.). *Arbitragem Doméstica e Internacional*: Estudos em Homenagem ao Professor Theóphilo de Azeredo Santos. Rio de Janeiro: Forense, 2008, p. 43-50.

THEODORO JÚNIOR, Humberto. *Comentários ao novo Código Civil*: livro III. Dos fatos jurídicos: do negócio jurídico. Rio de Janeiro: Forense, 2008, v. 3, t. 1.

THEODORO JÚNIOR, Humberto. *Curso de Direito Processual Civil*. Vol. I. 64. ed. Rio de Janeiro: Forense, 2023.

THEODORO JÚNIOR, Humberto. *Curso de Direito Processual Civil:* Teoria geral do direito processual civil, processo de conhecimento e procedimento comum. 57 ed. ver., atual. e ampl. Rio de Janeiro: Forense, 2016, vol. I.

THOMSON, Douglas. Arbitrators and corruption: watchdogs or bloodhounds? *Global Arbitration Review*. 7 de maio de 2014. Disponível em <https://globalarbitrationreview.com/article/1033374/arbitrators-and-corruption-watchdogs-or--bloodhounds>. Acesso em 29 de setembro de 2019.

TILLIPMAN, Jessica. *Foreign Corrupt Practices Act Fundamentals*. 2008. Disponível em: <https://papers.ssrn.com/sol3/papers.cfm?abstract-id=1923190>. Acesso em 18 de novembro de 2018.

TORCHIA, Bruno Martins; DIAS, Maria Tereza Fonseca. A Necessidade de Harmonização das Esferas do Poder Punitivo Estatal. In: FORTINI, Cristiana (Cood.). *Corrupção e seus Múltiplos Enfoques Jurídicos*. Belo Horizonte: Fórum, p. 205-230, 2018.

TRANSPARÊNCIA INTERNACIONAL. *Global Corruption Barometer Report*, 2009. Disponível em: <https://www.transparency.org/whatwedo/publication/global_corruption_barometer_20091>. Acesso em 18 de novembro de 2018.

TRANSPARÊNCIA INTERNACIONAL. *Índice de Percepção da Corrupção*. 2023. Disponível em: <https://www.transparency.org/en/cpi/2023>. Acesso em 12 de fevereiro de 2024.

TRANSPARÊNCIA INTERNACIONAL. *Integridade e Empresas no Brasil*, 2018.

TRANSPARÊNCIA INTERNACIONAL. *Transparência em Relatórios Corporativos*: As 100 maiores empresas e os 10 maiores bancos brasileiros. 2018. Disponível em: <http://transparenciacorporativa.org.br/trac2018/>. Acesso em 18 de novembro de 2018.

TRANSPARENCY INTERNATIONAL. *The Anti-Corruption Plain Language Guide*, 2009. Disponível em: <https://www.transparency.org/whatwedo/publication/the_anti_corruption_plain_language_guide>. Acesso em 18 de novembro de 2018.

TROYA, Javier Jaramillo. Corrupción, orden público y Convención de Nueva York: su aplicación en el Arbitraje Comercial Internacional. *Revista Ecuatoriana de Arbitraje*, No. 6, 2014.

TRUBEK, David M. Max Weber on Law and the Rise of Capitalism. *Wisconsin Law Review*, vol. 1972, no. 3, 1972, p. 720-753.

UNCITRAL. Tribunal *Ad Hoc*. *Himpurna California Energy Ltd. v PT. (Persero) Perusahaan Listruik Negara*, sentença final, 4 de maio de 1999.

VALENÇA FILHO, Clávio. *Poder Judiciário e Sentença Arbitral*. Curitiba: Juruá, 2002.

VALLE, Martim Della; CARVALHO, Pedro Schilling de. Corruption Allegations In Arbitration: Burden and Standard of Proof, Red Flags, and a Proposal for Systematisation. In: SCHERER, Maxi (ed.). *Journal of International Arbitration*, Kluwer Law International, vol. 39, Issue 6, 2022, p. 817-862.

VAN DEN BERG, A. Distinction Domestic-International Public Policy. *XXI Yearbook*, 1996.

VAN DEN BERG, Albert Jan (Gen. Ed.). *ICCA Yearbook Commercial Arbitration 2007* - Volume XXXII. Kluwer Law International, 2007.

VAN DEN BERG, Albert Jan (Gen. Ed.). *Yearbook Commercial Arbitration Volume XIX – 1994*. Kluwer Law International, 1994.

VAN DEN BERG, Albert Jan (Gen. Ed.). *Yearbook Commercial Arbitration Volume XXI – 1996*. Kluwer Law International, 1996.

VAN DEN BERG, Albert Jan (Gen. Ed.). *Yearbook Commercial Arbitration Volume XXXIII – 2008*. Kluwer Law International, 2008.

VAN DER BEND, Bommel; LEITJEN, Marnix. *A guide to the NAI Arbitration rules: Including a Commentary on Dutch Arbitration Law*. Kluwer Law International BV, 2009.

VAN HOUTTE, Vera. Adverse Inferences in International Arbitration. *Written Evidence and Discovery in International Arbitration: New Issues and Tendencies – Dossiers ICC Institute of World Business Law 2009*, 2009.

VELOSO, Zeno. *Invalidade do negócio jurídico*: nulidade e anulabilidade. 2 ed. Belo Horizonte: Del Rey, 2005.

VENOSA, Sílvio de Salvo. *Direito civil*: parte geral. Volume 1. 18 ed. São Paulo: Atlas, 2018.

VERÇOSA, Fabiana; MONEGALHA, Guilherme. Como deve se comportar o árbitro diante de indícios e provas de corrupção? Algumas impressões. *Revista de Arbitragem e Mediação*. São Paulo: RT, vol. 63/2019, Out – Dez, 2019.

VERÇOSA, Fabiane. A aplicação errônea do Direito pelo árbitro: uma análise à luz do Direito Brasileiro e Estrangeiro. Curitiba: CRV, 2015.

VIDAL, Marina Coelho Reverendo. *A Arbitragem Internacional como Instrumento no Combate à Corrupção*. São Paulo: Almedina, 2021.

WAINCYMER, Jeffrey. *Procedure and evidence in international arbitration*. Kluwer Law International BV, 2012.

WALD, Arnoldo. Jurisprudência comentada: STJ, Corte Especial, SEC nº 802, Min. José Delgado. *Revista de Arbitragem e Mediação*. São Paulo: RT, ano 2, n. 7, out.-dez., 2005.

WETTER, J. Gillis. Issues of Corruption before International Arbitral Tribunals: The Authentic Text and True Meaning of Judge Gunnar Lagergren's 1963 Award in ICC Case No. 1110. *Arbitration International*, v. 10, n. 3, p. 277-294, 1994.

WHITE & CASE; QUEEN MARY UNIVERSITY OF LONDON; SCHOOL OF INTERNATIONAL ARBITRATION. *2018 International Arbitration Survey: The Evolution of International Arbitration*. Disponível em: <https://www.whitecase.com/publications/insight/2018-international-arbitration-survey-evolution-international-arbitration>. Acesso em 18 de novembro de 2018.

WILSKE, Stephan; FOX, Todd J. Corruption in International Arbitration and Problems with Standard of Proof: Baseless Allegations or Prima Facie Evidence? *Transnational Dispute Management* (TDM), v. 10, n. 3, 2013.

WOLFENSOHN, J. The Cancer of Corruption. *Transition, The Newsletter About Reforming Economies. Macroeconomics and Growth Division, Policy Research Department, World Bank*. Washington DC, v. 7, n. 9-10, 1996.

WORLD INTELECTUAL PROPERTY ORGANIZATION. *WIPO Arbitration Rules*. 2020.

ZANETTI, Cristiano de Sousa. Comentário ao art. 475. In: NANNI, Giovanni Ettore (coord.). *Comentários ao Código Civil*: Direito Privado contemporâneo. 2. Ed. São Paulo: Saraiva Educação, 2021.

ZIADÉ, Nassib G. Addressing Allegations and Findings of Corruption. In: BAIZEAU, Domitille, KREINDLER, Richard H. Addressing Issues of Corruption in Commercial and Investment Arbitration. *Dossiers of the ICC Institute of World Business Law*, v. 13, cap. 7, 2015.

ZUBERBUHLER, Tobias; HOFMANN, Dieter; OETIKER, Christian; ROHNER, Thomas. *IBA Rules of Evidence*: Commentary on the IBA Rules on the Taking of Evidence in International Arbitration. 2 ed. Schulthess Juristische Medien AG, 2022